UTB 8195

Eine Arbeitsgemeinschaft der Verlage

Beltz Verlag Weinheim und Basel
Böhlau Verlag Köln · Weimar · Wien
Wilhelm Fink Verlag München
A. Francke Verlag Tübingen und Basel
Paul Haupt Verlag Bern · Stuttgart · Wien
Verlag Leske + Budrich Opladen
Lucius & Lucius Verlagsgesellschaft Stuttgart
Mohr Siebeck Tübingen
C. F. Müller Heidelberg
Ernst Reinhardt Verlag München und Basel
Ferdinand Schöningh Verlag Paderborn · München · Wien · Zürich
Eugen Ulmer Verlag Stuttgart
Vandenhoeck & Ruprecht Göttingen
WUV Facultas · Wien

Erziehungswissenschaft in Studium und Beruf
Eine Einführung in vier Bänden

Herausgegeben von
Hans-Uwe Otto
Thomas Rauschenbach
Peter Vogel

Redaktion: Karin Bock

Band 4:
Erziehungswissenschaft:
Arbeitsmarkt und Beruf

Die weiteren Bände:

Band 1
Erziehungswissenschaft: Politik und Gesellschaft

Band 2
Erziehungswissenschaft: Lehre und Studium

Band 3
Erziehungswissenschaft: Professionalität und Kompetenz

Hans-Uwe Otto/Thomas Rauschenbach/
Peter Vogel (Hrsg.)

Erziehungswissenschaft:
Arbeitsmarkt und Beruf

Springer Fachmedien Wiesbaden GmbH 2002

Gedruckt auf säurefreiem und altersbeständigem Papier.

Die Deutsche Bibliothek – CIP-Einheitsaufnahme

ISBN 978-3-663-08028-2   ISBN 978-3-663-08027-5 (eBook)
DOI 10.1007/978-3-663-08027-5

© 2002 Springer Fachmedien Wiesbaden
Ursprünglich erschienen bei Leske + Budrich, Opladen 2002

Einbandgestaltung: Atelier Reichert, Stuttgart

Inhalt

5

Materialien

Zur Einführung

Hans-Uwe Otto/Thomas Rauschenbach/Peter Vogel

I.

In den letzten 50 Jahren hat die Pädagogik, oder wie das Fach an den bundesdeutschen Hochschulen inzwischen zunehmend genannt wird: die Erziehungswissenschaft, einen weitreichenden Gestaltwandel vollzogen. Bis in die 1960er Jahre hin-
ein war sie gekennzeichnet durch die Tradition der geisteswissenschaftlichen Pädagogik. Eingebettet in die Lehrerbildung war die Erziehungswissenschaft damals
an den Universitäten – ungeachtet ihrer prägenden Persönlichkeiten und deren pädagogischer Entwürfe – ein kleines Fach. Auch mit den in dieser Zeit entstehenden
Magisterstudiengängen konnte die Pädagogik zunächst keine besondere Aufmerksamkeit auf sich ziehen. Zentrale Bedeutung erlangte des Fach in dieser frühen
Phase allein durch die Lehrerbildung an den damals noch flächendeckend vorhandenen Pädagogischen Hochschulen.

Diese überschaubare und wenig Veränderungsbedarf signalisierende Lage än-
derte sich ab Mitte der 1960er Jahre einschneidend durch drei Entwicklungen,

* durch den rasant steigenden Lehrerbedarf in Deutschland im Gefolge der demographischen Entwicklung einerseits und der Erhöhung der Bildungsbeteiligung
  ab Mitte der 60er bis Ende der 70er Jahre andererseits;
* durch die explosionsartig steigende Nachfrage nach erziehungswissenschaftlichen Studienplätzen im Zuge der bundesweiten Einführung des Diplomstudiengangs ab Anfang der 70er Jahre;
* durch die sukzessive Umwandlung der Pädagogischen Hochschulen in Wissenschaftliche Hochschulen bzw. deren Integration in bestehende Universitäten in
  den 70er und frühen 80er Jahren.

Alle drei Entwicklungen zusammen haben für die Erziehungswissenschaft grundlegende Veränderungen mit sich gebracht, deren Auswirkungen innerhalb und außerhalb des Faches bis heute zu spüren und noch lange nicht in das Bewusstsein aller gedrungen sind.

II.

Inzwischen gehört die Erziehungswissenschaft zahlenmäßig zu den zehn großen
Universitätsfächern. Dies gilt mit Blick auf die Zahl der Studierenden und der Ab-

solventinnen bzw. Absolventen ebenso wie mit Blick auf die Summe der Hochschulstandorte mit einem erziehungswissenschaftlichen Studienangebot und die Zahl der Professuren. Die Erziehungswissenschaft ist heute aus dem universitären Erscheinungsbild nicht mehr wegzudenken. Als integraler Bestandteil einer modernen Lehrerbildung, als einer der größten universitären Diplom- sowie inzwischen auch einer der größten Magisterstudiengänge in Deutschland hat sich das Fach innerhalb der wissenschaftlichen Ausbildungslandschaft auf breiter Ebene etabliert.

Diese Entwicklung ist in vielfacher Hinsicht nicht folgenlos geblieben. Die Erziehungswissenschaft musste versuchen, gewissermaßen bei laufendem Geschäftsbetrieb, ihre Grundlagen, Ziele, ihre Ausstattung und Inhalte den wissenschaftsimmanenten und gesellschaftlichen Rahmenbedingungen anzupassen. Die damit verbundenen Prozesse des personellen Ausbaus, der disziplinären Institutionalisierung sowie einer verstärkten Ausweitung der Teildisziplinen und Fachgebiete führte zu einer erheblichen fachinternen Dynamik. Dies hat die Erziehungswissenschaft weitaus mehr gefordert – bisweilen auch überfordert – als ursprünglich zu vermuten war.

Trotz dieser Entwicklungen wird die Erziehungswissenschaft auch heute noch vielfach in ihrer tradierten Form wahrgenommen oder aber mit langlebigen Vorurteilen konfrontiert:

- Noch immer wird die Pädagogik vielerorts gleichgesetzt mit der Lehrerbildung, werden ausgebildete Pädagoginnen und Pädagogen gleichgesetzt mit dem Berufsbild der Lehrerin/des Lehrers;
- noch immer wird die Mehrzahl der pädagogisch Examinierten in der Außenwahrnehmung im Anschluss an das Studium trotz anders lautender Befunde entweder arbeitslos – oder weicht auf fachfremdenTätigkeitsbereiche aus;
- noch immer wird die Ausbildungsverantwortung für die große Zahl der Studierenden nicht durchgängig als eine eigenständige akademische Aufgabe und Herausforderung anerkannt, die mehr sein muss als die Weitergabe allein disziplinären Wissens.

Dieses Spannungsverhältnis zwischen disziplinärem Beharrungsvermögen und professionellem Veränderungsbedarf ist der Ausgangspunkt des vorliegenden Einführungskurses in vier Bänden. In ihm sollen nicht nur die unverzichtbaren und elementaren Aufgaben der Modernisierung der Erziehungswissenschaft als akademische Disziplin im Rahmen ihrer theoretischen Weiterentwicklung und empirischen Forschung sichtbar werden. Er basiert darüber hinaus zugleich auf der Überzeugung, dass die Erziehungswissenschaft als großes, universitäres Fach ihre umfassende Verantwortung für die Gestaltung einer wissenschaftlichen Ausbildung offensiv übernehmen und sich der Frage nach den beruflichen Anforderungen und Perspektiven für die zahlreichen Absolventinnen und Absolventen eines erziehungswissenschaftlichen Studiums gezielt stellen muss – und dieses gerade auch dann, wenn es um hoch qualifizierte Tätigkeiten außerhalb von Forschung und Lehre geht. Die damit einhergehenden Verpflichtungen einer gleichermaßen reflexiven, wissenschaftlich ambitionierten wie qualitativ hochwertigen und kompetenzfördernden Ausbildung sollte am Ende zu dem führen, worum in Deutschland immer noch gerungen wird: zu einer Professionalisierung akademisch-pädagogischer Berufe. Diese Herausforderung muss unausweichlich auch zu einer Klärung der erforderlichen Qualität beruflichen Handelns in Bildungs-, Erziehungs- und Lernprozessen führen, die allemal mehr ist als eine bloße Anwendung von Erfahrungsregeln in Alltagsroutinen.

Der Einführungskurs »Erziehungswissenschaft in Studium und Beruf« will hierzu einen grundlegenden Beitrag leisten. Sein eigentlicher Ort ist die wissenschaftliche Auseinandersetzung an der Schnittstelle zwischen disziplinärem Wissen und professionellem Handeln. Dazu bietet er eine Fülle von Analysen, Informationen und Anregungen, die sich sowohl auf die Lage des Faches, seine Studiengänge und die beruflichen Perspektiven beziehen, zugleich aber auch die zentralen Anforderungen an ein modernes Kompetenzprofil für Erziehungswissenschaftlerinnen und Erziehungswissenschaftler zum Gegenstand haben, seien es nun die Lehramtsstudiengänge, das Diplom- oder Magisterstudium oder auch die neuen Bachelor- oder Masterstudiengänge.

Der Aufbau des Einführungskurses wurde so gewählt, dass die wesentlichen Bereiche einer modernen Erziehungswissenschaft mit Blick auf die Formen und Strukturen professionellen Handelns sichtbar werden. Unter dieser Aufgabenstellung werden in den vier Bänden unterschiedliche Perspektiven aufbereitet, die von Studierenden als eine erste Annäherung ebenso gelesen werden können wie auch als weitergehende Selbstvergewisserung. Im Mittelpunkt stehen vier Themenschwerpunkte:

- Politik und Gesellschaft
- Lehre und Studium
- Professionaliät und Kompetenz
- Arbeitsmarkt und Beruf

Damit werden zentrale Bezugspunkte einer modernen Erziehungswissenschaft aufgegriffen, wesentliche Orientierungen für Studium und Beruf geliefert sowie für alle Studiengänge und Berufsgruppen grundlegende Entwürfe, Perspektiven und Wissensbestände aufbereitet.

III.

Ausgangspunkt und Impulsgeber für die vorliegenden Bände war eine erste professionspolitische Konferenz, die im Frühjahr 1999 in Dortmund stattfand und von der Deutschen Gesellschaft für Erziehungswissenschaft zusammen mit der dortigen Universität ausgerichtet wurde. Auch wenn die vorliegende Veröffentlichung weit über die unmittelbaren Konferenzergebnisse hinausgeht, hat diese doch mehr als augenscheinlich gemacht, dass nach wie vor ein großer Bedarf an einer Auseinandersetzung mit den fachlichen Eckwerten und den Fragen einer professionellen Identität besteht. Erstmalig für das Fach Erziehungswissenschaft versuchen die vorliegenden Bände hierauf umfassend und gezielt einzugehen und aus unterschiedlichen Perspektiven Antworten zu formulieren.

Alle Bände sind nach einer einheitlichen Struktur in drei Teile untergliedert, in Grundlagen, Kontroversen und Materialien. Durch diesen Aufbau soll sichergestellt werden, dass zunächst in die jeweilige Bandthematik eingeführt und ein grundbegrifflicher Überblick gegeben wird. Unter kontroversen Gesichtspunkten werden im Anschluss daran zentrale Fragestellungen so verhandelt, dass die dahinter liegenden Ambivalenzen und Dilemmata nachvollziehbar werden. In den Materialien schließlich wird die Brücke zwischen aktuellen Wissensbeständen und historischen Quellen ebenso geschlagen wie zwischen konzeptionellen Entwürfen und empirischen Analysen.

Durch diese Kombination verschiedener Präsentationsformen und die interne Strukturierung der jeweiligen Themenbände wird die Möglichkeit eröffnet, unverzichtbare Wissensbestände der Erziehungswissenschaft als studiennahe Informationen und als Orientierungspunkte zur Entdeckung einer Disziplin und ihrer professionellen Anforderungen zu nutzen, die insbesondere am Studienbeginn nicht leicht zu überblicken sind. In diesem Sinne handelt es sich in der Zusammenschau der vier vorgelegten Bände um einen thematisch kompakten und in Fragen der professionellen Identität grundlegenden Einführungskurs.

Das Zustandekommen dieser Veröffentlichung verdankt sich dem Engagement zahlreicher Autorinnen und Autoren, die sich freundlicherweise in dieser großen Zahl den Wünschen der Herausgeber gestellt haben. Ein besonderer Dank gilt Karin Bock, die die mühsame Gesamtkoordination der vier Bände übernommen und manche unüberwindlich erscheinende Hürde vorzüglich gemeistert hat, sowie Sabine Menz, die mit ihr zusammen die vielfältige redaktionelle Kleinarbeit mit Geduld und Souveränität erledigt hat. Die technische Herstellung der Bände lag in den bewährten Händen von Matthias Schilling und seinem Team. Ihnen allen sei Dank für die geleistete Arbeit, die sich bei einem so umfangreichen Werk als sehr aufwendig erwies.

Grundlagen und Grundfragen

Vom Studium in den Beruf.
Was wird aus ErziehungswissenschaftlerInnen?

Christiane Schiersmann

1. Entwicklung der Absolventenzahlen
2. Beschäftigungssituation/Erwerbstätigkeit
3. Ausblick
   Literatur

Die Erziehungswissenschaft hat sich historisch als eine Disziplin herausgebildet, deren Schwerpunkt in der Lehrerbildung lag. Seit 1970 hat sich diese Situation durch die Einführung des Diplom-Studiengangs und durch einen quantitativen Ausbau des Magisterstudiengangs, der Anfang der 60er Jahre als eigenständiges Studienfach etabliert wurde, verändert. Heute macht die Ausbildung in den Diplom- und Magisterstudiengängen den Hauptteil der universitären Lehre aus (vgl. OTTO/ZEDLER 2000, S. 16). Ich konzentriere mich im Folgenden auf die Entwicklung dieses Teilbereichs der Erziehungswissenschaft. Dabei unterscheiden sich die beiden genannten Studiengänge darin, dass der Diplomstudiengang mit einem hohen Anteil an Erziehungswissenschaften und den in der Regel obligatorischen Nebenfächern Soziologie und Psychologie auf ein zum Zeitpunkt seiner Etablierung neu entstehendes Berufsfeld ausgerichtet wurde. Der Magisterstudiengang, der die Wahl eines zweiten Hauptfachs bzw. von zwei Nebenfächern neben der Erziehungswissenschaft erfordert, eröffnet Wahlmöglichkeiten in einem sehr viel breiteren Fächerspektrum und zielt damit auf ein offeneres Berufsspektrum. Mit dem quantitativen Ausbau hat sich die ursprüngliche Ausrichtung dieses Studiengangs an einer späteren wissenschaftlichen Tätigkeit allerdings ebenfalls in Richtung einer Berufsfeldorientierung verändert.

Für die erheblich gestiegene Bedeutung der Hauptfachstudiengänge in Erziehungswissenschaft spricht, dass diese im Hinblick auf die Studierendenzahlen den 5. Rang nach der Wirtschaftswissenschaft, der Rechtswissenschaft, der Humanmedizin und der Germanistik belegt. Die Zahl der Studierenden in den Hauptfachstudiengängen der Erziehungswissenschaft liegt knapp doppelt so hoch wie in der Psychologie, Soziologie und Politikwissenschaft (vgl. OTTO/ZEDLER 2000, S. 15). Ich betrachte im Folgenden zunächst die Entwicklung der Absolventenzahlen und

(Randnotizen:)
Entwicklung der Studiengänge

Bedeutung der Hauptfachstudiengänge

13

gehe anschließend auf quantitative und qualitative Aspekte der Beschäftigungssituation ein.

1. Entwicklung der Absolventenzahlen

Seit Beginn der 70er Jahre haben ca. 55.000 AbsolventInnen die Universitäten und Pädagogischen Hochschulen mit dem Diplom in Erziehungswissenschaft und ca. 6.000 mit dem Magister in Erziehungswissenschaft verlassen (vgl. RAUSCHEN-BACH/ZÜCHNER 2000b, S. 57; vgl. Tabelle 1).

Betrachtet man die Entwicklung der AbsolventI nnenzahlen etwas genauer, so ist zunächst ein kontinuierlicher Anstieg bis Ende der 70er Jahre zu beobachten. In den 80er Jahren pendelte sich die Zahl auf eine Größenordnung um etwa 2.500 pro Jahr ein. Zu Beginn der 90er Jahre sank sie etwas, um ab 1995 wieder deutlich zu steigen, wobei seit 1993 die AbsolventInnen der Hochschulen der neuen Bundesländer einbezogen sind. Die auch in den letzten Jahren hohen Studienanfängerzahlen lassen erwarten, dass in den nächsten Jahren mit ca. 4.000 bis 5.000 so viele AbsolventInnen des Diplom- und Magisterstudiums Erziehungswissenschaft auf den Arbeitsmarkt drängen werden wie nie zuvor (vgl. RAUSCHENBACH/ZÜCHNER 2000a, S. 52).

AbsolventInnen im Magister- und Diplomstudium Der Anteil der AbsolventInnen im Magisterstudiengang liegt deutlich unter dem des Diplomstudiengangs. Dennoch ist auch bei ersterem ein deutlicher Anstieg zu beobachten, der u.a. dazu geführt hat, dass das Verhältnis von Diplom- zu Magisterabsolventen, das Ende der 80er Jahre noch etwa bei 10 : 1 lag, sich auf 6 : 1 reduziert hat (vgl. Tab.1). Die Zahl der StudienanfängerInnen im Magisterstudiengang stieg in den 90er Jahren so stark, dass einige Universitäten mit örtlichen Zulassungsbeschränkungen reagieren mussten (z.B. Universität Heidelberg).

Über die Ursachen für den Anstieg der (und Studierenden) im Magisterstudiengang Erziehungswissenschaft liegen keine verlässlichen verallgemeinerbaren Angaben vor. Es fällt jedoch auf, dass der Magisterstudiengang insbesondere an Studienorten eine hohe Studierenden- und AbsolventInnenzahl aufweist, an denen kein Diplomstudiengang für Erziehungswissenschaft angeboten wird.[1] Insofern liegt nahe, dass aus der Sicht der Studierenden kein wesentlicher Unterschied zwischen diesen beiden Studiengängen gesehen wird, und sie an den Standorten, an denen kein Diplom angeboten wird, das Magisterstudium als Ersatz für den Diplomstudiengang wählen. Hierfür sprechen auch die Ergebnisse einer neueren Befragung der AbsolventInnen dieses Studiengangs in Baden-Württemberg (vgl. SCHIERS-MANN/FUCHS 2000), die belegen, dass auch die Magisterstudierenden fast ausnahmslos die für den Diplom-Studiengang typischen Nebenfächer Psychologie und Soziologie bzw. andere sozialwissenschaftliche Fächer wählten, d.h. dass das mögliche große Fächerspektrum nicht genutzt wird.

Vergleicht man die AbsolventInnenzahlen mit denen *anderer Studiengänge*, so belegt die Erziehungswissenschaft Rang 7 und fällt damit im Vergleich zu ihrem

---

1 Dies gilt für die Fern-Universität Hagen, die Universitäten in München, Heidelberg und Leipzig. An diesen Universitäten studieren über 40 Prozent aller Magisterstudierenden im Fach Erziehungswissenschaft (vgl. RAUSCHENBACH/ZÜCHNER 2000c, S. 45).

14

Tabelle 1: AbsolventInnen in erziehungswissenschaftlichen Hauptfachstudiengängen (1973-1998; ab 1993 inkl. neue Bundesländer)

Jahr	Diplom und Magister	Diplom	Magister	Verhältnis Dipl. : Mag.
1973	435	376	59	6,4 : 1
1974	677	604	73	8,3 : 1
1975	1.221	1.103	118	9,3 : 1
1976	2.037	1.877	160	11,8 : 1
1977	2.651	2.484	167	14,9 : 1
1978	2.949	2.712	237	11,4 : 1
1979	2.331	2.095	236	8,9 : 1
1980	2.411	2.196	215	10,2 : 1
1981	2.284	2.125	159	13,4 : 1
1982	2.412	2.191	221	9,9 : 1
1983	2.416	2.237	179	12,5 : 1
1984	2.743	2.518	225	11,2 : 1
1985	2.592	2.397	195	12,3 : 1
1986	2.696	2.477	219	11,3 : 1
1987	2.942	2.667	275	9,7 : 1
1988	2.558	2.349	209	11,2 : 1
1989	2.371	2.111	260	8,1 : 1
1990	1.999	1.756	243	7,2 : 1
1991	1.963	1.727	236	7,4 : 1
1992	1.909	1.653	256	6,5 : 1
1993	2.195	1.960	235	8,3 : 1
1994	2.009	1.774	235	7,5 : 1
1995	2.247	1.987	260	7,6 : 1
1996	2.892	2.571	321	8,0 : 1
1997	3.638	3.212	426	7,5 : 1
1998	3.861	3.300	564	5,6 : 1
Summe	60.439	54.459	5.983	9,1 : 1

Quelle: Rauschenbach/Züchner (2000a)

quantitativen Stellenwert bei den Studierenden um zwei Positionen zurück. Dies weist auf eine vergleichsweise größere Abbruchquote hin.[2] Dessen ungeachtet ist festzuhalten, dass die Erziehungswissenschaft »unstrittig zum größten Produzenten sozialwissenschaftlich ausgebildeter Universitätsabsolventen geworden ist« (Rauschenbach/ZÜCHNER 2000a, S. 53).

Vergleich mit anderen AbsolventInnenzahlen

Von den AbsolventInnen des Diplomstudiengangs wählten in bezug auf eine studiengangsinterne Schwerpunktsetzung in den 90er Jahren etwa die Hälfte die Studienrichtung »Sozialpädagogik/ Sozialarbeit«, je 12% die Studienrichtung »Erwachsenenbildung/ Weiterbildung« und »Sonderpädagogik«. Der Rest verteilt sich auf weniger ausgebaute, zum Teil nur regional angebotene Studienschwerpunkte wie »Schulpädagogik«, »Be-

Studienschwerpunkte der AbsolventInnen

triebliches Ausbildungswesen«, »Kleinkindpädagogik« (vgl. LENZEN 1997, S. 6 f.).

In Bezug auf die AbsolventInnen des Magisterstudiengangs Erziehungswissenschaft ist davon auszugehen, dass die Sozialpädagogik und Erwachsenenbildung zu den quantitativ bedeutsamsten Schwerpunktsetzungen zählen, wenngleich dazu keine verlässlichen Zahlen vorliegen. Letzteres ist wesentlich auf den Tatbestand zurückzuführen, dass in den Statistiken lediglich der Abschluss, aber nicht dessen inhaltliche Ausrichtung erfasst wird.

---

2 Allerdings liegen keine verlässlichen Daten dazu vor, aus welchen Gründen und mit welcher Perspektive (z.B. Universitäts- oder Fachwechsel, Einstieg in den Beruf) die Studierenden das Studium abbrechen.

2. Beschäftigungssituation/Erwerbstätigkeit

Datenquellen zur
Erwerbssituation

Es ist nicht ganz einfach, einen detaillierten Überblick über die Beschäftigungssituation der AbsolventInnen des Diplom- und Magisterstudiengangs Erziehungswissenschaft zu gewinnen. Im Wesentlichen kann auf drei unterschiedliche Quellen zurückgegriffen werden:

- Allgemeine Erwerbstätigenstatistiken
- Zahlen der Bundesanstalt für Arbeit über Arbeitslose
- Gezielte empirische Erhebungen

2.1 Allgemeine Erwerbssituation

Die Klassifikation des STATISTISCHEN BUNDESAMTES, auf deren Basis alle erwerbstätigen Personen in Deutschland nach Berufen, Berufsgruppen und Berufsordnungen erfasst werden, hat die ErziehungswissenschaftlerInnen erst nach einer Revision von 1981 aufgenommen. Die neue Fassung, die bisher für die Mikrozensuserhebung verwandt wird, erfasst unter der Berufsordnung 885 »Erziehungswissenschaftler/innen, soweit anders nicht genannt«. Folglich wird hier nur eine Minderheit erfasst, die keine andere Berufsbezeichnung wie »Erwachsenenbildner«, »Sozialpädagoge« etc. angibt.

Stellenwert der
Erziehungs- und
Sozialberufe

Trotz dieser Einschränkung ist festzuhalten, dass das *Arbeitsmarktsegment der Erziehungs- und Sozialberufe* seit Einführung des Diplomstudiengangs stetig und nachhaltig gewachsen ist. Das STATISTISCHE BUNDESAMT weist für 1997 1.039.000 Beschäftigte in der Berufskategorie »Soziale Berufe« aus. Davon waren 202.000 SozialarbeiterInnen/SozialpädagogInnen und 417.000 ErzieherInnen. Die Zahl der Lehrkräfte im Schulbereich lag zum gleichen Zeitpunkt bei ca. 1,2 Mio. (vgl. STATISTISCHES BUNDESAMT 1999). Interessant ist, dass die Zahl der Beschäftigten im Sozialbereich selbst in den 90er Jahren noch beträchtlich gewachsen ist, d.h. zu einem Zeitpunkt, zu dem bereits viel über die leeren öffentlichen Kassen und Einsparnotwendigkeiten geklagt wurde. Die Zuwachsraten der sozialen Berufe liegen damit über denen anderer Wachstumsbranchen. Das Phänomen steigender Beschäftigtenzahlen in sozialen und ökonomischen Krisensituationen zeigt, dass das Wachstum der sozialen Berufe eher antizyklisch zur ökonomischen Entwicklung verläuft.

Kinder- und
Jugendhilfestatistik

Eine präzisere Darstellung erlaubt die Kinder- und Jugendhilfestatistik für diesen Bereich. Sie zeigt, dass ca. 20 Prozent der ausgebildeten Diplom-PädagogInnen in diesem Bereich tätig sind (vgl. RAUSCHENBACH/ZÜCHNER 2000b, S. 58). Diese Zahlen interpretieren RAUSCHENBACH/ZÜCHNER (2000b, S. 60) dahingehend, dass es sich dabei um den bedeutendsten Teilarbeitsmarkt für Diplom-PädagogInnen handelt.

Erwachsenenbildungs-
bereich

Für den Bereich der *Erwachsenenbildung* liegen angesichts der sehr heterogenen Struktur dieses Feldes keine verlässlichen quantitativen Zahlen der Beschäftigten vor, und die Erwachsenenbildner sind auch in der Berufsstatistik des STATISTISCHEN BUNDESAMTES nicht zu identifizieren. Angesichts der nachhaltigen Expansion der Weiterbildung kann jedoch davon ausgegangen werden, dass der Teilarbeitsmarkt ebenfalls seit den 70er Jahren stark gestiegen ist. FAULSTICH (1996, S. 59) kommt auf der Basis vorliegender Länderstudien zu einer groben Schätzung, derzufolge ca. 80.000 bis 100.000 Personen ihr Haupteinkommen in der Weiterbildung erzielen. Dies entspricht jedoch nicht einer entsprechenden Ausstattung mit Stellen. In diesem Berufsfeld haben sich die AbsolventInnen eines grundständigen erziehungswissenschaftlichen Hauptstudiums am ehesten für die sog. planenden und disponierenden Tätigkeiten durchgesetzt. Zwar besteht in diesem Feld keine Konkurrenz zu AbsolventInnen der Fachhochschulen wie bei den SozialpädagogInnen, jedoch wird wegen der hohen Bedeutung der Vermittlung von Informationen – ähnlich wie bei den schulischen Lehrkräften – dem unterrichtsfachlichen Standbein große Bedeutung zugemessen. Daher konnte sich weder der Diplom- noch der Magisterstudiengang in diesem Berufsfeld in dem ursprünglich erhofften Umfang als zentrale Berufseingangsqualifikation durchsetzen.

2.2 Entwicklung der Arbeitslosigkeit

Anhand der Daten der BUNDESANSTALT für ARBEIT kann die Entwicklung der Arbeitslosenzahlen nachvollzogen werden (vgl. RAUSCHBACH/ZÜCHNER 2000b, S. 61 f.). Von 1984 stieg deren Zahl kontinuierlich von 3.242 auf 4.538 (1988) an, um in den Folgejahren bis 1992 auf 2.914 abzusinken. Ein Anstieg auf deutlich über 3.000 Arbeitslose war erstmalig wieder im Jahr 1993 zu erkennen. Ihre absolute Zahl sank bis 1998 wieder auf 2.922 (alte Bundesländer) und betrug unter Einbeziehung der neuen Bundesländer 3.260. Da sich im gleichen Zeitraum die Zahl der AbsolventInnen erhöht hat, kann diese Entwicklung in dem Sinne interpretiert werden, dass es den AbsolventInnen durchaus gelungen ist, ihren Platz auf dem Arbeitsmarkt zu finden. Diese Einschätzung wird auch von der BUNDESANSTALT für ARBEIT geteilt (vgl. BAUSCH/WIEGAND 1997). *(Arbeitslosenzahlen)*

Der Frauenanteil an den Arbeitslosen entspricht mit 70 Prozent exakt ihrem Anteil an den AbsolventInnen, d.h. Frauen sind in diesem Arbeitsmarktsegment nicht überproportional von Arbeitslosigkeit betroffen.

Vergleicht man die Arbeitslosenzahlen mit denen *anderer SozialwissenschaftlerInnen*, so zeigt sich, dass der Verlauf der Kurve der Diplom-PädagogInnen der der Diplom-PsychologInnen ähnelt, während sich der Verlauf bei den SoziologInnen und PolitologInnen ungünstiger darstellt (vgl. BAUSCH/WIEGAND 1997, S. 21). Es handelt sich dabei um absolute Zahlen. Dieser Befund ist um so beeindruckender, als für SoziologInnen und PsychologInnen keine Konkurrenz durch FachhochschulabsolventInnen besteht und die Zahl der AbsolventInnen in den übrigen Fächern deutlich unter der Diplom-PädagogInnen liegt. Ein Vergleich der Arbeitslosenentwicklung der Diplom-PädagogInnen mit der aller Universitätsabsolventen bestätigt das für die Diplom-PädagogInnen relativ günstige Bild. Während die Arbeitslosenzahlen bei allen UniversitätsabsolventInnen auch nach 1993 weiter anstiegen, gingen sie bei Diplom-PädagogInnen langsam zurück und lagen 1995 noch unter den Werten aus der Mitte der 80er Jahre. *(Vergleich mit anderen Sozialwissenschaften)*

Diese positive Bilanz wird etwas beeinträchtigt, wenn man die Dauer der Arbeitslosigkeit betrachtet. Die Zahl der Langzeitarbeitslosen, d.h. derjenigen Personengruppe, die ein Jahr oder länger arbeitslos war, lag bei den PädagogInnen mit *(Dauer der Arbeitslosigkeit)* einem Anteil von 31 Prozent leicht über dem der anderen UniversitätsabsolventInnen (vgl. Abbildung 1).

Abbildung 1: Dauer der Arbeitslosigkeit (alte Bundesländer; 1995)

Diplom-PädagogInnen

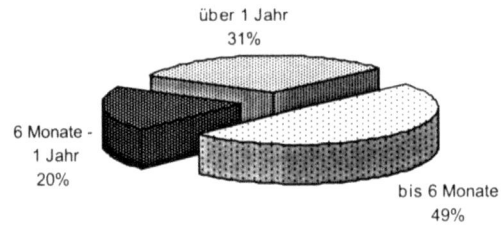

Uni-AbsolventInnen

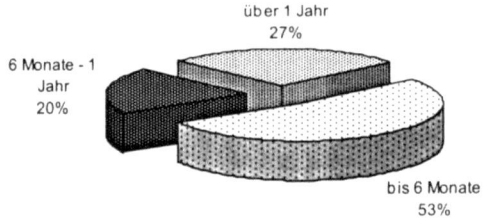

Quelle: Bausch/Wiegand (1997, S. 19)

2.3 Berufseinmündungsprozess

Wenngleich im Hinblick auf den Aspekt der Arbeitslosigkeit mit Einschränkungen die Bilanz zu ziehen ist, dass die Realität sich günstiger darstellt als das öffentliche Bewusstsein, so muss doch einschränkend angemerkt werden, dass der Berufseinmündungsprozess sich nicht ganz einfach gestaltet. So zeigen die Berufseinmündungsstudien, die sich allerdings in der Regel auf die AbsolventInnen einer Universität beziehen und daher nur schwer verallgemeinerbar sind[3], dass davon auszugehen ist, dass die PädagogInnen häufig eine Frist von ein bis zwei Jahren benötigen, um eine längerfristige Anstellung zu finden (vgl. KRÜDENER/SCHULZE 1993).

---

3 Eine zur Zeit an den Universitäten Dortmund und Halle durchgeführte bundesweite Erhebung wird in diesem Punkt Abhilfe schaffen.

Das es sich selbst dabei dann nicht immer um unbefristete BAT IIa-Stellen handelt, mögen exemplarisch noch einmal jüngere Zahlen der Bundesanstalt für Arbeit illustrieren: 1997 wurden über die Arbeitsämter insgesamt 720 Diplom-PädagogInnen vermittelt. 610 dieser Vermittlungen betrafen befristete Arbeitsverhältnisse, der Anteil an Arbeitsbeschaffungsmaßnahmen betrug 50 Prozent (vgl. BAUSCH/WIEGAND 1997). Die Daten der m.w. jüngsten AbsolventInnenbefragung für Magisterstudierende der Universitäten in Baden-Württemberg (vgl. SCHIERSMANN/ FUCHS 2000) bestätigen den skizzierten Trend: Die Hälfte fand eine abhängige Beschäftigung innerhalb von sechs Monaten nach Studienabschluss und für weitere 20 Prozent galt dies in einem Zeitraum bis zu zwölf Monaten. *[Charakter der Arbeitsverhältnisse bei Berufseinmündung]*

Um zu einer angemessenen Bewertung dieser Zahlen zu gelangen, sind allerdings zwei Einschränkungen zu machen: Zum einen wäre näher zu prüfen, ob diejenigen Personen, die über das Arbeitsamt vermittelt werden, repräsentativ für die Gesamtheit der PädagogInnen sind. In einem Großteil von Verbleibsstudien nannten die Befragten als wichtige Einflussfaktoren zur Berufseinmündung in ein Beschäftigungsverhältnis Praxiskontakte und informelle Netzwerke.[4] Zum anderen ist davon auszugehen, dass auch in anderen Beschäftigungsfeldern der Anteil befristeter Beschäftigungsverhältnisse wächst. *[Bewertung der Berufseinmündung]*

Im Hinblick auf die *Arbeitsfelder* ist zu konstatieren, dass sich die AbsolventInnen der Hauptfachstudiengänge der Erziehungswissenschaft sowohl im Bildungs- sowie im sozialen Sektor etablieren als auch sich neue Beschäftigungsfelder erschließen. AbsolventInnen der Hauptfachstudiengänge im Fach Erziehungswissenschaft finden in der Regel eine Stelle, die ihren inhaltlichen Vorstellungen entspricht, die jedoch zumindest in den Anfangsjahren durch hohe Beschäftigungsunsicherheit gekennzeichnet ist und in finanzieller Hinsicht unter dem Einkommen anderer HochschulabsolventInnen liegt. Positiv ist hingegen, dass auch eine zunächst schlechte Erstplatzierung innerhalb der ersten Berufsjahre 'korrigiert' werden kann (vgl. SCHIERSMANN/FUCHS 2000).

3. Ausblick

Trotz anhaltender Vorurteile in der Öffentlichkeit ist zu konstatieren, dass sich die AbsolventInnen der Hauptfachstudiengänge in Erziehungswissenschaft einen anerkannten Platz auf dem Arbeitsmarkt erobert haben. Bilanzierend lässt sich festhalten, dass das Vorurteil, AbsolventInnen der Hauptfachstudiengänge in der Erziehungswissenschaft fehle außerhalb der Universität ein Arbeitsmarkt, durch empirische Daten nicht gestützt wird. Gleichwohl bewegen sich die AbsolventInnen des Diplom- und Magisterstudiengangs Erziehungswissenschaft auf einem Arbeitsmarkt, auf dem sie zum einen mit AbsolventInnen der Fachhochschulen im Bereich der Sozialpädagogik und AbsolventInnen anderer sozialwissenschaftlicher Studienfächer (z. B. PsychologInnen, SoziologInnen) konkurrieren müssen und der zudem strukturellen Veränderungen unterworfen ist.

---

4 Es ist daher davon auszugehen, dass die amtlichen Statistiken nur einen Teil des Arbeitsmarktes von PädagogInnen widerspiegeln, da nicht alle AbsolventInnen den Weg über das Arbeitsamt wählen.

Es ist davon auszugehen, dass der gesellschaftliche Bedarf an pädagogischen Tätigkeiten erhalten bleibt bzw. zukünftig noch wächst. Die Grundlage dieser Einschätzung bildet die Tatsache, dass die Lebensläufe – positiv formuliert – offener und vielfältiger, negativ gesehen, unsicherer und uneindeutiger geworden sind. Diese Entwicklung impliziert Krisen, Brüche und vielfältige Statuspassagen, in Bezug auf die PädagogInnen unterstützend tätig werden können. Nun ist die Vorstellung einer rund um die Uhr betreuten Gesellschaft auch nicht gerade verlockend, und es wäre fatal, wenn die Pädagogik zu einer Pathologisierung beitragen würde oder ihr die Lösung an anderer Stelle verursachter gesellschaftlicher Probleme einseitig zugewiesen würde. Trotz dieser Einschränkungen ist ein erhöhter Bedarf an Beratung, Unterstützung und Zuwendung als eher wahrscheinlich anzusehen. Dabei ist noch hervorzuheben, dass sich die Tätigkeit der PädagogInnen von der Vorbereitung auf das Leben verschoben hat in Richtung einer lebensbegleitenden Sorge um das Individuum, auf die Vorbereitung auf den Umgang mit Unsicherheit. LENZEN schlägt daher vor, pädagogische Tätigkeit umfassender als kurative Tätigkeit im Sinne der Stärkung der eigenen Handlungsfähigkeit zu begreifen (vgl. LENZEN 1997, S. 12).

Mit der Prognose eines weiterhin hohen oder sogar noch wachsenden gesellschaftlichen Bedarfs an pädagogischer Tätigkeit ist aber noch nicht die Frage beantwortet, wer deren Ausübung in professioneller Form erfolgt und wer die Professionellen bezahlt. Auf der einen Seite ist unstrittig, dass Zeiten knapper Mittel in den öffentlichen Haushalten keine guten Rahmenbedingungen für die Stabilisierung bzw. Ausweitung von Beschäftigungsverhältnissen im Erziehungs- und Sozialsektor darstellen. Die Vorstellung, dass diese Tätigkeiten in großem Umfang wieder entprofessionalisiert und in gesellschaftliche Institutionen wie die Familie zurückverlagert werden, erscheint auf der anderen Seite nicht besonders wahrscheinlich.

Im Kontext der Veränderungen der Organisation und Verteilung gesellschaftlicher Arbeit, der Modifikation des Sozialstaates und der Ausgestaltung demokratisch-politischer Prozesse muss sich die Erziehungswissenschaft neu verorten. Die Entwicklungen führen zu einer veränderten Rolle der PädagogInnen und erfordern eine Neuakzentuierung der Professionalität. Entscheidend scheint mir dabei, dass PädagogInnen in noch stärkerem Maße als bisher – in der Tendenz ist dieses Selbstverständnis nicht neu – sich als ausgleichende ModeratorInnen, empathische KatalysatorInnen von Entwicklungsprozessen, als InterpretInnen von Lebenslagen, als GestalterInnen von Lernumwelten oder LernberaterInnen verstehen sollten. Gefordert sind – so meine These – in Zukunft vor allem grundlegende und breite Kompetenzen, die allerdings mit – eher als exemplarisch zu kennzeichnenden – Spezialkenntnissen zu kombinieren sind. Spezialkenntnisse in einem Bereich bleiben notwendig, um auf der einen Seite allgemeine Aussagen konkret fundieren und auf der anderen Seite spezielles Wissen in größere Kontexte einordnen zu können.

Die Position der AbsolventInnen von Hauptfachstudiengängen der Erziehungswissenschaft auf dem Arbeitsmarkt wird sich auch in Zukunft gegen eine starke Konkurrenz behaupten müssen. Auch wird ein gutes Diplom oder ein guter Magisterabschluss zukünftig als Eintrittskarte in den Arbeitsmarkt nicht hinreichend sein. Die BUNDESANSTALT FÜR ARBEIT hat als Einstellungskriterium jenseits des vorhandenen Diploms die Folgenden ermittelt:

- Ein möglichst zügiges Studium,
- ein sehr gutes oder zumindest gutes Examen,
- Berufseintritt bis maximal 28 Jahren (wenn es sich um eine Erstqualifikation handelt),
- Sprach- und EDV-Kenntnisse,
- berufsspezifische Erfahrungen, die durch Praktika während des Studiums erworben wurden (vgl. BAUSCH/WIEGAND 1997, S. 27).

Als vorteilhaft werden insbesondere auch solche Kenntnisse angesehen, die über ein rein pädagogisches Grundlagenwissen (einschließlich soziologischer und psychologischer Kenntnisse) hinausgehen. Je nach angestrebter Funktion und Branche können beispielsweise Zusatzkenntnisse in Methoden der empirischen Sozialforschung, der Betriebswirtschaftslehre oder den Rechtswissenschaften sich als vorteilhaft erweisen. Auch Auslandspraktika oder auf bestimmte Tätigkeitsfelder abzielende Diplomarbeiten erhöhen die Chancen der Berufseinmündung (vgl. BAUSCH/WIEGAND 1997, S. 27). Berufsrelevante Qualifikationen

Dieses breite, vom Arbeitsmarkt abverlangte Kenntnis- und Kompetenzspektrum zeigt, dass auch PädagogInnen zukünftig nicht mehr davon ausgehen können, durch ihr Studium für einen Lebensberuf ausgebildet worden zu sein. Sie werden sich – ebenso wie die Absolventen anderer Studiengänge auf vielfältige, wechselnde Einsatzfelder einstellen müssen. Die tendenzielle Auflösung von Beruflichkeit führt dazu, dass vorrangig einzelne pädagogische Handlungen als professionell zu bezeichnen sind, weniger das Gesamtgefüge eines Berufs. Das Ziel dürfte zukünftig eher in der Stärkung von Professionalität im Sinne beruflicher Handlungskompetenz als in der Herausbildung einer Profession im traditionellen Sinne zu suchen sein.

Diese Überlegungen führen mich mit Blick auf die Zukunft noch einmal auf die Frage der Beschäftigungsverhältnisse zurück. Es ist als unwahrscheinlich, wenn nicht gänzlich ausgeschlossen anzusehen, dass zukünftig unbefristete Beschäftigungsverhältnisse – gar noch im Öffentlichen Dienst – die typische Beschäftigungsform darstellen. Vielmehr werden unterschiedliche Beschäftigungsverhältnisse – auch Kombinationen verschiedener Beschäftigungsformen zur gleichen Zeit, eher zur Norm werden. In diesem Zusammenhang ist noch genauer zu eruieren, welche Einstellungen zur Erwerbsarbeit die jetzt in den Arbeitsmarkt drängende Generation entwickelt. So haben wir in einer AbsolventInnenbefragung der Universität Heidelberg beobachten können (vgl. SCHIERSMANN/FUCHS 2000), dass Mischformen von längerfristiger Teilzeitbeschäftigung mit Formen der Honorartätigkeit bzw. der Selbständigkeit durchaus nicht als Notlösung angesehen werden, sondern positiv in das Selbstbild und die Vorstellungen über Erwerbsarbeit integriert werden. Auch die BUNDESANSTALT FÜR ARBEIT beobachtet eine Zunahme der Selbständigkeit bei PädagogInnen. Allerdings zielen die vorliegenden Untersuchungen überwiegend auf den Prozess der Berufseinmündung. Offen muss bleiben, ob es sich dabei um eine eher auf diesen Berufsstart gemünzte oder längerfristige Einstellung zur Erwerbsarbeit handelt. Zukünftige Beschäftigungsverhältnisse

Literatur

BAUSCH, M./WIEGAND, U.: Diplompädagoginnen und Diplompädagogen und Magister der Erziehungswissenschaft. Hrsg. von der Zentralstelle für Arbeitsvermittlung der Bundesanstalt für Arbeit – Arbeitsmarktinformationsstelle (AMS). Frankfurt/M. 1997.

FAULSTICH, P.: Höchstens ansatzweise Professionalisierung. Zur Lage des Personals in der Erwachsenenbildung. In: Böttcher, W. (Hrsg.): Die Bildungsarbeiter. Weinheim 1996, S. 50-80.

KRÜDENER, B./SCHULZE, J.: »...besser als ihr Ruf!« – Berufseinmündung und Beschäftigungssituation von Diplom-Pädagoginnen. In: Der pädagogische Blick (1993), S. 19-31.

LENZEN, D.: Professionelle Lebensbegleitung – Erziehungswissenschaft auf dem Weg zur Wissenschaft des Lebenslaufs und der Humanontogenese. In: Erziehungswissenschaft, 8 (1997), Heft 15, S. 5-22.

OTTO, H.-U./ZEDLER, P.: Zur Lage und Entwicklung des Faches Erziehungswissenschaft in Deutschland. Befunde und Konsequenzen des bundesweiten Datenreports. In: OTTO, H.-U. u.a.: Datenreport Erziehungswissenschaft. Opladen 2000, S. 15-23.

RAUSCHENBACH, TH./ZÜCHNER, I.: Absolventinnen und Absolventen. In: OTTO, H.-U. u.a. : Datenreport Erziehungswissenschaft. Opladen 2000(a), S. 47-56.

RAUSCHENBACH, TH./ZÜCHNER, I. : Arbeitsmarkt. In: OTTO, H.-U. u.a.: Datenreport Erziehungswissenschaft. Opladen 2000(b), S. 57-74.

RAUSCHENBACH, TH./ZÜCHNER, I. : Studierende. In: OTTO, H.-U. u.a.: Datenreport Erziehungswissenschaft. Opladen 2000(c), S. 33-46.

SCHIERSMANN, Ch./FUCHS, K.: Beruflicher Verbleib von Absolvent/inn/en im Magisterstudiengang Erziehungswissenschaft. Heidelberg 2000 (unveröffentl. Abschlussbericht).

Der Arbeitsmarkt für LehrerInnen – zwischen Expansion und Stagnation?

Klaus Klemm

Wer den Arbeitsmarkt für Lehrerinnen und Lehrer in beiden deutschen Staaten und – nach 1989 – in Deutschland insgesamt in den Blick nimmt, wird auf ein auf den ersten Blick widersprüchliches Bild treffen. Dieser Arbeitsmarkt ist einerseits durch ein über die gesamte Entwicklung kontinuierlich wachsendes bzw. stagnierendes Beschäftigungsvolumen geprägt. Zugleich ist er aber andererseits durch den Wechsel zwischen ausgesprochen günstigen Einstellungschancen und verbreiteter Lehrerarbeitslosigkeit, durch den Wechsel zwischen Öffnung und Schließung gekennzeichnet. Der hier vorgelegte Beitrag wird dies nachzeichnen. In einem ersten Abschnitt soll die Entwicklung der Lehrerstellen in den Schulen vom Beginn der Expansionsphase in den 60er Jahren bis zur gegenwärtigen Situation skizziert werden (1). In einem daran anschließenden Abschnitt wird der darin eingebettete Wechsel zwischen Öffnung und Schließung nachgezeichnet (2). Darauf aufbauend wird ein Ausblick auf die künftig erwartbare Entwicklung versucht – unterschieden nach den Perspektiven im Gebiet der »alten« und in dem der »neuen« Bundesländer (3).

1. Lehrerstellen – Expansion und Stagnation

Seit Beginn der 60er Jahre, in denen im Westen Deutschlands die Phase der Bildungsexpansion einsetzte, hat es in beiden deutschen Staaten und ab 1989 in Deutschland insgesamt zunächst eine starke Ausweitung und seit Beginn der 80er Jahre eine – sieht man von kleineren Schwankungen ab – Stagnation des Lehrerstellenvolumens gegeben (vgl. Tabelle 1).

Tab. 1: Entwicklung des Beschäftigungsvolumens für Lehrerinnen und Lehrer (in Stellen)

Jahr	Früheres Bundesgebiet			Frühere DDR			Deutschland		
	Schüler	Lehrer	S/ Stelle	Schüler	Lehrer	S/ Stelle	Schüler	Lehrer	S/ Stelle
1960	8.457.000	264.000	32,0	2.397.000	100.000	24,0	10.854.000	364.000	29,8
1970	11.228.000	389.000	28,9	3.098.000	153.000	20,2	14.326.000	542.000	26,4
1980	11.859.000	557.000	21,3	2.772.000	185.000	15,0	14.631.000	742.000	19,7
1989	8.994.000	540.000	16,7	2.404.000	184.000	13,1	11.398.000	724.000	15,7
	Alte Bundesländer (ohne Berlin)			Neue Bundesländer (mit Berlin)			Deutschland		
1992	8.935.000	532.000	16,8	2.872.000	184.000	15,6	11.807.000	716.000	16,5
1995	9.344.000	541.000	17,3	3.027.000	183.000	16,5	12.371.000	724.000	17,1
1998	9.806.000	548.000	17,9	2.902.000	173.000	16,8	12.708.000	721.000	17,6

Quelle: BMBW, Grund- und Strukturdaten 1990/91, Bonn 1990; BMBF, Grund- und Strukturdaten 1999/00, Bonn 2000; KMK, Schüler, Lehrer und Absolventen der Schulen, Bonn 2000a

In der Stellenvermehrung, die im früheren Bundesgebiet zwischen 1960 und 1980 den Bestand von 264.000 Stellen auf 557.000 (211 Prozent) und in der früheren DDR von 100.000 auf 184.00 (184 Prozent) ausweitete, spiegelt sich zum einen die bildungspolitische Reaktion auf den Anstieg der Schülerzahlen, zum anderen aber auch die in beiden Teilen Deutschlands politisch gewollte Verbesserung der Versorgung der Schulen mit Lehrern und Lehrerinnen. Im gleichen Zeitraum, in den Jahren zwischen 1960 und 1980, verbesserte sich die Relation »Schüler je Stelle« im Westen von 32 auf 21,3, im Osten von 24 auf 15. Der Rückgang der Schülerzahlen, der im Westen wie im Osten, wenn auch unterschiedlich stark, die achtziger Jahre prägte, wurde in beiden Teilen Deutschlands nicht in einen massiven Stellenabbau umgesetzt, sondern zu einer weiteren Verbesserung der Lehrerversorgung genutzt: Am Ende der Schrumpfungsphase lag die Schüler/Stellen-Relation in der alten Bundesrepublik bei 16,7, in der ehemaligen DDR bei 13,1.

Betrachtet man die Jahre nach der Vereinigung der beiden deutschen Staaten, für die erst ab 1992 auswertbare Daten vorliegen, so ergibt sich, dass der für Deutschland insgesamt beobachtbare Anstieg der Schülerzahlen nicht zu einer entsprechenden Stellenvermehrung geführt hat. Trotz einer Steigerung der Schülerzahlen von 1989 für Deutschland insgesamt noch etwa 11,4 Millionen auf 1998 mehr als 12,8 Millionen verharrt der Stellenbestand bei 720.000. Dies hat dazu geführt, dass sich die Schüler/Stellen-Relation nach 1989 in beiden Teilen Deutschlands (entsprechend der Zählweise der KMK: in den alten Bundesländern ohne und in den neuen mit Berlin) und in Deutschland insgesamt verschlechtert hat. Gleichwohl gilt aber für die etwa 40 Jahre seit 1960, dass es in beiden Teilen des Landes wie auch im Land insgesamt nach einer starken Wachstumsphase bisher keinen starken Stellenabbau, sondern eine – bei leichteren Schwankungen – Stagnation des Stellenbestandes gegeben hat. Die Entwicklung in den 90er Jahren deutet allerdings auf einen tendenziellen Wandel hin: Während im Gebiet der alten Bundesländer parallel zum erneuten Anwachsen der Schülerzahlen ein, wenn auch leichterer, Stellenaufbau zu verzeichnen ist, kann in den neuen Bundesländern seit 1995 der Beginn eines Stellenab-

Ausweitung des Stellenvolumens

Verschlechterung der S/L-Relation nach 1989

24

baus verzeichnet werden. Dies ist die politische Reaktion auf den Geburtenrückgang und das dadurch verursachte Schrumpfen der Schülerzahlen. Die auch nach 1995 sich fortsetzende Verschlechterung der Schüler/Stellen-Relation zeigt für die neuen Bundesländer jedoch an, dass sich der Stellenabbau bisher schneller als der Rückgang der Schülerzahlen vollzogen hat. Das sich andeutende Auseinanderklaffen der Entwicklungen in den beiden Teilen des Landes verweist auf eine Perspektive, die in kommenden Jahren noch deutlicher werden wird (vgl. Abschnitt 3 dieses Beitrages).

2. Öffnung und Schließung im Wechsel

In der hier skizzierten etwa vierzigjährigen Phase von Wachstum und Stagnation hat sich die Situation auf dem Teilarbeitsmarkt Schule sehr unterschiedlich entwickelt. Während der Ausbauphase, die zwischen 1960 und 1980 im Westen durch einen Zuwachs von 293.000 und im Osten Deutschlands von 85.000 Stellen gekennzeichnet ist, kam es in der früheren Bundesrepublik zu jährlichen Einstellungszahlen (diese werden als Personenzahlen angegeben), die zwischen 30.000 und 40.000 lagen. Noch 1980 wurden im Gebiet der damaligen Bundesrepublik fast 34.000 Stellen mit mehr als 34.000 Personen neu besetzt (vgl. Tabelle 2). Stellenexpansion und Pensionierungen hatten den Raum dafür geschaffen. Für die frühere DDR sind entsprechende Daten nicht verfügbar; die Ausweitung des Stellenvolumens lässt aber auch für diesen Teil Deutschlands auf beachtlich hohe jährliche Einstellungszahlen schließen.

Wenn man sich, wegen der nur für den Westen des Landes verfügbaren Daten, auf die frühere Bundesrepublik konzentriert, so zeigt sich (vgl. Tabelle 2), dass unmittelbar nach 1980 das jährliche Einstellungsvolumen drastisch zurückgeführt wurde: 1988 – dem Tiefpunkt dieser Entwicklung – lag dieses Volumen mit nur noch etwa 6.500 Personen bei einem Fünftel der Einstellungszahlen des Jahres 1980. Die 80er Jahre sind daher im Westen von verbreiteter Lehrerarbeitslosigkeit geprägt. Verursacht wurde diese Entwicklung dadurch, dass zwischen 1965 und 1975 die jährlichen Geburtenzahlen in der damaligen Bundesrepublik von 1,05 auf 0,6 Millionen zurückgegangen waren und dass dadurch, zeitlich versetzt, die Schülerzahlen deutlich »schrumpften«: 1980 wurden noch knapp 12, 1898 nur noch knapp 9 Millionen Schüler und Schülerinnen gezählt. Da die Bundesländer nicht bereit waren, das Stellenvolumen trotz sinkender Schülerzahlen auszuweiten (tatsächlich ließen sie es in diesen Jahren von 557.000 auf 540.000 leicht zurückgehen; vgl. Tabelle 1), kam es zu den geringen jährlichen Einstellungszahlen.

Nach 1989 setzte dann allerdings im Gebiet der früheren Bundesrepublik ein deutlicher Wiederanstieg der jährlichen Einstellungszahlen ein: 1991 war bereits wieder ein Jahreswert von fast 15.000 eingestellten Personen erreicht. Danach steigerten sich – jetzt für Deutschland insgesamt – die Zahl der jährlich neu eingestellten Lehrerinnen und Lehrer auf über 20.000 Personen im Jahr 1999 (vgl. auch dazu Tabelle 2) – darunter im Gebiet der neuen Länder (einschließlich Berlins) in den Jahren zwischen 1992 und 1999 zwischen knapp 700 (1993) und etwa 2.100 (1999) Personen (vgl. dazu KMK 2000).

Im Westen: zwischen 6.500 und 34.000 Neueinstellungen je Jahr

25

Wenn man diese Einstellungszahlen in Beziehung setzt zu dem – in Personen, nicht in Stellen gezähltem – Personalbestand in den Schulen, so ergibt sich daraus eine Einstellungsquote (vgl. Tabelle 2). Diese Quote, die den Anteil der neu eingestellten an allen Lehrenden angibt, schwankt im Gebiet der früheren Bundesrepublik in den Jahren zwischen 1980 und 1991 zwischen 5,8 Prozent (1980) und 1,1 Prozent (1988). In den Jahren bis 1991 ist sie vom Tiefpunkt des Jahres 1988 kommend wieder auf 2,4 Prozent (1991) angestiegen – mit danach, würde man sie für das frühere Bundesgebiet weiter verfolgen, ansteigender Tendenz. Zur Bewertung dieser Quote ist es hilfreich, sich zu verdeutlichen, dass bei einem altersstrukturell gleichmäßigen Personalaufbau und bei einer durchschnittlichen Berufsdauer von 30 Jahren zum Erhalt des gleichmäßigen Altersaufbaus eine Erneuerungsquote von 3,3 Prozent erforderlich wäre. Die Ausführungen im folgenden Abschnitt werden zeigen, dass dieser Wert im Westen des Landes in den kommenden Jahren – in steigendem Maße – zunächst erreicht und dann bald überschritten werden und dass er im Gebiet der neuen Länder noch auf Jahre hinaus nicht zu erreichen sein wird.

Tab. 2: Einstellungen in Prozent des Lehrerbestandes (Personenzählung)

Jahr	Lehrer im Schuldienst[1]	Einstellungen[2]	Einstellungsquote
1980	579.000	33.698	5,8
1981	587.000	26.290	4,5
1982	590.000	16.312	2,8
1983	591.000	9.997	1,7
1984	590.000	10.636	1,8
1985	589.000	10.438	1,8
1986	588.000	7.261	1,2
1987	587.000	7.016	1,2
1988	581.000	6.559	1,1
1989	581.000	10.294	1,8
1990	583.000	12.061	2,1
1991	609.000	14.834	2,4
1992[3]	761.000	14.011	1,8
1993	764.000	14.772	1,9
1994	775.000	14.696	1,9
1995	778.000	14.641	1,9
1996	780.000	14.888	1,9
1997	783.000	12.904	1,6
1998	785.000	16.490	2,1
1999	/	20.369	/

1 Aus Erfassungsgründen öffentliche und nichtöffentliche Schulen gemeinsam
2 Nur öffentliche Schulen (daher erfolgt eine leichte Unterschätzung der Einstellungsquote)
3 Ab 1992 alte und neue Bundesländer zusammen
Quelle: BMBW bzw. BMBF: Grund- und Strukturdaten, Bonn, verschiedene Jahrgänge; KMK: Beschäftigung von Lehrern 1980 bis 1999, 2000b

3. Wechselbäder als Perspektive auf dem Teilarbeitsmarkt Schule

Die Jahrzehnte von 1960 bis zur Gegenwart sind in beiden Teilen Deutschlands und in Deutschland insgesamt von einem Wechselbad von Einstellungszahlen geprägt, die mal zu Erneuerungsquoten von deutlich oberhalb und mal von deutlich unterhalb des für Kontinuität erforderlichen Wertes von 3,3 Prozent geführt haben. Eine stetige Einstellungspolitik, die zu einem einigermaßen gleichmäßigen Altersaufbau der Kollegien hätte führen können, hat es zu keiner Zeit gegeben. Die wech-

Tab. 3: Altersverteilung der Lehrkräfte in den alten Bundesländern; 1998/99 im Vergleich (in %)

Altersgruppen		unter 40 J.		40-50 J.	über 50 J.		
Bundesland	<30 J.	30-40 J.	zusam.		zusam.	50-60 J.	>60 J.
Baden-Württemberg	4	13	16	42	41	36	5
Bayern	5	19	24	39	37	33	4
Bremen	0	10	11	50	39	37	3
Hamburg	2	14	15	42	43	39	4
Hessen	3	13	16	42	43	38	5
Niedersachsen	2	12	15	44	41	37	5
Nordrhein-Westfalen	3	16	19	45	37	32	4
Rheinland-Pfalz	7	16	23	40	37	33	4
Saarland	3	10	13	39	48	42	6
Schleswig-Holstein	3	16	19	41	40	35	5
Alte Länder insg.	3	15	18	43	39	35	4

Quelle: Berechnungen nach StaBu 1999a, S. 48ff. sowie b, S. 47ff., ohne Lehrkräfte ohne Altersangabe (vgl. Bellenberg 2001)

selnden Einstellungszahlen und die wechselnden Konjunkturen auf dem Teilarbeitsmarkt Schule haben zu einem verzerrten Altersaufbau der Kollegien geführt.

Tabelle 3 weist aus, dass in den alten Bundesländern – bei kleineren Nuancierungen zwischen den einzelnen Ländern – im Durchschnitt nur 18 Prozent der Lehrenden unter 40 Jahre, 39 Prozent aber über 50 Jahre alt sind. Im Gebiet der neuen Bundesländer (vgl. Tabelle 4) stellt sich die Altersstruktur bisher noch deutlich ausgeglichener dar: 31 Prozent der Lehrer und Lehrerinnen sind unter 40, 33 Prozent über 50 Jahre alt.

Die für die beiden Teile Deutschlands so unterschiedliche altersstrukturelle Zusammensetzung der Kollegien führt nun im Kontext der erwartbaren Schülerzahlen- und Lehrerbedarfsentwicklung dazu, dass es in den Schulen beider Teile Deutschlands zu dauerhaften Ungleichgewichten beim Altersaufbau der Kollegien

Dauerhafte Ungleichgewichte beim Altersaufbau

Tab. 4: Altersverteilung der Lehrkräfte in den neuen Bundesländern; 1998/99 im Vergleich (in %)

Altersgruppen		unter 40 J.		40-50 J.	über 50 J.		
	<30 J.	30-40 J.	zusam.		zusam.	50-60 J	>60 J.
Berlin	1	21	22	41	37	34	3
Brandenburg	2	28	31	34	35	32	3
Mecklenburg-Vorp.	4	30	34	37	29	28	2
Sachsen	4	31	36	33	31	30	2
Sachsen-Anhalt	4	30	33	34	33	31	2
Thüringen	3	28	32	36	32	30	2
Neue Länder insg.	3	28	31	36	33	31	2

Quelle: Berechnungen nach StaBu 1999a, S. 48ff. sowie b, S. 47ff., ohne Lehrkräfte ohne Altersangabe (vgl. Bellenberg 2001)

kommen wird. Zur Erläuterung dieser These bedarf es zunächst einiger grundsätzlicher Vorbemerkungen zur Bestimmung von erwartbaren Einstellungszahlen. Für die Einstellungsperspektiven ausgebildeter Lehrerinnen und Lehrer sind eine Reihe von Faktoren bedeutsam. Zuallererst bestimmt der Ersatzbedarf die Zahl der Einzustellenden: Das ist der Bedarf, der durch das Ausscheiden von Lehrenden aus dem Schuldienst entsteht. Dieser Ersatzbedarf wird durch den Zusatzbedarf erhöht bzw. durch den Minderbedarf verringert – in Abhängigkeit etwa von steigenden und sinkenden Schülerzahlen oder von Verbesserungen oder Verschlechterungen bei der Stellenausstattung der Schulen. Aus der Fülle der denkbaren Setzungen zu den bestimmenden Variablen sollen für die im Folgenden mitgeteilten Daten zu Einstellungsperspektiven die im Folgenden mitgeteilten Annahmen gemacht und daraus Aussagen zu Einstellungsperspektiven in beiden Teilen Deutschlands abgeleitet werden (vgl. zu der folgenden Darstellung KLEMM 2000).

In den neuen Bundesländern Im Gebiet der neuen Bundesländer (mit Berlin) wird davon ausgegangen, dass das verfügbare Stellenvolumen parallel zu dem dramatischen Rückgang der Schülerzahlen von knapp 3 Millionen Ende der 90er Jahre auf nur noch 1,7 Millionen um 2010 zurückgefahren wird. Aufgrund der Altersstruktur der Lehrenden und aufgrund der Stärke des Schülerzahlenrückgangs bedeutet dies, dass im Gebiet der neuen Länder bis zum Jahr 2010 die Zahl der noch im Dienst befindlichen Lehrerinnen und Lehrer höher als der bei konstanter Lehrerausstattung bestehende Bedarf sein wird. Einstellungschancen wird es deshalb überwiegend nur im Bereich der berufsbildenden Schulen und für bestimmte Fächerkombinationen geben. Inwieweit die Länder durch das Instrument der faktisch erzwungenen Teilzeitbeschäftigung darüber hinaus Einstellungsmöglichkeiten schaffen, entzieht sich jedem prognostischen Zugriff und kann deshalb hier nicht weiter behandelt werden. Wenn man aber einmal für eine Modellrechnung unterstellt, dass im Gebiet der neuen Bundesländer (wiederum einschließlich Berlins) jährlich die Einstellungszahl des Jahres 1999 (2.100) erreicht wird, so würde dies – bezogen auf die derzeit etwa 170.000 Lehrerinnen und Lehrer in den neuen Ländern – eine Einstellungsquote von etwa 1,2 Prozent bedeuten. Dies ist in etwa die Quote, die in der zweiten Hälfte der 80er Jahren in der damaligen Bundesrepublik den Tiefpunkt der Entwicklung markierte und die damals zu der heute so verzerrten Altersstruktur geführt hat. Angesichts dieser Perspektive zeichnet es sich ab, dass die Kollegien der Schulen in den neuen Bundesländern schon in einigen Jahren eine Altersstruktur aufweisen werden, die ähnlich verzerrt und hinsichtlich der Erneuerungsfähigkeit der Schulen vergleichbar problematisch wie die gegenwärtig im Westen herrschende altersmäßige Zusammensetzung der Lehrerkollegien sein wird.

In den alten Bundesländern Im Gebiet der alten Bundesländer (ohne Berlin) wird infolge der Absichtserklärungen, die die einzelnen Landesregierungen zur Entwicklung der Bildungsausgaben abgegeben haben, unterstellt, dass das Lehrerstellenvolumen – trotz zunächst steigender Schülerzahlen – mittelfristig nicht nennenswert ausgeweitet wird. Der Einstellungsbedarf wird damit für den Durchschnitt der alten Länder durch den Ersatzbedarf bestimmt. Dieser Ersatzbedarf hat allerdings ein beachtliches Ausmaß: In den Jahren zwischen 2001 und 2005 sind dabei etwa 90.000 Stellen (mit 99.000 Personen, wenn auf 10 Stellen in Folge freiwilliger Teilzeitbeschäftigung wie derzeit im Durchschnitt 11 Personen beschäftigt werden) und in den Jahren von 2006 bis 2010 weitere 120.000 Stellen (mit 132.000 Personen) zu besetzen – insgesamt in-

28

nerhalb von 10 Jahren somit etwa 210.000 Stellen (mit 231.000 Personen). Jahresdurchschnittlich bedeutet dies in den Jahren zwischen 2001 und 2005 ein Einstellungsvolumen von je Jahr etwa 20.000 Personen und in den Jahren zwischen 2006 und 2010 ein entsprechendes Volumen von jährlich mehr als 26.000. In dem Maße, in dem einzelne Länder ihr Stellenvolumen entgegen früheren Absichtserklärungen ausbauen, wird die Zahl der jährlich eingestellten Personen noch darüber liegen. Diese Einstellungszahlen bedeuten, dass es in den kommenden fünf Jahren – bei im Durchschnitt etwa 600.000 beschäftigten Lehrerinnen und Lehrern zu einer Einstellungsquote von 3,3 Prozent kommen wird, zu einer Quote also, die für den Aufbau einer homogenen Altersstruktur der Lehrerschaft im Westen Deutschlands optimal ist. In den Jahren nach 2005 kommt es aber mit den dann gesteigerten Einstellungszahlen von 26.000 Personen zu einer Einstellungsquote von 4,3 Prozent – mit der Folge, dass der Anteil jüngerer Lehrerinnen und Lehrer in den Kollegien stark ansteigen wird. Dies wiederum wird zeitlich versetzt zu einer neuerlichen Reduzierung späterer Einstellungszahlen führen. Auf diese Weise zeichnet sich auf dem Teilarbeitsmarkt Schule auch im Gebiet der alten Bundesländer kein Ende der Wechselbäder von Öffnung und Schließung des Lehrerarbeitsmarktes ab – mit all den problematischen Folgen für den Altersaufbau der Kollegien und die pädagogischen Innovationen, die auch von der regel- und gleichmäßigen »Zufuhr« neu ausgebildeter Lehrer abhängig sind.

Literatur

BMBW/BMBF: Grund- und Strukturdaten. Bonn (verschiedene Jahrgänge).
BELLENBERG,G.: Der Generationenwechsel in der Lehrerschaft. In: Pädagogik 2/2001, S. 32-35.
KLEMM, K.: Der Teilarbeitsmarkt Schule in Deutschland bis zum Schuljahr 2010/11. Essen 2000 (www.uni-essen.de/agklemm).
KMK: Schüler, Klassen, Lehrer und Absolventen der Schulen. Bonn 2000 (a).
KMK: Beschäftigung von Lehrern 1980 bis 1999. Bonn 2000 (b).

Diplom-PädagogInnen – Gewinner oder Verlierer auf dem Arbeitsmarkt?

Thomas Rauschenbach

1. Die Ausgangslage

Zugegeben: Ein mit Vorschusslorbeeren überschüttetes neues Universitätsprodukt war der Diplom-Pädagoge – wie das Qualifikationsprofil damals noch sprachlich gänzlich unsensibel hieß – Mitte der 70er Jahre, als die ersten Absolventinnen und Absolventen gewissermaßen vom Band rollten, nicht gerade. Niemand, jedenfalls niemand in der durchschnittlichen bundesdeutschen Praxislandschaft des Sozial-, Erziehungs- und Bildungswesens hatte konkret auf dieses neue Qualifikationsprofil gewartet. Diplom-PädagogInnen waren eher das Produkt eines fachinternen Differenzierungsprozesses (vgl. dazu GÄNGLER 1994), eines inneruniversitären Aufstiegsprojektes der Erziehungswissenschaft und letzten Endes wohl vor allem auch das Resultat einer Reform der Hochschullandschaft – in Form der Neugründung von Universitäten und der Integration von Pädagogischen Hochschulen in das Universitätssystem – sowie eines Ausbaus der gesamten Sozialwissenschaften. Die Pädagogischen Hochschulen drängten auf eine universitäre Anerkennung, und da kam ihnen das Angebot der 1969 von der KULTUSMINISTERKONFERENZ (KMK) und der WESTDEUTSCHEN REKTORENKONFERENZ (WRK) genehmigten Rahmenprüfungsordnung für einen neuen Diplomstudiengang Erziehungswissenschaft wie gerufen. Mit ihm eröffnete sich den Pädagogischen Hochschulen nicht nur die Möglichkeit des Einstiegs in die akademische Lehre jenseits des Lehramtes in Form von universitären Diplomstudiengängen, sondern auch in die systematische Erweiterung ihres Profils als reine Lehrerausbildungsstätten.

Motive und Ambivalenzen am Beginn

31

In Anbetracht dieser Ausgangslage und der damit sichtbar werdenden sekundären Motive an der Einführung eines erziehungswissenschaftlichen Diplomstudienganges waren in der Folge dann auch zwei Punkte nicht verwunderlich:

Aufstiegsprojekt für Pädagogische Hochschulen

- zum einen, dass vor allem die damaligen Pädagogischen Hochschulen die treibende Kraft bei der Einrichtung von erziehungswissenschaftlichen Diplomstudiengängen vor Ort waren (vgl. dazu LANGENBACH/LEUBE/MÜNCHMEIER 1974), da sie über den Weg des Diplomstudiengangs ihre eigene Diplomierung, sprich: die akademischen Weihen universitärer Forschung und Lehre zu erlangen hofften (zum aktuellen Stand vgl. OTTO u.a. 2000);

Skepsis in der Praxis

- zum anderen, dass diesem neuen Ausbildungstyp von Seiten der Praxis, also den potentiellen Arbeitgebern und Anstellungsträgern, zum Teil massive Skepsis und Ablehnung entgegengebracht wurde, teils aus Angst vor dem Veränderungspotenzial dieses fremdartigen, weil akademischen Qualifikationsprofils, teils aus Verärgerung über diesen ohne Abstimmung mit der Praxis eingeführten Studiengang.

Mit anderen Worten: Nicht vorrangig die Praxis des Sozial-, Erziehungs- und Bildungswesens war an diesem Qualifikationsprofil interessiert – geschweige denn an seiner inhaltlich-konzeptionellen Entwicklung beteiligt –, sondern vor allem die (Pädagogischen) Hochschulen, das Fach Erziehungswissenschaft, die bis Mitte der 70er Jahre urplötzlich in Massen auftauchenden Studierwilligen sowie vielleicht

Kritik: Qualifikationsprofil ohne Bedarf

noch eine aufgeklärte, kritische Öffentlichkeit, die mit den sozialwissenschaftlichen Studiengängen die Hoffnung auf eine kulturell-soziale Reform der Bundesrepublik verband (vgl. BAHNMÜLLER u.a. 1988, S. 29 ff.). Der DEUTSCHE LANDKREISTAG (1977), der damals im sozialen Sektor ausgesprochen einflussreiche Deutsche Verein für öffentliche und private Fürsorge (1977) und selbst das Wochenmagazin DER SPIEGEL (1985) sahen keinen wirklichen Bedarf für die Absolventinnen und Absolventen dieses Studiengangs. So sprach denn auch DER SPIEGEL mediengerecht ganz im Zeichen der allgemeinen Stimmungslage Mitte der 80er Jahre von der »Totgeburt« des Diplomstudiengangs Erziehungswissenschaft. Auch wenn er im Endeffekt nicht recht behalten sollte, so hatte er dennoch zu einem Zeitpunkt, als es um den Diplomstudiengang tatsächlich nicht zum besten bestellt war, eine Skepsis auf den Punkt gebracht, die innerhalb und außerhalb der eigenen Reihen weit verbreitet war.

Denn in der Tat: Der Anfang war für diesen neuen Studiengang und seine AbsolventInnen nicht ganz einfach, die erste Strecke des Weges war steinig, und zeitweilig war nicht so ganz klar, ob der Studiengang noch das leicht schimmernde Licht am Ende des Tunnels auf dem Weg in die Zukunft erreichen würde.

2. Start ohne Perspektiven – die Anfänge in den 70er Jahren

Als die erste Generation von ausgebildeten Diplom-Pädagoginnen und -Pädagogen ab Mitte der 70er Jahre in etwas größerer Zahl die Hochschule verließ, wusste

Unklarer Start auf dem Arbeitsmarkt

keiner so genau, was nun passieren würde. Auch wenn es günstige, wie sich aber rasch herausstellte, letzten Endes wenig stimmige Prognosen für einen erheblichen Bedarf an erziehungswissenschaftlich ausgebildetem Personal gab, bei denen häufig der Wunsch der Vater des Gedankens war, so überwogen in vielen Bereichen dennoch die Vorbehalte gegenüber diesem neuen Qualifikationsprofil (vgl. auch RAUSCHENBACH/ZÜCHNER 2000):

- Im Bereich der *Schule* hatte sich bereits im Vorfeld abgezeichnet, dass Diplom-PädagogInnen mit der Studienrichtung Schulpädagogik ohne einen zusätzlichen Lehramtsabschluss keine Einstellungschancen haben würden;
- im Bereich der *Erwachsenenbildung* wurden für die Volkshochschulen vorzugsweise Fachkräfte gesucht, die neben einem pädagogischen Hauptfachabschluss auch noch ein Fächerstudium nachweisen konnten;
- in der *Sonderpädagogik* stand eine Überwindung der Zentrierung auf eine Sonderschulpädagogik und eine Konjunkturbelebung durch den Integrationsgedanken noch bevor;
- und in der *Sozialpädagogik* schließlich war zu allem Überfluss durch die Einführung der Fachhochschulen zu Beginn der 70er Jahre und damit kurz nach der Genehmigung des universitären Diplomstudiengangs auch mengenmäßig noch eine erhebliche Konkurrenz durch die – wie sie damals noch hießen – graduierten SozialarbeiterInnen und SozialpädagogInnen entstanden (vgl. dazu auch THOLE 1994).

Unter dem Strich war aufgrund dieser Ausgangslage für die Gruppe der Diplom-PädagogInnen fast zwangsläufig mit Schwierigkeiten, mit Konkurrenzen und mit wenig Gegenliebe auf dem Arbeitsmarkt zu rechnen.

Da das Qualifikationsprofil »Diplom-Pädagoge« als ein »ungeliebtes Kind der Bildungsreform« (vgl. HOMMERICH 1984) gegen Ende der 70er Jahre in den einschlägigen amtlichen Statistiken, d.h. vor allem der Arbeitslosen- und der Beschäftigtenstatistik, noch gar nicht als eigene Gruppe vorkam – erst 1982 tauchte der »Diplom-Pädagoge« als sog. »Viersteller« (mit der Berufskennziffer ‚8828') in der Klassifikation der Berufe erstmalig auf[1] –, wurden in dieser frühen Arbeitsmarktphase mehrere kleinere, sprich: regionale oder lokale sowie zwei etwas größere Verbleibsstudien durchgeführt (vgl. KOCH 1977; KOCH u.a. 1978; BUSCH/HOMMERICH 1981). Diese lieferten erste Anhaltspunkte, denenzufolge die Lage auf dem Arbeitsmarkt in der Summe nicht so pessimistisch einzuschätzen war, wie dies die vielfältigen Debatten, Kontroversen und Prophezeiungen nahe legten (zu den Verbleibsstudien vgl. auch KRÜGER/ZÜCHNER in diesem Band).

Auch wenn hier nicht im Detail die Lage und die Befunde jener Zeit referiert werden sollen, so lässt sich im Nachhinein dennoch pauschal sagen, dass im Grunde genommen der Start für die Diplom-PädagogInnen gar nicht so schlecht verlief,

Verbleibsstudien als erste Informationsquelle

---

1 Allerdings hatte diese Klassifizierung als sogenannter »Viersteller« innerhalb der Berufssystematik zur Folge, dass Diplom-PädagogInnen damals lediglich in Sachen Arbeitslosigkeit sichtbar wurden, nicht jedoch mit Blick auf die Zahl der Beschäftigten, da für die Beschäftigtenstatistik seit jeher nur »Dreisteller« erfasst worden sind, so dass Diplom-PädagogInnen auf der Seite der Beschäftigten »unsichtbar« wurden, sprich: in einer gröberen Rubrik verschwanden und deshalb ihre Entwicklung auf dem Arbeitsmarkt im Rahmen der amtlichen Statistik im Grunde genommen bis heute nicht klar nachzuvollziehen ist. Der einzige Hoffnungsschimmer in dieser Hinsicht ist die Neuklassifikation der Berufe, die das STATISTISCHE BUNDESAMT vorgenommen hat, die aber aufgrund der fehlenden Übernahme durch die BUNDESANSTALT FÜR ARBEIT, gegenwärtig lediglich bei den Mikrozensuserhebungen angewendet wird. In dieser revidierten Berufsklassifikation ist ein neuer Dreisteller »Erziehungswissenschaftler/innen« eingeführt worden, so dass es in Zukunft zumindest im Ansatz möglich wäre, Diplom-PädagogInnen auch in punkto Erwerbstätigkeit zu erfassen.

wie er damals von einigen vielleicht erlebt oder befürchtet wurde. Auf der einen Seite war man zwar meilenweit von der Idealvorstellung entfernt, derzufolge nicht nur alle examinierten Diplom-PädagogInnen einen Arbeitsplatz erhalten, sondern dieser zugleich auch noch »akademikeradäquat« bezahlt wird, d.h. in Anlehnung an das Laufbahnrecht des Höheren Dienstes entweder analog zu den Studienräten als A 13-Besoldung oder zu den Regelkonditionen für wissenschaftlich Angestellte mit einer Eingangsvergütung nach BAT IIa. Auf der anderen Seite war aber das Einmündungstempo, gemessen an der Wartezeit nach dem Examen bis zur ersten Stelle, im Schnitt keineswegs so schlecht, wie einige Pessimisten prognostizierten und dem Studiengang auch lange unterstellt wurde.

Start verlief besser als befürchtet

Immerhin ging es darum, ein neues (Ausbildungs-)Produkt auf einem (Arbeits-)Markt zu platzieren, ohne dass dafür zuvor irgendwelche Einmündungsstrategien entwickelt, geschweige denn konkrete Vorbereitungen getroffen worden wären. Entscheidend für den dennoch letztlich ganz passablen Etablierungsprozess der ersten Generation von Diplom-PädagogInnen – dies belegen die späteren Verbleibsstudien – war im Endeffekt ein zentraler Arbeitsmarktfaktor: die Expansion von Stellen im Bereich der personenbezogenen sozialen Dienste (vgl. ZÜCHNER in diesem Band).

Dieser zentrale Faktor als erklärende Variable für eine zumindest der Menge, nicht unbedingt der Qualität nach erfolgreiche Platzierung auf dem Arbeitsmarkt lässt sich sowohl an dem generellen Stellenwachstum in diesem Bereich ablesen, aber auch daran, dass – wie alle Studien einheitlich zeigen – teilweise zwischen einem Drittel und der Hälfte der Diplom-PädagogInnen auf Stellen einmündeten, die neu eingerichtet worden waren. Mit anderen Worten: Diplom-PädagogInnen der ersten Stunde mussten sich gewissermaßen ihre Stelle entweder selber schaffen oder sich aber genau in jenem Teilsegment eines expandierenden Arbeitsmarktes behaupten, das durch Unsicherheit gekennzeichnet war, da es sich um neu eingerichtete, noch nicht etablierte Stellen handelte. Die Pioniere des Studiengangs waren somit auch Pioniere eines neuen Arbeitsmarktes.

Stellenexpansion als erklärende Variable

3. Die 80er Jahre oder: Die sieben mageren Jahre

Dieser alles in allem immer noch relativ günstige Start zu Beginn der Arbeitsmarktära der Diplom-PädagogInnen wird insbesondere im Vergleich mit späteren Generationen offenkundig (vgl. dazu ausführlich BAHNMÜLLER u.a. 1988). Die Hoffnung, die noch in den 70er Jahren dominierte, der Studiengang werde sich nach einer ersten, etwas schwierigeren Startphase auf dem Arbeitsmarkt – sobald er bekannter wäre – schon durchsetzen, bewahrheitete sich in dieser Weise zumindest kurzfristig nicht. Denn: Deutlich verschlechtert hatte sich zu Beginn der 80er Jahre nicht nur die allgemeine Lage auf dem Arbeitsmarkt – auch für AkademikerInnen –, sondern auch die für Diplom-PädagogInnen. Anfänglich, 1982, in der Arbeitslosenstatistik noch ausgewiesen mit rund 1.750 arbeitslos gemeldeten ErziehungswissenschaftlerInnen – darin waren auch MagisterabsolventInnen enthalten –, stieg diese Zahl innerhalb von zwei Jahren auf ca. 3.250, um dann unaufhaltsam innerhalb weniger

Arbeitsmarktprobleme nahmen zu

Tab. 1: Vergleich von Absolventen- und Arbeitslosenzahlen bei Hauptfach-PädagogInnen (Diplom/Magister; 1982-2000)

Jahr	Diplom-/Magister-PädagogInnen		
	AbsolventInnen	Gemeldete Arbeitslose	Risikofaktor (Spalte 3 : 2)
1	2	3	4
1982	2.412	1.764	0,7
1984	2.738	3.242	1,2
1986	2.683	3.523	1,3
1988	2.549	4.538	1,8
1990	1.984	3.425	1,7
1991	1.965	2.992	1,5
1992	1.889	2.914	1,5
1993[1]	2.201	3.245	1,5
1994[1]	2.009	3.149	1,6
1995[1]	2.247	3.200	1,4
1996	2.892	3.413	1,2
1997	3.642	3.585	1,0
1998	3.861	3.260	0,8
1999	4.067	3.206	0,8
2000	/	2.942	(0,7)[2]

1 Ostdeutschland ist bei den *Absolventen* ab 1993, bei den *Arbeitslosen* ab 1996 mit eingerechnet. Damit ergeben sich in den Übergangsjahren 1993-95 möglicherweise leichte Verzerrungen.
2 Zahlen in Klammer: Vorläufige Berechnungen
Quelle: Bundesanstalt für Arbeit, Strukturanalyse; Statistisches Bundesamt, Fachserie 11, Reihe 4.2; eigene Berechnungen

Jahre bis 1988 auf den vorläufigen Höhepunkt von mehr als 4.500 arbeitslos gemeldeten Hauptfach-PädagogInnen zu steigen (vgl. Tab. 1, Spalte 3).

Mit dieser Entwicklung schienen alle Spötter und Pessimisten Recht zu behalten, dass sich der »Diplom-Pädagoge« als Kind der Bildungsreform auf Dauer auf dem Arbeitsmarkt nicht etablieren würde und sich in der Tendenz eher ins Nebulöse aufzulösen drohe. Unterstützt wurde dieser Eindruck auch dadurch, dass zeitgleich die Zahl der Neuimmatrikulierten zumindest zu stagnieren schien und sich die Zahl der AbsolventInnen ab 1987 ebenfalls abwärts bewegte (vgl. Tabelle 1, Spalte 2, sowie ausführlich die einschlägigen Beiträge in Band 2). Es schien, als gehöre die reformfreudige Ära im Bildungssystem endgültig der Vergangenheit an, und würde in diesem Zusammenhang der neue Akademiker-Beruf »Diplom-Pädagoge« zu einem Opfer, gewissermaßen zu einem Missverständnis und zu einer kurzen Episode der auslaufenden Reformära, kurz: zu einem »bildungspolitischen Prügelknaben« (BAHNMÜLLER u.a. 1988, S. 32). Einzig und allein die Tatsache, dass keineswegs nur Diplom-PädagogInnen, sondern alle Sozial- und Erziehungsberufe von dieser Abwärtsspirale auf dem Arbeitsmarkt betroffen waren – ErzieherInnen, SozialpädagogInnen und SozialarbeiterInnen der Fachhochschulen, aber auch SoziologInnen, PolitologInnen und PsychologInnen –, war ein kleiner Hoffungsschimmer. Immerhin schien dies die Mutmaßung zu stützen, dass diese Entwicklung Ausdruck einer allgemeinen Arbeitsmarktkrise und nicht der Abgesang des neuen Qualifikationsprofils »Diplom-Pädagoge« war.

Mit dem zeitgleichen Rückgang der Berufsaussichten von angehenden LehrerInnen, den damit korrespondierenden, drastisch zurückgehenden Studierendenzahlen im Lehramt (vgl. ZÜCHNER, in diesem Band und in Band 2) sowie einer ersten großen Welle ABM-gestützter Arbeitsplätze verdichtete sich eine Entwicklung, die gegen Ende der 80er Jahre die Prophezeiung von den Diplom-PädagogInnen – und

Diplom-Pädagogik im Abwärtstrend

Allgemeine Arbeitsmarktkrise

Diplom-PädagogInnen als Verlierer?

mit ihnen auch das Fach Erziehungswissenschaft – als den Verlierern auf dem Aka-
demiker-Arbeitsmarkt zu bestätigen schien, zumal auch die jährlichen Zuwachsraten neuer Stellen in dieser Zeit deutlich an Fahrt verloren. Die Aussichten waren in
dieser Phase wahrlich nicht sonderlich rosig. Doch es kam dann in den Folgejahren
für diese Berufsgruppe – etwas überraschend – anders, als zu jener Zeit befürchtet.

4. Die 90er Jahre oder: Die sieben fetten Jahre

Fast zeitgleich mit der politischen Wende im innerdeutschen Verhältnis zwischen
der DDR und der BRD – wenn auch nicht durch dieses Ereignis ausgelöst oder gar
bedingt – kam für die Diplom-PädagogInnen auch die Wende auf dem Arbeitsmarkt. Der markanteste Ausdruck hierfür war – nach Jahren der wachsenden De-
pression aufgrund des unaufhaltsamen Anstiegs der Arbeitslosenzahlen – die
Trendwende auf dem Arbeitsmarkt: Innerhalb von nur drei Jahren sank zwischen
1988 und 1991 die Zahl der arbeitslos gemeldeten ErziehungswissenschaftlerInnen um rund ein Drittel (vgl. Tabelle 1). Das war neu in der noch jungen Geschichte dieser Berufsgruppe und ein erster Hoffnungsschimmer in Anbetracht des zuvor
unaufhaltsamen Anstiegs der Arbeitslosenzahlen. Dabei überraschte aber nicht der
bloße Umstand des Rückgangs, sondern auch dessen Umfang: von rund 4.500 auf
unter 3.000 arbeitslos gemeldete ErziehungswissenschaftlerInnen im Herbst 1991.
Die Lage für Diplom-PädagogInnen schien sich erstmalig spürbar zu entspannen.
Dies deutete auch der sog.»Risikofaktor« an, der das rechnerische Verhältnis von
arbeitslos gemeldeten Hauptfach-PädagogInnen zur Zahl der neu hinzukommen-
den AbsolventInnen zum Ausdruck bringt (vgl. Tabelle 1, Spalte 4): Seit 1988
zeigte dieser nach unten.

Wende in Sachen
Arbeitslosigkeit

Gründe für den Rückgang

Unklar waren zunächst die Gründe für diese Trendwende, gab es doch keine unmittelbar auf den ersten Blick erkennbaren, gewissermaßen messbaren Einflussfaktoren. Im Endeffekt dürfte es sich daher um ein Zusammenspiel unterschiedlicher
Einflüsse handeln, die zu einer Schubumkehr in Sachen Arbeitslosigkeit führten:

Weniger Ausgebildete

- Auf der einen Seite war in dieser Phase zeitgleich ein langsamer, aber stetiger
  Rückgang der AbsolventInnenzahlen zu beobachten (vgl. Tabelle 1, Spalte 2).
  So wurden im Jahr 1984 noch über 2.700 Diplom-PädagogInnen, 1992 hingegen nur noch 1.900 erfolgreich examiniert. Das heißt: Zu Beginn der 90er Jahre
  nahm der Zufluss an neu ausgebildeten Diplom-PädagogInnen ab, die zusätzlich auf einen ohnehin schon prekären Arbeitsmarkt drängten.

Stärkere Expansion

- Auf der anderen Seite gewann der Arbeitsmarkt für Sozial- und Erziehungsberufe im Vergleich zu den Jahren davor erneut an Fahrt. Die Zahl der jährlich neu
  geschaffenen Stellen nahm wieder zu – erreichte Größenordnungen wie gegen
  Ende der 70er Jahre –, so dass sich auf diesem Wege auch für die Diplom-PädagogInnen die Dynamik auf dem Arbeitsmarkt verbesserte (vgl. ZÜCHNER in
  diesem Band).
- Daneben könnte in dieser Zeit auch ein Faktor eine Rolle gespielt haben, der
  sich eines empirischen Beleges allerdings entzieht. Manches spricht dafür, dass
  gegen Ende der 80er Jahre ein Stimmungswandel im Feld der Sozial- und Erzie-

36

hungsberufe gegenüber den Diplom-PädagogInnen einsetzte, der u.a. dazu führte, dass die Hürden, die Diplom-PädagogInnen bei der Einmündung auf den Arbeitsmarkt zuvor vielfach zusätzlich überwinden mussten, etwas weniger wurden. Zumindest fällt auf, dass zu dieser Zeit die negativen Stellungnahmen zu dieser Berufsgruppe bereits der Vergangenheit angehörten – die kommunalen Spitzenverbände und der Deutsche Verein hielten sich ab Mitte der 80er Jahre merklich zurück.

• Des Weiteren wurden Diplom-PädagogInnen schließlich im offiziellen Begründungstext zum neuen Kinder- und Jugendhilfegesetz, das 1990 verabschiedet wurde, neben den ErzieherInnen und den SozialpädagogInnen/SozialarbeiterInnen in die Gruppe der sogenannten »Fachkräfte für die Kinder- und Jugendhilfe« aufgenommen und damit als Berufsgruppe erstmalig in Verbindung mit einem wichtigen Gesetz eigens erwähnt (zum Thema Fachkräfte im KJHG vgl. RAUSCHENBACH 1996).

Zusammengenommen war ab Ende der 80er Jahre jedenfalls zu beobachten, dass die Lage und die Stimmung für Diplom-PädagogInnen besser wurde, und zwar weniger mit Blick auf die einzelnen Arbeitsplätze und deren Bedingungen – dafür gaben zumindest die einschlägigen Verbleibsstudien keine Hinweise –, sondern eher hinsichtlich der generellen Frage des Unterkommens auf dem Arbeitsmarkt.

Da, wie bereits angemerkt, bis heute keine zuverlässigen Gesamtdaten für die Entwicklung der Berufsgruppe der Diplom-PädagogInnen auf dem Arbeitsmarkt vorliegen, bleiben für den weiteren Werdegang nur drei Anhaltspunkte, die jedoch in ihrer Summe die vergleichsweise gute Lage für die Diplom-PädagogInnen gegen Ende der 90er Jahre stützen.

(1) Die Entwicklung der Arbeitslosigkeit: Auch der weitere Verlauf in Sachen Arbeitslosigkeit war in den 90er Jahren so, dass zwar zunächst kein weiterer Rückgang festzustellen war, sich aber die Zahl über Jahre hinweg mehr oder weniger konstant zwischen 3.000 und 3.500 bewegte, obgleich in dieser Zeit allmählich die arbeitslos gemeldeten Personen in den neuen Bundesländern hinzukamen und zugleich die Zahl der AbsolventInnen pro Jahr sämtliche Rekorde brach (vgl. Tabelle 1). Insofern wäre eigentlich mit einem erneuten Anstieg der Arbeitslosigkeit zu rechnen gewesen. Das Gegenteil aber war der Fall: Die Gesamtzahl der arbeitslos gemeldeten Hauptfach-PädagogInnen sank im Jahre 2000 erneut unter die magische Grenze von 3.000 Personen, obgleich darin immerhin rund 400 Meldungen aus den neuen Bundesländern enthalten waren, was zugleich heißt, dass in den alten Bundesländern ein neuer Tiefstand von 2.574 erreicht wurde – ein Wert, der überhaupt nur im ersten Erhebungsjahr (1982) unterschritten wurde, zu einem Zeitpunkt also, in dem die Erfassung sicherlich noch nicht vollständig war und es erst vergleichsweise wenig ausgebildete Diplom-PädagogInnen gab. Und betrachtet man den sog. »Risikofaktor« (vgl. Tabelle 1, Spalte 4), dann wird ebenfalls deutlich, dass dieser seit gut 10 Jahren langsam, aber sicher nach unten gegangen ist und sich auf zuletzt erheblich günstigere Werte reduziert hat als in den späten 80er und frühen 90er Jahren.

(2) Das Wachstum der Diplom-PädagogInnen in der Kinder- und Jugendhilfe: In dem bereits genannten Feld der Kinder- und Jugendhilfe, dem vermutlich ohne-

Tab. 2: *Diplom-Pädagogen in der Kinder- und Jugendhilfe nach ausgewählten Merkmalen (1982-1998)*

	Bestand 1982 West		Bestand 1990/91West		Bestand 1994 BRD		Bestand 1998 BRD	
	abs.	%	abs.	%	abs.	%	abs.	%
Dipl.-Pädagog.[1]	2.156	100,0	4.578	212,3	8.907	413,1	10.769	499,5
Vollzeitäquivalenz[2]	1.825	100,0	3.767	206,4	7.393	405,1	8.753	479,6
Frauen	1.096	50,8	2.793	61,0	5.743	64,5	6.842	63,5
Männer	1.060	49,2	1.785	39,0	3.164	35,5	3.927	36,5
25- 40 Jahre	1.890	87,7	3.563	77,8	5.251	59,0	5.171	48,0
40- 60 Jahre	253	11,7	980	21,4	3.585	40,2	5.356	49,7
> 60 Jahre	13	0,6	35	0,8	71	0,8	135	1,3
Vollzeit	1.633	75,7	3.150	68,8	6.145	69,0	6.046	56,1
Teilzeit	292	13,5	1.103	24,1	2.320	26,0	3.983	37,0
Nebentätigkeit	231	10,7	325	7,1	442	5,0	740	6,9
Öffentliche Träger	599	27,8	1.164	25,4	3.112	34,9	3.177	29,5
Freie Träger	1.465	67,9	3.314	72,4	5.678	63,7	7.312	67,9
Gewerbliche Träger	92	4,3	100	2,2	117	1,6	280	2,6
Nach ausgewählten Arbeitsfeldern (in % der insgesamt beschäftigten Diplom-Pädagogen)								
Kindertageseinricht.	177	8,2	905	19,8	1.635	23,0	1.930	17,9
Jugendamt	234	10,9	350	7,6	750	10,7	1.103	10,2
Station. Erzieh'hilfe	550	25,5	1.002	21,9	1.280	25,1	2.768	25,7
Einr. d. Jug'arbeit	432	20,0	878	19,2	1.031	19,2	2.057	19,1
Beratungsstellen	259	12,0	540	11,8	574	9,0	874	8,1
Sonderpäd. Einr.	193	9,0	310	6,8	417	2,2	279	2,6
Sonstige Einrich.	311	14,4	593	13,0	624	10,7	1.758	16,3
Anteil der Diplom-Pädagogen am/an ...								
	in %		in %		in %		in %	
Gesamtpersonal der Jugendhilfe	0,8		1,4		1,6		1,9	
(sozial)päd. Akade-mikerInnen[3]	8,2		11,4		18,2		17,5	

1 Genau genommen dürften darin auch einige Magister-AbsolventInnen enthalten sein, da diese nicht gesondert erfasst und ausgewiesen werden. Die Prozentwerte in dieser und der nächsten Zeile weisen die Zuwachsraten im Vergleich zum Ausgangswert von 1982 aus.
2 Teilzeittätigkeiten wurden mit dem Faktor 0,5, Nebentätigkeiten mit dem Faktor 0,2 in Vollzeitäquivalente umgerechnet. Damit werden in dieser Zeile Vollzeitstellen, nicht Köpfe gezählt.
3 Dabei handelt es sich um den prozentualen Anteil der universitären Diplom-PädagogInnen an der Summe von SozialpädagogInnen/SozialarbeiterInnen (FH) und Diplom-PädagogInnen (U).

Quelle: Statistisches Bundesamt: Kinder- und Jugendhilfestatistik, verschiedene Jahrgänge; eigene Berechnungen

hin wichtigsten Arbeitsfeld für Diplom-PädagogInnen, hatten diese seit Anfang der 80er Jahre einen unaufhaltsamen Aufstieg zu verzeichnen, der besonders in den 90er Jahren durch ein im Vergleich zu allen anderen Berufsgruppen überdurchschnittliches Wachstum gekennzeichnet war (vgl. Tabelle 2). Konkret: Wurden 1982, dem Zeitpunkt der erstmaligen Erfassung rund 2.150 Diplom-PädagogInnen in der Kinder- und Jugendhilfe gezählt, so waren dies 16 Jahre später immerhin über 10.750 und damit in etwa der fünffache Wert. Dies ist schon in sich ein deutlicher Beleg für das Wachstum der Diplom-PädagogInnen in diesem Arbeitsfeld. Unterstrichen wird dieser Bedeutungszuwachs aber noch zusätzlich dadurch, dass auch der relative Anteil der Diplom-PädagogInnen am Personal in der Kinder- und Jugendhilfe in diesem Zeitraum durchgängig von einst 0,8% auf zuletzt immerhin 1,9% gestiegen ist. Damit haben Diplom-PädagogInnen ein überdurchschnittliches Wachstum zu verzeichnen und gehören unter dem Strich eindeutig zu den Gewinnern auf dem Arbeitsmarkt Jugendhilfe. Damit hat sich diese Berufsgruppe zumindest in diesem Bereich etabliert und ist zu einem festen Bestandteil des Personals in der Kinder- und Jugendhilfe geworden.

Expansion in der Kinder und Jugendhilfe

(3) Arbeitsplatzrisiken im Vergleich: Auch wenn beide Punkte bereits in sich Belege für eine in jüngster Zeit eher entspannte Arbeitsmarktlage sind, so unterstreicht letztlich auch der Außenvergleich mit anderen Berufsgruppen diesen Befund. Während ein direkter Vergleich des Arbeitsmarktrisikos mit benachbarten Berufen zeigt, dass Diplom-PädagogInnen keineswegs schlechter daste-

Geringere Arbeitslosigkeit im Vergleich

Abb. 1: Index-Entwicklung der AkademikerInnen-Arbeitslosigkeit im früheren Bundesgebiet in ausgewählten Fachrichtungen (1983-2000; Index: 1983 = 100)

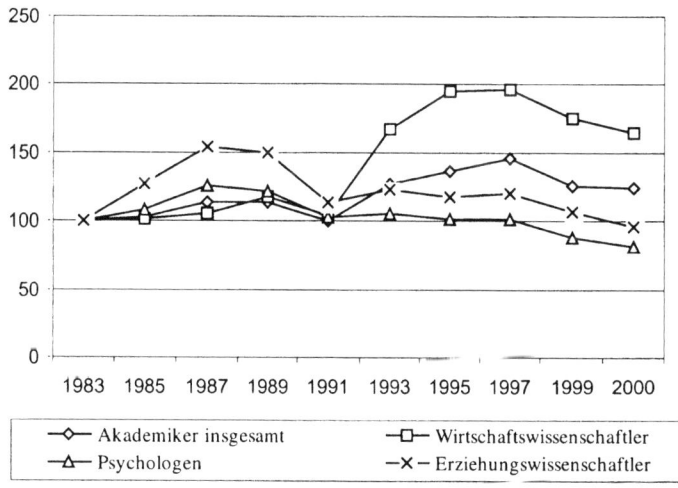

Quelle: Bundesanstalt für Arbeit, ANBA, Strukturanalyse, verschiedene Jahrgänge; eigene Berechnungen

hen (vgl. ZÜCHNER in diesem Band), so überrascht doch zugleich der Umstand, dass in den 90er Jahren die Arbeitslosigkeit bei Diplom-PädagogInnen sich im Schnitt günstiger entwickelte als für die Gesamtgruppe der AkademikerInnen (vgl. Abbildung 1). Auch dies kann in seiner Tendenz als ein Beleg für die vergleichsweise günstige Entwicklung der Diplom-PädagogInnen in den 90er Jahren auf dem Arbeitsmarkt gewertet werden.

Zusammengenommen deuten die jüngeren Daten und Befunde darauf hin, dass trotz der Zunahme der AbsolventInnenzahlen in den letzten Jahren und den nicht sonderlich günstigen allgemeinen Rahmendaten des Arbeitsmarktes Diplom-PädagogInnen eher eine – gemessen an ihrer kurzen Arbeitsmarktgeschichte – vergleichsweise entspannte Phase hinter sich haben. Die Frage ist nur, wie es nun weiter geht.

5. Die Zukunft – Perspektiven für Diplom-PädagogInnen

»Diplom-PädagogInnen – Gewinner oder Verlierer des Arbeitsmarktes?«, so lautete die Ausgangsfrage dieses Beitrags. Folgt man der Bilanz in den vorangegangenen Abschnitten, so kann man mit Fug und Recht von einer allgemeinen Verbesserung der Lage für die Diplom-PädagogInnen sprechen. Es gibt zumindest derzeit keine empirischen Anzeichen dafür, dass diese Berufsgruppe auf dem Arbeitsmarkt irgendwelche Sonderprobleme zu bewältigen hat. Insoweit dürften einige Formulierungen, wie sie bereits in der Vergangenheit zur Diskussion gestellt worden sind, auch in naher Zukunft ihre Gültigkeit behalten.

(1) Diplom-PädagogInnen werden nicht geliebt, aber gebraucht: Betrachtet man die Entwicklung des allmählichen Eindringens der Diplom-PädagogInnen auf dem Arbeitsmarkt, dann scheint sich das zu bestätigen, was als Argument für die Einführung des Diplomstudiengangs ins Feld geführt wurde: dass akademisch ausgebildete, hochqualifizierte Fachkräfte im Sozial-, Erziehungs- und Bildungswesen verstärkt gebraucht werden. Im Nachhinein hat sich diese Annahme in Anbetracht der erfolgten Stellenexpansion in diesem Teilarbeitsmarkt (vgl. ZÜCHNER in diesem Band) in den letzten 25 Jahren allein schon deshalb als hoch plausibel erwiesen, weil ein anhaltend expandierender Teilarbeitsmarkt wie der des Sozial-, Erziehungs- und Bildungswesens auf Dauer nicht ohne eigens ausgebildetes, akademisch qualifiziertes Führungspersonal auskommt.

Bedarf an Diplom-PädagogInnen auch in Zukunft

Und vor diesem Hintergrund kann man als allgemeine Hypothese formulieren, dass die Zukunft der Diplom-PädagogInnen auf dem Arbeitsmarkt sich in etwa so verhalten wird wie das gesamte Feld der Sozial-, Bildungs- und Erziehungsberufe. Nehmen die Stellen in diesem Teilarbeitsmarkt auch weiterhin zu, so sind die Chancen für die Diplom-PädagogInnen, von dieser Expansion ebenfalls zu profitieren, gut. Die Erklärung für diese allgemeine Entwicklung liegt vor allem darin, dass sich dahinter nach wie vor ein Funktionszuwachs des öffentlichen Erziehungssystems (vgl. RAUSCHENBACH 1999), der Expansion der Wissensgesellschaft und damit auch der damit korrespondierenden Berufsgruppen verbirgt.

40

(2) Für Diplom-PädagogInnen ist die Lage auf dem Arbeitsmarkt besser als ihr Ruf: Geht es nach einer in der Öffentlichkeit lange Zeit weit verbreiteten Meinung, so haben Diplom-PädagogInnen als Berufsgruppe auf dem Arbeitsmarkt keine sonderlich guten Chancen – und auch dort, wo sie dennoch faktisch unterkommen, werden sie nicht unbedingt gebraucht. Diesem summarischen Negativbild ist nicht nur das ungebrochene Wachstum der Diplom-PädagogInnen in der Kinder- und Jugendhilfe und die vergleichsweise günstige Relation in Sachen Arbeitsplatzrisiko entgegenzuhalten, deutlich günstiger stellt sich die Lage auch dar, wenn man sich die empirischen Befunde der einschlägigen Verbleibsstudien anschaut (vgl. auch KRÜGER/ZÜCHNER und SCHULZE-KRÜDENER/ZÜCHNER in diesem Band): Lage auf dem
Arbeitsmarkt

- Das Einmündungstempo, also die Zeitspanne zwischen Examen und erster Stelle, ist im Schnitt keineswegs auffällig lange;
- die Arbeitslosigkeit – weder die Berufseingangs- noch die spätere Arbeitslosigkeit – schien in den letzten 10 Jahren ein überdurchschnittlich großes Problem gewesen zu sein;
- die Qualität der Stellen ist zwar vielfach in punkto Bezahlung unbefriedigend – dies hat vor allem mit den grundsätzlichen Rahmeneinstufungen der Stellen im BAT für Sozial- und Erziehungsberufe zu tun –, nichtsdestotrotz fühlen sich Diplom-PädagogInnen mit Blick auf den Aufgaben- und Verantwortungsbereich vielfach ausbildungsadäquat eingesetzt.

(3) Die Lage wird sich in Zukunft für Diplom-PädagogInnen weiter normalisieren: Angetreten als ein Reformprojekt, das die Welt des Sozialen und den Bereich der öffentlichen Erziehung qualifizieren und professionalisieren, sicher aber auch verändern wollte – Gesellschaftsveränderung war insoweit das weithin stillschweigend unterlegte Ziel für Diplom-PädagogInnen (vgl. BAHNMÜLLER u.a. 1988, S. 29 ff.) –, haben sich die Ansprüche und Ziele mittlerweile »normalisiert«. Die zu backenden Brötchen sind kleiner, bescheidener geworden, die Rahmung der Ausbildung und das Selbstverständnis aber auch »unpolitischer«, die Zusammensetzung der Studierenden »durchschnittlicher«. Die Berufsgruppe der Diplom-PädagogInnen ist dabei, sich zu einem gewöhnlichen akademischen Dienstleistungsberuf zu entwickeln, der weder besondere Existenzängste haben noch eine besondere Mission erfüllen muss. Das ist viel und wenig zugleich: wenig, gemessen an den einstigen Ansprüchen und den nach wie vor gegebenen, vielfältigen Herausforderungen der gesellschaftlichen Praxis, viel, gemessen an den lange Zeit beharrlich in der Luft liegenden Vorurteilen gegenüber diesem »ungeliebten Kind der Bildungsreform«. Insofern sind Diplom-PädagogInnen, alles in allem, zu Beginn des neuen Jahrhunderts wohl doch eher Gewinner als Verlierer des Arbeitsmarktes. Weitere Normalisierung
der Lage

Literatur

BAHNMÜLLER, R. u.a.: Diplom-Pädagogen auf dem Arbeitsmarkt. Ausbildung, Beschäftigung und Arbeitslosigkeit in einem Beruf im Wandel. Weinheim/München 1988.
BUSCH, D.W./HOMMERICH, C.: Probleme der Berufseinmündung von Diplom-Pädagogen (Studienrichtung Sozialpädagogik). In: PROJEKTGRUPPE SOZIALE BERUFE (Hrsg.): Sozialarbeit: Professionalisierung und Arbeitsmarkt. Expertisen III. München 1981, S. 65-112.

DER SPIEGEL: Mit Volldampf in die Sackgasse. Spiegel-Serie über arbeitslose Akademiker (V): Geistes- und Sozialwissenschaftler, 1985, Nr. 24, S. 154-170.

DEUTSCHER LANDKREISTAG: Rundschreiben Nr. 102/76. In: Forum Jugendhilfe, 1977, Heft 1, S. 40-41.

DEUTSCHER VEREIN FÜR ÖFFENTLICHE UND PRIVATE FÜRSORGE: Stellungnahme des Deutschen Vereins zur Ausbildung von Diplom-Pädagogen an Universitäten und Pädagogischen Hochschulen. In: Nachrichtendienst des Deutschen Vereins für öffentliche und private Fürsorge, 57. Jg., 1977, Heft 10, S. 306-307.

GÄNGLER, H.: Akademisierung auf Raten? Zur Entwicklung wissenschaftlicher Ausbildung zwischen Erziehungswissenschaft und Sozialpädagogik. In: KRÜGER, H.-H./RAUSCHENBACH, Th. (Hrsg.): Erziehungswissenschaft. Die Disziplin am Beginn einer neuen Epoche. Weinheim/München 1994, S. 229-252.

HOMMERICH, C.: Der Diplompädagoge – ein ungeliebtes Kind der Bildungsreform. Frankfurt a. M./New York 1984.

KOCH, R.: Diplompädagogen im Beruf. Eine empirische Untersuchung von Ausbildung und Arbeitsplätzen der ersten Generation von Diplompädagogen. In: Sonderheft der Neuen Praxis, 1977, S. 9-51.

KOCH, R. u.a.: Diplompädagogen im Beruf – Ergebnisse der Wiederholungsuntersuchung 1977 über Ausbildung und Arbeitsplätze der Diplompädagogen. In: Neue Praxis, 8. Jg., 1978, Heft 3, S. 291-297.

LANGENBACH, U./LEUBE, K./MÜNCHMEIER, R.: Die Ausbildungssituation im Fach Erziehungswissenschaft, 12. Beiheft der Zeitschrift für Pädagogik. Weinheim 1974.

OTTO, H.-U. u.a.: Datenreport Erziehungswissenschaft. Befunde und Materialien zur Lage und Entwicklung des Faches in der Bundesrepublik. Opladen 2000.

RAUSCHENBACH, Th.: Fachkräfte – im Spiegel des KJHG. Eine Zwischenbilanz. In: MÜNDER, J./JORDAN, E. (Hrsg.), Mut zur Veränderung. Festschrift zum 60. Geburtstag von Dieter KREFT. Münster 1996, S. 101-113.

RAUSCHENBACH, Th.: Das sozialpädagogische Jahrhundert. Analysen zur Entwicklung der Sozialen Arbeit in der Moderne. Weinheim/München 1999.

RAUSCHENBACH, T./ZÜCHNER, I.: In den besten Jahren? 30 Jahre Ausbildung im Diplomstudiengang Erziehungswissenschaft. In: Archiv für Wissenschaft und Praxis der sozialen Arbeit, 2000, Heft 1, S. 32-50.

THOLE, W.: Sozialpädagogik an zwei Orten. Professionelle und disziplinäre Ambivalenzen eines noch unentschiedenen Projektes. In: KRÜGER, H.-H./RAUSCHENBACH, Th. (Hrsg.), Erziehungswissenschaft. Die Disziplin am Beginn einer neuen Epoche. Weinheim/München 1994, S. 253-274.

Magister-PädagogInnen als Lebenskünstler?

Cornelia Gräsel/Rudolf Tippelt

1. Einführung

Es mutet vielleicht etwas seltsam an, die AbsolventInnen eines Studienganges mit Lebenskünstlern in Verbindung zu bringen. Bei anderen Abschlüssen, etwa Ärzten oder Diplom-Ingenieuren, würde man wahrscheinlich auch nicht auf diese Idee verfallen. Das Ziel dieser Studiengänge liegt eindeutig darin, für relativ klar definierte Berufe zu qualifizieren. Dem Magister fehlt dieses klare Qualifikationsprofil – und aus zwei Gründen ist die Metapher des »Lebenskünstlers« nicht ungeeignet, die Situation der Studierenden und AbsolventInnen zu beschreiben:

Analogie des »Lebenskünstlers«

(1) Lebenskünstlern schreibt man zu, dass sie andere Ziele verfolgen als beruflichen Erfolg zu erreichen und möglichst schnell zu Geld und Macht zu kommen. Ihre Ziele vermutet man eher in einer gelungenen Persönlichkeitsentwicklung, die auch relativ frei von den Restriktionen der Erwerbstätigkeit verlaufen kann. Das Bild eines Lebenskünstlers legt durchaus auch die Vorstellung von Umorientierungen und Brüchen in der Biografie nahe. Ein Karrierist mit glattem Lebenslauf ist nur schwer mit der Vorstellung vom Lebenskünstler zu vereinbaren. Ähnliches gilt auch für die AbsolventInnen des Magisterstudienganges – allerdings fehlt im Bild, das man sich von ihnen macht, ein zentrales Kennzeichen des Lebenskünstlers: das der Freiwilligkeit. Vielmehr besteht das Klischee, dass MagisterabsolventInnen auf dem Arbeitsmarkt wenig nachgefragt sind und deswegen fern von den Zwängen des Erwerbslebens stehen bzw. Brüche in der Biografie aufweisen. Ihre Lebenskunst besteht zumindest in der öffentlichen Meinung darin, aus der Not eine Tugend zu machen und mit Überlebenskunst ihre Persönlichkeitsentwicklung mit den Anforderungen des aktuellen Arbeitsmarktes in Einklang zu bringen.

Persönlichkeitsentwicklung

(2) Mit dem Bild des Lebenskünstlers verbindet man weniger hochspezialisierte Kenntnisse als vielmehr die Vorstellung von einem Menschen mit reflektiertem Wissen, das in Bezug zur eigenen Person gesehen und bewertet wird. Der Lebenskünstler steht damit dem Bildungs- oder dem Weisheitskonzept näher als dem Konzept von einem Experten. Auch in dieser Hinsicht ergeben sich

Bildung / Weisheit

Parallelen zu einem Magisterstudium: Die Kombination von zwei bzw. drei Fächern und die relativ wenig strukturierten Vorgaben über Leistungsnachweise und Studienanforderungen erlauben es, dass breitgefächertes Wissen und vielfältige Kompetenzen erworben werden können. Auch die historischen Wurzeln des Studienganges verweisen auf den Anspruch, alle relevanten Künste zu meistern: Im Mittelalter befähigte der magister artium liberalium als akademischer Grad in den sieben freien Künsten (Grammatik, Rhetorik, Dialektik, Arithmetik, Geometrie, Musik, Astronomie) zu einer Lehrtätigkeit und er ermöglichte den Zugang zu den renommierten Fakultäten der Theologie und der Jurisprudenz. Allerdings wird im Zusammenhang mit den heutigen Magisterstudiengängen weniger von Bildung und Weisheit gesprochen als von Schlüsselqualifikationen oder Kernkompetenzen: Kommunikations- und Kooperationsfähigkeiten, die Fähigkeit zu eigenverantwortlichem, selbstorganisiertem Lernen und Arbeiten, Problemlösekompetenzen, fächerübergreifendes und vernetztes Denken usw.

Im Folgenden soll diesen beiden scheinbaren Ähnlichkeiten zwischen Lebenskünstlern und Magistern etwas genauer nachgegangen werden und dabei insbesondere die Situation von ErziehungswissenschaftlerInnen im Magisterstudiengang analysiert werden. Zunächst werden kurz die zentralen Kennzeichen des Magisterstudienganges zusammengefasst und die Unterschiede zum Diplomstudiengang aufgezeigt. Im nächsten Abschnitt wird die berufliche Allokation von Magisterstudierenden dargestellt und analysiert, ob die Arbeitsmarktsituation zu einer Überlebenskunst zwingt. Inwieweit der Anspruch erfüllt werden kann, allgemeine Kompetenzen zu vermitteln und welche Defizite in den Magisterstudiengängen zu bemerken sind, soll daraufhin dargestellt werden. Abschließend wird die Metapher des Lebenskünstlers als Leitbild für die Entwicklung des Studienganges Magister-Pädagogik problematisiert.

2. Der Magisterstudiengang im Hauptfach Pädagogik

Geschichte des M.A.

Seit dem Mittelalter verlor der Magister Artium (M.A.) gegenüber dem doctor philosophiae an Bedeutung und im 19. Jahrhundert verschwand er aus den deutschen Universitäten. Ende der 50er Jahre des 20. Jahrhunderts wird er als Hochschulabschluss in denjenigen Fächern wieder eingeführt, die an den philosophischen Fakultäten gelehrt werden. Bis zu diesem Zeitpunkt konnten viele geistes- und sozialwissenschaftliche Fächer nur mit dem Staatsexamen oder mit der Promotion abgeschlossen werden. Die Idee des Magisterexamens lag in einem berufsbefähigenden Abschluss unterhalb des Dr. phil. – allerdings richteten sich die Studiengänge in erster Linie auf wissenschaftliche und wissenschaftsnahe Berufsfelder aus (vgl.

44

ebd.) mögliche Arbeitsfelder galten generell Universitäten, daneben Museen, Archive, Bibliotheken und Verlage. Seit seiner Einführung hat der M.A. allerdings damit zu kämpfen, dass potenziellen Arbeitgebern dieser Abschluss nahezu unbekannt ist. Insbesondere bestehen nur sehr vage Vorstellungen darüber, über welches Wissen und welche Kompetenzen die AbsolventInnen eines Magisterstudienganges überhaupt verfügen (vgl. VOGEL/KOSLOWSKI 1990). Dies kann sich im Zuge der Internationalisierung von Studiengängen möglicherweise ändern, weil im angloamerikanischen Sprachraum der M.A. – Master of Arts – einen universitären Standardabschluss darstellt.

Die hauptsächliche Wissenschaftsorientierung zeigt sich in den Regelungen für den Magister im Fach Pädagogik: An den wenigen Universitäten, in denen in den 60er Jahren HauptfachpädagogInnen ausgebildet wurden, wurden Studienordnungen konzipiert, die in erster Linie der Ausbildung des wissenschaftlichen Nachwuchses verpflichtet waren (vgl. RAUSCHENBACH 1994). Diese Wissenschaftsorientierung stellte ein Problem dar, mit dem der Studiengang von Beginn an zu kämpfen hatte: Nicht alle Studierenden strebten eine wissenschaftliche Karriere an – zudem war die Nachfrage nach dem Studiengang weit größer als das Angebot an entsprechenden Berufsmöglichkeiten. In der Pädagogik führte das dazu, dass 1969 ein Diplomstudiengang Pädagogik eingerichtet wurde, der stärker an der Praxis orientiert war (vgl. HOMFELDT/SCHULZE 1995). Dennoch wurde der Magister an vielen Universitäten weitergeführt. 1998 wurden an 25 Hochschulen beide Studiengänge angeboten, in 21 konnte Erziehungswissenschaft im Hauptfach nur im Rahmen des Magisterstudienganges und in 24 nur mit dem Ziel des Diplom-Pädagogen studiert werden (vgl. HOCHSCHULREKTORENKONFERENZ 1998; ZÜCHNER 1998). Diese Parität des Magisters in den Studienangeboten verzerrt allerdings das Bild: Mit dem Diplom schließen weit mehr ErziehungswissenschaftlerInnen ihr Studium ab, allerdings ist der Anteil der MagisterabsolventInnen in den letzten Jahren etwas gestiegen (vgl. AMTLICHE NACHRICHTEN DER BUNDESANSTALT FÜR ARBEIT 1997b). Die Einführung des Diplomstudienganges hat an vielen Universitäten auch dazu geführt, dass die Magisterstudiengänge stärker als zuvor berufsorientiert gestaltet werden. Insbesondere an den Hochschulen, die ausschließlich dieses Examen anbieten, haben sich die Angebote dem praxisorientierten Diplom angenähert. Dennoch weist das Studium wie auch der Abschluss des Magisters einige Besonderheiten auf:

- Das Studium der Diplom-Pädagogik sieht vor, dass die beiden Nachbardisziplinen Soziologie und Psychologie als Nebenfächer gewählt werden. Die Magisterstudiengänge sind hinsichtlich der Fächerwahl sehr viel flexibler. An einigen Hochschulen werden zwei Fächer nahezu gleichberechtigt studiert, an anderen wird das Hauptfach Pädagogik mit zwei Nebenfächern kombiniert, die in der Regel relativ frei wählbar sind. Häufig können auch Nebenfächer belegt werden, die außerhalb des klassischen geistes- und sozialwissenschaftlichen Bereichs liegen, etwa Informatik oder Betriebswirtschaft. Einige Studienordnungen sehen auch vor, dass Studierende selbst wählen können, ob sie zwei (Hauptfächer) oder drei Fächer (Hauptfach plus zwei Aufbaufächer) belegen.
- Der Magisterstudiengang Pädagogik unterliegt in hohem Ausmaß universitätsspezifischen Regelungen. Eine fehlende einheitliche Studienordnung führt zu einer großen Heterogenität von Studienanforderungen und -möglichkeiten. Bei-

Wissenschaftsorientierung des M.A.

Pädagogik
M.A.-Studiengänge

Flexible Nebenfachwahl

45

spielsweise fehlen an einigen Universitäten festgelegte Schwerpunkte – hier kann man sich lediglich durch die Kombination von Veranstaltungen selbst in einem bestimmten Gebiet Spezialwissen aneignen. Es ist auch unterschiedlich geregelt, ob ein studienbegleitendes Praktikum absolviert werden muss, und für Praktika werden häufig keine Begleitveranstaltungen zur Supervision oder Reflexion angeboten. Derzeit wird in der Deutschen Gesellschaft für Erziehungswissenschaft ein »Entwurf für fachspezifische Bestimmungen für die Magisterprüfung mit Erziehungswissenschaft als Haupt- und Nebenfach« diskutiert, um Standards zu sichern.

• Allerdings eröffnen auch diese Bestimmungen Möglichkeiten der Konkretisierung und Realisierung. Es ist aber nicht nur für den Magisterstudiengang kennzeichnend, dass erhebliche Unterschiede zwischen den Studienorten existieren. Insgesamt wird im Rahmen der Professionalisierungsdebatte der Erziehungswissenschaft kritisch debattiert, dass kein Konsens besteht, welche disziplinären Grundlagen in einem Studium unerlässlich sind und welche Mindestanforderungen an ein Hauptfachstudium zu stellen sind (vgl. RAUSCHENBACH 1994).

Insgesamt ist das Studium der Pädagogik im Rahmen eines Magisterstudienganges also dadurch zu charakterisieren, dass die Studierenden über viele Freiräume verfügen. Sie stehen damit vor der Aufgabe, eine Reihe von durchaus schwerwiegenden Entscheidungen zu treffen, die in anderen Studiengängen durch Bestimmungen und Verordnungen vorgegeben sind. Hier kann eine Analogie zur Lebensstilforschung gezogen werden (vgl. BECK 1986; LÜDERS 1997; NUNNER-WINKLER 1991): (Post)moderne Lebensstile zeichnen sich dadurch aus, dass die Individuen eine Reihe von Entscheidungen treffen können, die ihnen früher aufgrund gesellschaftlicher Vorgaben abgenommen waren. Diese Individualisierung eröffnet Chancen, weil Menschen größere Autonomie erhalten und sich aus vorgegebenen Fixierungen lösen können. Sie birgt aber auch Gefahren: Entscheidungen führen die Notwendigkeit einer erhöhten Eigenverantwortlichkeit mit sich – und das Risiko der Fehlentscheidung oder sogar des Scheiterns (vgl. TIPPELT 1997).

Auch der Magisterstudiengang eröffnet durch die vielen Wahlmöglichkeiten Chancen: Die Studierenden können aufgrund der vielfältigen Wahlmöglichkeiten ein pädagogisches Profil entwickeln, das ihrer Persönlichkeit entspricht und/oder auf Nischen in Berufsfelder zugeschnitten ist. Andererseits ist auch der wenig strukturierte Studiengang mit Risiken behaftet: Die notwendigen Entscheidungen erfordern ein hohes Ausmaß an Eigenverantwortung, die insbesondere direkt nach der Schulzeit nicht vorausgesetzt werden kann. Zudem müssen die Entscheidungen auf der Basis unvollständiger Informationen getroffen werden. Im Angebotsdschungel von Massenuniversitäten ist es nicht einfach, überhaupt von verschiedenen Optionen differenzierte Kenntnis zu erhalten. Noch schwieriger ist es, die Konsequenzen eigener Entscheidungen für die »Patchwork-Studienbiografie« abzuschätzen: Ob beispielsweise die Wahl eines Nebenfachs hält, was sich die Studierenden davon versprechen oder ob in einem Studienschwerpunkt tatsächlich bestimmte Kompetenzen erworben werden können, die den Einstieg in das Berufsleben erleichtern – diese und viele weitere Fragen können in der Regel bestenfalls unter Plausibilitätsgesichtspunkten beurteilt werden. Gesichertes Wissen besteht darüber nicht.

Diese Ambivalenz wird auch in Evaluationsstudien deutlich: Einerseits wird die Vielseitigkeit und Offenheit von Studierenden und Absolventen begrüßt, andererseits stellte sich heraus, dass sich ein beträchtlicher Teil eine stärkere Strukturierung wünscht und sich eher überfordert fühlt (vgl. HORN 1999; VOGEL/KOSLOWSKI 1990). Die Überforderung mit den Optionen und die daraus resultierende Angst und Unsicherheit ist sicher auch ein Grund dafür, dass das Studium zu häufig nicht beendet bzw. die Studiendauer ausgedehnt wird (vgl. RAMM/BARGEL 1995). Beurteilung durch Studierende

3. Die Kunst, die eigene (Berufs-)Biographie zu gestalten

Die berufliche Situation von MagisterabsolventInnen im Hauptfach Pädagogik ist schwierig zu beurteilen: In manchen Studien werden sie mit den Diplom-PädagogInnen gemeinsam behandelt – in anderen mit MagisterabsolventInnen aller Fächer. Nur wenige Studien befassen sich explizit mit dem Verbleib von Magister-PädagogInnen. Die zentralen Ergebnisse der Studien sollen im Folgenden in einigen Hauptbefunden wiedergegeben werden.

Die berufliche Platzierung ist besser als ihr Ruf. Die berufliche Allokation der MagisterabsolventInnen gelingt in den überwiegenden Fällen besser als es die Klischees vermuten lassen. Beispielhaft soll das an den Daten einer Verbleibsstudie von AbsolventInnen des Magisterstudienganges Pädagogik in München aufgezeigt werden (vgl. GRÄSEL/REINHARTZ 1998). Aus den 69 auswertbaren Fragebögen wurde ersichtlich, dass ein Großteil der AbsolventInnen (57) in pädagogischen Berufen arbeitete. Diese Daten entsprechen in etwa den Aussagen der Statistiken der Arbeitsämter (vgl. AMTLICHE NACHRICHTEN DER BUNDESANSTALT FÜR ARBEIT 1997b) und älteren Verbleibsstudien (vgl. SCHULZE-KRÜDENER 1997). Allerdings wird aus den Daten der verschiedenen Studien auch deutlich, dass es ein spezifisches Berufsbild für PädagogInnen nicht gibt: Die Palette möglicher Erwerbstätigkeiten ist sehr breit und in allen Feldern konkurrieren PädagogInnen mit AbsolventInnen anderer Studienfächer, insbesondere mit SozialpädagogInnen von Fachhochschulen. Ergebnisse von Verbleibsstudien

Der Übergang vom Studium in den Beruf ist eine schwierige Phase. Der Magister führt nur selten unmittelbar nach dem Examen zu einer Tätigkeit, die mit den studierten Fächern in Einklang steht und einem Hochschulabschluss entsprechend bezahlt wird (vgl. BUNDESMINISTERIUM FÜR BILDUNG, WISSENSCHAFT, FORSCHUNG UND TECHNOLOGIE 1995). Der Übergang vom Studium in den Beruf ist vielmehr durch eine Vielzahl von verschiedenen Existenzformen gekennzeichnet: Promotionen, freiberufliche Tätigkeiten, weitere Ausbildungen oder Fortbildungen, vorübergehende Teilzeitjobs und auch Familientätigkeiten. Kennzeichnend ist zudem – das gilt im selben Maß aber auch für die Diplom-PädagogInnen –, dass in der ersten Phase der Berufstätigkeit erhebliche Abstriche in den Einkommens- und Statusvorstellungen gemacht werden müssen. Ein Großteil der PädagogInnen arbeitet auf Positionen, die schlechter bezahlt werden als BAT IIa (der Besoldungsstufe für HochschulabsolventInnen). Zudem sind die Stellen häufig befristet. In der Anfangsphase sind die Beschäftigungsverhältnisse auch instabil: Es kommt zu häufigen Stellenwechseln. Typischerweise bewegt sich der berufliche Status von Magistern erst Übergang vom Studium in den Beruf nach längerer Zeit auf ein angemessenes Beschäftigungsniveau zu. Nach einigen Jahren haben aber ca. zwei Drittel der AbsolventInnen eine fach- und niveauadäquate Tätigkeit gefunden. Als besonders relevant für den Erhalt von Stellen beurteilen die ehemaligen Studierenden persönliche Kontakte bzw. Praxiserfahrungen, die bereits während des Studiums gemacht wurden. Viele Magister werden mit der Forderung konfrontiert, zunächst einmal berufliche Erfahrung nachzuweisen, bevor sie eine Anstellung erhalten (vgl. GRÄSEL/REINHARTZ 1998). Daneben wird aber auch ein überzeugender persönlicher Eindruck als relevant gewertet. Sehr bedeutsam sind außerdem Weiterbildungen bzw. der Erwerb von Zusatzqualifikationen (vgl. KEINER/KROSCHEL/MOHR/MOHR 1997), wie Computer- oder Sprachkenntnisse bzw. wirtschaftswissenschaftliche Grundlagen. In der Münchener Studie konnte gezeigt werden, dass nahezu alle Magister während ihres Studiums die Möglichkeit zu studienbegleitenden Qualifikationen nutzten. Es ergaben sich auch Hinweise darauf, dass es Personen mit mehreren studienbegleitenden Qualifikationen leichter gelang, eine adäquate Position zu besetzen (vgl. GRÄSEL/REINHARTZ 1998).

Ein Teil der AbsolventInnen hat im Studium nur in geringem Maße eine angemessene Berufsorientierung entwickelt. Neben amtlichen Statistiken bzw. regionalen Fragebogenstudien zum Verbleib von Magisterstudierenden wurden auch qualitative Studien mit AbsolventInnen durchgeführt, die berufsbiografische Entwicklungen in größerem Detail analysieren konnten. Ein zentrales Ergebnis dieser Studien ist, dass es einem Teil der Studierenden nicht gelingt, im Rahmen des Studiums eine adäquate Berufsorientierung zu entwickeln. STOBER (1990) hat Ende der 80er Jahre MagisterabsolventInnen mit einem narrativen Interview befragt und eine Typologie hinsichtlich des Ausmaßes der Professionalität entwickelt. Ein Typus lässt sich folgendermaßen charakterisieren: Während des Studiums werden nur in geringem Maße Praxiserfahrungen gesucht oder Zusatzqualifikationen erworben. Bei Studienende halten sich die Betreffenden aber für gut qualifiziert und haben eine hohe Anspruchshaltung an mögliche Erwerbstätigkeiten. Sie sind nur eingeschränkt bereit, Abstriche von ihren Erwartungen zu machen und beispielsweise Stellen anzunehmen, die unterhalb ihrer Qualifikation liegen oder mit anderen Unannehmlichkeiten verbunden sind (z. B. langen Fahrten). Diese Personen haben schließlich überdurchschnittlich häufig erhebliche Probleme, dauerhaft in eine Erwerbstätigkeit einzumünden; bei vielen zeigt sich auch Resignation. Auch in einer neueren Studie finden sich Hinweise darauf, dass ein Teil der Magister-PädagogInnen sich während des Studiums nur in geringem Umfang mit der eigenen Berufsorientierung auseinandersetzt und eben nicht das leistet, was dieses Studium voraussetzt: Eine eigenverantwortliche Gestaltung und Profilierung (vgl. HORN 1999).

Damit soll keineswegs behauptet werden, dass es ein Spezifikum des Magisterstudienganges Pädagogik ist, dass ein Teil der Studierenden sich zu wenig mit der Frage auseinandersetzt, wie der Übergang vom Studium in den Beruf zu gestalten sei. Dieser Typus bzw. eine ähnliche Perspektive lässt sich durchaus auch in anderen Fächern finden (vgl. GAWATZ 1991). Für Magister-PädagogInnen ist es aber wegen der erforderlichen Eigenaktivität in der Studiengestaltung wie auch der Berufseinmündung möglicherweise besonders fatal, diese Perspektive zu entwickeln. Gerade für diese Studierenden scheint es notwendig zu sein, das bestehende Angebot an Unterstützungen zu verstärken. Dabei kommt der individuellen Beratung

48

der Studierenden eine Schlüsselrolle zu. In erster Linie sind natürlich die Lehrenden aufgerufen, diese Schwierigkeiten der Studiengestaltung bei Beratungsangeboten stärker zu berücksichtigen. Daneben könnte aber auch stärker als bisher die Möglichkeit wahrgenommen werden, dass AbsolventInnen den jetzigen Studierenden Beratung und Unterstützung anbieten. In den Verbleibsstudien bzw. den berufsbiografischen Interviews wird deutlich, dass die Magister über hohe Lebens- wie auch Überlebenskunst verfügen. Häufig können sie auch die Anforderungen des aktuellen Arbeitsmarktes besser beurteilen als die Lehrenden. Schließlich sind sie mit der Situation des Umgangs mit Unsicherheit bei der Gestaltung der eigenen Berufsbiografie vertraut – und können daher auch in emotionaler Hinsicht Unterstützung geben. Auf diese Kompetenzen ehemaliger Studierender könnte durchaus stärker zurückgegriffen werden – beispielsweise durch die Gründung von Alumni-Vereinigungen oder durch Mentoring-Modelle. Beratung der Studierenden

Zusammenfassend kann man festhalten, dass viele MagisterabsolventInnen mit großer Flexibilität versuchen müssen, sich im Arbeitsmarkt selbst aktiv zu platzieren und das Beste aus ihrer Situation zu machen – in dieser Hinsicht ist also durchaus »Überlebenskunst« notwendig. Die zum Teil komplizierte und brüchige Berufseinmündung ist aber kein exklusives Kennzeichen von MagistrandInnen. Ein vergleichbares Bild zeigt sich in den Sozialwissenschaften, die mit einem Diplom abschließen: die Soziologie und die Psychologie (vgl. AMTLICHE NACHRICHTEN DER BUNDESANSTALT FÜR ARBEIT 1997a). Und selbst in der Medizin oder in Jura ist ein glatter Übergang in den Beruf und eine ausbildungsadäquate Beschäftigung nicht mehr gesichert. Es kann also generell festgehalten werden, dass die Bildungsrendite von Hochschulabschlüssen geringer geworden ist. BOURDIEU (1982) hat in diesem Zusammenhang von einer Inflation der Bildungstitel gesprochen: Wenn HochschulabsolventInnen von Bildungstiteln dasselbe erwarten wie frühere Generationen, müssen sie mit eklatanten Desillusionierungen rechnen. Höhere Bildungs- und Berufsabschlüsse werden auch nach den aktuellen Prognosen der Bildungsbedarfsforschung nicht mehr zu den Gratifikationen führen, die früher damit verbunden waren (vgl. TIPPELT/CLEVE 1995). An dieser generellen »unbelohnten« Höherqualifizierung wird vermutlich auch die Einführung der neuen Studiengänge des B.A. und des M.A. nach angloamerikanischem Vorbild nichts ändern. Gesunkene Bildungsrendite

4. Die Kunst, flexibel anwendbare Kompetenz zu vermitteln

In diesem Abschnitt soll die zweite eingangs erwähnte Parallele zwischen Lebenskünstlern und Magister-PädagogInnen aufgegriffen werden: Das Generalistentum bzw. das Verfügen über allgemeine Kompetenzen, die in unterschiedlichen Lebenssituationen angewendet werden können.

Aus der Sichtweise der AbsolventInnen sind allgemeine Kompetenzen von großer Bedeutung, um eine pädagogische Erwerbstätigkeit zu erhalten bzw. auszufüllen. Beispielsweise haben die ehemaligen Münchener Studierenden auf die Frage, welche Inhalte und Qualifikationen ihrer Meinung nach im Studium stärker berücksichtigt werden sollten, sehr häufig Angaben gemacht, die in diesen Bereich fallen. Wunsch nach allgemei nen Kompetenzen

Sie wünschen sich mehr soziale Kompetenzen, mehr organisatorische Fähigkeiten, didaktische Kompetenzen und Fähigkeiten des selbstständigen (wissenschaftlichen) Arbeitens. Auch in anderen Befragungen wird deutlich, dass die AbsolventInnen diesen und ähnlichen Qualifikationen eine hohe Bedeutung beimessen, dabei erhalten kommunikative und kooperative Kompetenzen einen besonderen Stellenwert (vgl. HORN 1999; VOGEL/KOSLOWSKI 1990).

Der Wunsch nach einer stärkeren Berücksichtigung allgemeiner Kompetenzen ist zwar kein Spezifikum für das Magisterstudium; allerdings können zwei Bereiche angegeben werden, für die dieser Studiengang möglicherweise besonders gute Rahmenbedingungen zur Verfügung stellt:

Fachübergreifendes Studium

(1) *Das Studium bringt es mit sich, dass (mindestens) zwei Fächer erarbeitet werden.* Angehende Magister sind damit zwangsweise Grenzgänger zwischen verschiedenen akademischen Disziplinen; sie lernen verschiedene »Spielregeln« des Wissenschaftsbetriebs. Das beginnt bei den relativ oberflächlichen Regeln des Zitierens und des Umgangs mit wissenschaftlicher Literatur, geht über unterschiedliche wissenschaftstheoretische und forschungsmethodische Grundlagen bis hin zur jeweiligen Kultur, die ein Fach herausgebildet hat und die auch allgemeine Normen und Zielsetzungen umfasst. Das Studium in diesen verschiedenen Kulturen kann dazu führen, dass Magister ein Verständnis für eine interdisziplinäre Herangehensweise erwerben: Sie lernen es, Gegenstände und Problemstellungen aus verschiedenen Perspektiven zu sehen und diese Perspektiven zu integrieren. Genau diese interdisziplinäre Herangehensweise ist in vielen beruflichen Feldern von großer Bedeutung: In vielen pädagogischen Tätigkeiten ist es unabdingbar, mit VertreterInnen anderer Disziplinen zusammenzuarbeiten und interdisziplinäre Problemlösungen zu erarbeiten.

Eigenverantwortliches Lernen

(2) Durch die relativ großen Spielräume des Magisterstudienganges besteht die Chance, Kompetenzen zum eigenverantwortlichen Lernen und Arbeiten zu entwickeln. Vom ersten Semester an wird ein beträchtlicher Teil der Arbeitszeit mit dem Selbststudium zugebracht – dementsprechend sehen sich die Studierenden von Beginn an mit der Aufgabe konfrontiert, ihre Lernvorhaben selbstgesteuert durchzuführen. Aus der Lernstrategieforschung ist bekannt, dass selbstgesteuertes Lernen eine Reihe von Fähigkeiten und Fertigkeiten voraussetzt: Sich Ziele setzen und ein Lernvorhaben planen, Zeitmanagement, das Organisieren und Strukturieren von Lernmaterial, das Verstehen von Texten und die Korrektur eigener Fehler bzw. die Bewertung des eigenen Lernfortschritts. Eine zentrale Voraussetzung für den Erwerb dieser Kompetenzen ist die Erfahrung mit selbstgesteuertem Lernen, wie sie eben im Magisterstudium gemacht werden kann. Allerdings ist diese Voraussetzung nicht hinreichend: Zahlreiche empirische Studien weisen darauf hin, dass auch erwachsene Lernende auf Unterstützung angewiesen sind, um geeignete Strategien des selbstgesteuerten Lernens zu erwerben (vgl. FRIEDRICH/MANDL 1992).

Praktische Qualifikation

Die Vermittlung von Kompetenz in einem Magisterstudium erschöpft sich natürlich nicht in den beiden Bereichen des interdisziplinären und eigenverantwortlichen Lernens und Arbeitens. Im Rahmen der aktuellen Professionalisierungsdebatte wird häufig betont, dass in der Hauptfachausbildung in Erziehungswissenschaft mehr Wert auf praktisch anwendbare Qualifikationen gelegt werden sollte als es

50

bisher geschah. Es wird auch vielfach damit begonnen, entsprechende Kompetenzen stärker in die universitäre Ausbildung zu integrieren – es werden sogar Curricula entwickelt, deren Struktur sich an pädagogischen Kompetenzen orientiert (vgl. HOMFELDT/SCHULZE 1995; KORING 1997). Zwei hauptsächliche Argumente werden ins Feld geführt, wenn Kompetenzen stärker im Studium der Pädagogik berücksichtigt werden:

(1) *Kompetenzen sind im Vergleich zu Fachwissen relativ breit anwendbar.* Pädagogisches Handeln bezieht mittlerweile viele Institutionen mit ein, die in erster Linie andere Aufgaben als Bildung und Erziehung wahrnehmen – beispielsweise in zunehmendem Maße Wirtschaftsunternehmen. Pädagogisches Handeln hat sich auch auf den gesamten Lebenslauf ausgedehnt; gerade die pädagogische Arbeit mit Erwachsenen sowohl im Bildungs- als auch im Beratungsbereich hat in den letzten Jahren immer größere Bedeutung erlangt. Dementsprechend ist das pädagogische Tätigkeitsfeld noch breiter geworden und PädagogInnen haben immer vielfältigere Aufgaben zu übernehmen. Eine Kompetenz-Orientierung verspricht, dass PädagogInnen für diese vielfältigen Aufgaben qualifiziert sind und ihre Ausbildung nicht zu sehr auf enge berufliche Segmente orientieren, die gegenwärtigen Erfordernissen entsprechen. Kompetenzen sind außerdem nicht so von Weiterentwicklungen und Veralterung bedroht wie Fachwissen.

(2) *Eine Orientierung an Kompetenzen sollte mit einer Verzahnung zwischen Theorie und Praxis verbunden sein.* Kompetenzen sind immer auf konkrete Handlungen gerichtet, daher erfordert ihre Vermittlung, dass diese Handlungen berücksichtigt werden. Eine mangelnde Handlungs- und Praxisorientierung ist aber nach wie vor der Hauptvorwurf, der dem wissenschaftlichen Studium der Erziehungswissenschaft gemacht wird (vgl. HOMFELDT/SCHULZE 1995; KEINER/KROSCHEL/MOHR/MOHR 1997). Grundsätzlich erscheint es sehr sinnvoll, in erziehungswissenschaftlichen Studiengängen darauf zu achten, allgemeine Qualifikationen zu vermitteln. Allerdings können nicht alle Versprechungen gehalten werden, die mit der Vermittlung »flexibel anwendbarer Kompetenzen« in einem Pädagogik-Studium aufgestellt werden. Im Folgenden sollen zwei Extrempositionen dargestellt werden, die mit der Vermittlung von Kompetenzen verbunden sind – und ein Vorschlag skizziert werden, wie die Trugschlüsse beider Extrempositionen vermieden werden können.

Anwendbare Kompetenzen entwickeln sich von allein. In der ersten Position wird zwar der Anspruch erhoben, dass die Lernenden in einem Studium allgemeine Kompetenzen entwickeln sollen. Allerdings werden diese Kompetenzen im hochschuldidaktischen Alltag nicht thematisiert. Es besteht vielmehr die Vorstellung, dass allgemeine Kompetenzen sich auch dann entwickeln, wenn sie nicht Bestandteil der Lehre sind – quasi als erwünschte Nebenwirkung. Diese Position lässt sich beispielsweise dann finden, wenn die Studierenden in Seminaren hauptsächlich unter fachlicher Perspektive beraten und unterstützt werden. Wie die Inhalte didaktisch umzusetzen sind, ob und wie Präsentations- und Moderationsmethoden einzusetzen sind, wie komplexe Probleme auf der Basis verschiedener Disziplinen bearbeitet werden, wie man beim Lernen in Gruppen Konflikte lösen kann, wie Texte für andere SeminarteilnehmerInnen verständlich und logisch aufgebaut geschrie-

»Entwicklung« allgemeiner Kompetenzen

51

ben werden – diese und weitere Fragen sind hier kein Bestandteil von Veranstaltungen. Es werden auch keine Ziele für den Erwerb allgemeiner Kompetenzen formuliert und keine Rückmeldung hinsichtlich der Kompetenzentwicklung gegeben bzw. bei der Anerkennung der Leistung berücksichtigt. Gegen diese Position sprechen mehrere Argumente: Zunächst spricht die eiserne Regel der Lehr-Lernforschung »what you test is what you get« dagegen, dass sich eine derartige Haltung positiv auf den Kompetenzerwerb auswirkt: Lernende legen (vernünftigerweise) den Schwerpunkt ihrer Bemühungen auf jene Lernziele, von denen sie annehmen, dass sie in Prüfungen von Bedeutung sind. Wenn allgemeine Kompetenzen keine explizite Rolle für die Anerkennung von Leistungen spielen, beeinträchtigt das die Motivation der Lernenden, diese zu erwerben. Ein zweites Argument betrifft den kognitiven Aspekt des Kompetenzerwerbs: Zahlreiche Studien zeigen, dass übergeordnete Fähigkeiten – z. B. Lern- und Problemlösestrategien – nur sehr eingeschränkt erworben werden können, wenn sie nicht explizit thematisiert und reflektiert werden. Lernende sind häufig damit überfordert, »implizite« Kompetenzen zu erkennen und sie sich anzueignen (vgl. FRIEDRICH/MANDL 1992).

Kompetenzen sind wissensunabhängig transferierbar. Die zweite Position ist der ersten quasi entgegengesetzt: Hier spielt die Vermittlung allgemeiner Kompetenzen nicht nur als Ziel eine große Rolle – das domänenspezifische Wissen rückt gegenüber ihrer Vermittlung fast schon in den Hintergrund. Diese Position ist häufig mit der Annahme verbunden, dass erworbene Kompetenzen über verschiedene Situationen und Kontexte hinweg generalisiert werden können.

Neuere kognitionspsychologische Studien zeigen allerdings, dass es zu optimistisch ist, von Kompetenzen einen weiten Transfer auf verschiedene Aufgaben zu erwarten: Sie sind häufig daran gebunden, dass die Personen über entsprechendes Domänenwissen verfügen, weswegen ihre Übertragung auf andere Bereiche nur eingeschränkt gelingt (vgl. WEINERT 1999). Diese »Ernüchterung« weitreichender Transferannahmen soll am Beispiel der Diagnosekompetenz in der Medizin illustriert werden: Die Fähigkeit, korrekte Diagnosen zu stellen, wurde lange Zeit als Problemlösekompetenz begriffen und im Rahmen der Ausbildung in der Medizin wurde (zumindest in den USA) dementsprechend großer Wert auf das Erlernen geeigneter Strategien des diagnostischen Problemlösens gelegt (clinical reasoning). Aktuellere Studien zeigen allerdings, dass für eine korrekte Diagnose vor allem umfangreiches medizinisches Fachwissen und – noch bedeutsamer – zahlreiche Erfahrungen mit ähnlichen Fällen ausschlaggebend sind (vgl. GRUBER 1999). Auch herausragende Experten in einem medizinischen Teilgebiet (z. B. der Kardiologie) ähneln in ihren Leistungen StudienabgängerInnen, wenn sie diagnostische Probleme außerhalb ihrer Domäne bearbeiten. Die Problemlösekompetenz spielt also für diesen Bereich gegenüber dem medizinischen Erfahrungswissen kaum eine Rolle – lediglich (blutige) Anfänger schneiden etwas besser ab, wenn sie bestimmte Heuristiken verwenden (vgl. SCHMIDT/BOSHUIZEN 1993). Ähnliches konnte für Schachexperten gefunden werden (vgl. GRUBER 1994), die sich eben nicht durch bessere allgemeine Gedächtnisleistungen oder besseres räumliches Vorstellungsvermögen von Schachnovizen unterscheiden (was ihnen häufig unterstellt wird), sondern durch ein umfangreiches Wissen über den Verlauf konkreter Schachpartien. Den pädagogischen Kompetenzen etwas naheliegender sind die Befunde zu Kompetenzen des selbstgesteuerten Lernens. Auch hier gibt es Indizien dafür, dass es eine

Transfer von
Kompetenzen

52

»Generalitäts-Nützlichkeits-Diskrepanz« gibt: Wissensunabhängige und allgemeine Strategien sind zwar für das Lernen in vielen Bereichen anwendbar – allerdings sind sie für das Lernen nicht besonders effektiv. Weitaus effektiver sind domänenspezifische und wissensabhängige Strategien – diese lassen sich aber in weitaus geringerem Maße auf andere Inhalte übertragen (vgl. WEINERT 1999).

Aus diesen (und vielen weiteren) ernüchternden Befunden sollte die Konsequenz gezogen werden, hinsichtlich der Transferierbarkeit von Kompetenzen nicht allzu großer Naivität zu erliegen. Es muss eben auch für diejenigen Kompetenzen, die in einem pädagogischen Studiengang vermittelt werden, kritisch hinterfragt werden, ob sie überhaupt auf außeruniversitäre Felder übertragbar sind, und wie der Transfer gefördert werden kann. Insbesondere ist kritisch zu prüfen, welches Wissen und welche Erfahrungen vorhanden sein müssen, damit Kompetenzen in konkreten Situationen überhaupt angewendet werden können.

Wenn die Vermittlung allgemeiner Kompetenzen ein Ziel des Magisterstudienganges ist, können aus beiden Extrempositionen und ihren Schwächen folgende Konsequenzen gezogen werden:

(1) Kompetenzen sollten im Zusammenhang mit dem entsprechenden Fachwissen erworben werden – fachliche und überfachliche Aspekte sollen also miteinander verschränkt werden.

Konsequenzen für den Kompetenzerwerb

(2) In universitären Lehrveranstaltungen sollte der Aspekt des Kompetenzerwerbs neben der Wissensvermittlung ein selbstverständlicher Bestandteil der Lernkultur werden. Dazu gehört zum einen, dass die Entwicklung von Kompetenzen in der Lehrveranstaltung thematisiert und reflektiert wird. Dies setzt von den Lehrenden aber auch voraus, dass sie entsprechende Qualifikationen selbst ernst nehmen – und möglichst geringe Diskrepanzen zwischen dem eigenen Lehrverhalten und den »pädagogischen Kompetenzen« auftreten.

(3) Der Wissens- wie der Kompetenzerwerb sollte handlungs- und kontextbezogen erfolgen. Kooperative Fähigkeiten können nur durch die Erfahrung in verschiedenen konkreten Kooperationssituationen erworben werden; didaktische Kompetenzen setzen voraus, dass Lernumgebungen von den Studierenden selbst organisiert und gestaltet werden usw. Auch aus der Perspektive des Kompetenzerwerbs lässt sich die alte Forderung nach einer stärkeren Praxisorientierung in den Studienveranstaltungen wiederholen: Die Bearbeitung von Fällen aus der Praxis erlaubt z. B., dass fachliches Wissen und pädagogische Kompetenzen in einem Handlungskontext erworben werden (vgl. GRÄSEL 1997; TIPPELT 1979).

5. Die Perspektive des Studienganges: Lebenskünstler als Leitbild?

Der Lebenskünstler scheint unter den bisherigen Perspektiven eine geeignete Metapher für die Ausbildung von MagisterpädagogInnen zu sein:

(1) Sowohl die Studierenden als auch die Absolventen dieses Studienganges benötigen eine hohe Flexibilität und Eigenverantwortung, um sich ihre (Berufs-)Bio-

grafie zu gestalten und dabei ihre Persönlichkeitsentwicklung mit den Anforderungen des Arbeitsmarktes in Verbindung zu bringen.

(2) Das Magisterstudium ist stärker als andere Studiengänge geeignet, um einen Einblick in verschiedene Fächer zu erhalten, interdisziplinär zu arbeiten und allgemeine Kompetenzen zu erwerben. Das Studium bietet also die Möglichkeit, fachliches Wissen und generelle Kompetenzen zu erwerben. Trotz dieser Übereinstimmungen mit dem Bild des Lebenskünstlers ist die Metapher kritisch zu sehen und als Leitbild für den Studiengang nur eingeschränkt tauglich.

Lebenskünstler eine gelungene Analogie?

Zum einen ist fraglich, ob das Leitbild des Lebenskünstlers mit der starken Assoziation der Selbstverwirklichung noch mit den Bedürfnissen der Studierenden in Deckung zu bringen ist. Zumindest gibt es einige Indikatoren dafür, dass bei Studierenden der Wunsch nach »Selbstverwirklichung« und »Persönlichkeitsbildung« nur noch eines unter vielen Studienmotiven ist. Eine vergleichende Untersuchung von Studierenden 1983 und 1993 zeigt beispielsweise, dass materiell-extrinsische Motive Anfang der 90er Jahren generell stärker ausgeprägt waren als zehn Jahre zuvor (vgl. RAMM/BARGEL 1995). Insbesondere ist diese Veränderung bei Studierenden der Sozialwissenschaft – auch bei ErziehungswissenschaftlerInnen – zu bemerken: Der Wunsch nach einem sicheren Arbeitsplatz, Einkommenschancen und Karriereaussichten wird in der jüngeren Generation deutlicher formuliert als in der älteren. Etwas weniger von Bedeutung als früher sind dagegen altruistische und am Gemeinwohl orientierte Studienmotive. Man kann vermuten, dass dieser Trend durch aktuelle Daten eher noch bestätigt würde. Ein ähnliches Ergebnis zeigt eine Untersuchung, die »Studienorientierungen« in verschiedenen Fächern vergleicht (vgl. GAWATZ 1991): Angehende ErziehungswissenschaftlerInnen streben nicht weniger als Studierende anderer Fächer an, mit ihrem Studium Wissen und Kompetenzen zu erwerben, die sie, möglichst auf einem sicheren Arbeitsplatz, anwenden können. Angesichts der Arbeitsmarktentwicklung und der gesunkenen Bildungsrendite akademischer Abschlüsse ist es zwar fraglich, ob sich diese materiell-extrinsischen Bedürfnisse befriedigen lassen. Dennoch ist die Lebenskünstler-Metapher keine Antwort auf dieses Bildungsparadox: Studierende erwarten von den Hochschulen zu Recht mehr als die Vorbereitung darauf, mit Ungewissheiten und Unsicherheiten zurecht zu kommen und ihre Persönlichkeit zu entwickeln.

Ein zweites Argument spricht gegen die Verwendung der Lebenskünstler-Metapher als Leitbild für den Studiengang der Magister-Pädagogik: Der Studiengang ist in der Öffentlichkeit nach wie vor unbekannt bzw. genießt kein allzu hohes Ansehen. In einer Zeit, in der Bildung zunehmend unter Kosten-Nutzen-Erwägungen betrachtet und finanziert wird, ist die Verwendung der Lebenskünstler-Metapher nicht glücklich, um Überzeugungsarbeit für die Notwendigkeit eines derartigen Studienganges zu betreiben: Dieses Bild verstärkt eher die gängigen Vorurteile von einem »nutzlosen« Studiengang und ist erst auf den zweiten oder gar dritten Blick geeignet, seine Stärken hervorzuheben.

54

Literatur

AMTLICHE NACHRICHTEN DER BUNDESANSTALT FÜR ARBEIT: Sozialwissenschaftliche Berufe. Nürnberg 1997 (a).

AMTLICHE NACHRICHTEN DER BUNDESANSTALT FÜR ARBEIT: Arbeitsmarktinformationen 1/1997: Diplom-Pädagoginnen und Diplom-Pädagogen und Magister der Erziehungswissenschaft. Frankfurt/M. 1997 (b).

BECK, U.: Risikogesellschaft. Auf dem Weg in eine andere Moderne. Frankfurt/M. 1986.

BOURDIEU, P.: Die feinen Unterschiede. Kritik der gesellschaftlichen Urteilskraft. Frankfurt/M. 1982.

BUNDESMINISTERIUM FÜR BILDUNG, WISSENSCHAFT, FORSCHUNG UND TECHNOLOGIE: Absolventenreport Magisterstudiengänge. Bonn 1995.

FRIEDRICH, H.F./MANDL, H.: Lern- und Denkstrategien – ein Problemaufriß. In: MANDL, H./ FRIEDRICH, H.F. (Hrsg.): Lern- und Denkstrategien. Analyse und Intervention. Göttingen 1992, S. 3-54.

GAWATZ, R.: Studium – Wissenschaft – Beruf. Berufliche Studienperspektiven westdeutscher Studierender und ihr Stellenwert für die Studienbewältigung und Studiensituation. Konstanz 1991.

GRÄSEL, C.: Problemorientiertes Lernen. Göttingen 1997.

GRÄSEL, C./REINHARTZ, P.: Ungeliebte Kinder auf dem Arbeitsmarkt? Ergebnisse einer Verbleibsstudie von AbsolventInnen des Magisterstudienganges Pädagogik. In: Der pädagogische Blick 6 (1998), S. 223-238.

GRUBER, H.: Expertise. Modelle und empirische Untersuchungen. Opladen 1994.

GRUBER, H.: Erfahrung als Grundlage kompetenten Handelns. Bern 1999.

HOCHSCHULREKTORENKONFERENZ: Studienangebote deutscher Hochschulen im Wintersemester 1998/99. Bad Honnef 1998.

HOMFELDT, H.-G./SCHULZE, J.: Qualität der Lehre und des Studiums in der Diskussion – Der erziehungswissenschaftliche Diplomstudiengang auf dem Prüfstand. In: HOMFELDT, H.-G./ SCHENK, M./SCHULZE, J. (Hrsg.): Lehre und Studium im Diplomstudiengang Erziehungswissenschaft. Weinheim 1995, S. 8-33.

HORN, S.: »Magister-Pädagogik – ein Abschluß wie jeder andere?!«: die Evaluation des Studiengangs Magister Pädagogik an der TU Darmstadt. Alsbach/Bergstrasse 1999.

KEINER, E./KROSCHEL, M./MOHR, H./MOHR, R.: Studium für den Beruf? Perspektiven und Retrospektiven von Pädagoginnen und Pädagogen. In: Zeitschrift für Pädagogik 43 (1997), S. 803-825.

KORING, B.: Zur Profilierung der Studienrichtung Erwachsenenbildung und Weiterbildung im Diplomstudiengang. In: Der Pädagogische Blick 5 (1997), S. 12-19.

LÜDERS, M.: Von Klassen und Schichten zu Lebensstilen und Milieus. In: Zeitschrift für Pädagogik 43 (1997), S. 301-320.

NUNNER-WINKLER, G.: Das Konzept der Wertewandeldebatte. In: KIESEL, D./ VOLZ, F.-R. (Hrsg.): »Wo soll's denn lang gehen?«: Jugendliche und Pädagogen auf der Suche nach Lebensstilen und Konzeptionen. Frankfurt/M. 1991, S. 72-89.

RAMM, M./BARGEL, T.: Studium, Beruf und Arbeitsmarkt. Orientierung von Studierenden in West- und Ostdeutschland. Nürnberg 1995.

RAUSCHENBACH, Th.: Ausbildung und Arbeitsmarkt für ErziehungswissenschaftlerInnen. Empirische Bilanz und konzeptionelle Perspektiven. In: KRÜGER, H.H./RAUSCHENBACH, Th. (Hrsg.): Erziehungswissenschaft. Die Disziplin am Beginn einer neuen Epoche. Weinheim 1994, S. 275-294.

SCHMIDT, H.G./BOSHUIZEN, H.P.A.: On acquiring expertise in medicine. In: Educational Psychology Review 5 (1993), S. 1-17.

SCHULZE-KRÜDENER, J.: »Nichts ist sicher, aber vieles ist möglich.« Der Arbeitsmarkt für Diplom-Pädagoginnen und Diplom-Pädagogen. In: Der pädagogische Blick 5 (1997), S. 88-101.

STOBER, D.: Quo vadis magister? Persönlichkeit als Schlüssel zum Erfolg. Weinheim 1990.

TIPPELT, R.: Projektstudium. Exemplarisches und handlungsorientiertes Lernen an der Hochschule. München 1979.

TIPPELT, R.: Sozialstruktur und Erwachsenenbildung: Lebenslagen, Lebensstile und soziale Milieus. In: BRÖDEL, R. (Hrsg.): Erwachsenenbildung in der Moderne. Opladen 1997, S. 53-69.

TIPPELT, R./CLEVE, B.: Verfehlte Bildung? Bildungsexpansion und Qualifikationsbedarf. Darmstadt 1995.

VOGEL, U./KOSLOWSKI, I.: Zum beruflichen Verbleib von Magister-Absolventen. Alsbach/Bergstrasse 1990.

WEINERT, F.E.: Concepts of competence (Contribution within the OECD project definition and selection of competencies: Theoretical and conceptual foundations). Max Planck Institute for Psychological Research 1999.

ZÜCHNER, I.: Notiz zur Ausbildungssituation in den erziehungswissenschaftlichen Diplom- und Magisterstudiengängen. In: Der pädagogische Blick 6 (1998), S. 239-247.

Diplomierte Arbeitslosigkeit – ein Mythos?

Jörgen Schulze-Krüdener/Ivo Züchner

Inhalt

Diplom in Erziehungswissenschaft – was kommt nach dem Hochschulstudium? Wer ein Fach an einer Hochschule studiert und mit einem Diplom abschließt, möchte wissen, ob, wo und unter welchen Bedingungen eine künftige Berufstätigkeit möglich ist. Hierauf kann keine sichere Antwort gegeben werden, denn keiner der an den Hochschulen angebotenen Diplomstudiengänge bereitet gezielt auf die berufliche Praxis vor und eindeutige Zuordnungen zu Arbeitsfeldern sind nicht so einfach möglich. Hinzu kommt, dass angesichts der stabilen Krise des Arbeitsmarktes seit Mitte der 70er Jahre, der nachlassenden Kräftenachfrage im staatlichen Sektor und des Überangebots an AbsolventInnen einhergehend mit der zunehmenden Akademisierung des Arbeitskräftepotentials (vgl. FRANCK 1991) sich die Angehörigen aller Hochschulberufe – zum Teil in unmittelbarer Konkurrenz und einem Verdrängungswettbewerb untereinander – in verstärktem Maße auf Schwierigkeiten und Verzögerungen beim Übergang ins Erwerbsleben und im Verlauf ihrer Erwerbstätigkeit bzw. Berufsbiographie einstellen müssen. Galt lange Zeit eine qualifizierte Ausbildung als Garant gegen Erwerbslosigkeit, hat in den letzten Jahren die AkademikerInnenarbeitslosigkeit zugenommen und zur biographischen Normalisierung diskontinuierlicher Erwerbsverläufe beigetragen. Insgesamt befindet sich die Arbeitsgesellschaft in einem umfassenden Modernisierungsprozess und der Suche nach Wegen aus der Krisensituation kommt besondere Bedeutung zu.

Berufsbefähigung als Ausbildungsziel

57

1. Diplom in Erziehungswissenschaft – ein Hochschulabschluss wie jeder andere!

Das Diplom (oder auch der Magisterabschluss; vgl. HORN 1999; GRÄSEL/REIN-HARTZ 1998; STOBER 1990) ebnet nicht mehr von selbst den Weg in die Arbeitswelt, die akademische Qualifikation korreliert nicht mehr automatisch mit einer anspruchsvollen Tätigkeit und im Arbeitsvertrag fehlen zunehmend die angestrebten tarif- und sozialrechtlichen Absicherungen. HochschulabsolventInnen müssen sich verstärkt mit Arbeitsformen wie Teilzeitarbeit oder befristeten Erwerbstätigkeitsverhältnissen arrangieren und Entkoppelungen zwischen Berufsabschluss und Einkommen sind nicht nur bei Hochschulberufen, sondern im gesamten Beschäftigungssystem zu konstatieren. Bei der Suche nach den Gründen der AkademikerInnenarbeitslosigkeit, die nach wie vor deutlich unter der allgemeinen Arbeitslosenquote liegt, wird unter anderem danach gefragt, inwieweit die universitäre Ausbildung in ausreichendem Maße berufsbefähigend ist und das erforderliche Professionswissen vermittelt, das die AbsolventInnen in den berufsfeldbezogenen Gegebenheiten mit ihren spezifischen Handlungsstrukturen und -logiken benötigen (vgl. SCHULZE-KRÜDENER/HOMFELDT 2001, 2001a). Unabhängig hiervon ist

Übergang von der Hochschule in die Berufspraxis

weithin beobachtbar, dass der Übergang von der Hochschule in die berufliche Praxis sich für AbsolventInnen aller Hochschulstudiengänge zu einem komplexen Prozess entwickelt hat, der Mühen bei der Suche erfordert und bei dem Zeiten des Wartens, des Jobbens und zumindest kurzfristiger (Such-)Arbeitslosigkeit verbreitete Phänomene sind (vgl. TEICHLER/SCHOMBURG/WINKLER 1992, S. 54). Die Probleme auf dem Arbeitsmarkt machen es erforderlich, sich im Vorfeld der geplanten Aufnahme eines Hochschulstudiums umfassend über das Studium zu informieren und bei der Wahl des Berufes nicht nur den vermeintlichen Fun-Faktor des Studiums (vgl. DER SPIEGEL 20/2000, S. 138), sondern darüber hinaus die Chancen und Risiken eines Hochschulabschlusses genau abzuwägen (vgl. zu Kosten, Verdienstchancen und Rendite der 25 wichtigsten Fächer FOCUS 15/2000, S. 62 ff.). In wachsendem Umfang müssen sich HochschulabsolventInnen darauf einstellen, dass sie trotz der insgesamt gesehen positiven Aufnahme von akademisch Ausgebildeten nicht mehr automatisch im Vergleich zu früheren Jahren auf bevorzugte Berufsaussichten rechnen können (vgl. ZENTRALSTELLE FÜR ARBEITSVERMITTLUNG 1999).

Das bisher Gesagte gilt im Ganzen auch für Diplom-PädagogInnen mit der weitreichenden arbeitsmarktstrukturellen Konsequenz: Nichts ist sicher, aber vieles ist möglich (vgl. SCHULZE-KRÜDENER 1997). Für die bis heute über 55.000 aus-

Erwerbssituation besser als ihr Ruf

gebildeten Diplom-PädagogInnen existiert nach wie vor kein typischer Arbeitsmarkt, lassen sich je nach Art des Stellenangebotes horizontale Substitutionsmöglichkeiten durch LehrerInnen, SoziologInnen, PsychologInnen, KulturwissenschaftlerInnen u.a. oder vertikale Substitution durch SozialpädagogInnen und SozialarbeiterInnen konstatieren, gibt es keine speziellen Arbeitsplätze und auch keine festumrissenen Stellenprofile. Das Fehlen eines spezifischen Berufsfeldes und das recht breit konzipierte Studium haben unumstritten dazu beigetragen, dass die breite berufliche Etablierung ermöglicht wird und die Erwerbssituation der Diplom-PädagogInnen besser als ihr Ruf ist (vgl. KRÜDENER/SCHULZE 1993). Das seit Ende der 60er Jahre entstandene und sich bis heute in Teilen der Öffentlichkeit anhaltende Gerücht, der erziehungswissenschaftliche Diplomstudiengang produziere vornehmlich Arbeitslose – noch 1985 wird im Wochenmagazin DER SPIEGEL das »bekannte Debakel des praktisch wertlosen Diplom-Pädagogen« lanciert und ihnen insgesamt eine »diplomierte Nutzlosigkeit« unterstellt –, wird sowohl durch die amtliche Beschäftigungsstatistik der Arbeitsverwaltung als auch durch die Ergebnisse der AbsolventInnenforschung eindeutig widerlegt: Diplom-PädagogInnen gehören zur selbstverständlichen Berufsgruppe des sich in Folge der Expansion des Sozialstaates in den zurückliegenden Jahrzehnten immer weiter entwickelnden und ausdifferenzierenden Arbeitsmarkt im Sozial-, Bildungs- und Erziehungswesen, besetzen selbstbewusst (Markt-)Nischen in anderen Arbeitsmarktsegmenten oder üben eine selbständige Existenz aus. Oder etwas pointiert ausgedrückt: Diplom-PädagogInnen als ExpansionsmeisterInnen und erfolgreiche BedarfsproduzentInnen ist es gelungen, »das Feld der außerschulischen Pädagogik erheblich zu erweitern und sich dabei bislang selbst als weitgehend unabkömmlich zu verkaufen« (LÜDERS 1997, S. 4). Die vergleichsweise erfolgreiche berufliche Etablierung, aber nicht in allen Punkten befriedigende Platzierung unter schwierigen arbeitsmarktpolitischen Bedingungen auf dem Arbeitsmarkt schlägt sich auch in den aktuellen Daten zur Arbeitslosigkeit nieder.

Von den bis heute in den zurückliegenden dreißig Jahren insgesamt über 55.000 ausgebildeten Diplom-PädagogInnen sind Ende 1999 etwa 3.200 arbeitslos gemeldet gewesen (mit einem Frauenanteil von 72 Prozent) davon zehn Prozent in den neuen Bundesländern. Mit Blick auf die damit weiter zurückgegangene Arbeitslosigkeit und die eher ungünstigere Entwicklung bei den übrigen SozialwissenschaftlerInnen heißt es in der Jahresberichterstattung über den AkademikerInnenarbeitsmarkt, dass trotz der Abnahme bei den Stellenzugängen und den Vermittlungen der Arbeitsmarkt für Diplom-PädagogInnen »– bei Zugrundelegung bescheidener Ansprüche – auf dem freundlichen Niveau« (ZENTRALSTELLE FÜR ARBEITSVERMITTLUNG 2000, S. 2817) der Vorjahre geblieben ist. Maßgeblich zu dieser Entwicklung hat beigetragen, dass die personenbezogenen Dienstleistungsberufe und damit die mit Diensten am Menschen befassten Berufe in den Bereichen Soziales/Erziehung, Gesundheit und Pflege in den zurückliegenden zwanzig Jahren im Vergleich zum Gesamtarbeitsmarkt – vor allem als Tätigkeitsfeld für Frauen – einen überproportional hohen Zuwachs von neuen Arbeitsplätzen zu verzeichnen haben (vgl. RAUSCHENBACH 1999, S. 131 ff.). Aber mit Blick auf die zunehmenden Kürzungen bzw. Sparzwänge im Sozial-, Bildungs- und Erziehungswesen zeichnet sich ein 'turning point' des Wachstums ab, der das generelle Arbeitsmarktrisiko für den vergleichsweise jungen und wenig geschützten Beruf Diplom-Pädagogin/Diplom-Pädagoge – so die pessimistische Prognose – drastisch erhöhen könnte. Wenn die in den letzten Jahren gestiegenen StudieneinsteigerInnenzahlen im Diplomstudiengang ihren Niederschlag in entsprechenden AbsolventInnenzahlen finden, tun diese ein übriges, um das Arbeitskräfteangebot hier zusätzlich anschwellen zu lassen, und so die grundsätzlich vorhandenen arbeitsmarktlichen Disproportionalitäten nochmals zu verstärken.

Vor diesem Problemaufriss wird im weiteren die Entwicklung der Arbeitslosigkeit von Diplom-PädagogInnen seit dem Startschuss für die Ausbildung zur Diplom-Pädagogin bzw. zum Diplom-Pädagogen am 20. März 1969 entlang unterschiedlicher Faktoren resümiert und hierbei auch die Bedeutung des Einsatzes von Arbeitsbeschaffungsmaßnahmen (ABM) als Instrument der aktiven (staatlichen) Arbeitsmarktpolitik auf die Nachfrage- und Angebotsseite kritisch gegengelesen, wobei auf die Befunde der amtlichen Statistik (vgl. Kapitel 2) und die Ergebnisse der AbsolventInnenforschung (vgl. Kapitel 3) zurückgegriffen wird. Abschließend wird ein knapper Ausblick gegeben.

2. Arbeitslosigkeit von Diplom-PädagogInnen im Blickpunkt der amtlichen Statistik

In den amtlichen Statistiken lässt sich die Entwicklung der Arbeitslosigkeit von ErziehungswissenschaftlerInnen anhand der Daten der jährlich erscheinenden Strukturanalyse beobachten, die von der Bundesanstalt für Arbeit in Nürnberg herausgegeben wird. In diese Arbeitslosenstatistik gehen unter den ErziehungswissenschaftlerInnen die bei den Arbeitsämtern arbeitslos gemeldeten Diplom- und Magister-PädagogInnen ein.[1] Zu berücksichtigen ist hierbei, dass Phasen von Nicht-Erwerbstätigkeit oder Arbeitslosigkeit, die den Arbeitsämtern nicht angezeigt werden, von der Statistik nicht erfasst werden.

Problem der gemeldeten Arbeitslosigkeit

In der Arbeitslosenstatistik nach beruflicher Gliederung findet sich in der von der Bundesanstalt für Arbeit verwendeten Klassifizierung seit 1981 die Berufskennziffer 8828 »PädagogInnen«. In diese werden die Diplom- und Magister-PädagogInnen in einer Unterstatistik der Bundesanstalt »nach der Fachrichtung der schulische Berufsausbildung« eingruppiert, womit ein relativ gutes Abbild von den arbeitslosen PädagogInnen, die einen einschlägigen Studiengang abgeschlossen haben, zu erwarten wäre.[2] Diese Statistik zeigt eine relativ günstige Arbeitsmarktsituation von Diplom- und Magister-PädagogInnen Ende der 90er Jahre (vgl. RAUSCHENBACH in diesem Band Tabelle 1, S. 35).

Die Tabelle 1 verdeutlicht eine uneinheitliche Entwicklung: Nach 1982 stieg die Arbeitslosigkeit unter den Diplom- und Magister-PädagogInnen von etwa 1.760 um mehr als das Zweieinhalbfache auf über 4.500 im Jahr 1988 an (eine Zahl, die seitdem auch im vereinigten Deutschland nie wieder erreicht wurde). Anfang bis Mitte der 90er Jahre hatte sich die Zahl dann auf einem Niveau von 3.150 in den alten Bundesländern und ca. 3.400 im gesamten Bundesgebiet ein gependelt, die erst in den letzten Jahren wieder deutlich sichtbar nach unten gegangen ist (vgl. Abbildung 1).

Anstieg in den 80ern – Abflauen in den 90ern

Unter der Perspektive der geschlechtsspezifischen Verteilung der Arbeitslosigkeit von arbeitslos gemeldeten ErziehungswissenschafterInnen liegt der Frauenan-

---

1 Die Arbeitslosenstatistik erfasst Diplom-PädagogInnen und AbsolventInnen eines Magisterstudienganges mit erziehungswissenschaftlichem Hauptfach – im folgenden Magister-PädagogInnen genannt – in einer Kategorie. Insgesamt liegt die Zahl der Diplom-AbsolventInnen in Deutschland heute bei etwa 55.000, die entsprechende Zahl des Magisters bei etwa 6.000, also insgesamt in einem Verhältnis von etwa 9 : 1 (vgl. RAUSCHENBACH/ZÜCHNER 2000).

2 Eine gewisse Ungenauigkeit dieser Statistik zeigt sich jedoch daran, dass über in den hier in den Tabellen dargestellten Hochschulausgebildeten hinaus unter der Kennziffer '8828' zusätzlich auch Personen ohne Hochschulabschluss finden lassen.

60

teil mit zuletzt deutlich über 70 Prozent sehr hoch. Bei einem Frauenanteil unter den AbsolventInnen von ca. 75 Prozent in den letzten Jahren (vgl. SCHENK 2000) erscheint dieser Wert jedoch nicht überraschend. Wird allerdings die Summe aller AbsolventInnen eines erziehungswissenschaftlichen Diplom- oder Magisterstudiums seit 1969 betrachtet, so liegt der Frauenanteil aller AbsolventInnen bei knapp 62 Prozent, also deutlich unterhalb des Anteils der arbeitslosen Frauen. So lässt sich in der arbeitsmarktstatistischen Bilanz hinsichtlich der Arbeitslosigkeit von Diplom- und Magister-PädagogInnen insgesamt von eher geringfügigen schlechteren Arbeitsmarktchancen für Frauen sprechen.

2.1 Dauer der Arbeitslosigkeit

In der amtlichen Statistik finden sich auch Hinweise über die Dauer der Arbeitslosigkeit von Diplom- und Magister-PädagogInnen. Betrachtet man die Angaben, so scheinen in den letzten Jahren längere Phasen von Arbeitslosigkeit unter den ErziehungswissenschaftlerInnen wieder zuzunehmen. War Anfang der 90er Jahre eine Mehrheit der erfassten ErziehungswissenschaftlerInnen weniger als ein halbes Jahr arbeitslos und nur rund ein Viertel länger als ein Jahr ohne Arbeit, so war dies 1997 bereits mehr als ein Drittel, aber nur noch ungefähr 45 Prozent, die weniger als ein halbes Jahr arbeitslos gemeldet waren. Auch scheint sich die Lage in den neuen Bundesländern tendenziell etwas günstiger darzustellen. Etwa die Hälfte der arbeitslos Gemeldeten findet innerhalb eines halben Jahres eine Beschäftigung, und ca. ein weiteres Fünftel zwischen einem halben Jahr und einem Jahr Arbeitslosigkeit. Etwa ein Drittel ist Mitte/Ende der 90er Jahre länger als ein Jahr arbeitslos (vgl. Tabelle 1).

Anstieg der Langzeitarbeitslosigkeit

Abbildung 1: Verhältnis der Arbeitslosigkeit zwischen Erziehungswissenschaftlerinnen und Erziehungswissenschaftlern (Bundesgebiet West)

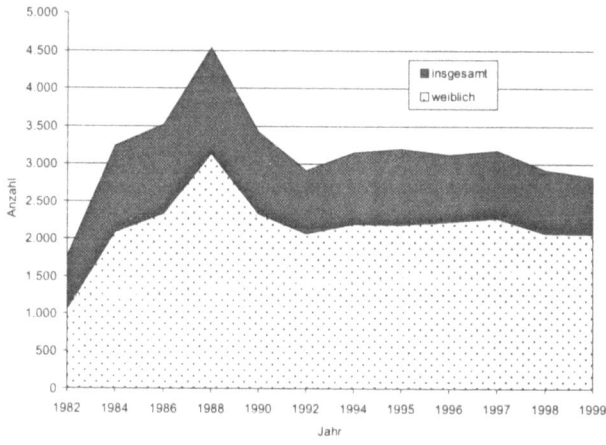

Quelle: Bundesanstalt für Arbeit: ANBA, Strukturanalyse, verschiedene Jahrgänge

61

Tabelle 1: Dauer der Arbeitslosigkeit von Diplom- und Magister- PädagogInnen (1983-1998)

Jahr	Insgesamt	Dauer der Arbeitslosigkeit		
		< 6 Mon.	6-12 Mon.	>1 Jahr
Alte Bundesländer				
1983	2.640	42,2	29,7	28,1
1986	3.523	47,5	22,5	30,1
1988	4.538	48,2	23,4	28,4
1990	3.425	46,3	23,9	29,8
1992	2.914	53,0	22,2	24,8
1994	3.149	/	/	/
1996	3.121	47,6	20,7	31,7
1997	3.178	44,9	21,9	33,3
1998	2.922	47,7	16,6	33,2
Deutschland insgesamt				
1996	3.413	48,5	21,3	30,2
1997	3.585	45,3	22,9	31,8
1998	3.260	48,3	19,3	32,6

Quelle: BUNDESANSTALT FÜR ARBEIT: ANBA, Strukturanalyse, verschiedene Jahrgänge; eigene Berechnungen)

Oder mit anderen Worten formuliert: Es gibt in Deutschland Ende 1998 somit etwas über 1.000 »langzeitarbeitslose« AbsolventInnen eines erziehungswissenschaftlichen Hauptfachstudiums. Allerdings gehen diejenigen, die nicht mehr arbeitslos gemeldet sind, nicht zwangsläufig einer bezahlten Beschäftigung nach. Eine Nichtaufnahme in die Statistik kann vielerlei bedeuten, z.B. Umschulung, Weiterbildung, Familienpause. So kann die für die neuen Bundesländer etwas geringere Zahl der »Langzeitarbeitslosen« auf günstigere Beschäftigungsmöglichkeiten für Diplom- und Magister-PädagogInnen hinweisen. Es kann aber auch heißen, dass sich von längerer Arbeitslosigkeit Betroffene anderen Arbeitsfeldern oder weiteren Qualifikationen zuwenden, besonders viele Maßnahmen nach dem Arbeitsförderungsgesetz (AFG) ihre Wirkung zeigen oder dass Diplom- und Magister-PädagogInnen nach längerer erfolgloser Suche andere biographische Wege jenseits des Arbeitsmarktes wählen.

2.2 Arbeitslosigkeit von ErziehungswissenschaftlerInnen im Vergleich zu anderen Fächern

Nachdem insbesondere in den 80er Jahren die Arbeitslosigkeit gerade von Diplom-PädagogInnen herausgeschoben wurde und den AbsolventInnen des erziehungswissenschaftlichen Diplomstudienganges ein besonders hohes Arbeitsmarktrisiko unterstellt wurde, zeigt sich in den 90er Jahren im Rückgriff auf die amtliche Statistik, dass Diplom- und Magister-PädagogInnen im Vergleich zu anderen AbsolventInnen sozialwissenschaftlicher Studiengänge gleich gut oder sogar günstiger dastehen: So stellen sich die Verhältnisse zwischen AbsolventInnenzahlen und Arbeitslosen des Faches Erziehungswissenschaft in den letzten Jahren günstiger dar als beispielsweise bei den PsychologInnen, SoziologInnen und PolitologInnen (vgl. RAUSCHENBACH 1999a; RAUSCHENBACH/ ZÜCHNER 2000a).

Auch von der Entwicklung der Arbeitslosigkeit der AbsolventInnen in weiteren universitären Fächern unterscheidet sich die Entwicklung der Arbeitslosigkeit

Positivere Entwicklung als in Parallelfächern

62

von Diplom-PädagogInnen nicht und ist insgesamt sogar weniger stark angestiegen als die Arbeitslosigkeit von AkademikerInnen insgesamt. In Tabelle 2 ist diese Entwicklung anhand von Indizes (1982 =100) nachgezeichnet.

Die Tabelle 2 macht deutlich, dass sich die Arbeitslosigkeit von ErziehungswissenschaftlerInnen bis Anfang der 90er Jahre deutlich oberhalb der Arbeitslosigkeit aller AkademikerInnen entwickelte, sich aber seit Anfang der 90er entgegen dem Trend deutlich nach unten verschoben hat und heute wieder ein Niveau unter dem von 1984 erreicht ist. Demgegenüber hat sich die Zahl der arbeitslosen IngenieureInnen, JuristInnen, aber auch MedizinerInnen Ende der 90er Jahre deutlich nach oben entwickelt. So hat sich in diesen Fächern die Arbeitslosigkeit seit 1982 verdoppelt oder – wie bei den IngenieurInnen – sogar verdreifacht. Dagegen ist die Entwicklung der Arbeitslosigkeit der SozialwissenschaftlerInnen und GymnasiallehrerInnen nach einem Höchststand Anfang der Ende der 80er Jahre deutlich positiver verlaufen, was in einem zum Teil deutlichen »Abflauen« bis Ende der 90er Jahre zum Ausdruck kommt.

Entwicklung »gegen den Trend«

2.3 Diplom-PädagogInnen und Arbeitsbeschaffungsmaßnahmen in der amtlichen Statistik

Die amtlichen Statistiken geben nur sehr unzureichend Auskunft darüber, inwieweit Diplom- und in Maßnahmen zur Arbeitsbeschaffung erwerbstätig sind. In der Statistik der Bundesanstalt für Arbeit werden die Arbeitsbeschaffungsmaßnahmen insgesamt nur unter bestimmten Kategorien wie zum Beispiel »Soziale Dienste« ausgewiesen. Ein vorsichtig zu wertender Hinweis findet sich in der Statistik der Arbeitsvermittlungen der Arbeitsämter. So wurden 1999 vom Arbeitsamt 1.100 Diplom- und Magister-PädagogInnen in Erwerbstätigkeit vermittelt, davon 56 Prozent in Arbeitsbeschaffungsmaßnahmen (zum Vergleich: Diplom-PsychologInnen: 63 Prozent, SoziologInnen/PolitologInnen: 55 Prozent; vgl. ZENTRAL-STELLE FÜR ARBEITSVERMITTLUNG 2000). Da allerdings aufgrund der Befunde der AbsolventInnen- bzw. Berufsverbleibsforschung davon auszugehen ist, dass der berufliche Umstieg oder Einstieg in den Arbeitsmarkt weitgehend ohne die Einbeziehung des Arbeitsamtes erfolgt, bleibt der Anteil der ABM-Beschäftigung von Diplom- und Magister-PädagogInnen zumindest im Lichte der amtlichen Statistik eher im Dunkeln.

ABM- Anteil der »Vermittelten« unterdurchschnittlich

3. Arbeitslosigkeit von Diplom-PädagogInnen im Blickpunkt der AbsolventInnenforschung

Berufsverbleibsstudien sind seit Beginn der erziehungswissenschaftlichen Diplomausbildung wiederholt an einigen Hochschulstandorten in kleinerem oder größerem Rahmen durchgeführt worden (vgl. Tabelle 3). Nicht nur Hochschullehrende führen solche AbsolventInnenuntersuchungen durch, die gleichfalls einen wichtigen Beitrag zur Selbstevaluation und zur inhaltlichen wie auch organisatorischen Qualitätssicherung des erziehungswissenschaftlichen Diplomstudienganges leis-

Ziele von Berufsverbleibsstudien

63

Tab. 2: Entwicklung der AkademikerInnenarbeitslosigkeit in ausgewählten Fachrichtungen (1982-1999; alte Bundesländer)

Jahr	AkademikerInnen insg.	IngenieurInnen	ArchitektInnen	JuristInnen	ÄrztInnen	GymnasiallehrerInnen	Wirtschaftswissen.schftl.	PsychologInnen	Politik-/Sozialwissenschaftl.	PädagogInnen
				Absolutzahlen						
1982	54.494	1.306	2.470	2.170	2.552	5.422	3.358	2.216	2.164	1.764
1999	99.583	4.106	5.253	5.328	6.864	4.171	7.992	2.573	3.077	2.821
				Index						
1982	100	100	100	100	100	100	100	100	100	100
1985	150	113	153	149	156	196	137	144	137	191
1987	164	131	130	170	255	181	143	166	139	231
1989	166	170	116	202	247	149	159	161	145	223
1991	145	216	84	155	223	107	142	136	81	170
1993	184	406	99	171	271	105	226	139	147	184
1995	198	422	133	255	265	90	265	135	159	175
1997	211	412	212	259	318	101	268	134	163	180
1999	183	314	213	246	269	77	238	116	142	159

Quelle: BUNDESANSTALT FÜR ARBEIT: ANBA, Strukturanalyse, verschiedene Jahrgänge; eigene Berechnungen

ten (vgl. KRÜDENER/SCHULZE 1995), sondern auch in Diplomarbeiten und Dissertationen wird der Frage nachgegangen, wie und wo die AbsolventInnen einzelner Hochschulen im Beschäftigungssystem untergekommen sind. Dies geschieht nicht zuletzt aufgrund der Feststellung, dass sich aus den Entwertungen zu Beginn der erziehungswissenschaftlichen Hochschulausbildung noch manche Vorbehalte gegenüber der Berufsgruppe speisen: Die Verbleibsforschung dient insofern auch als Mittel zur Versachlichung der Diskussion.

Tab. 3: Übersicht über die Arbeitslosigkeit in ausgewählten Verbleibsuntersuchungen

Untersuchungsort (durchgeführt von)	Untersuchungsform (Erhebungszeitpunkt)	Stichprobe (Rücklaufquote)	Arbeitslosenquote
Hochschulübergreifende Untersuchung (KOCH 1977)	Schriftliche Befragung von Diplom-PädagogInnen der Jahrgänge 1971-1976 aus neun Hochschulen [1976]	n=481 (50%)	13,0%
Hochschulübergreifende Untersuchung (BUSCH/HOMMERICH 1981)	Schriftliche Befragung von Diplom-PädagogInnen der Jahrgänge 1973-1977 aus 43 Hochschulen [1978]	n=1.879 (58,5%)	16,0%
Universität Trier (VOGELGESANG 1985)	Schriftliche Befragung von Diplom-PädagogInnen der Jahrgänge 1974-1983 [1984]	n=120 (72,7%)	6,7%

Untersuchungsort (durchgeführt von)	Untersuchungsform (Erhebungszeitpunkt)	Stichprobe (Rücklaufquote)	Arbeitslosen-quote
Universität Tübingen (BAHNMÜLLER u.a. 1988)	Schriftliche Befragung von Di-plom-PädagogInnen der Jahrgänge 1973-1985 [1985]	n=298 (42%)	10,0%
Universitäten Nord-Bayerns (LOHWASSER 1989)	Schriftliche Befragung von Di-plom-PädagogInnen von sechs Hoch-schulen[1986]	n=200 (72%)	8,2%
Universität Dortmund (FLACKE/PREIN /SCHULZE 1989)	Schriftliche Befragung von Di-plom-PädagogInnen der Jahrgänge 1980-1987 [1988]	n=324 (32,7%)	20,0%
Universität Mainz (BECK u.a. 1990)	Schriftliche Befragung von Di-plom-PädagogInnen der Jahrgänge 1974-1988 [1988]	n=307 (50,2%)	9,2%
Freie Universität Berlin (KUCKARTZ/LUKAS/ SKIBA 1994)	Schriftliche Befragung von Di-plom-PädagogInnen der Jahrgänge 1972-1991 [1992]	n=134 (39,5%)	4,5%
Universität Bielefeld (NAHRSTEDT/TIMMER-MANN/ BRINKMANN 1995)	Schriftliche Befragung von Di-plom-PädagogInnen der Jahrgänge 1990-1994 [1995]	n=166 (71,2%)	6,6%
Universität Marburg (vgl. FINK-JACOB 1996)	Schriftliche Befragung von Di-plom-PädagogInnen der Jahrgänge 1981-1991 [1993]	n=125 (56,8%)	0,8%
Universität Bremen (PETERS/SCHRADER 1996)	Schriftliche Befragung von Di-plom-PädagogInnen [1993]	n=57 (56%)	29,8%
Universität Halle (SEELING/GRUNERT 1999)	Schriftliche Befragung von Di-plom-PädagogInnen des ersten Jahr-gangs 1990 [1997]	n=68 (61%)	3,0%
Universität Eichstätt (MERZ 1999)	Schriftliche Befragung von Di-plom-PädagogInnen der Jahrgänge 1975-1996 [1997]	n=161 (64,9%)	1,2%
Pädagogische Hoch-schule Erfurt (ECKERT/SCHÄPE 2000)	Schriftliche Befragung von Di-plom-PädagogInnen der Jahrgänge 1991-1999 [1999]]	n=54 (52,9 %)	1,9%
Pädagogische Hoch-schule Freiburg (MÄGDEFRAU 2000)	Schriftliche Befragung von Di-plom-PädagogInnen der Jahrgänge 1973-1997 [1997]	n=342 (39%)	4,8%

Auch wenn sich die diversen Berufsverbleibsuntersuchungen hinsichtlich ihres struktuıellen Aufbaus, der Art der Operationalisierung an sich ähnlicher For-schungsfragen, der Auswahl und Anwendung methodischer Fragen, des Befra-gungszeitpunktes, der Auswertungskriterien, des Stichprobenumfanges und der Rücklaufquote unterscheiden und keine repräsentativen Aussagen ermöglichen, werden aber doch regionale Trends sichtbar, die von Bedeutung sind, da die Mehr-heit der AbsolventInnen einen Arbeitsplatz in ihrer Region suchen. Einschränkend ist weiter herauszustellen, dass neben dieser (für die bundesweite Situation nur) be-

Regionale Trendaussagen sind möglich

grenzten Aussagekraft der Befunde das Ausmaß der Stichprobenausfälle zu berücksichtigen ist, das Verzerrungen der Ergebnisse erwarten lässt. So ist mit Blick auf den erzielten Rücklauf zu beachten, dass unter Umständen die ermittelte Arbeitslosenquote aus dem Datenmaterial schriftlicher Befragungen eher eine Unter- als eine Überschätzung darstellt, da etwa Arbeitslose an solchen Befragungen nur ungern teilnehmen und insofern die ermittelte Arbeitslosenquote mit der Fallzahl korreliert.

Dass das Nonresponse-Problem bzw. die Problematik unterschiedlicher Ausschöpfungsquoten und die verzerrende Wirkung von Ausfällen in den Untersuchungen oftmals ausgeblendet wird, stellt ein Manko in der AbsolventInnenforschung dar. Trotz dieser Einlassungen lassen sich in einer Reihe von Fällen einige Sachverhalte im Vergleich vorliegender lokaler Untersuchungen datenmäßig so aufgreifen, dass dies typisch zu sein scheint für die allgemeine Situation von Diplom- PädagogInnen auf dem Arbeitsmarkt. Um differenziertere (auch einzelfallbezogene) Daten über den beruflichen Verbleib und die Erwerbsverläufe von Diplom-PädagogInnen zu erheben, ist nicht nur eine koordinierte lokal- bzw. regionalbezogene Absolvent(inn)enforschung (z.B. Replikaktionsstudien), sondern auch die flächendeckende empirische Dauerbeobachtung der Verläufe von Erwerbsbiographien erforderlich (vgl. DFG-Projekt »Beruflicher Verbleib, Berufskarrieren und berufliches Selbstverständnis von AbsolventInnen erziehungswissenschaftlicher Hauptfachstudiengänge«).

3.1 Diplomabschluss – was kommt danach? Zwischen breiter beruflicher Etablierung und unbefriedigender Platzierung

Ein zentrales Ergebnis der AbsolventInnenforschung ist, dass Diplom-PädagogInnen in ihrer Mehrheit in die berufliche pädagogische Praxis einmünden und eine Tätigkeit im breiten Spektrum des pädagogischen Berufsfeldes aufnehmen. »Die Vorstellung relativ kohärenter beruflicher Felder erweist sich allerdings als Fiktion« (NAHRSTEDT/TIMMERMANN/BRINKMANN 1995, S. 71). Die flexible Einsatzmöglichkeit von Diplom-PädagogInnen übt dabei einen hohen Beschäftigungseffekt in bezug auf die Nachfrageseite aus, wenngleich mit der Konsequenz, dass es keine reservierten Arbeitsplätze für Diplom-PädagogInnen gibt und die Berufsangehörigen in unzähligen beruflichen Feldern tätig sind. Diese Tatsache hat unmittelbar Auswirkungen auf die berufliche Identität sowie in Folge dessen auf die berufspolitische Interessenvertretung und trägt sicherlich mit dazu bei, dass viele berufstätigen Diplom-PädagogInnen keine enthusiastischen VertreterInnen des Qualifikationsprofils Diplom-Pädagogin/Diplom-Pädagoge sind (vgl. SCHULZE-KRÜDENER 1996).

Keine reservierten Arbeitsplätze als Chance

Trotz der insgesamt als geglückt zu bezeichnenden Etablierung auf dem Arbeitsmarkt darf nicht außer acht gelassen werden, dass optimale Arbeitsplätze nur selten existieren und mit einem Marginalisierungsmoment hinsichtlich der Kriterien des Normalarbeitsverhältnisses gerechnet werden muss. Viele Diplom-PädagogInnen müssen sich mit Tätigkeiten arrangieren, die entweder schlecht bezahlt, nicht sozialversichert, befristet, stundenmäßig reduziert oder alles zusammen sind. In den Berufsverbleibsstudien bestätigt sich wiederholt die Benachteiligung der Frauen im quantitativ von ihnen dominierten pädagogischen Arbeitsmarktsegment.

Diplom-Pädagoginnen haben nach wie vor in der Tendenz schlechtere monetäre Aufstiegschancen, arbeiten häufiger auf befristeten Arbeitsplätzen und Teilzeitarbeitsstellen, haben geringere Karrieremöglichkeiten und sind stärker von Arbeitslosigkeit bedroht als Diplom-Pädagogen. Ungeachtet dieser weithin beobachtbaren Geschlechterdifferenzen hat die Breite und Offenheit des Qualifikationsprofils der Diplom-PädagogInnen mit Blick auf die veränderten Arbeitsmarkt- und Erwerbsbedingungen für alle Hochschulberufe und der Konkurrenzsituation auf dem Arbeitsmarkt ihre breite berufliche Platzierung ermöglicht. Ausgangspunkt für diese relativ optimistische Einschätzung ist, dass der Beruf Diplom-Pädagogin bzw. Diplom-Pädagoge ein typischer Hochschulberuf der heutigen Zeit in einem angespannten AkademikerInnenarbeitsmarkt geworden ist und die AbsolventInnen nicht (mehr) davon ausgehen können, akademikeradäquate Positionen zu erreichen und Arbeitsbedingungen des Normalarbeitsverhältnisses (dauerhafte Vollzeitarbeit mit tariflicher arbeits- und sozialrechtlicher Ausgestaltung) anzutreffen.

3.2 Zur Arbeitslosigkeit von Diplom-PädagogInnen im Erwerbsverlauf

Die AbsolventInnenforschung kommt einhellig zum Ergebnis, dass die faktische Arbeitslosigkeit erheblich geringer ist als nach den zum Teil vorliegenden düsteren Erwartungen und Prognosen zu erwarten ist. Die ermittelten Arbeitslosenquoten (zum Erhebungszeitpunkt; vgl. Tabelle 4) in den Studien zeigen, dass sich die Diplom-PädagogInnen auf dem Arbeitsmarkt behaupten, wenngleich die fraglos vorhandenen Arbeitsmarktprobleme (insbesondere beim Berufseinstieg) nicht zu übersehen sind, der Anteil der verdeckten, nicht registrierten Formen der Arbeitslosigkeit nicht mit Sicherheit beantwortet werden kann und in vielen Studien nicht eindeutig definiert wird, was unter dem Begriff Arbeitslosigkeit subsumiert ist. So ist beispielsweise für die Höhe der Arbeitslosenquote nicht unerheblich, ob in die Berechnung nur die beim Arbeitsamt registrierten Nichterwerbstätigen miteinbezogen werden, die eine Erwerbstätigkeit suchen, oder zum Beispiel auch diejenigen, die sich nicht beim Arbeitsamt gemeldet haben (z.B. weil sie keinen Leistungsanspruch haben), bzw. diejenigen, die sich zum Erhebungszeitpunkt nicht am Arbeitsmarkt orientieren. Und schließlich ist zu berücksichtigen, dass die ermittelte Arbeitslosenquote in einer lokalen Verbleibsstudie naturgemäß nur für die jeweilige Hochschule von Bedeutung ist und sich daraus keine bundesweite Arbeitslosenquote prognostizieren lässt und diese Daten nicht ohne Weiteres vergleichbar mit den bundesweiten Arbeitslosenzahlen sind (wenngleich durchaus übereinstimmende Trends bzw. Aussagen im Spiegel der amtlichen Statistik deutlich werden; vgl. Kapitel 2).

Definitionen von Arbeitslosigkeit und ihre Auswirkungen

Mit Blick auf diese Einlassungen wird in der Freiburger Verbleibsstudie (vgl. MÄGDEFRAU 2000) zum Erhebungszeitpunkt 1997 eine Arbeitslosenquote von 4,8 Prozent ermittelt, in Erfurt liegt die Arbeitslosenquote unter 2 Prozent (vgl. ECKERT/SCHÄPE 2000) und in Halle bei 3 Prozent (vgl. SEELING/GRUNERT 1999), von allen Tübinger AbsolventInnen sind zum Befragungszeitpunkt (1985; vgl. BAHNMÜLLER u.a. 1988) 10 Prozent und von den Mainzer Diplom-PädagogInnen 9,2 Prozent (vgl. BECK u.a. 1990) beim Arbeitsamt arbeitslos gemeldet. Lag die Arbeitslosenquote in einer Berliner Untersuchung Anfang der 80er Jahre noch bei

Arbeitslosenquote in unterschiedlichen Verbleibsstudien

7 Prozent (vgl. SKIBA/LUKAS/KUCKARTZ 1984), beträgt sie zum Zeitpunkt der Wiederholungsbefragung elf Jahre später 4,5 Prozent (vgl. KUCKARTZ/LUKAS/ SKIBA 1994). Eine deutlich höhere Arbeitslosenquote findet sich in der Dortmunder Studie (vgl. FLACKE/PREIN/SCHULZE 1989, S. 187), nach der ein Fünftel zum Erhebungszeitpunkt aufgrund ihrer Selbstauskünfte als arbeitslos klassifiziert sind. Überwiegend sind dies jedoch BerufseinsteigerInnen ohne Anspruch auf Arbeitslosengeld oder -hilfe. An solchen Untersuchungen (vgl. auch PETERS/SCHRADER 1995) wird deutlich, welche gravierenden Auswirkungen unterschiedliche begriffliche Grenzziehungen auf die Erfassung der Arbeitslosenquote nach sich ziehen.

Wird nun der Blick auf die Berufseinstiegs- bzw. Berufseinmündungsphase, also den Übergang von der Hochschule in den Beruf, gerichtet, bestätigt sich in den Berufsverbleibsstudien der sich schon seit Ende der 70er Jahre abzeichnende Trend zunehmender Dauer von Übergangsarbeitslosigkeit bei späteren AbsolventInnengenerationen. Oder pointiert formuliert: Wer heute sein Examen macht und eine pädagogische Tätigkeit aufnehmen möchte, muss in der Tendenz mit einer längeren Übergangs- bzw. Anfangsarbeitslosigkeit rechnen als diejenigen, die zu einem früheren Zeitpunkt dem pädagogischen Arbeitsmarktsegment zur Verfügung stehen. Bei dieser Tendenzaussage ist jedoch zu beachten, dass einerseits Diplom-PädagogInnen, die bereits längere Zeit im Berufsleben stehen, naturgemäß länger dem Arbeitsmarktrisiko ausgesetzt sind, und andererseits kohortenanalytische Differenzen zwischen AbsolventInnengenerationen (z.B. Zahl der AbsolventInnen pro Jahr) Auswirkungen haben.

Für die Tübinger Abschlussjahrgänge 1982 bis 1985 (vgl. BAHNMÜLLER u.a. 1988, S. 69 f.) zeigt sich, dass fast die Hälfte, die nach ihrem Examen im pädagogischen Feld arbeiten wollten, bereits nach spätestens drei Monaten (davon 22 Prozent bereits vor dem Abschluss) und weitere 22 Prozent nach spätestens zehn Monaten einen Arbeitsplatz in diesem Arbeitssegment gefunden haben. Aber nahezu fast jede bzw. jeder Dritte hat aus unterschiedlichen Gründen (erfolglose Stellensuche, Krankheit, weitere Ausbildung, Urlaub usw.) auch nach mehr als elf Monaten keine Beschäftigung aufgenommen. Diese vergleichsweise günstige Situation bestätigt sich in neueren Berufsverbleibsstudien: So haben etwa in Eichstätt über 30 Prozent direkt nach ihrem Abschluss eine Stelle gefunden, weitere 40 Prozent nach einem halben Jahr und nach zwölf Monaten sind noch 16,1 ohne Beschäftigung. Im Vergleich hierzu haben 90 Prozent aller Freiburger AbsolventInnen der Jahrgänge 1973 bis 1997 innerhalb eines Jahres eine Stelle gefunden und davon bereits 74 Prozent nach einem halben Jahr (vgl. MÄGDEFRAU 2000, S. 209 ff.). Eine noch positivere Situation zeichnet sich nach den ersten vorliegenden Daten in den neuen Bundesländern ab: So ergibt die Befragung der ersten Diplom-PädagogInnengeneration in Halle, dass drei Monate nach dem Erwerb des Diploms bereits annähernd 70 Prozent eine Beschäftigung aufgenommen haben und nur 10 Prozent länger als sechs Monate auf eine Anstellung warten mussten (vgl. SEELING/GRUNERT 1999, S. 27 ff.). Diese im Vergleich zu anderen Berufsverbleibsstudien problemlose Einmündung in ein erstes Beschäftigungsverhältnis bestätigt sich in der Erfurter Verbleibsstudie (vgl. ECKERT/SCHÄPE 2000, S.102 f.), wenngleich zu berücksichtigen ist, dass hier (wie auch in Halle) eine relativ geringe Fallzahl zugrunde liegt und die euphorische Einschätzung, dass der Studiengang in den neuen Bundesländern ein Erfolgsmodell ist (vgl. ebd., S. 108), verfrüht erscheint (und sich erst in Kohortenvergleichsstudien sowie der empirischen Beobachtung von langfristigen beruflichen Platzierungseffekten bestätigen muss).

Dass viele Diplom-PädagogInnen in ihrer Erwerbsbiographie irgendwann einmal arbeitslos sind, zeichnet sich in allen Berufsverbleibsstudien ab. Bei der Interpretation dieses empirischen Befundes ist jedoch zu berücksichtigen, dass eine Arbeitslosenmeldung beim Arbeitsamt zur Gewährleistung des Arbeitslosengeldes und der Sozialversicherungsleistungen aus unterschiedlichen Gründen erfolgen kann: Zum Beispiel bei einem freiwilligen, aber auch erzwungenen Arbeitsplatzwechsel (z.B. hatten in Mainz über 74 Prozent aller AbsolventInnen zum Erhebungszeitpunkt bereits mehr als zwei Stellen; vgl. BECK u.a. 1990, S. 100) oder nach Ablauf von mehr als zwei aufeinanderfolgenden befristeten Verträgen etwa bei kommunalen Arbeitgebern bzw. im Hochschulbereich, da oftmals eine dritte Verlängerung nicht ermöglicht wird, weil sonst ein Anspruch auf einen unbefristeten Arbeitsvertrag besteht. Mit Blick auf diesen Umstand geben in Freiburg, aber auch in Eichstätt (vgl. MERZ 1999, S. 73 ff.), etwa ein Drittel der AbsolventInnen der verschiedenen Abschlussjahrgänge an, im Verlauf ihrer Erwerbstätigkeit nach ihrer Selbstauskunft arbeitslos gewesen zu sein (vgl. MÄGDEFRAU 2000, S. 222). In Dortmund sind es über 45 Prozent, die nach ihrem Examen zumindest einmal in ihrem beruflichen Werdegang – zumeist in der Berufseinmündungsphase und im Durchschnitt für knapp über zehn Monate – beim Arbeitsamt arbeitslos gemeldet sind (vgl. FLACKE/PREIN/SCHULZE 1989, S. 173 ff.).

Wird die Arbeitslosigkeit bei den AbsolventInnen der verschiedenen Studienrichtungen in den Blick genommen, zeigt sich in einer der wenigen Berufsverbleibsstudien, die diese Frage nicht ausblendet, dass die Freiburger AbsolventInnen der Studienrichtung Sozialpädagogik mit 38 Prozent am stärksten von der Arbeitslosigkeit im Verlauf ihrer Erwerbsbiographie betroffen sind (Erwachsenenbildung 33 Prozent; Schulpädagogik 2 Prozent; vgl. MÄGDEFRAU 2000, S. 217). Wird dieser Befund mit vorliegenden Ergebnisse der beruflichen Situation im Anschluss an das Studium nach Studienrichtungen in Bezug gesetzt, zeigt sich Widersprüchliches (was sich aber mit den lokalen Gegebenheiten bzw. Besonderheiten erklären lässt): In Bielefeld zum Beispiel haben die AbsolventInnen der Studienrichtung Schulpädagogik den schwierigsten beruflichen Start und sind zur Hälfte nach dem Studium zunächst einmal arbeitslos. Im Gegensatz hierzu haben über 60 Prozent der AbsolventInnen der Studienrichtungen Sozialpädagogik und Jugend-, Erwachsenen- und Weiterbildung unmittelbar nach dem Examen eine Stelle gefunden (vgl. NAHRSTEDT/TIMMERMANN/BRINKMANN 1995, S. 20).

Arbeitslosigkeit und Studienrichtung

Wird die Arbeitslosigkeit bei Männern und Frauen betrachtet, werden in allen AbsolventInnenstudien geschlechtsspezifische Unterschiede offensichtlich. Diplom-Pädagoginnen müssen nicht nur in der Berufseinmündungsphase länger auf eine Arbeitsstelle warten als Männer (z.B. TIMMERMANN/HUNKE 1990, S. 42; FLACKE/PREIN/SCHULZE S. 187), sondern sind insgesamt ungleich häufiger von Arbeitslosigkeit betroffen. Oder pointiert formuliert: Diplom-Pädagoginnen sind arbeitsloser (vgl. BAHNMÜLLER u.a. 1988, S. 86; FLACKE/PREIN/SCHULZE 1989, S.102; TIMMERMANN/HUNKE 1990, S. 38; MÄGDEFRAU 2000, S. 217 ff.). Somit bestätigt sich die generelle Tendenz, dass die Arbeitslosenquote von akademisch ausgebildeten Frauen in der Regel über der der Männer liegt (vgl. ZENTRALSTELLE FÜR ARBEITSVERMITTLUNG 1999, S. 10).

Diplom-Pädagoginnen sind arbeitsloser

Als Erklärungsgrund für diese signifikant geschlechtsspezifische Differenz wird die traditionelle Aufteilung von Familienaufgaben zwischen den Geschlechtern angeführt (z.b. MÄGDEFRAU 2000, S. 217 ff.), wenngleich in Verbindung mit zusätzlich feststellbaren Unterschieden von Frauen gegenüber Männern mit gleicher Ausbildung etwa beim Einkommen, Arbeitsumfang, Status in den Institutionen usw. auch von einer allgemeinen Beschäftigungsdiskrimierung von Frauen auszugehen sein könnte. Eine Aufgabe für zukünftige Berufsverbleibsstudien liegt darin, die Höhe der realen Diskriminierung noch stärker einzugrenzen.

3.3 Arbeitsbeschaffungsmaßnahmen als Weg in den Beruf und aus der Arbeitslosigkeit

Alle Berufsverbleibsstudien berichten übereinstimmend von Schwierigkeiten und Verzögerungen beim Übergang in den Beruf, der schrittweisen Einmündung und deutlichen Platzierungsproblemen. Insgesamt sind diskontinuierliche Erwerbsverläufe verbunden mit mehr oder weniger langen Zeiten von Arbeitslosigkeit eher normal als selten. Arbeitslosigkeit kann im Einzelfall trotz (1) der geforderten Bereitwilligkeit bzw. Fähigkeit zur regionalen Mobilität, (2) der inhaltlichen Flexibilität bezüglich der Arbeitsbereiche, (3) der Bereitschaft, eine Stelle unterhalb der akademischen Bezahlung anzunehmen, (4) des Erwerbs von Zusatzqualifikationen und (5) des Vorhandenseins effektiver Beziehungsnetze zur Praxis nicht immer vermieden werden (vgl. KRÜDENER/SCHULZE 1993).

In dieser Situation leisten von der Bundesanstalt für Arbeit geförderte Arbeitsbeschaffungsmaßnahmen (ABM) als wichtiges Instrument der aktiven Arbeitsmarktpolitik einen wesentlichen Beitrag zur Reintegration bzw. Wiedereingliederung in den Arbeitsmarkt oder ermöglichen die Berufseinmündung von Diplom-PädagogInnen, indem mit Hilfe von ABM wichtige, aber bisher noch nicht wahrgenommene Aufgaben erfüllt (und anschließend in festen Stellen weiterverfolgt) werden (vgl. STEINMEYER 1989). Die Förderungsdauer der ABM und damit verbunden die Zuweisungsdauer sind zeitlich auf ein bis drei Jahre (bei Übernahme in ein Dauerarbeitsverhältnis) befristet. Prinzipiell verfolgt eine solche aktive Arbeitsmarktpolitik zwei Zielrichtungen: »Sie soll zum einen dazu beitragen, dass wieder ein hoher Beschäftigungsstand erreicht wird (quantitative Zielkomponente). Zum anderen sollen bestimmte Personengruppen, deren Unterbringung unter den üblichen Bedingungen des Arbeitsmarkt erschwert ist, bevorzugt gefördert werden (qualitative Zielkomponente)« (FRANCK 1991, S. 239).

Eine hohe Bedeutung von ABM lässt sich für die Dortmunder AbsolventInnenjahrgänge 1980 bis 1987 feststellen. Über dieses aktive Beschäftigungsförderungsinstrument haben über 16 Prozent der in diesem Zeitraum examinierten Diplom-PädagogInnen aufgrund der Fachvermittlung des Arbeitsamtes eine ABM-Stelle zugewiesen bekommen, die nicht nur für diesen Personenkreis den Berufseinstieg ermöglichte, sondern als Übergangsstelle überwiegend ein anderes Beschäftigungsverhältnis nach sich zog (vgl. FLACKE/PREIN/SCHULZE 1989, S. 183 ff.). In vielen anderen Berufsverbleibsstudien zeigt sich jedoch, dass diese Beschäftigungsförderungsmittel eine geringere Rolle hat. So haben beispielsweise in Freiburg 5 Prozent aller AbsolventInnen ihr erstes Beschäftigungsvertragsverhältnis als

ABM-Stelle aufgenommen (vgl. MÄGDEFRAU 2000, S. 259), und die Eichstätter AbsolventInnen immerhin zu 10 Prozent (vgl. MERZ 1999, S. 49). Auch jede/jeder zehnte Mainzer AbsolventIn ist zum Erhebungszeitpunkt (1990) in einer befristeten Stelle tätig. Im Kohortenvergleich wird deutlich, dass der Anteil der Arbeitsbeschaffungsmaßnahmen seit den 70er Jahren kontinuierlich abgenommen hat. Waren in den 70er Jahren noch 41 Prozent der befristeten Stellen AB-Maßnahmen, sind es in der zweiten Hälfte der 80er Jahre nur noch 31,7 Prozent (vgl. BECK u.a. 1990, S. 74 ff.). Dieser in den letzten Jahren zunehmend verhaltenere regionale Einsatz von Arbeitsbeschaffungsmaßnahmen bestätigt sich auch in neueren Berufsverbleibsstudien. Diese Entwicklung lässt sich positiv analysiert dahingehend deuten, dass die Unterbringung von Diplom-PädagogInnen auf dem Arbeitsmarkt keiner bevorzugten Arbeitsmarktförderung mehr bedarf – dies wäre dann ein weiterer Beleg für die erfolgreiche Etablierung dieses noch jungen Berufes.

Abnahme von ABM als Beleg für Etablierung

4. Ausblick

Werden die Befunde der amtlichen Statistik und der Berufsverbleibsforschung bilanziert, so kann die Arbeitsmarktsituation für die AbsolventInnen eines erziehungswissenschaftlichen Hauptfachstudiums überwiegend positiv beurteilt werden. Unter der Perspektive, dass es keinen eindeutigen monopolisierten Arbeitsmarkt für Diplom-, aber auch Magister-PädagogInnen gibt, lässt sich von einer relativ geringen bzw. zumeist temporären Arbeitslosigkeit der PädagogInnen Ende der 90er Jahre sprechen. Aufgrund eines zu erwartenden Anstiegs der AbsolventInnenzahlen in den kommenden Jahren heißt dies aber für eine insgesamt schwierige Arbeitsmarktsituation noch keine Entwarnung, da auch die berufliche Platzierung in den 90er Jahren vor allem durch Stellenexpansion und teilweise mit Abstrichen bei der Bezahlung zustande gekommen ist (vgl. SCHULZE-KRÜDENER 1997; KRÜGER/ZÜCHNER in diesem Band). Auch muss die Übergangsarbeitslosigkeit erwähnt werden, die gerade für Berufseinsteiger(innen) ein Problem darstellt. Jedoch können sich gerade sowohl durch die wachsende Bekanntheit und Etablierung des Berufsbildes als auch durch die vielfältigen Aktivitäten von Diplom-PädagogInnen neben ihrem Studium weitere und neue Beschäftigungsmöglichkeiten ergeben, so dass Arbeitslosigkeit und das Thema ABM für Diplom-PädagogInnen im kommenden Jahrzehnt nicht bedeutsamer als in den 90er Jahren werden und sich ihre Arbeitsmarktlage von der anderer HochschulabsolventInnen nicht wesentlich unterscheidet. Gerade das Fehlen eines eindeutig zugewiesenen Arbeitsmarktsegmentes könnte sich langfristig als Vorteil für die Erwerbstätigkeit von Diplom-PädagogInnen erweisen.

»Besser als ihr Ruf« gilt weiterhin

Literatur

BAHNMÜLLER, R./RAUSCHENBACH, TH./TREDE, W./BENDELE, U.: Diplom-Pädagogen auf dem Arbeitsmarkt. Ausbildung, Beschäftigung und Arbeitslosigkeit in einem Beruf im Wandel. Weinheim/München 1988.

BECK, C./FLÖRCHINGER, M./HAMBURGER, F./STENKE-KNORR, D.: Mainzer Diplom-Pädagoginnen und Diplom-Pädagogen im Beruf. Schriftenreihe des Pädagogischen Instituts der Johannes Gutenberg-Universität Mainz Bd. 14. Mainz 1990.

BUNDESANSTALT FÜR ARBEIT: Amtliche Nachrichten der Bundesanstalt für Arbeit, Strukturanalyse, Jahrgänge 1982-1999.

BUSCH, D. W./HOMMERICH, C.: Probleme der Berufseinmündung von Diplom-Pädagogen (Studienrichtung Sozialpädagogik). In: Projektgruppe Soziale Berufe (Hrsg.): Sozialarbeit: Professionalisierung und Arbeitsmarkt. Expertisen III. München 1981, S. 65-112.

DER SPIEGEL: Mit Volldampf in die Sackgasse. Arbeitslose Akademiker (V): Geistes- und Sozialwissenschaftler. Nr. 24 (1985), S. 154-170.

ECKERT, M./SCHÄPE, A.: Erste Kurzauswertung der Absolventenbefragung des Diplom-Studiengangs Erziehungswissenschaft in Erfurt 1998/99. In: Der pädagogische Blick, Heft 2/2000, S. 97-108.

FLACKE, A./PREIN, G./SCHULZE, J.: Studium und Beruf Dortmunder Diplom-Pädagoginnen und Diplom-Pädagogen. Ergebnisse einer empirischen Untersuchung zur beruflichen Entwicklung der in Dortmund 1980 bis 1987 ausgebildeten Diplom-PädagogInnen. Berichte und Materialien aus dem ISD Nr.4. Dortmund 1989.

FINK-JACOB, A.: Zum beruflichen Verbleib Marburger Diplom-Pädagoginnen und -Pädagogen mit dem Studienschwerpunkt Erwachsenenbildung und außerschulische Jugendbildung. In: DERICHS-KUNSTMANN, K./FAULSTICH, P./TIPPELT, R. (Hrsg.): Qualifizierung des Personals in der Erwachsenenbildung. Beiheft zum Report. Frankfurt/M. 1996, S. 50-58.

FRANCK, M.: Akademiker-Arbeitslosigkeit. Reintegration durch ABM. Opladen 1991.

GRÄSEL, C./REINHARTZ, P.: Ungeliebte Kinder auf dem Arbeitsmarkt? Ergebnisse einer Verbleibsstudie von AbsolventInnen des Magisterstudiengangs Pädagogik. In: Der pädagogische Blick. 4/2000, S. 223-238.

HORN, S.: »Magister Pädagogik – ein Abschluss wie jeder andere?!« Die Evaluation des Studiengangs Magister Pädagogik an der TU Darmstadt. Alsbach/Bergstraße 1999.

KAISER, M.: Arbeitsgruppe III: »Hochschulabsolventen beim Übergang in den Beruf.« In: Franke, H. u.a. (Hrsg.): Berufliche Verbleibsforschung in der Diskussion. Hauptband. Beiträge zur Arbeitsmarkt- und Berufsforschung 90.4. Nürnberg 1986, S. 71-137.

KRÜDENER, B./SCHULZE, J.: ... besser als ihr Ruf! Berufseinmündung und Beschäftigungssituation von Diplom-PädagogInnen. In: Der pädagogische Blick, 1/1993, S. 19-31.

KRÜDENER, B./SCHULZE, J.: Verbleibsstudien als ein Beitrag zur Evaluation des Diplomstudienganges Erziehungswissenschaft in Rheinland-Pfalz. In: Arbeitsgruppe Evaluation (Hrsg.): Innovation durch Evaluation. Untersuchungen zum Diplomstudiengang Erziehungswissenschaft in Rheinland-Pfalz. Weinheim 1995, S. 143-172.

KUCKARTZ, U./LUKAS, H./SKIBA, E.-G.: Sozialpädagogisches Hochschulstudium und Berufstätigkeit. Am Beispiel der Absolventinnen und Absolventen des Diplomstudiengangs an der FU Berlin. Berlin 1994.

LÜDERS, C.: Der wissenschaftlich ausgebildete Praktiker. Diplom-PädagogInnen im Qualitätstest. In: Der pädagogische Blick. Heft 1/1997, S. 4-11.

NAHRSTEDT, W./TIMMERMANN, D./BRINKMANN, D.: Diplom – und dann ... ? Untersuchung zum beruflichen Verbleib von Absolventinnen und Absolventen des Diplomstudienganges Erziehungswissenschaft der Jahre 1990-1994. Bielefeld 1995.

MÄGDEFRAU, J.: Diplom in Erziehungswissenschaft – was kommt danach? Oberried bei Freiburg im Breisgau 2000.

MERZ, D.: Berufseinmündung und beruflicher Verbleib der Eichstätter Diplom-Pädagoginnen und Diplom-Pädagogen. Eichstätt 1999.

PETERS, R./SCHRADER, J.: Bremer Weiterbildner auf dem Arbeitsmarkt. In: DERICHS-KUNST-MANN, K./FAULSTICH, P./TIPPELT, R. (Hrsg.): Qualifizierung des Personals in der Erwachsenenbildung. Beiheft zum Report. Frankfurt a. M. 1995, S. 59-69.

PROJEKTGRUPPE »VERBLEIBSGRUPPE«: »Wir haben einen Fuß in der Tür – immerhin«. Zum beruflichen Verbleib von Diplom-Pädagoginnen und Diplom-Pädagogen des Studienschwerpunktes Erwachsenenbildung und außerschulische Jugendbildung. Schriftenreihe aus dem FB Erziehungswissenschaften Bd. 25. Hannover 1989.

RAUSCHENBACH, TH.: »Dienste am Menschen« – Motor oder Sand im Getriebe des Arbeitsmarktes? Die Rolle der Sozial-, Erziehungs- und Gesundheitsberufe in einer sich wandelnden Arbeitsgesellschaft. In: neue praxis. Heft 2/1999, S. 130-146.

RAUSCHENBACH, TH.: Das sozialpädagogische Jahrhundert, Weinheim/München 1999 (a).

RAUSCHENBACH, TH./ZÜCHNER, I: Absolventinnen und Absolventen. In: OTTO, H.-U. u.a. (Hrsg.): Datenreport Erziehungswissenschaft. Opladen 2000, S. 47- 56.

RAUSCHENBACH, TH./ZÜCHNER, I.: In den besten Jahren? In: Archiv für Wissenschaft und Praxis der Sozialen Arbeit, 30. Jg., 2000, Heft 2, S. 32-50 (a).

SCHENK, B.: Geschlechterverhältnis. In: OTTO, H.-U. u.a. (Hrsg.): Datenreport Erziehungswissenschaft. Opladen 2000, S. 99- 116.

SCHULZE-KRÜDENER, J.: Berufsverband und Professionalisierung. Eine Rekonstruktion der berufspolitischen Interessenvertretung von Diplom-Pädagoginnen und Diplom-Pädagogen. Weinheim 1996.

SCHULZE-KRÜDENER, J.: »Nichts ist sicher, aber vieles ist möglich.« Der Arbeitsmarkt für Diplom-Pädagoginnen und Diplom-Pädagogen. In: Der pädagogische Blick. Heft 2/1997, S. 88-101.

SCHULZE-KRÜDENER, J./HOMFELDT, H. G. (Hrsg.): Praktikum – eine Brücke schlagen zwischen Wissenschaft und Beruf. Neuwied/Kriftel/Berlin 2001.

SEELING, C./GRUNERT, C.: Studium und Berufseinmündung von Diplom-PädagogInnen in den neuen Bundesländern. Ergebnisse einer quantitativen AbsolventInnenbefragung an der Martin-Luther-Universität Halle/Wittenberg. Halle 1999.

SKIBA, E.-G./LUKAS, H./KUCKARTZ, U.: Diplom-Pädagoge – und was dann? Empirische Untersuchung von Absolventen des Studiengangs Sozialpädagogik der FU Berlin. Berlin 1984.

STEINMEYER, K.: Arbeitsbeschaffungsmaßnahmen – Ersatz für ein Normalarbeitsverhältnis. In: Projektgruppe »Verbleibforschung« (Hrsg): »Wir haben einen Fuß in der Tür – immerhin.« Zum beruflichen Verbleib von Diplom-PädagogInnen des Studienschwerpunktes Erwachsenenbildung und außerschulische Jugendbildung. Hannover 1989, S. 80-107.

STOBER, D.: Quo vadis magister? Persönlichkeit als Schlüssel zum beruflichen Erfolg. Weinheim 1990.

TEICHLER, U./SCHOMBURG, H./WINKLER, H.: Studium und Berufsweg von Hochschulabsolventen. Ergebnisse einer Langzeitstudie. Herausgegeben vom Bundesminister für Bildung und Wissenschaft: Reihe Bildung – Wissenschaft – Aktuell 18/1992. Bonn.

TIMMERMANN, D./HUNKE, N.: Bielefelder Diplom-Pädagogen/innen: Übergänge in das Berufsleben. Eine Untersuchung über Studienverlauf und Beschäftigungssituation Bielefelder Absolventen/innen des Diplomstudiengangs Erziehungswissenschaft (Ergebnisbericht). Bielefeld 1990.

VOGELGESANG, W.: Trierer Absolventen des Diplomstudienganges Pädagogik. Eine empirische Untersuchung. Berichte und Studien der Abteilung Pädagogik Nr. 14. Trier 1985.

ZENTRALSTELLE FÜR ARBEITSVERMITTLUNG: Studium und Arbeitsmarkt – Hochschulabsolventen an der Schwelle zu neuen Arbeitsformen. Frankfurt/M. 1999.

ZENTRALSTELLE FÜR ARBEITSVERMITTLUNG: Der Arbeitsmarkt für besonders qualifizierte Fach- und Führungskräfte, Jahresbericht 1999. In: ibv – Zeitschrift für berufskundliche Information und Dokumentation, 25/2000, S. 2763-2888.

Karriere ohne Muster?
Berufsverläufe von Diplom- und Magister-PädagogInnen

Heinz-Hermann Krüger/Ivo Züchner

Inhalt

Während in anderen Beiträgen dieses Bandes über die erziehungswissenschaftlichen Hauptfachstudiengänge (Diplom/Magister) an den Wissenschaftlichen Hochschulen und über die Anzahl der Studierenden und AbsolventInnen informiert wird, sollen im folgenden die Einschätzung des Studiums sowie die Berufseinmündungsprozesse und Berufsverläufe von Hauptfachpädagoginnen thematisiert werden. Grundlage dafür bilden dazu die Ergebnisse der Berufsverbleibsforschung.

Im Zentrum der Überlegungen stehen zunächst einige konzeptionelle Fragen und Defizite der bisherigen Forschung. Im Anschluss daran erfolgt dann in knappen Zügen eine Darstellung zentraler empirischer Befunde aus der Berufsverbleibsforschung zu Hauptfachpädagoginnen, aus denen auch Perspektiven für weitere Forschungsaktivitäten abgeleitet werden.

Die Aussagekraft der amtlichen Statistik gerade im Hinblick auf die Beschäftigungssituation von AbsolventInnen erziehungswissenschaftlicher Hauptfachstudiengänge ist begrenzt (vgl. RAUSCHENBACH 1999). Vor allem über den Zusammenhang von Studium und beruflichem Verbleib, über die Beschäftigung in bestimmten Arbeitsfeldern oder langfristige Berufsverläufe lassen sich auf der Basis der vorliegenden statistischen Daten kaum Aussagen treffen. Daher erscheint es deshalb für eine genauere Analyse der Berufseinmündung und des beruflichen Verbleibs von ErziehungswissenschaftlerInnen unerlässlich, auf die Ergebnisse der empirischen Sozialforschung zurückzugreifen.

1. Stand und Ergebnisse der Verbleibsforschung zu Diplom-PädagogInnen

1.1 Stand der bisherigen beruflichen Verbleibsforschung

Die berufliche Verbleibsforschung im Kontext erziehungswissenschaftlicher Diplomstudiengänge kann inzwischen auf eine über 25jährige Tradition zurückblicken. Zwei Studien sind dabei besonders hervorzuheben: Nahezu zeitgleich mit dem Eintritt der ersten AbsolventInnengeneration des 1969 neu eingeführten Diplomstudienganges auf dem Arbeitsmarkt wurden ab Mitte der 70er Jahre die ersten und zugleich einzigen bundesweiten Berufseinmündungsstudien zu Diplom-PädagogInnen aller Studienrichtungen von BUSCH/HOMMERICH (1981) und mit Einschränkungen von KOCH (1977) durchgeführt. In der Studie von BUSCH/ HOMMERICH werden zum ersten und einzigen Mal sämtliche Hochschulen in der alten Bundesrepublik um Adressen gebeten, so dass schließlich 1.897 Fragebögen zur Auswertung zur Verfügung standen. Während in dieser Untersuchung die AbsolventInnenjahrgänge 1970 bis 1977 zu einem Zeitpunkt (1977-1978) zur Bewertung des Studiums, zur Arbeitsmarkteinmündung, zur Beschäftigungssituation sowie zu Tätigkeitsbeschreibungen befragt wurden, wurden von KOCH u.a. (1978) in drei Erhebungen in den Jahren 1975, 1978 und 1979 überregional die BerufsanfängerInnen zur Berufseinmündung, zu Arbeitsfeldern und zum Selbstbild an nur acht Hochschulen befragt.

Seit dieser Zeit haben sich in der quantitativen Verbleibsforschung zahlreiche Forschungsaktivitäten entwickelt (im Überblick vgl. auch KRÜDENER/SCHULZE 1993; SCHULZE-KRÜDENER 1997), die auch regionale Follow-up Studien (vgl. KUCKARTZ/LUKAS/SKIBA 1994; NAHRSTEDT/TIMMERMANN/BRINKMANN 1995) sowie Studien zum beruflichen Verbleib der neu eingerichteten Studiengänge in den neuen Bundesländern umfassen (vgl. KRÜGER/GRUNERT 1998; ECKERT/SCHÄPE 2000), die jedoch alle einen gemeinsamen Nachteil aufweisen: dass sie auf eine Region, in der Regel auf nur eine Hochschule und bisweilen sogar nur auf eine Studienrichtung bezogen sind. Zudem sind deren Ergebnisse aufgrund der unterschiedlichen Fragebögen und Fragestellungen nur bedingt vergleichbar.[1]

Über diese quantitativen Ansätze hinaus wurden sowohl historisch-rekonstruktive Untersuchungen (vgl. LÜDERS 1989; GÄNGLER 1997) als auch erste qualitative Analysen zur Ausbildungs- und Studienstruktur im Diplomstudiengang Erziehungswissenschaft (vgl. FRIEBERTSHÄUSER 1992; STURZENHECKER 1993; Grunert 1999) sowie neuerdings zu Berufsbiographien und zur beruflichen Praxis von Diplom-PädagogInnen in privatgewerblichen Unternehmen vorgelegt (vgl. ROTTMANN 1997; HARNEY/NITTEL 1995; NITTEL/MAROTZKI 1997).

Insgesamt mangelt es jedoch an übergreifenden, systematisierenden und repräsentativen Studien zu den aktuellen beruflichen Platzierungsprozessen und zum beruflichen Selbstverständnis von AbsolventInnen erziehungswissenschaftlicher

Anfänge der Verbleibsforschung

---

1 So wird z.B. die Arbeitslosigkeit der AbsolventInnen mal mit der Frage nach der Arbeitslosigkeit allgemein, mal mit der Frage nach der *gemeldeten* Arbeitslosigkeit erfasst, was nicht unerhebliche Auswirkungen auf die erfasste Zahl der Arbeitslosen hat.[1]

Hauptfachstudiengänge, zumal ein großer Teil der quantitativen Studien bereits in den 80er Jahren durchgeführt wurde (vgl. die Tabelle auf den folgenden Seiten).

1.2 Zentrale Ergebnisse der Berufsverbleibsstudien

Versucht man die empirischen Erträge der vorliegenden 30 Studien zum Verbleib von Diplom-PädagogInnen zu bilanzieren, so lassen sich – obgleich viele Studien sich auf die 80er Jahre beziehen, aufgrund ihrer lokalen Gebundenheit nur begrenzte Aussagekraft haben und damit keine bundesweite Gültigkeit beanspruchen – einige immer wieder auftauchende Befunde festhalten, die hier in 9 Thesen zusammengefasst werden sollen:

I. Das Studium der Diplom-Erziehungswissenschaft ist quantitativ ein »Frauenstudium«, welches heute in der Regel als grundständiges Vollzeitstudium aufgenommen wird. Es findet sich jedoch ein hoher Anteil von AbsolventInnen, die vor ihrem Studium schon eine Berufsausbildung oder ein anderes Studium abgeschlossen haben.

Betrachtet man zunächst die sozialstatistischen Angaben der Befragten, so hat der Frauenanteil unter den AbsolventInnen in diesem Studiengang zwischen den ersten Studien und Studien der 90er Jahre deutlich zugenommen (BUSCH/HOMMERICH 1981: 42%; WEIGANG 1990: 51%; ECKERT/SCHÄPE 2000: 87%), was auch dem gestiegenen Anteil an allen AbsolventInnen entspricht. Demgegenüber ist der Anteil derjenigen, die das Diplomstudium in Erziehungswissenschaft als Aufbau- oder Zweitstudium wählen, in den letzten 20 Jahren deutlich zurückgegangen (vgl. etwa HOMMERICH 1984; TIMMERMANN/HUNKE 1990). Allerdings nimmt immer noch ein größerer Teil das Studium nach einer vorherigen Berufsausbildung auf (vgl. MERZ 1999; ECKERT/SCHÄPE 2000). Dabei findet sich in den Studien der 90er Jahre nur noch eine kleine Gruppe von AbsolventInnen, die das erziehungswissenschaftliche Studium als Ausweichstudium für eine nicht erreichten Studienplatz z.B. in Psychologie oder Sozialpädagogik aufgenommen hat (vgl. HOMFELDT u.a. 1997). Als bevorzugte Studienrichtung dominierte unter den befragten AbsolventInnen die Sozialpädagogik/Sozialarbeit. Dort, wo diese Studienrichtung angeboten wird, erreicht sie unter den AbsolventInnen fast immer Anteile von 60-90% (vgl. MERZ 1999; HOMFELDT/SCHENK/SCHULZE 1995).

»Studium der Frauen«

II. Zurückblickend betrachten die Diplom-PädagogInnen ihr Studium mit einem lachenden und einem weinenden Auge.

Generell scheinen die AbsolventInnen recht positiv auf ihre Studienzeit zurückzublicken: So spielen unter den positiven Eindrücken die große Vielfalt der Angebote im Studium und soziale Aspekte eine große Rolle (vgl. KRÜGER/GRUNERT 1998). Gerade das Lern- und Arbeitsklima wird, trotz teilweise sehr hoher Studierendenzahlen, neben dem guten Kontakt zu den Mitstudierenden rückblickend sehr positiv beurteilt (vgl. HOMFELDT/SCHULZE/SCHENK 1995).

Tabelle 1: Empirische Verbleibsstudien zu Diplom-PädagogInnen

Nr.	Erhebungsstandort und -region	Autor, Jahr	Themengebiete	Befragte Studienrichtungen	Art der Erhebung	Grundgesamtheit	Stichprobengröße	Rücklaufquote	Befragte Jahrgänge	Zeitraum der Erhebung	Differenz Jahrgänge, Erhebung
			(A) Bundesweite Verbleibsstudien								
1	Berlin (PH) sowie Universitäten Bremen, Frankfurt, Göttingen, Marburg, Tübingen, Kiel und Münster	Koch 1977	Studium und Qualifikation; Berufseinmündung; Berufsbiographie und Tätigkeitsfelder)	Schul, Soz, Erw, Ber, Son	Schriftliche Befragung	k. A.	481	~50%	bis 1975	1976	1-5 J.
2	Vgl. Studie 1 plus Berlin FU), Bielefeld (PH)	Koch u.a. 1978	1.Wiederholungsstudie (vgl. Studie 1)	Vgl. Studie 1	Schriftliche Befragung	k. A.	588	~50%	1975/76	1978	2-3 J.
3	Vgl. Studie 2	Koch 1980	2. Wiederholungsstudie (Berufsbiographie und Tätigkeitsfelder)	k. A.	Schriftliche Befragung	k. A.	245	k.A.	1977/78	1979	1-2 J.
4	Bundesweit ohne Frankfurt und Berlin (mehr als 40 Standorte)	Busch, Hommerich 1981 Hommerich 1984	Studium, Berufseinmündung und Stellenprofile	Schul, Soz, Erw, Son, Sonst	Schriftliche Befragung	k. A.	1.879	58,8%	1970/71-77	Ende 77/Anfang 78	0-8 J.
5	Aachen, Dortmund, Duisburg, Essen Wuppertal, Münster, Köln, Paderborn, Berlin, Hamburg, Hannover, Kiel, Landau, Flensburg	Jütting 1984	Qualifikation, Berufssituation und Tätigkeitsbereiche	Erw	Schriftliche Befragung	495	294	59,4%	1971-78	12/77-04/78	0-7 J.

Noch Tabelle 1: Empirische Verbleibsstudien zu Diplom-PädagogInnen

Nr.	Erhebungsstandort und -regior	Autor, Jahr	Themengebiete	Befragte Studienrichtungen	Art der Erhebung	Grundgesamtheit	Stichprobengröße	Rücklaufquote	Befragte Jahrgänge	Zeitraum der Erhebung	Differenz Jahrgänge, Erhebung
6	Unspezifisch; Oldenburg, Wuppertal, Hamburg, Regensburg	Gierse-Westermeier 1985	Berufspositionen und Kompetenzen von im Feld der Weiterbildung tätigen Diplom-PädagogInnen	Erw	Schriftliche Befragung und halbstandardisierte Interviews	132	52	39,4%	Unspez.	1983/84	k. A.
(B) Regionale Verbleibsstudien											
7	Raum Rheinland-Pfalz	Baltes, Hofmann, Merkens 1975	Berufseinmündung und Tätigkeitsprofile	k. A.	Schriftliche Befragung	k. A.	632	k. A.	1970-73	1973/74	0-4 J.
8	Abschluß in Bayern, in Nord-Bayern letend, (überwiegend U Bamberg)	Lohwasser 1987 Lohwasser 1989	Berufsverbleib und Arbeitgeberbefragung	Schul, Soz, Erw, Son, Sonst	Schriftliche Befragung a: Absolventen b: Arbeitgeber	a: 200 b:k. A.	a: 139 b: 160	72%	bis 1986	1985/86	0-ca. 13 J.
9	Studierende aus Frankfurt (U) und Berufstätige im Rhein-Main-Gebiet	Keiner u.a. 1997	Bedeutung des Studiums für berufliches Selbstverständnis	Schul, Soz, Erw, Son	Schriftliche Befragung	k. A.	a: 125 b: 49	k. A.	Unspezifisch (1972-92)	1992/93	0-20 J.
(C) Lokale Verbleibsstudien											
10	Frankfurt (U)	Müller/Palmen 1976	Qualifikation im Studium/Berufseinmündung	Soz, Erw	Schriftliche Befragung	144	70 +15	48,6% bzw. 50%	1970-75	1975	0-5 J.
11	Freiburg (PH)	Huppertz 1980 Huppertz/Rumpf 1983	Studium und Berufseinmündung	Soz	Schriftliche Befragung und Interviews	114	70	61,4%	1971-78	1970-78	0-7 J.
12	Freiburg (PH)	Weigand 1990	Studium, Berufseinmündung und -verbleib	Soz	Schriftliche Befragung	311	104	33,4%	1971-88	1988	0-17 J.

Noch Tabelle 1: Empirische Verbleibsstudien zu Diplom-PädagogInnen

Nr.	Erhebungsstandort und -region	Autor, Jahr	Themengebiete	Befragte Studienrichtungen	Art der Erhebung	Grundgesamtheit	Stichprobengröße	Rücklaufquote	Befragte Jahrgänge	Zeitraum der Erhebung	Differenz Jahrgänge, Erhebung
6	Unspezifisch; Oldenburg, Wuppertal, Hamburg, Regensburg	Gierse-Westermeier 1985	Berufspositionen und Kompetenzen von im Feld der Weiterbildung tätigen Diplom-PädagogInnen	Erw	Schriftliche Befragung und halbstandardisierte Interviews	132	52	39,4%	Unspez.	1983/84	k. A.
(B) Regionale Verbleibsstudien											
7	Raum Rheinland-Pfalz	Baltes, Hofmann, Merkens 1975	Berufseinmündung und Tätigkeitsprofile	k. A.	Schriftliche Befragung	k .A.	632	k. A.	1970-73	1973/74	0-4 J.
8	Abschluß in Bayern, in Nord-Bayern lebend, (überwiegend U Bamberg)	Lohwasser 1987 Lohwasser 1989	Berufsverbleib und Arbeitgeberbefragung	Schul, Soz, Erw, Son, Sonst	Schriftliche Befragung a: Absolventen b: Arbeitgeber	a: 200 b:k. A.	a: 139 b: 160	72%	bis 1986	1985/86	0-ca. 13 J.
9	Studierende aus Frankfurt (U) und Berufstätige im Rhein-Main-Gebiet	Keiner u.a. 1997	Bedeutung des Studiums für berufliches Selbstverständnis	Schul, Soz, Erw, Son	Schriftliche Befragung	k. A.	a:125 b: 49	k. A.	Unspezifisch (1972-92)	1992/93	0-20 J.
(C) Lokale Verbleibsstudien											
10	Frankfurt (U)	Müller/Palmen 1976	Qualifikation im Studium/Berufseinmündung	Soz, Erw	Schriftliche Befragung	144	70+15	48,6% bzw. 50%	1970-75	1975	0-5 J.
11	Freiburg (PH)	Huppertz 1980 Huppertz/Rumpf 1983	Studium und Berufseinmündung	Soz	Schriftliche Befragung und Interviews	114	70	61,4%	1971-78	1970-78	0-7 J.
12	Freiburg (PH)	Weigand 1990	Studium, Berufseinmündung und -verbleib	Soz	Schriftliche Befragung	311	104	33,4%	1971-88	1988	0-17 J.

Noch Tabelle 1: *Empirische Verbleibsstudien zu Diplom-PädagogInnen*

Nr.	Erhebungsstandort und -region	Autor, Jahr	Themengebiete	Befragte Studien-richtungen	Art der Erhebung	Grund-gesamt-heit	Stich-proben-größe	Rück-lauf-quote	Befrag-te Jahr-gänge	Zeitraum der Er-hebung	Differenz Jahrgänge, Erhebung
21	Mainz (U)	Beck u. a. 1990	Studium und Berufseinmündung	Soz, Erw, Son	Schriftliche Befragung	k. A.	307	k. A.	1974-88	1988	0-14 J.
22	Bielefeld (U)	Timmermann, Hunke 1990	Studienverlauf, Qualifikationen + Berufsverbleib	Schul, Soz, Erw, Sonst	Schriftliche Befragung	271	167	62%	1980-89	1989	0-9 J.
23	Bielefeld (U)	Nahrstedt, Timmermann, Brinkmann 1995	Studienverlauf, Qualifikationen + Berufsverbleib	Schul, Soz Erw, Sonst	Schriftliche Befragung	233/249	166	71,2% (60%)	1990-94	1995	1-5 J.
24	Marburg (U)	Fink-Jacob 1996	Berufseinmündung + -verbleib	Erw	Schriftliche Befragung	220	125	~57%	1981-91	1993	2-12 J.
25	Bremen (U)	Peters, Schrader 1996	Berufseinmündung und Beschäftigungsfelder	Erw	Schriftliche Befragung	102	57	56%	Ende 70er -1993	1993/94	0-14 J.
26	Halle (U)	Krüger, Grunert 1998	Studium und Berufseinmündung	Soz, Erw Son	Schriftliche Befragung	111	68	61%	1995-96	1997	0-2 J.
27	Eichstätt (Kath. U)	Merz 1998	Studium, Berufseinmündung und -verbleib	Schul, Soz Erw, Ber	Schriftliche Befragung	248	161	64,9%	1973-97	1997	0-24 J.
28	Erfurt (PH)	Eckert, Schäpe 2000	Studium und Berufseinmündung	Schul, Soz, Erw, Son, Ber, Sonst	Schriftliche Befragung	102	54	52,9%	1991-98	1998/99	0-7 J.
29	Freiburg (PH)	Mägdefrau 2000	Studium, Berufseinmündung/-verbleib	Erw, Schul, Soz, Sonst	Schriftliche Befragung	887	342	38,6%	1991-98	1998	1-15 J.
30	Hannover (U)	Schmidt 2001	Studium + Berufseinmündung	Erw	Schriftliche Befragung	138	77	55,8	1995-98	1999	0,5-3 J.

Darüber hinaus wurden unseres Wissens vor kurzem weitere lokale Verbleibsstudien an den Universitäten Oldenburg, Kiel und Bremen durchgeführt.

Soz = Sozialpädagogik/Soz.alarbeit   Son = Sonderpädagogik   Ber = Berufspädagogik
Erw = Erwachsenen-/Weiterbildung   Schul = Schulpädagogik   Sonst = Sonstige Studienrichtungen

Inhaltlich würden viele heute ihr Studium anders strukturieren. In vielen Studien wird die geringe Praxisrelevanz bzw. die geringe »Nützlichkeit« des Studiums kritisiert, und viele AbsolventInnen problematisieren rückblickend ein unscharfes Profil des Diplomstudiengangs (vgl. FINK-JACOB 1996; NAHRSTEDT/TIMMERMANN/BRINKMANN 1995). Auch wird auf die aus Sicht der AbsolventInnen kaum hinreichende Vermittlung von bestimmten berufsrelevanten Kompetenzen hingewiesen (vgl. ECKERT/SCHÄPE 2000). Vielleicht eine Reaktion darauf sind besondere Merkmale des Diplom-Studiums, wie z.b. ein relativ hoher Anteil von Studierenden, die zusätzliche Praktika ableisten oder eine kontinuierliche ehren- oder nebenamtliche Tätigkeit in pädagogischen Arbeitsfeldern (vgl. MERZ 1999). Im Rückblick findet sich unter den AbsolventInnen in den Studien immer auch ein Anteil von mindestens 15-20%, der ein solches Studium nicht noch einmal aufnehmen würde (vgl. WEIGAND 1990; NAHRSTEDT/TIMMERMANN/BRINKMANN 1995).

Im Selbstverständnis sehen sich die AbsolventInnen nach Abschluss des Studiums nicht als »ErziehungswissenschaftlerInnen«, sondern eher als ExpertInnen ihrer Studienrichtung. Auch die erworbenen Wissensbestände deuten nicht auf ein breites erziehungswissenschaftliches Wissen der AbsolventInnen hin: Unter den für die AbsolventInnen »wichtigen« vermittelten Wissensbereichen finden vor allem »psychologisches« und »rechtliches« Wissen häufige Erwähnung (vgl. KEINER u.a. 1997; KRÜGER/GRUNERT 1998). Der Anteil der Studierenden, die Zusatzqualifikationen nach dem Studium erworben haben, hat in den Studien der 90er Jahre zugenommen (vgl. MERZ 1999).

III. Diplom-PädagogInnen gelingt der Übergang in die Berufstätigkeit.

Im Gegensatz zu den Erklärungen über eine Nutzlosigkeit dieses Studienganges (vgl. u.a. DEUTSCHER VEREIN 1977; DER SPIEGEL 1985) kann eine insgesamt erfolgreiche Berufseinmündung bilanziert werden. Die in den Studien antwortenden Diplom-PädagogInnen sind in hohem Maße erwerbstätig. So findet sich in fast allen Studien ein Anteil über von 85% der Antwortenden, die erwerbstätig sind. Trotz oftmals prophezeiter Arbeitslosigkeit ist die große Mehrheit der Diplom-PädagogInnen in Arbeitsverhältnisse eingebunden (vgl. u.a. HOMMERICH 1984; BECK u.a. 1990; KRÜGER/GRUNERT 1998).[2]

In den Verbleibsstudien wird jedoch auch deutlich, dass ein größerer Teil der AbsolventInnen zumindest kurzfristig Phasen der Arbeitslosigkeit erlebt hat, die Anzahl der längere Zeit arbeitslos Gemeldeten jedoch gering ist (vgl. SCHULZE-KRÜDENER/ZÜCHNER in diesem Band). Die Studien zeigen, dass gerade in der Phase der Berufseinmündung Übergangsarbeitslosigkeit und befristete Anstellungen häufiger auftreten. Allerdings haben in den Studien 30-50% der jeweils befragten AbsolventInnen *direkt* nach dem Abschluss eine Stelle (vgl. u.a. NAHRSTEDT/TIMMERMANN/BRINKMANN 1995).

Für die *Berufseinmündung* von Diplom-PädagogInnen erscheinen dabei vor allem informelle Netze und Praxiserfahrungen wichtig: Bei den Fragen über die Bedingungsfaktoren des Erhalts der ersten Stelle werden immer wieder die Kon-

Gespaltene Erinnerungen

Berufseinmündung

---

2 Allerdings ist darauf hinzuweisen, dass bei postalischen Fragebogenerhebungen nicht von einer Strukturgleichheit zwischen Antwortenden und Nicht-Antwortenden ausgegangen werden kann und somit Nicht-Erwerbstätige in höherem Maße zur Gruppe der Antwortverweigerer gehören könnten.

takte genannt, die sich aus Praktika, aber auch aus ehrenamtlicher Tätigkeit oder anderen persönlichen Kontakten ergeben. Hingegen spielt das Arbeitsamt bei der Berufseinmündung scheinbar nur eine sehr untergeordnete Rolle (vgl. PETERS/ SCHRADER 1996; MERZ 1999).

Als wichtigste Kriterien für die *Einstellung* werden das persönliche Auftreten und die Erfahrungen aus Praktika und beruflicher/ehrenamtlicher Tätigkeit genannt. Der Studienrichtung, den Studieninhalten oder der Diplomarbeit werden als Einstellungskriterien der Arbeitgeber keine herausgehobene Bedeutung zugemessen (vgl. FLACKE/PREIN/SCHULZE 1989). Dies gilt auch in bezug auf den formalen Abschluss als Diplom-Pädagoge/Pädagogin (vgl. NAHRSTEDT/TIMMERMANN/BRINKMANN 1995).

Dabei scheinen Diplom-PädagogInnen, die das Studium als Zusatzqualifikation oder Aufbaustudium zur Berufsausbildung bzw. zum Erststudium absolviert haben, schneller und mit einer geringeren Anzahl an Bewerbungen Zugang zum Arbeitsmarkt zu finden (vgl. BAHNMÜLLER u.a. 1988; WEIGAND 1990; FINK-JACOB 1996).

IV. Diplom-PädagogInnen finden in sehr verschiedenen, auch in nicht ursprünglich »pädagogisch« geprägten Arbeitsfeldern eine Beschäftigung; dabei stellt das Arbeitsmarktsegment der Sozialen Arbeit den größten »Abnehmer« von Diplom-PädagogInnen.

Grundsätzlich ist das Spektrum der Arbeitsfelder von Diplom-PädagogInnen relativ breit. Neben den Kernbereichen der Sozialen Arbeit und der Erwachsenenbildung kommt vor allem der Forschung/Hochschule und Bereichen wie Sonderpädagogik und Berufspädagogik eine größere Bedeutung zu (vgl. MERZ 1999). Insgesamt lässt sich jedoch eine starke Ausdifferenzierung der Arbeitsfelder von Diplom-PädagogInnen bilanzieren, in der ein wachsender Anteil der AbsolventInnen in Grenzbereichen wie z.B. der Personalentwicklung oder außerhalb der Kernbereiche des Bildungs-, Erziehungs- und Sozialwesens wie z.B. Journalismus und Tourismus tätig ist (vgl. NAHRSTEDT/TIMMERMANN/BRINKMANN 1995).[3]

In der Gewichtung der Arbeitsfelder ragen jedoch insgesamt die Arbeitsbereiche der Sozialen Arbeit heraus, etwas, was noch einmal verstärkt in der Phase der Berufseinmündung zum Tragen kommt. Dabei scheinen besonders die Arbeitsbereiche der Hilfen zur Erziehung/Heimerziehung und Jugendarbeit klassische Einstiegsfelder für Diplom-PädagogInnen zu sein (vgl. BAHNMÜLLER u.a. 1988; ECKERT/SCHÄPE 2000). Sozialpädagogik/Sozialarbeit ist bundesweit die am stärksten nachgefragteste Studienrichtung, was somit in den Arbeitsmarktanteilen seine Entsprechung findet. Jedoch »saugt« dieser Bereich auch zahlreiche Studierende anderer Studienrichtungen auf (vgl. ECKERT/SCHÄPE 2000). In der Größe folgen die Arbeitsfelder Erwachsenenbildung/Weiterbildung und Beratung (wenn man letztere nicht auch zur Sozialen Arbeit hinzuzählt) sowie Forschung/Hochschule und die außerpädagogischen Arbeitsfelder (vgl. KRÜGER/GRUNERT 1998).

Insgesamt findet die jeweils gewählte Studienrichtung der AbsolventInnen nicht unbedingt seine direkte Fortsetzung im Berufsfeld der Befragten. HOMMERICH (1984) und FINK-JACOB (1996) sprechen von einer hohen »Fachrichtungsflexibili-

Kernarbeitsfeld
Soziale Arbeit

---

3 An dem Beispiel des Personalmanagements werden dabei allerdings die fließenden Übergänge von »pädagogischen« und »nichtpädagogischen« Arbeitsfeldern deutlich.

tät«. Allerdings geben zumindest in den Fällen, in denen sich Arbeitsfeld und gewählte Studienrichtung entsprechen, die AbsolventInnen rückblickend an, dass die gewählte Studienrichtung eine hohe Bedeutung für ihren weiteren Berufsverlauf hatte (vgl. NAHRSTEDT/TIMMERMANN/BRINKMANN 1995).

V. Zentrale Tätigkeitsbereiche von Diplom-PädagogInnen in den verschiedenen Arbeitsfeldern liegen im Betreuen, Lehren, Beraten, Planen und Organisieren.

Über die Arbeitsfelder hinweg scheinen sich einige grundsätzliche Tätigkeitsmerkmale von Diplom-PädagogInnen in den aktuelleren Berufsverbleibsstudien durchzusetzen. So betonen die Studien von NAHRSTEDT/TIMMERMANN/BRINKMANN (1995) und PARMENTIER (1989) Tätigkeiten wie Beratung, Betreuung, Lehre, Arrangement von Lernsituationen und Organisationstätigkeiten. Zusammenfassend könnte man von den vier Bereichen der

- klientenzentrierten Tätigkeiten (Betreuung, Beratung, Erziehung)
- organisationszentrierten Tätigkeiten (Planen, Organisieren)
- Wissensreproduktion (Lehre, Unterricht)
- Wissensproduktion (Forschung)

sprechen. Neben dem seit den Anfängen stark vertretenden Bereich der klientenzentrierten Tätigkeiten (vor allem in der Sozialen Arbeit und der Sonderpädagogik) und einem größeren Anteil der Diplom-PädagogInnen in den Hochschulen (vgl. KOCH 1977) haben Organisations-, Planungs- und Managementaufgaben, so neuere regionale Studien, im Tätigkeitsprofil der Diplom-PädagogInnen an Bedeutung gewonnen (vgl. u.a. NAHRSTEDT/TIMMERMANN/BRINKMANN 1995). Dabei deutet einiges darauf hin, dass typischerweise bei der Berufseinmündung eher klientenzentrierte Tätigkeiten ausgeübt werden und im Rahmen von Berufsverläufen nach und nach der Bereich der organisationsbezogenen Tätigkeiten in den Vordergrund rückt (vgl. MERZ 1999).

VI. Hauptanstellungsträger von Diplom-PädagogInnen sind Wohlfahrtsverbände, kirchliche Träger oder Vereine und Initiativen.

Als Anstellungsträger zeigt sich in den Studien in der Summe zumeist ein Übergewicht der freien Träger. Wohlfahrtsverbände, kirchliche Träger und Vereine stellen in den Studien zumeist eine deutliche Mehrheit (vgl. z.B. NAHRSTEDT/TIMMERMANN/BRINKMANN 1995), was nicht zuletzt auf den großen Anteil der Diplom-PädagogInnen im Arbeitsfeld der Sozialen Arbeit zurückzuführen ist. Allerdings nimmt auch der öffentliche Dienst als Anstellungsträger in allen Studien eine wichtige Rolle ein, wobei sich zeigt, dass darunter der größere Teil auf Landesebene beschäftigt ist, also z.B. in Schulen und Hochschulen. Nur ein kleinerer Teil der AbsolventInnen ist im öffentlichen Dienst bei den Kommunen beschäftigt (vgl. BAHNMÜLLER u.a. 1988; MERZ 1999). So überwiegen als Anstellungsträger die Wohlfahrtsverbände, kirchliche Organisationen und zunehmend auch Vereine und Initiativen, deren Anteile stark von der jeweiligen regionalspezifischen Trägerstruktur abhängig sind (vgl. z.B. WEIGAND 1990; ECKERT/SCHÄPE 2000). Einen nicht zu vernachlässigenden Anteil haben auch die Bildungseinrichtungen, die nicht den erwähnten Trägern zuzuordnen sind und nicht zuletzt privatwirtschaftliche Unternehmen (vgl. PETERS/SCHRADER 1996).

Anstellungsträger

84

VII. Die Erwerbstätigkeit der Diplom-PädagogInnen wird auch noch in den 90er Jahren häufig davon bestimmt, dass die jeweiligen Stellen neu geschaffen wurden.

Diplom-PädagogInnen haben seit ihren »Kindertagen« vor allem davon profitiert, dass ihr Arbeitssektor expandiert ist und ihre Stellen neu geschaffen wurden (was man nachträglich als Richtigkeit der Bedarfsannahmen bei Einführung des Studienganges 1969 deuten könnte).

Wurden Mitte der 70er Jahre rund 40% der Diplom-PädagogInnen auf neu geschaffenen Stellen eingestellt (vgl. KOCH u.a. 1979), so sind es bis Ende der 80er Jahre immer noch über 30% (vgl. z.B. TEICHLER/SCHOMBURG/WINKLER 1992), was deutlich macht, dass die erfolgreiche berufliche Platzierung von Diplom-PädagogInnen nach wie vor von einer überdurchschnittlichen Stellenexpansion abhängt. Auch in den 90er Jahren sind »neu geschaffene Stellen« bei allen Studien, die nach der Stellensubstitution gefragt haben, die dominierende Angabe mit zum Teil deutlich über einem Drittel der Nennungen (vgl. KUCKARTZ/LUKAS /SKIBA 1994; MERZ 1999: 43,4%). Erste »Nachziehtendenzen« von Diplom-PädagogInnen sind nur sporadisch festzustellen, StellenvorgängerInnen sind eher SozialpädagogInnen/SozialarbeiterInnen oder andere universitäre SozialwissenschaftlerInnen. So finden sich über Substitutionseffekte keine deutlichen Anzeichen für Aufgaben- oder Stellenmonopolisierung durch Diplom-PädagogInnen. Dies macht aber auch eine mögliche zukünftige Problemlage deutlich, die auf die Berufseinmündung von Diplom-PädagogInnen bei Nachlassen des Stellenausbaus zukommen könnte.

Stellenzuwachs

VIII. Die Berufseinmündungsprozesse der ersten AbsolventInnen in den neuen Bundesländern scheinen ähnlich wie die heutiger AbsolventInnen in den alten Bundesländern zu verlaufen – jedoch mit deutlichen Unterschieden in der Bezahlung und der Art der Anstellungsträger.

Im großen und ganzen lässt sich die Berufseinmündung der ersten AbsolventInnen der Standorte in den neuen Bundesländern mit den Ergebnissen von Studien aus den alten Bundesländern aus den 90er Jahren vergleichen. So gelingt der Übergang in das Berufsleben überwiegend gut und generell relativ schnell (vgl. ECKERT/ SCHÄPE 2000), und auch in den neuen Bundesländern kommt der größte Teil der AbsolventInnen im Feld der Sozialen Arbeit – und darin vor allem in der Kinder- und Jugendhilfe – unter (vgl. KRÜGER/GRUNERT 1998). Die Berufszufriedenheit erscheint dafür, dass in eigener Beurteilung häufiger eine nicht ausbildungsadäquate Tätigkeit wahrgenommen wird, relativ hoch. Auch im Rückblick auf das Studium ähneln die Angaben der AbsolventInnen sowohl bei den genannten Inhalten und Schwerpunkten als auch bei Defiziten denen vorliegender Studien aus den alten Bundesländern (vgl. ECKERT/SCHÄPE 2000).

Ost-West-Vergleich

Allerdings scheint der Anteil der AbsolventInnen, die im öffentlichen Dienst angestellt werden, in den neuen Bundesländern deutlich größer zu sein als in den alten Bundesländern (ein Faktor, der auf die Umbruchsituationen und den Fachkräftebedarf in den Kommunen zurückzuführen sein könnte). Zudem scheint die Vergütung der Diplom-PädagogInnen im Bundesgebiet Ost deutlich niedriger als im Westen zu sein. So erreicht in der Hallenser Studie nur ein Drittel der AbsolventInnen eine Bezahlung von BAT IV (!) und besser (vgl. KRÜGER/GRUNERT 1998). Die Bedeutung dieses Ergebnisses wird noch verschärft, wenn man bedenkt, dass die Vergütung nach dem Bundesangestelltentarif (bzw. entsprechender Regelungen) im Osten deutlich unter der Vergütung der gleichen Gehaltsstufe im Westen liegt.

IX. Diplom-PädagogInnen haben sich erfolgreich auf dem Arbeitsmarkt platziert – in dem Sinne, dass sie »untergekommen« sind. Dieses »Unterkommen« kommt jedoch häufig unter Inkaufnahme von Einschränkungen bei den Beschäftigungsverhältnissen zustande.

Diese Einschränkungen sind mit den Stichworten Teilzeitarbeit, niedrige Vergütung und Befristung der Arbeitsverhältnisse zu umreißen. So hat sich die Bezahlung bei Berufseinstieg im Vergleich zur Anfangssituation verschlechtert: Wurden in der Studie von JÜTTING (1984) noch etwa 50% der Diplom-PädagogInnen auf ihrer ersten Stelle »ausbildungsadäquat« bezahlt, so sind es nach den Ergebnissen nachfolgender Studien für die späteren Generationen nur noch zwischen 11 und 30% (vgl. BAHNMÜLLE u.a. 1988, S. 95; BECK u.a. 1990, S. 90; TEICHLER/SCHOMBURG/WINKLER 1992, S. 27). Es erreichte auch in den neueren Studien der 90er Jahre nur eine Minderheit eine akademikeradäquate Ersteinstellung von BAT III und besser (vgl. FINK-JACOB 1996), eine Problematik, die sich in Ostdeutschland – wie erwähnt – noch zuspitzt (vgl. KRÜGER/GRUNERT 1998). Dies unterscheidet sich allerdings zwischen den Arbeitsfeldern: So erreichen die beschäftigten Diplom-PädagogInnen im Arbeitsfeld der Erwachsenenbildung deutlich häufiger eine höhere Vergütungsgruppe als diejenigen, die im Feld der Sozialen Arbeit tätig sind (vgl. PETERS/SCHRADER 1996). Ebenso werden AbsolventInnen mit zusätzlichem Studienabschluss, Zusatzqualifikationen oder Weiterbildungen mit höherer tariflicher Bezahlung beschäftigt. Dabei scheint sich diese Problematik für die AbsolventInnengeneration der 90er Jahre stärker zu stellen als für die AbsolventInnen der 70er und 80er Jahre (vgl. MERZ 1999).

Beschäftigungsverhältnisse

Auch haben Teilzeitarbeit und befristete Beschäftigungsverhältnisse in den 90er Jahren deutlich zugenommen, gerade bei den BerufseinsteigerInnen scheinen befristete Beschäftigungen immer mehr anzusteigen. In der Regel gelingt es den erwerbstätigen Diplom-PädagogInnen nach mehreren beruflichen Stationen jedoch durchaus noch, in unbefristete Vollzeittätigkeiten hineinzukommen (vgl. MERZ 1999; Eckert/Schäpe 2000). Dabei stellt sich die Stellensituation insgesamt für Frauen deutlich schlechter dar als für Männer. Weibliche AbsolventInnen sind dabei im Laufe ihrer beruflichen Entwicklung häufiger von Arbeitslosigkeit betroffen, eher in unteren Einkommensgruppen zu finden und haben seltener Führungspositionen inne, so dass man in der Tendenz immer noch von einem »Frauenberuf in Männerregie« sprechen kann (vgl. BAHNMULLER u.a. 1989; FINK-JACOB 1996).

Regionale Diplomstudien, die auch Fragen des beruflichen Selbstverständnisses, der Arbeitsorientierungen sowie der Berufszufriedenheit berücksichtigen, zeigen zudem, dass das berufliche Selbstbild von berufstätigen Diplom-PädagogInnen eher diffus ist (vgl. KEINER u.a. 1997, S. 813), dass für sie eine eher intrinsisch-soziale Arbeitsorientierung charakteristisch ist und dass sie trotz der geringeren Bezahlung mit den sozialen und fachlichen Aspekten ihrer Arbeit zufrieden sind (vgl. BAHNMÜLLER u.a. 1988; BECK u.a. 1990, S. 66; NAHRSTEDT/TIMMERMANN/HUNKE 1995).

86

Wenngleich die skizzierten Befunde vielfach als vermeintlich unproblematisch angesehen werden, zeigen sich bei genauerer Betrachtung doch eine Reihe von widersprüchlichen Ergebnissen, Ungereimtheiten und Defiziten. So ist nach dem bisherigen Stand der Forschung beispielsweise ungeklärt,

- ob Diplom-Pädagoginnen bereits in der Berufseinmündungsphase benachteiligt sind oder ob sich signifikante Benachteiligungen für Frauen erst in den Berufsverläufen aufgrund beruflicher Diskontinuitäten ergeben;
- ob das Tempo der Berufseinmündung gleich geblieben ist oder sich in den 90er Jahren wieder beschleunigt hat;
- welche Bedeutung den Ausbildungsinhalten und -kompetenzen für die berufliche Praxis beigemessen wird und in welchem Zusammenhang diese mit dem Befragungszeitpunkt stehen;
- ob sich die unterschiedlichen Befunde zum Ausmaß der Arbeitslosigkeit in diversen Studien aufgrund von Differenzen zwischen der Fragebogenkonstruktion, aufgrund von Differenzen der Erhebungszeitpunkte oder aber aufgrund von unterschiedlichen lokalen und regionalen Besonderheiten (z.B. Ausbildungsspezifika, lokaler Arbeitsmarkt) erklären lassen;
- ob große Teile der Diplom-PädagogInnen in punkto Bezahlung berufsbiographisch nur am Berufsbeginn oder auch mittel- und langfristig keine »ausbildungsadäquaten« Stellen mit einer sogenannten Akademikerbezahlung erreichen.

2. Verbleibsforschung zu Studium und Berufsverbleib von Magister-PädagogInnen

Ungünstiger als im Diplomstudiengang stellt sich die Forschungssituation zur beruflichen Platzierung von erziehungswissenschaftlichen AbsolventInnen des Magisterstudienganges dar. Zu diesem Themenbereich liegen bislang nur *vier* eigenständige lokale bzw. regionale Untersuchungen vor. Neben einer qualitativen Studie von BAUMANN/STOBER (1989), die Ende der 80er Jahre in offenen Interviews 90 AbsolventInnen des erziehungswissenschaftlichen Magisterstudienganges der Universität Heidelberg befragten, sind hier die Anfang der 90er Jahre durchgeführte Göttinger und die vor kurzem abgeschlossene Münchener AbsolventInnenstudie zu nennen (vgl. GRÄSEL/REINHARTZ 1998). Hinzu kommt aktuell eine Verbleibsstudie von Magister-PädagogInnen in Baden-Württemberg, die im Auftrag des Ministeriums für Wissenschaft, Forschung und Kunst des Landes durchgeführt wurde (vgl. FUCHS 2001).

An der von HARMS/TARANT/SCHLÖMERKEMPER (1992) Anfang der 90er Jahre durchgeführten quantitativen Befragung aller bisherigen AbsolventInnen des Pädagogischen Seminars der Universität Göttingen beteiligten sich insgesamt 148 AbsolventInnen im Alter zwischen 27 und 60 Jahren, deren Antworten leider nicht differenziert nach Altersgruppen ausgewertet wurden. Fast alle Befragten (96%) studierten Pädagogik als Hauptfach, am häufigsten mit Soziologie oder Kinder- und Jugendpsychiatrie als Nebenfach. Knapp zwei Drittel der Befragten haben während oder nach ihrem Studium noch eine Zusatzausbildung mit einem Zertifikat abgeschlossen. Zum Zeitpunkt der Befragung war knapp ein Drittel der Befragten in beratenden Bereichen, etwa ein Viertel als ErzieherInnen oder SozialpädagogInnen tätig, 18% übten eine unterrichtende Tätigkeit aus, 11% waren in der Wissenschaft, 13% arbeiteten in einem nicht-pädagogischen Arbeitsfeld und nur 3% waren arbeitslos. Ähnlich wie die Diplomstudien kommt auch diese Erhebung zu dem Ergebnis, dass Frauen seltener in leitenden Positionen beschäftigt waren und schlechter bezahlt wurden.

Magister Studium   An der Universität München, dem Standort mit dem mit Abstand meisten AbsolventInnen, wurde 1996/1997 eine quantitative Befragung der AbsolventInnen des Magisterstudiengangs mit Hauptfach Erziehungswissenschaft der Jahrgänge 1990-96 durchgeführt (vgl. GRÄSEL/REINHARTZ 1998). An dieser Befragung beteiligten sich 69 der 161 angeschriebenen AbsolventInnen. Ein Viertel der Befragten gab an, zum Zeitpunkt der Befragung in einem sozialpädagogischen Berufsfeld zu arbeiten, gefolgt von den Bereichen Erwachsenenbildung (13%), Beratung (12%) und Forschung (10%). Als ein weiterer Befund war festzustellen, dass ca. 50% der Antwortenden zusätzlich eine weitere Berufsausbildung hatte. Außerdem zeigte sich, dass AbsolventInnen mit einem berufsbezogenen Engagement während des Studiums, etwa in Form von Erwerbstätigkeit oder Praktika, anschließend signifikant häufiger in Leitungspositionen beschäftigt waren. Praktische Erfahrungen werden auch von den AbsolventInnen als wichtigstes Kriterium für die Berufseinstellung genannt.

Neben diesen quantitativen Studien wurde Ende der 80er Jahre eine qualitative Studie von BAUMANN/STOBER (1989) durchgeführt, die auf 90 offenen Interviews mit AbsolventInnen des erziehungswissenschaftlichen Magisterstudiengangs der Universität Heidelberg basiert. Ebenso wie die Göttinger Studie kommt auch diese Untersuchung zu dem Befund, dass nach einer schwierigen Phase der Berufseinmündung die Befragten in verschiedensten pädagogischen Beschäftigungsfeldern und unterschiedlichen hierarchischen Positionen tätig sind. Während die Göttinger Untersuchung allerdings zu dem Schluss kam, dass vor allem die von den Magister-PädagogInnen erworbenen Zusatzqualifikationen eine große Bedeutung für die erfolgreichen beruflichen Platzierungsprozesse haben, betont die Heidelberger Studie die besondere Relevanz von persönlichkeitsspezifischen Kompetenzen für den Erwerb der ersten Berufsposition (vgl. auch STOBER 1990).

Zusammenfassend kann man feststellen, dass sich die quantitativen lokalen Magisterstudien konzeptionell und methodologisch von den bislang im Bereich des Diplomstudiengangs durchgeführten Untersuchungen nicht grundsätzlich unterscheiden; ihre Stichproben sind aufgrund der geringeren AbsolventInnenzahl erwartungsgemäß relativ klein.

3. Bilanz: Probleme und Herausforderungen für die zukünftige Verbleibsforschung

Neben methodischen Problemen, die sich wie das Non-response-Problem der Berufsverbleibsforschung generell stellen, wären zur Aussagekraft und Verallgemeinerbarkeit der Ergebnisse der vorliegenden Studien noch weitere Fragen zu diskutieren. So waren die meisten Studien als einmalige Querschnittsbefragungen angelegt, Längsschnittstudien sind bislang eher die Ausnahme. Zudem wurden in einigen Studien bestimmte Jahrgänge befragt, in anderen Studien wurde versucht, alle AbsolventInnenjahrgänge zu erreichen. Gleiches gilt für die Auswahl der Befragten im Hinblick auf die AbsolventInnen einer Studienrichtung oder die Befragung aller AbsolventInnen: Schließlich stellt sich bei den lokalen Studien die Frage nach verallgemeinerungsfähigen Aussagen, da lokale Berufseinmündungen – häufig implizit – ein lokales Hochschulprofil und zumeist einen lokalen Arbeitsmarkt widerspiegeln, die zudem wiederum Wandlungsprozessen unterliegen. Forschungsbedarf

Zahlreiche Herausforderungen resultieren nun aus dem nur in knappen Zügen referierten Stand der Forschung für die Weiterentwicklung der erziehungswissenschaftlichen Berufsverbleibsforschung als einem wichtigen Beitrag zur empirischen Dauerbeobachtung der Erziehungswissenschaft. Notwendig ist

1. eine bundesweit angelegte, repräsentative Berufseinmündungsstudie von Diplom-PädagogInnen, die neuere professions- und berufssoziologische Diskurse aufgreift und den Charakter einer hypothesenprüfenden Untersuchung hat, d. h. Annahmen aus den verschiedenen vorliegenden Regionalstudien aufgreift und systematisch bündelt. Durch eine bundesweite Diplom-PädagogInnen-Befragung mit einer entsprechenden Stichprobengröße könnten auch erst die aktuellen Entwicklungen in den neuen Bundesländern erstmals mitberücksichtigt und zudem Unterschiede zwischen Standorten und Regionen von Hochschulen in ganz Deutschland gehaltvoll interpretiert werden.

2. fehlen Kohortenvergleichsstudien, die die langfristigen Berufsverläufe von Diplom-PädagogInnen 10 oder 20 Jahre nach ihrem Examen untersuchen. Erst durch solche Studien könnten inhaltliche Fragestellungen geklärt werden, die sich gehaltvoll nur langfristig, also in einem deutlichen Abstand zum Examenszeitpunkt erfragen und untersuchen lassen, seien es generell die mittel- und langfristigen Effekte des Diplomstudienganges, seien es typisierbare Berufskarrieren von Diplom-PädagogInnen oder seien es geschlechtertypische Karrieren und damit zusammenhängende Gründe (zu ersten Ansätzen vgl. BAHNMÜLLER u.a. 1988).

3. gibt es bislang keine überregionalen Untersuchungen, die Studienverläufe und Berufseinmündungsprozesse unterschiedlicher pädagogischer Studiengangsprofile (Diplom und Magister an Universitäten, Sozialpädagogik/Sozialarbeit an Fachhochschulen) gezielt miteinander vergleichen. Erst solche Studien könnten den aktuellen Debatten um Studienreform und die Einführung neuer Studiengänge mit B.A./M.A. Abschluss im Fach Erziehungswissenschaft eine seriöse, empirische Grundlage geben (vgl. KRÜGER/RAUSCHENBACH 1999).

Literatur

ALTRICHTER, H.: Berufstätigkeit und Beschäftigungssituation von Pädagogen. Beiträge zur Arbeitsmarkt- und Berufsforschung (BeitrAB 37), herausgegeben vom IAB. Nürnberg 1979.

ARBEITSGRUPPE EVALUATIONSFORSCHUNG: Innovation durch Evaluation. Untersuchungen zum Diplomstudiengang Erziehungswissenschaft in Rheinland-Pfalz. Weinheim 1995.

AUFENANGER, S.: Zur Berufssituation von Absolventen des Studienganges Diplompädagogik an der Johannes Gutenberg-Universität Mainz von 1973-1977. MS./Mainz 1978.

BAHNMÜLLER, R./RAUSCHENBACH, TH./TREDE, W./BENDELE, U.: Diplom-Pädagogen auf dem Arbeitsmarkt. Ausbildung, Beschäftigung und Arbeitslosigkeit in einem Beruf im Wandel. Weinheim/München 1988.

BALTES, P./HOFFMANN, A./MERKENS, H.: Berufsfelder für Diplom-Pädagogen. Heidelberg 1975.

BAUMANN, U./STOBER, D.: Beruflicher Verbleib und Arbeitshandeln von Magister-Pädagogen. In: BAG-Mitteilungen, 12. Jg. (1989), Heft 34, S. 3-23.

BAUSCH, M./WIEGAND, U.: Arbeitsmarkt-Information Diplom-Pädagoginnen und Diplom-Pädagogen und Magister der Erziehungswissenschaft, herausgegeben von der Arbeitsmarktinformationsstelle der Zentralstelle für Arbeitsvermittlung der Bundesanstalt für Arbeit. Frankfurt/M. 1997 (2. Auflage).

BECK, Ch./FLÖRCHINGER, M./HAMBURGER, F./STENKE-KNORR, D.: Mainzer Diplom-PädagogInnen im Beruf. Schriftenreihe des Pädagogischen Instituts der Johannes Gutenberg-Universität Mainz. Bd. 14. Mainz 1990.

BUSCH, D.W./HOMMERICH, Ch: Probleme der Berufseinmündung von Diplom-Pädagogen, in: PROJEKTGRUPPE SOZIALE BERUFE (Hrsg.): Sozialarbeit: Professionalisierung und Arbeitsmarkt. München 1981, S. 65-112.

DER SPIEGEL: Mit Volldampf in die Sackgasse. Spiegelserie über arbeitslose Akademiker (V): Geistes- und Sozialwissenschaftler (1985), Heft 24, S. 154-170.

DEUTSCHER VEREIN FÜR ÖFFENTLICHE UND PRIVATE FÜRSORGE: Stellungnahme des Deutschen Vereins zur Ausbildung von Diplom-Pädagogen an Universitäten und Pädagogischen Hochschulen. In: Nachrichtendienst des Deutschen Vereins für Öffentliche und Private Fürsorge 1977, S. 306-307.

ECKERT, M./SCHÄPE, A.: Erste Kurzauswertung der Absolventenbefragung des Diplom-Studiengangs Erziehungswissenschaft in Erfurt. In: Der pädagogische Blick, 8. Jg, (2000), Heft 2.

FINK-JACOB, A.: Zum beruflichen Verbleib von Marburger Diplom-Pädagoginnen und -Pädagogen mit Studienschwerpunkt Erwachsenenbildung und außerschulischer Jugendbildung. In: DERICHS-KUNSTMANN, K./FAULSTICH, P./TIPPELT, R. (Hrsg.): Qualifizierung des Personals in der Erwachsenenbildung. Dokumentation der Jahrestagung 1995 der Kommission Erwachsenenbildung der Deutschen Gesellschaft für Erziehungswissenschaft. Frankfurt/M. 1996, S. 50-58.

FLACKE, A./PREIN, G./SCHULZE, J.: Studium und Beruf Dortmunder Diplom-Pädagoginnen. Dortmund 1989.

FRIEBERTSHÄUSER, B.: Übergangsphase Studienbeginn. Eine Feldstudie über Riten der Initiation in eine studentische Fachkultur. Weinheim/München 1992.

FUCHS,K.: Magister-Pädagog/-inn/-en im Beruf. Ausgewählte Ergebnisse einer Befragung von Absolventen von Baden-Württemberg. In: Der pädagogische Blick, 9. Jg. (2001), Heft 1, S. 18-31.

GÄNGLER, H.: Sozialpädagogik als Wissenschaft. Studien zur Wissenschaftsgeschichte der Sozialpädagogik. Habilitationsschrift, Dortmund 1997.

GIERSE-WESTERMEIER, M.: Erwachsenenpädagogische Qualifikation in Handlungsfeldern außerhalb des öffentlichen Bildungswesens und der institutionalisierten Weiterbildung. In: KAISER, M./NUTHMANN, R./STEGMANN, H. (Hrsg.): Berufliche Verbleibsforschung in der Diskussion. Materialienband. 3: Hochschulabsolventen beim Übergang in den Beruf (BeitrAB 90.3). Nürnberg 1985, S. 289-298.

GRÄSEL, C./REINHARTZ, P.: Ungeliebte Kinder auf dem Arbeitsmarkt? Ergebnisse einer Verbleibsstudie von Absolventinnen des Magisterstudienganges Pädagogik. In: Der pädagogische Blick, 6. Jg. (1998), Heft 4, S. 223-238.

GRUNERT, C.: Vom Pionier zum Diplom-Pädagogen. Opladen 1999.

HARMS, TH./TARANT, R./SCHLÖMERKEMPER, J.: Pädagogik-Studium und Beruf. Eine empirische Studie zum Magisterstudiengang am Göttinger Pädagogischen Seminar. Göttinger Beiträge zur erziehungswissenschaftlichen Forschung. Göttingen 1992.

HARNEY, K./NITTEL, D.: Berufsbiographie und moderne Personalwirtschaft. In: KRÜGER, H.-H./ MAROTZKI, W. (Hrsg.): Erziehungswissenschaftliche Biographieforschung. Opladen 1995, S. 332-357.

HOMFELDT, H.G./SCHULZE, J./SCHENK, M. (Hrsg.): Lehre und Studium im Diplomstudiengang Erziehungswissenschaft. Ein Bestimmungsversuch vor Ort. Weinheim 1995.

HOMFELDT, H. G. u.a.: Arbeitsgruppe »Zur Ausbildungssituation im Diplomstudiengang Erziehungswissenschaft – Evaluationsergebnisse und Folgerungen«. In: KRÜGER, H.-H./OLBERTZ, J. H. (Hrsg.): Bildung zwischen Staat und Markt. Opladen 1997, S. 833-850.

HOMMERICH, C.: Der Diplom-Pädagoge – ein ungeliebtes Kind der Bildungsreform. Frankfurt/M./New York 1984.

HUPPERTZ, N.: Diplom-Pädagogen: Wie arbeitslos sind sie wirklich? In: Sozialmagazin, 5. Jg., (1980), Heft 8, S. 8-9.

HUPPERTZ, N./RUMPF, J.: Die Situation der Diplom-Pädagogen (Studienrichtung Sozialpädagogik) an der Pädagogischen Hochschule Freiburg – Bilanz nach 10 Jahren. In: PH-Freiburg 1983, S. 12-27.

JÜTTING, D.H.: Die Diplompädagogen der Erwachsenenbildung. Bericht über eine Untersuchung zur Studien- und Berufssituation von Absolventen des Diplomstudienganges Erziehungswissenschaft/ -Erwachsenenbildung (unveröffentlichtes Manuskript). Frankfurt/M. 1984.

KEINER, E. u.a.: Studium für den Beruf? Prospektiven und Retrospektiven von Pädagoginnen und Pädagogen. In: Zeitschrift für Pädagogik, 43. Jg. (1997), Heft 5, S. 803-825.

KOCH, H.R.: Diplom-Pädagogen im Beruf. Eine empirische Untersuchung von Ausbildung und Arbeitsplätzen der ersten Generation von Diplom-Pädagogen. In: Neue Praxis, Sonderheft 3 (1977), S. 9-51.

KOCH, H.R. u.a.: Diplom-Pädagogen im Beruf – Ergebnisse der Wiederholungsuntersuchung 1977 über Ausbildung und Arbeitsplätze der Diplom-Pädagogen. In: Neue Praxis, 8. Jg. (1978), Heft 3, S. 291-297.

KOCH, H.R.: Die Qualifikation, die niemand kannte. In: Uni-Berufswahl-Magazin, 3. Jg. (1980), Heft 5, S. 13-18.

KRÜDENER, B./SCHULZE, J.: ... besser als ihr Ruf! Berufseinmündung und Beschäftigungssituation von Diplom-PädagogInnen. In: Der pädagogische Blick, 1. Jg. (1993), Heft 1, S. 19-31.

KRÜGER, H.-H./GRUNERT, C.: Studium und Berufseinmündung von Diplom-PädagogInnen in den neuen Bundesländern. Ergebnisse einer quantitativen AbsolventInnenbefragung. In: Der pädagogische Blick, 6. Jg. (1998), Heft 4, S. 196-205.

KRÜGER, H.-H./RAUSCHENBACH, TH.: Beruflicher Verbleib, Berufskarrieren und berufliches Selbstverständnis von AbsolventInnen erziehungswissenschaftlicher Hauptfachstudiengänge, Antrag auf Gewährung einer Sachbeihilfe (Neuantrag) durch die Deutsche Forschungsgemeinschaft. Dortmund/Halle 1999.

KUCKARTZ, U./LUKAS, H./SKIBA, E.-G.: Sozialpädagogisches Hochschulstudium und Berufstätigkeit. Am Beispiel der Absolventinnen und Absolventen des Diplomstudiengangs an der FU Berlin. Berlin 1994.

LOHWASSER, J.: Diplom-Pädagogen im Beruf – Ergebnisse einer Befragung in Nord-Bayern. In: Informationen der Bamberger Arbeitsgemeinschaft der Diplompädagogen e.V. (1987), Heft 1, S. 8-30.

LOHWASSER, J.: Ergebnisse einer Befragung in Nord-Bayern. In: BAG-Mitteilungen, 12. Jg. (1989), Heft 34, S. 33-44.

LÜDERS, C.: Der wissenschaftlich ausgebildete Praktiker. Weinheim/Basel 1989.

MÄGDEFRAU, J.: Diplom in Erziehungswissenschaft – was kommt danach? Oberried bei Freiburg 2000.

MERZ, D.: Berufseinmündung und beruflicher Verbleib der Eichstätter Diplom-PädagogInnen und Diplom-Pädagogen. Eichstätter Sozialpädagogische Arbeiten. Eichstätt 1999.

MÜLLER, M./PALMEN, M.: Zur Berufsperspektive von Diplompädagogen. In: Neue Praxis, 6. Jg. (1976), Heft 3, S. 267-287.

NAHRSTEDT, W./TIMMERMANN, D./BRINKMANN, D.: Diplom – und dann ... Untersuchung zum beruflichen Verbleib von Absolventinnen und Absolventen des Diplomstudiengangs Erziehungswissenschaft der Jahre 1990-1994. Bielefeld 1995.

NITTEL, D./MAROTZKI, W. (Hrsg.): Berufslaufbahn und biographische Lernstrategien. Baltmannsweiler 1997.

PARMENTIER, K.: Wege aus der Arbeitslosigkeit. Zum Berufsverbleib von ehemals arbeitslos gemeldeten Lehrern, Erziehungs- und Geisteswissenschaftlern. Abschlussbericht zur IAB-Untersuchung »Verbleib arbeitsloser Lehrer, Erziehungs- und Geisteswissenschaftler« – IAB-Projekt 4-336. In: PARMENTIER, K./STOOB, F. (Hrsg.): Übergänge in den Beruf. Zum Berufsverbleib von Lehrern, Erziehungs- und Geisteswissenschaftlern. Beiträge zur Arbeitsmarkt- und Berufsforschung (BeitrAB 125), hrsg. vom IAB. Nürnberg 1989, S. 55-168.

PETERS, R./SCHRADER, J.: Bremer Weiterbildner auf dem Arbeitsmarkt. In: DERICHS-KUNSTMANN, K./FAULSTICH, P./TIPPELT, R. (Hrsg.): Qualifizierung des Personals in der Erwachsenenbildung. Dokumentation der Jahrestagung 1995 der Kommission Erwachsenenbildung der Deutschen Gesellschaft für Erziehungswissenschaft. Frankfurt/M. 1996, S. 59-69.

PROJEKTGRUPPE VERBLEIBSFORSCHUNG: »Wir haben einen Fuß in der Tür – Immerhin.« Zum beruflichen Verbleib von Diplom-PädagogInnen des Studienschwerpunktes Erwachsenenbildung und außerschulische Jugendbildung. Hannover 1989.

RAUSCHENBACH, Th.: Pädagogik als Profession. In: RAUSCHENBACH, Th.: Das sozialpädagogische Jahrhundert. Weinheim 1999.

ROTTMANN, J.: Zu Professionalisierung von Diplom-Pädagogen und Diplom-PädagogInnen in beruflich-betrieblichen Handlungsfeldern. Frankfurt/M. 1997.

SCHMIDT, M.: »Berufsaussichten nicht immer so schwarz malen...«. Zur Arbeitsplatzsituation von diplomierten ErwachsenenbildnerInnen – eine regionale Studie. In: Der pädagogische Blick, 9. Jg. (2001), Heft 2.

SCHULZE-KRÜDENER, J.: »Nichts ist sicher, aber vieles ist möglich« – Der Arbeitsmarkt für Diplom-Pädagoginnen und Diplom-Pädagogen. In: Der pädagogische Blick, 9. Jg. (2001), Heft 2, S. 88-101.

SKIBA, E.-G./LUKAS, H./KUCKARTZ, U.: Diplom-Pädagoge – und was dann? Empirische Untersuchung von Absolventen des Studiengangs Sozialpädagogik der FU Berlin. Berlin 1984.

STOBER, D.: Quo vadis magister? Persönlichkeit als Schlüssel zum beruflichen Erfolg. Weinheim 1990.

STURZENHECKER, B.: Wie studieren Diplom-Pädagogen? Studienbiographien im Dilemma von Wissenschaft und Praxis. Weinheim 1993.

TEICHLER, U./SCHOMBURG, U./WINKLER, H.: Studium und Berufsweg von Hochschulabsolventen, (Schriftenreihe Studien zu Bildung und Wissenschaft, Bd. 92). Hrsg. vom Bundesminister für Bildung und Wissenschaft. Bonn 1992.

TIMMERMANN, D./HUNKE, N.: Bielefelder Diplom-PädagogenInnen: Übergänge in das Berufsleben. Eine Untersuchung über Studienverlauf und Beschäftigungssituation Bielefelder AbsolventInnen des Diplomstudienganges Erziehungswissenschaft. Ergebnisbericht. Bielefeld 1990.

VOGELSANG, W.: Trierer Absolventen des Diplomstudiengangs Pädagogik. Eine empirische Untersuchung (Berichte und Studien Nr. 14 – FB I Universität Trier). Trier 1985.

WEIGAND, H.: Berufseinmündung und Berufstätigkeit von Diplom-Pädagogen. Mit einer Studie über die Freiburger Absolventen der Sozialpädagogik. Freiburg i. Br. 1990.

Neue Aufgaben und
Beschäftigungsfelder

Wirtschaft

Peter Zedler

Inhalt

Vor zehn Jahren noch die Ausnahme, gewinnt in den letzten Jahren die Beschäftigung in Unternehmen für eine wachsende Anzahl erziehungswissenschaftlich qualifizierter HochschulabsolventInnen an Bedeutung. Auch auf Seiten der Unternehmen scheinen sich nach ersten positiven Erfahrungen frühere Vorbehalte gegenüber »Pädagogen« zu lockern und die Bereitschaft zuzunehmen, »Bildungsfachleute« mit einem erziehungswissenschaftlichen Hochschulabschluss in all jenen Feldern der Unternehmensentwicklung einzusetzen, in denen sogenannte Soft-Skills, gepaart mit sozialwissenschaftlichem und psychologischem Know-How, zu einer elementaren Voraussetzung des Unternehmenserfolgs geworden sind.

Forschungsdefizit: Bedarf an erziehungswissenschaftlich qualifizierten Fachkräften in der Wirtschaft

Weder ist zwar derzeit empirisch untersucht, in welchem Umfang erziehungswissenschaftlich qualifizierte HochschulabsolventInnen in Unternehmen tätig sind, noch, in welchen Feldern sie dort in welcher Position tätig sind, noch, welche Zusatzqualifikationen sie zur Ausübung ihrer Tätigkeit erworben haben. Und ebenfalls gibt es bislang keine empirischen Studien zu der Frage, in welchem Umfang die Wirtschaft erziehungswissenschaftliche Diplom-, Magister- oder Bachelor-AbsolventInnen nachfragt bzw. unter welchen qualifikatorischen Voraussetzungen einstellen würde. Dennoch lässt sich die These gut begründen, dass das Arbeitsmarktsegment Wirtschaft für erziehungswissenschaftliche HauptfachstudentInnen mittel- und längerfristig erheblich an Bedeutung gewinnt. Für diese These sprechen eine Reihe von Entwicklungen, die ich im Folgenden zunächst kurz erläutern möchte, um im Anschluss daran auf einige Tätigkeitsfelder und qualifikatorische Voraussetzungen näher einzugehen.

95

1. Veränderte Rahmenbedingungen in Angebot und Nachfrage an erziehungswissenschaftlich qualifizierten HochschulabsolventInnen

In den letzten fünf Jahren hat sich sowohl die Angebots- als auch die Nachfrageseite für eine Beschäftigung von erziehungswissenschaftlich qualifizierten Hochschulabsolventlnnen nachhaltig geändert. Diese Veränderungen lassen sich in drei Thesen zusammenfassen und erläutern:

These 1: Das Beschäftigungspotential in traditionellen Arbeitsmarktsegmenten für Pädagogen geht – gemessen an der Expansion des Studienfachs Erziehungswissenschaft – zurück.

Seit 1985 haben sich die Studienanfängerzahlen in der Erziehungswissenschaft mehr als verdreifacht, die AbsolventInnenzahlen bei den Hauptfachstudiengängen (Diplom/Magister) knapp verdoppelt. Nach Wirtschaftswissenschaft, Rechtswissenschaft, Humanmedizin und Germanistik ist die Erziehungswissenschaft – gemessen an der Gesamtzahl der Hauptfachstudenten – 1998 das fünftstärkste, unter Einbeziehung der LehramtsstudentInnen sogar das drittstärkste Studienfach in Deutschland. Der Studiennachfrage in den Lehramtsstudiengängen steht ein stagnierender, in den nächsten Jahren (zumindest bis 2006) rückläufiger schulischer Arbeitsmarkt gegenüber. Zwar stieg in den 90er Jahren die Gesamtzahl der an allgemein- und berufsbildenden Schulen tätigen LehrerInnen (von 711.500 im Jahr 1991 auf 785.600 im Jahr 1998), jedoch resultierte die Zunahme der Beschäftigtenzahlen vornehmlich aus einer Zunahme teilzeitbeschäftigter LehrerInnen. Kamen in den 90er Jahren knapp zwei Drittel der LehramtsstudentInnen im Schuldienst an, so ist aufgrund der demographischen Entwicklung im Osten Deutschlands sowie der Parameter für die Lehrerneueinstellung im Westen mit einer deutlich steigenden Lehrerarbeitslosigkeit zu rechnen (vgl. u.a. KLEMM 2000).

Das Hauptarbeitsfeld von Diplom- und Magister-PädagogInnen war in der Vergangenheit der Bereich der Kinder- und Jugendhilfe, im umfassenderen Sinne der Bereich der »sozialen Berufe« (von HeimleiterInnen bis zu AltenpflegerInnen) – entsprechend dem hohen Anteil, den die Sozialpädagogik bei den wählbaren Studienschwerpunkten innehat. Im Bereich der Kinder- und Jugendhilfe verdoppelte sich in den 90er Jahren die Zahl der beschäftigten Diplom-PädagogInnen; im Bereich der »sozialen Berufe« stiegen die Beschäftigtenzahlen sogar von rund 900.000 in 1991 auf 1.475.000 in 1998. Trotz einer im Vergleich zu AbsolventInnen benachbarter Disziplinen überaus positiven Absorptionsquote stieg jedoch auch in diesen Segmenten in den letzten Jahren die Anzahl längerfristig Arbeitsloser deutlich an. Ist aufgrund der Altersstruktur der Beschäftigten in der Kinder- und Jugendhilfe nicht vor 2010 mit einem altersbedingten Ersatzbedarf zu rechnen (vgl. RAUSCHENBACH/ZÜCHNER 2000, S. 60), spricht derzeit auch wenig für einen mittelfristig überproportionalen Ersatz- und Neueinstellungsbedarf bei den Beschäftigungsträgern im Segment »sozialer Berufe«. Gemessen am zu erwartenden Angebot an erziehungswissenschaftlich ausgebildeten HochschulabsolventInnen in den nächsten Jahren ist daher eher mit einem rückläufigen Stellenwert in den herkömmlichen Arbeitsmarktsegmenten für PädagogInnen zu rechnen.

Expansion des Studienfachs

Beschäftigungsaussichten in traditionellen Arbeitsfeldern

96

These 2: Die Anschlussvoraussetzungen für eine Beschäftigung von »Bildungs-fachleuten« haben sich auf Seiten der Wirtschaft in den letzten Jahren grundlegend gewandelt.

Wettbewerbsdruck, steigende Anforderungen an die Innovationsfähigkeit der Unternehmen, kürzere Produktzyklen ebenso wie Technologieentwicklung und Kostendruck haben dazu geführt, dass sich die Mehrzahl der Unternehmen seit Jahren in einer Spirale stetiger Optimierung ihrer arbeitsorganisatorischen und personellen Rahmenbedingungen befinden. Lean-Management, Total-Quality-Management, Business-Reengeneering sowie Change-Management wurden in den letzten Jahren zu Stichwortgebern für eine tiefgreifende Reorganisation der Aufbau- und Ablaufstrukturen in Unternehmen, deren praktische Umsetzung mit der Einführung zahlreicher neuer Arbeitsformen und Aufgabenstellungen einhergeht. Dazu gehören die Einführung von Teamorganisation und Gruppenarbeit, von Qualitätszirkeln und Projektmanagement ebenso wie die Einführung von interner und externer Kundenorientierung usw. Folgten aus der Neuschneidung von Aufgabenstellungen teilweise gänzlich neue Berufe, so hatte die Einführung neuer Arbeitsformen erhebliche Erweiterungen in den Qualifikationsanforderungen zur Folge.

Strukturwandel der Unternehmen

Parallel zu dieser Entwicklung stieg nicht nur der Bedarf an Weiterbildung der MitarbeiterInnen in Unternehmen sprunghaft an, sondern ebenso stark stieg auch der Bedarf an Fachleuten, die in der Lage sind, die Veränderungs- und Lernprozesse bei Individuen, Gruppen sowie auf der Ebene der Systemorganisation zu initiieren, zu unterstützen, zu steuern und zu kontrollieren. Das Spektrum der sich damit verbindenden Aufgaben reicht von Projektcoaching, Organisations- und Teamentwicklung bis hin zu neuen Formen der Personalauswahl und Personalführung, von der prozessgesteuerten Bedarfsermittlung und Planung von Weiterbildungsmaßnahmen bis hin zum Systemmonitoring bzw. der Kontrolle von intendierten Entwicklungsprozessen auf der Grundlage statistischer Informationen in dafür relevanten Indikatorenbereichen. Zu einem neuen Schlagwort für den darüber anvisierten Zustand von Unternehmen wurde in den letzten Jahren die »Lernende Organisation« bzw. das »Lernende Unternehmen«. In eher traditionellen Fachtermini geht es um Bildungsmanagement, verstanden als Planung, Koordinierung und Kontrolle von Bildungsprozessen, die die Entwicklung von Fähigkeiten und Einstellungen der MitarbeiterInnen eines Unternehmens im Hinblick auf die sich in und für ein Unternehmen stellenden Aufgaben und Anforderungen hin zu optimieren sucht.

Folgen für Arbeitsorganisation und Personalentwicklung

Wurden diese Aufgaben von den Unternehmen zunächst überwiegend an Institute und Firmen aus dem Sektor Unternehmensberatung/Weiterbildung delegiert, so gingen in den letzten Jahren Unternehmen zunehmend dazu über, sich für die genannten Bereiche eigene Kompetenzcenter aufzubauen. Ohne Frage ist heute die Steuerung, Abstützung und Kontrolle der betrieblichen Veränderungen den Unternehmen als eine Daueraufgabe bewusst, die hinsichtlich der dazu erforderlichen Kenntnisse und Kompetenzen zunehmend besonders vorgebildetes Fachpersonal notwendig macht. Der Aufbau firmeneigener Kompetenzcenter geht dabei immer häufiger damit einher, entsprechende Dienstleistungen nicht nur für das eigene Unternehmen, sondern zugleich für andere Unternehmen als Dienstleistung anzubieten.

Die quantitative Dimension dieses Arbeitsmarktsegments lässt sich durch folgende Daten illustrieren:

97

- Unternehmen gaben in den letzten Jahren im Durchschnitt 1.300 bis 1.600 DM pro MitarbeiterIn und Jahr für die Weiterbildung aus. Eine Studie zur Entwicklung des Weiterbildungsmarktes in Deutschland, Österreich und der Schweiz von 1998 kommt auf der Basis von Befragungen bei Unternehmen und Weiterbildungsinstituten zu der Einschätzung einer weiter anhaltenden prosperierenden Entwicklung; insb. bei Themenfeldern wie Unternehmenskultur, Personalmanagement, allgemeines Management, Menschenführung und Persönlichkeitsentwicklung (vgl. MUSKATEWITZ/WROBEL 1998).
- Der Beratermarkt wies 1999 zweistellige Zuwachsraten mit einem Gesamtumsatz von 21 Mrd. auf (vgl. BDU e.V. 1999).
- Als ein weiterer Indikator für die anhaltend hohe Nachfrage in diesem Bereich lässt sich schließlich die Tatsache sehen, dass die Institute, die in Deutschland eine Ausbildung zum Organisationsberater anbieten, seit Jahren im voraus ausgebucht sind und der Erwerb von entsprechend gelagerten Qualifikationen zu einem erheblichen Teil von den Firmen finanziert wird.

Die Zukunftsperspektiven sind nach übereinstimmender Expertenmeinung anhaltend günstig, da Innovation und Wachstum sich zunehmend von den klassischen Produktionsfaktoren abkoppeln, der Bereich der »Smart-Services« bzw. der an einem kundenindividuellen Nutzwert orientierten Dienstleistungen enorm zunimmt (vgl. BULLINGER 1998).

These 3: Die Erziehungswissenschaft bietet in Forschung und Lehre zunehmend bessere Voraussetzungen für die Übernahme einer Tätigkeit in ausgewählten Feldern der Unternehmensentwicklung.

Die Veränderungen, die sich bei den Unternehmen in den letzten zehn Jahren vollzogen haben und die für »Bildungsfachleute« daraus resultierenden Aufgaben sind in der Erziehungswissenschaft nicht unbemerkt geblieben. Insbesondere Betriebspädagogik, Berufspädagogik, Erwachsenenbildung und Weiterbildung, Bildungsökonomie und Bildungsforschung haben sich mit Einzelaspekten dieser Entwicklung befasst und sie zum Teil in entsprechende Ausbildungselemente integriert. Nachdem in den letzten fünf Jahren auch im sogenannten Non-Profit-Bereich die Diskussion um Effizienz, Qualitätssicherung, Kostenreduzierung und Kundenorientierung eingesetzt hat sowie damit zugleich Themen wie Organisationsentwicklung, Qualitätsmanagement, Teamorientierung und Organisationskultur auch im Bereich von Schule, Wohlfahrtsverbänden und deren Einrichtungen Platz gegriffen haben, lässt sich auch bei Subdisziplinen wie Schulpädagogik, Sozialpädagogik und Sonderpädagogik eine breitgelagerte Hinwendung zu den damit einhergehenden Aufgaben- und Problemstellungen verzeichnen. Studiengänge, die wie »Bildungsmanagement« bereits in der Namensgebung einen unmittelbaren Bezug auf die von Unternehmen nachgefragten Qualifikationen erkennen lassen, sind bislang zwar noch selten, doch gibt es mittlerweile eine ganze Reihe von Hochschulstandorten, an denen ErziehungswissenschaftlerInnen eine praxisnahe bzw. der Qualifikationsnachfrage seitens der Wirtschaft entgegenkommende Forschung und Lehre betreiben. Die wissenschaftliche Literatur in den Bereichen der Personalentwicklung, Führung, Organisationsentwicklung, Beratungsmethodik u.a. wird zwar nach wie vor von AutorInnen aus der Betriebswirtschaft und der Psychologie dominiert, bei der praktischen Durchführung von Beratungs- und Weiterbildungsdienstleistungen haben ErziehungswissenschaftlerInnen mittlerweile jedoch einen erheblichen Marktanteil. Kurzum, die Anschlussfähigkeit der Erziehungswissenschaft für eine verstärkte Übernahme der sich in den Unternehmen stellenden Aufgaben ist nicht schlecht – vorausgesetzt, sie kann das in den Subdisziplinen vorhandene Wissens- und Kompetenzspektrum in geeignete Ausbildungsbausteine übersetzen.

2. Tätigkeitsfelder und qualifikatorische Voraussetzungen

Wie bereits erwähnt, verfügen wir derzeit weder über ein empirisch gesichertes Wissen zu der Anzahl der in Unternehmen beschäftigten HochschulabsolventInnen mit einem erziehungswissenschaftlichen Abschluss noch zu entsprechend gelagerten Bedarfen der Wirtschaft. Noch schwieriger wird es bei den qualifikatorischen Voraussetzungen für eine kompetente Übernahme der sich in den Unternehmen stellenden Aufgaben: Denn weder sind die Zugangsvoraussetzungen standardisiert, mit denen entsprechende Aufgaben übernommen werden, noch gibt es derzeit Untersuchungen darüber, welche Wissensbestände und Kompetenzen in diesen Feldern berufspraktischen Erfolg gewährleisten. Was sich angesichts dieser Lücke angeben lässt, sind einerseits die Verfahren, die in einzelnen Aufgabenfeldern zum Zuge kommen, andererseits Beobachtungen und Erfahrungen hinsichtlich dessen, was sich am Fall bewährt hat.

Es gibt drei Tätigkeitsfelder, in denen HauptfachpädagogInnen in Unternehmen tätig sind: der Bereich der Aus- und Weiterbildung, der Bereich Personalentwicklung sowie der Bereich Organisationsentwicklung. Die Tätigkeitsbereiche überlappen sich teils, so dass es im Prinzip möglich ist, Schlüsselqualifikationen für die Übernahme einer Tätigkeit in diesen Bereichen zu bestimmen. Im Bereich der Aus- und Weiterbildung sind es insb. Trainings und Seminare zu berufsfeldübergreifenden Themen und Kompetenzfeldern, die von DiplompädagogInnen bedient werden. Dazu gehören mit »Kommunikation«, »Moderieren/Präsentieren« über »Umgang mit Konflikten«, »Rhetorik« und »Zeitmanagement« bis hin zu »Arbeit und Führen in Gruppen« und »Projektmanagement« eine breite Palette von Themen, die in ihrer Anlage und Durchführung in Abhängigkeit zum Adressatenklientel stark variieren. Bspw. AusbilderInnen zu vermitteln, wie sie ihren Auszubildenden Teamfähigkeit vermitteln können, ist etwas anderes, als LeiterInnen von Projektgruppen aus der IT-Branche zu vermitteln, wie aus ihren Projektgruppen ein Team wird. Ein Seminar über Kommunikation für Mitarbeiter in Call-Centern ist in der Anlage und Durchführung etwas anderes als ein Seminar über Kommunikation bei Bankkaufleuten oder Außendienstlern von Versicherungen. Im Unterschied zu den im Hochschulstudium geläufigen Seminaren zielen solche Kurse und Seminare nicht in erster Linie auf die Wissensvermittlung, sondern auf praktischen Kompetenzerwerb ab; das Erfolgskriterium ist nicht wie im Wissenschaftsbetrieb die Begründungstiefe des angebotenen Wissens, sondern vielmehr seine Brauchbarkeit, die sich an der darüber möglichen Erweiterung der Handlungserfolgschancen der TeilnehmerInnen bemisst.

Ein zweites Tätigkeitsfeld, das im Bereich der Aus- und Weiterbildung von Unternehmen immer häufiger von Diplompädagogen übernommen wird, ist das der Organisation, Planung und Evaluation von Weiterbildungsmaßnahmen. Wurde frü-

Tätigkeitsfelder von Hauptfachpädagogen in der Wirtschaft:

Aus- und Weiterbildung

her die Teilnahme an Weiterbildungsmaßnahmen von Mitarbeitern und Unternehmensführungen vielfach als eine »Spielwiese für verdiente MitarbeiterInnen« betrachtet (mit der Folge, dass sowohl Nachfrage als auch Angebot unsystematisch ermittelt wurden), erfolgt die Ermittlung des Weiterbildungsbedarfs sowie die Organisation des Angebots in zahlreichen Unternehmen heute arbeitsplatz- und aufgabenbezogen und in einer engen Verzahnung mit der Unternehmensentwicklung. Unter dem Oberbegriff »Bildungsbedarfsanalyse« kommen bei der Ermittlung des Bedarfs verschiedenste methodische Verfahren zur Anwendung, die darauf abzielen, die Differenz zwischen vorhandenen Qualifikationen und den künftig erforderlichen Qualifikationen der MitarbeiterInnen zu erfassen. Dazu gehören die standardisierte Befragung von MitarbeiterInnen, Formen der systematischen Auswertung von Mitarbeiterführungsgesprächen, »Assessments« ebenso wie »Potentialanalysen« – und mit Blick auf die Erfassung der künftig erforderlichen Qualifikationen: Befragungen von Führungskräften, Szenario-Workshops ebenso wie Analysen der »Kundenwünsche« bei Abnehmern von Produkten und Dienstleistungen, Analysen von Kundentransaktionen sowie das Systemmonitoring, d.h. die laufende Beobachtung anhand festgelegter Indikatoren in einzelnen Unternehmensbereichen (z.B. im Hinblick auf Fehlerquoten oder Bearbeitungszeiten). Auf der Basis ermittelter Bedarfe erfolgt die Angebotsplanung, die ebenfalls tief gegliedert von der Konzeption entsprechender Kurse/Seminare über die Auswahl und Vertragsgestaltung externer Anbieter bis hin zur netzgestützten Begleitung von MitarbeiterInnen eines Unternehmens bei entsprechenden Aufgaben (z.B. beim Projektmanagement) reicht.

Herauszufinden, ob die Weiterbildungsmaßnahmen auch das leisten, was sie sollen, ist Aufgabe der Evaluation, die heute durchgängig mehr umfasst als lediglich eine Zufriedenheitsabfrage bei den TeilnehmerInnen: Neben dem Reporting über den Transfer erworbener Kenntnisse und Fähigkeiten auf die sich am Arbeitsplatz stellenden Aufgaben und Anforderungen werden von der Evaluation auch Hinweise darüber erwartet, welche Wissens- und Kompetenzressourcen in Abteilungen, Arbeits- und Projektgruppen vorhanden sind und welche Vernetzung zwischen diesen Wissens- und Kompetenzressourcen für die Strukturierung innovativer Vorhaben möglich und zweckmäßig sein könnten.

Personalentwicklung

Der Bereich der Personalentwicklung – in größeren Unternehmen zumeist als eigenständiger Arbeitsbereich neben der Personalverwaltung (mit Arbeitsrecht, Vergütungsabrechnung etc.) geführt – hat in den letzten zehn Jahren eine stete Erweiterung seiner Aufgaben erfahren. Hauptaufgabe ist es, die personellen, organisatorischen und soziokulturellen Voraussetzungen der Unternehmensentwicklung zu sichern und zu optimieren, einschließlich der Erarbeitung von Konzepten für sozialverträgliche Umschichtungen oder Reduzierungen des Personalbestandes.

Mit an erster Stelle gehören hierzu die Personalauswahl und das Personalbeurteilungsverfahren, die Konzeption von Programmen für den Führungskräftenachwuchs (Trainee-Programme, Führungskräftetrainings), Unterstützungsmaßnahmen der Führungskräfte (Coaching), schließlich die Koordination der im Bereich von Aus-, Fort- und Weiterbildung anstehenden Maßnahmen mit anderen Bereichen der Unternehmensführung sowie externen Instanzen (z.B. Industrie- und Handelskammern, Arbeitsämtern, Hochschulen). Sämtliche neueren Managementkonzepte und Arbeitsorganisationsformen gehen mit dem Abbau von Hierarchieebenen, erhöhten Anforderungen an die Selbständigkeit und Mitverantwortung der MitarbeiterInnen einher. Mit dieser Entwicklung ist »Führung« zu einem facettenreichen Dauerthema geworden, das von der Frage, wer ist der richtige Mann an welchem Platz, über den Umgang mit MitarbeiterInnen, die Motivation und Koordination von MitarbeiterInnen bis hin zur Sicherung der Transparenz von Entscheidungen und Abläufen reicht. Mit Zielvereinbarungen als durchgängigem Instrument in der Steuerung der Unternehmensentwicklung haben Führungskräfte die Aufgabe, die sich mit der Unternehmensentwicklung stellenden Anforderungen für die jeweiligen Mitarbeitergruppen in erreichbare Teilziele zu übersetzen, die dafür erforderlichen Arbeitsprozesse zu unterstützen, zu koordinieren und deren Erfolg rechtzeitig abzusichern. Dies kann nur gelingen, wenn im Unternehmen insgesamt soziale Regeln gelten, die die Mitarbeitergruppen motivieren, sich für die gestellten Aufgaben und Anforderungen einzusetzen, und die es erlauben, den eigenen Berufserfolg mit dem Unternehmenserfolg zu verknüpfen. Diesem Zweck dienen Projekte zur sogenannten »Corporate Identity« sowie zur Unternehmenskultur, die von der Erarbeitung einer »Unternehmensphilosophie«, mit der sich die MitarbeiterInnen identifizieren können, über die Gestaltung der Arbeitsräume bis hin zu Serviceleistungen des Unternehmens zur Entspannung, Erholung und Fitness der MitarbeiterInnen reichen. Zu den Aufgaben der Personalentwicklung gehörend, erfordern solche Querschnittsaufgaben einen Blick für Bedürfnislagen und außer sozialwissenschaftlichen Methodenkenntnissen ein gerütteltes Maß an Kreativität.

Dem Bereich Personalentwicklung teils zugeordnet, teils in Unternehmen als eigenständige Abteilung geführt, hat sich der Bereich der Organisationsentwicklung und Organisationsberatung zu einem der wichtigsten strategischen Felder der Unternehmensführung entwickelt. In Leistungsvergleichen zwischen Unternehmen verankert oder durch betriebswirtschaftliche Krisensymptome veranlasst, sind Maßnahmen der Organisationsentwicklung und Beratung durchgängig der Einsicht geschuldet, dass mit einer anderen Arbeitsorganisation mehr Effizienz, weniger Personal, höhere Kundenzufriedenheit und damit letztlich ein höheres Maß an Produktivität und Wettbewerbsfähigkeit möglich ist. Das Ziel von Organisationsentwicklung ist deshalb, Schwachstellen in den vorhandenen Aufbau- und Ablaufstrukturen aufzuspüren sowie Veränderungen einzuleiten und abzustützen, die nach Überzeugung aller Mitarbeiterebenen zu einem optimaleren Einsatz personeller und materieller Ressourcen führen. Häufig eingebettet und verknüpft mit Konzepten des Total-Quality-Managements, des Business-Reengeneering oder des Change-Management sind die dabei konkret sich stellenden Aufgaben und Probleme ebenso unterschiedlich wie die Unternehmen bzw. jeweilige Organisationseinheiten, das Spektrum der im Einzelfall verwendeten Verfahren abhängig vom Ausgangszustand und dem Ausmaß angestrebter Veränderungen. Großflächig angelegte Restrukturierungen erfolgen aus einer Reihe von Gründen nicht ohne externe Berater; sind die darüber eingeleiteten Maßnahmen erst einmal abgeschlossen, sorgen die entsprechenden unternehmensinternen Abteilungen für eine Stabilisierung des Erfolgs, den Aufbau eines Früherkennungssystems für Schwachstellen sowie die Entwicklung von Voraussetzungen, die geeignet sind, das Unternehmen als »Lernende Organisation« zu stabilisieren. Gemeinhin wird in OE-Prozessen zwischen einer Diagnose-, Veränderungs- und Abschlussphase unterschieden. Das Spektrum der für die Diagnose von Stärken und Schwächen zur Anwendung kommenden Verfahren reicht von MitarbeiterInnenbefragungen über die Auswertung betriebswirtschaftli-

Organisations
entwicklung

101

cher Daten bis hin zu Analysen der AbnehmerInnen von Produkten und Dienstleistungen bzw. Analysen in der Außenwahrnehmung der Unternehmen. In der Veränderungsphase, die darauf abzielt, mit den jeweiligen Mitarbeitergruppen Maßnahmen zu entwickeln, die zusammengenommen in der Lage sind, die diagnostizierten Schwachstellen zu beseitigen, reicht das Spektrum von Workshops und deren Auswertung über die Moderation von Entscheidungsprozessen und das Coaching von Projektgruppen bis hin zur Expertenberatung auf der Ebene der Vorstände. Da Veränderungen der bisherigen Strukturen in der Regel nur möglich und erfolgreich sind, wenn sich zugleich eingefahrene Sichtweisen und Einstellungen auf allen Hierarchieebenen ändern, sind die in der Veränderungsphase anstehenden Schritte und Maßnahmen wesentlich »Prozessarbeit« und damit etwas, was im Kern ein pädagogisches Geschäft ist.

Qualifizierungs-anforderungen für Hauptfachpädagogen in Unternehmen

Was sind die Kenntnisse und Kompetenzen, die erziehungswissenschaftliche HauptfachabsolventInnen als Start-Up-Qualifikation mitbringen sollten, um in den genannten Bereichen erfolgreich tätig sein zu können? Es versteht sich fast von selbst, dass eine entsprechende Einschätzung nur als Daumenpeilung möglich ist, da ein einschlägiges empirisches Wissen nicht vorliegt. Meine Einschätzung: In allen genannten Feldern handelt es sich um ein »pädagogisches Geschäft«, das – unterschiedlich akzentuiert – voraussetzt, dass man Menschen versteht, ihre jeweilige Sicht der Dinge bewusst wahrnimmt und ihr Handeln in seiner Bedingtheit durch Sozialisation, Erziehung, Berufsentwicklung und Systemorganisation ein Stück weit rekonstruieren kann. Um selbst genauer sehen-hören-fühlen zu können, sollte man – theoriegeleitet – etwas vom Kommunikation, Systemorganisation und Bildungsprozessen verstehen, ebenso etwas von den pädagogischen Formen und Verfahren zur Förderung und Stützung von Lern- und Entwicklungsprozessen. Ein entsprechendes Grundverständnis ist Voraussetzung zur Einordnung und Beurteilung der praktischen Regeln und Verfahren, die in den genannten Feldern zur Anwendung kommen und von Feed-back-Regeln bis hin zu therapeutischen Konzepten reichen können. Eine zweite Grundvoraussetzung sind Kenntnisse und Kompetenzen in sozialwissenschaftlichen Erhebungs- und Auswertungsverfahren: Formen der Befragung, Beobachtungsverfahren, Inhaltsanalyse, Statistik, ohne die es nicht möglich ist, selbständig Erhebungen und Analysen durchzuführen und zu beurteilen. Eine dritte grundständige Voraussetzung sind Kenntnisse – und am besten erste eigene Erfahrungen – mit Methoden und Verfahren, in denen professionelle Kompetenz erwartet wird. Wer z.B. Bildungsbedarfsanalysen durchführen will, sollte sich damit schon einmal beschäftigt haben, am besten im Rahmen eines kleinen Projekts. Wer im Bereich Personalentwicklung ein Assessment konzipieren und durchführen will, sollte sich mit Assessments sowie mit Personalauswahlverfahren und Eignungsdiagnostik schon einmal befasst haben; gleiches gilt für »Teamentwicklung«, »Projektmanagement«, »Führung« und all die anderen der genannten Themen und Aufgabenfelder. Dabei kommt es nach meinem Dafürhalten nicht darauf an, in allen Feldern alles zu wissen, vielmehr Schwerpunkte in ausgewählten Themen gebildet zu haben, in denen Schlüsselqualifikationen für die genannten Bereiche erworben werden können; Qualifikationen also, die einen Transfer auf strukturell ähnlich gelagerte Aufgaben und Problemstellungen erwarten lassen.

Was sind solche Schlüsselqualifikationen für die genannten Bereiche? In sämtlichen Tätigkeitsfeldern ständig beansprucht werden:

102

- systemisches Denken;
- Kommunikationsprozesse verstehen, moderieren, optimieren;
- Prozesse planen und evaluieren;
- vermitteln, motivieren, überzeugen.

Ohne systemisches Denken, ohne einen Blick für die Zusammenhänge, in denen das Handeln von Personen und Gruppen steht, in denen Prozesse ablaufen und häufig Effekte erzeugen, die von den daran Beteiligten nicht beabsichtigt wurden, dürfte es schwer werden, überhaupt die Ansatzpunkte zu erkennen, die für eine konkrete und zielgerichtete Unterstützung von Veränderungs- und Lernprozessen möglich und sinnvoll sind. Ohne entsprechende Wissensbestände, die am Fall zu kontrollieren sind, bleiben die BeraterInnen blind und letztlich denjenigen gleich, deren Wissen sich auf die Erfahrungen einer selbst als unzweckmäßig erachteten Praxis beschränkt. Medium aller Lern- und Veränderungsprozesse ist Kommunikation. Kommunikationsprozesse bei Individuen sowie auf der Ebene sozialer Organisationen »verstehen« bzw. bewusst wahrnehmen zu können, zu moderieren sowie die individuellen und organisationellen Voraussetzungen für eine Verbesserung vorhandener Verständigungspraxen zu schaffen, scheint mir deshalb eine Qualifikation zu sein, die in allen genannten Tätigkeitsfeldern grundlegend ist. Entwicklungsprozesse zu planen bzw. einen Weg dafür angeben zu können, wie unter je gegebenen Voraussetzungen Probleme von Individuen sowie von sozialen Organisationen besser gelöst und Zielsetzungen erreichbar werden, ist im Bereich der betrieblichen Weiterbildung ebenso wie bei der Personal- und Organisationsentwicklung eine Aufgabe, die zwar unterschiedlich dimensioniert ist, gleichwohl jedoch eine grundständige Typik aufweist. Gleiches gilt für den Bereich der Evaluation, die ihrerseits eine Voraussetzung für systemische Lernfortschritte ist. Vermitteln, moderieren, überzeugen ist in den genannten Feldern tägliches Geschäft, das innerhalb verschiedener Formen und Kontexte abläuft, ohne das jedoch eine erfolgreiche Tätigkeit kaum möglich erscheint. Ob der theoriegeleitete Zugang für den Erwerb entsprechender Kompetenzen über die Instruktionspsychologie, die Didaktik und Methodik oder über Settings des therapeutischen Gesprächs usw. erfolgt, erscheint mir sekundär. Wichtiger ist es, entsprechende Erfahrungen zu suchen und sich für neue Erfahrungen offen zu halten.

Literatur

BUND DEUTSCHER UNTERNEHMENSBERATER (BDU e.V.): Facts u. Figures zum Beratermarkt 1998. Bonn 1999.

BULLINGER, H.-J. (Hrsg.): Dienstleistung 2000+. Zukunftsreport Dienstleistung in Deutschland. Stuttgart 1998.

KLEMM, K.: Der Teilarbeitsmarkt Schule in Deutschland bis zum Schuljahr 2010/11. Arbeitspapier. Essen 2000.

König, E./Vomer G.: Systemische Organisationsberatung. Grundlagen und Methoden. Weinheim 1996 (4. Auflage).

MUSKATEWITZ, R./WROBEL, M.: Weiterbildungsszene Deutschland 97/98. Studie über den Weiterbildungsmarkt in Deutschland, Österreich und der Schweiz. Bonn 1998.

RAUSCHENBACH, Th./ZUCHNER, I.: Arbeitsmarkt. In: OTTO, H.-U. u.a.: Datenreport Erziehungswissenschaft. Opladen 2000, S. 57-74.

Kulturpädagogik und Kulturarbeit

Karin Bock/Peter Cloos

Inhalt

1. Was ist Kulturpädagogik?

Mit Kulturpädagogik wird gegenwärtig ein äußerst heterogenes Feld der *außerschulischen kulturellen Praxis* bezeichnet, zu der die Museums-, Medien-, Freizeit-, Erlebnis- und Theaterpädagogik ebenso gezählt werden können wie die kulturelle Arbeit mit Kindern, Jugendlichen und Erwachsenen in Kultur- und soziokulturellen Zentren, Kunstschulen, Theaterinitiativen, Jugendkunstschulen, Spielprojekten, Schreibwerkstätten etc. (vgl. von WENSIERSKI 1995, S. 167).

> Heterogenität der Arbeitsfelder u. Einrichtungen

Neben dem breiten Spektrum an Handlungsfeldern und Einrichtungen finden sich zudem unterschiedliche Begrifflichkeiten im Feld der Kulturpädagogik, die nicht ohne weiteres subsumiert – bzw. genügend differenziert – werden können: So stellt Werner THOLE (1990, S. 36) fest, dass »Jugendkulturarbeit, soziokulturelle Jugendarbeit, kulturell-ästhetische Bildung, soziale Kulturarbeit, Kulturpädagogik, kulturelle Jugendarbeit und musisch-kulturelle Bildung (...) Beschreibungen und Ausdrücke (sind), die Benachbartes, zuweilen Identisches, aber auch sehr Verschiedenartiges und dennoch kaum voneinander klar Abgrenzbares zu beschreiben wünschen«. Gemeinsam ist allen Ausdrücken und Beschreibungen dennoch eines: Sie verweisen auf ein Feld der außerschulischen Pädagogik, in dem eine freie, animative Praxis favorisiert wird und das mehr meint als kulturelle Unterhaltung oder Geselligkeit. Die Idee einer Kultur-»Pädagogik« verweist also zunächst auf den Anspruch, einen (erzieherisch) handelnden, auf Bildung, Anregung, Förderung und Gestaltung gerichteten Impuls jenseits konsumtiver Affirmation zu geben (vgl. THOLE 1990, S. 36 f.).

> Heterogenität der Begriffe

Gegenwärtig liegt weder eine explizit ausgearbeitete theoretische Konzeption zur Kulturpädagogik bzw. zur Kulturarbeit vor (vgl. MÜLLER-ROLLI 1988; von WENSIERSKI 2000) noch ist ein eindeutiger theoretischer Diskurs zur Kulturpäd-

Kulturtheorie- und Konzeption

agogik zu finden. Zwar finden sich vereinzelt Bemühungen in diese Richtung, dennoch bleibt fraglich, ob die Kulturpädagogik überhaupt eine eigenständige kulturtheoretische und gleichsam kulturpädagogische Konzeption benötigt.

Um sich an die Kulturpädagogik annähern zu können, verstehen wir Kulturpädagogik zunächst ganz allgemein als *die wissenschaftliche Auseinandersetzung mit dem heterogenen Praxisformen der Kulturarbeit*, die in verschiedenen Zusam-

Verständnis von Kulturpädagogik

menhängen ihren gesellschaftlichen Ort hat. Diese Zusammenhänge lassen sich in drei Kontexte differenzieren: *Erstens* in die Konzeptionen der Kulturpädagogik, *zweitens* in die kulturpädagogische Ausbildung und *drittens* in die kulturpädagogische Praxis.

Im Folgenden werden wir über diese sozialen Kontexte zunächst einen Bestimmungsversuch der Kulturpädagogik vornehmen (vgl. Abschnitt 2), um uns dann resümierend mit der Frage auseinander zu setzen, inwiefern Kulturpädagogik als 'neues Beschäftigungsfeld' identifizierbar ist (vgl. Abschnitt 3).

2. Orte und soziale Kontexte der Kulturpädagogik

2.1 Kulturpädagogische Ansätze

Betrachtet man die Entwicklung kulturpädagogischer Ansätze, so lassen sich nur schwer einzelne Entwicklungslinien von anderen unterscheiden. Zwar sind verschiedene Herangehensweisen, theoretische Ansätze und praxisrelevante Strömungen innerhalb der Kulturpädagogik auszumachen – jedoch lassen sich diese Linien streng genommen nur im Zusammenhang begreifen: So sind etwa die Ideen der Jugendbewegung, insbesondere die der Jugendmusikbewegung, sowohl in den

Entwicklungslinien kulturpädagogischer Ansätze

theoretisch-pädagogischen Ansätzen wiederzufinden als auch innerhalb der kulturellen Jugendbildung und der Kulturarbeit. Ähnlich verhält es sich mit den »neuen soziokulturellen Bewegungen« und der inzwischen zum Allgemeinplatz avancierten Forderung nach der »Kultur für alle« zu Beginn der 1970er-Jahre, denn hier fließen die reformpädagogischen Ansätze mit den Ideen einer soziokulturellen Kulturarbeit zusammen – und sind gleichsam doch davon unterscheidbar.

Obwohl das Feld der Kulturpädagogik so heterogen und vielschichtig ist, soll im Folgenden versucht werden, drei zentrale Entwicklungslinien zumindest analytisch zu unterscheiden, die für die Kulturpädagogik bedeutsam sind: (1) die Vielzahl reformpädagogischer Ansätze und Konzepte am Ende des 19. und Anfang des 20. Jahrhunderts, die vorwiegend im Kontext theoretisch-pädagogischer Positionen entscheidend ist; (2) die hiermit eng verknüpfte Konzeptualisierung musisch-kultureller Bildung, die eine entscheidende Wurzel vor allem für die gegenwärtig anzutreffende kulturpädagogische Praxis darstellt und (3) die neuen soziokulturellen Bewegungen der 1970er-Jahre, in der durch die Emanzipationsbestrebungen der Kulturbewegung neue Ansätze und Formen in die kulturpädagogische Praxis einflossen.

(1) Die reformpädagogischen Ansätze und Konzepte der Kulturpädagogik zu Beginn des 20. Jahrhunderts waren eine Reaktion auf die Kulturkrise der Jahrhundertwende und die politische Verunsicherung nach dem Ersten Weltkrieg. Kunsterzieherbewegung, Arbeitsschulbewegung oder die Landheimerziehungsbewegung sind Belege für die Kontroversen über die Aufgaben der Erziehung in der Bildungspolitik und Pädagogik in dieser Zeit. Zentral war hierbei die Frage nach der Beziehung zwischen Erziehung und Kultur (vgl. MÜLLER-ROLLI 1996). Gleichzeitig wurde versucht, in verschiedenen pädagogischen Ansätzen zu Beginn des 20. Jahrhunderts den Erziehungsbegriff eng mit dem der Kultur zu verbinden: So wird bspw. im 'Bildungsideal des brauchbaren Staatsbürgers' bei Georg KERSCHEN-STEINER (1854-1932) die Erziehung zum 'Kulturakt'; in der Erziehungskonzeption zum 'wertfähigen Menschen' bei Eduard SPRANGER (1882-1963) avanciert Erziehung zur 'Kulturfortpflanzung' und Theodor LITT (1880-1962) fordert gar die Verknüpfung von Geschichtswissenschaft und Philosophie zur Kulturphilosophie, um ein Leitbild für pädagogisches Handeln zu ermöglichen (vgl. VANSELOW 1927).

Reformpädagogische Ansätze

Für die frühen reformpädagogischen Ansätze war es vor allem der Kulturbegriff, über den versucht wurde, kulturelle Erziehung zu begründen. Kultur wurde dabei als Staats- bzw. Gesellschaftskultur verstanden, Erziehung stand vordergründig in Zusammenhang mit ästhetischer bzw. geistiger Entfaltung.[1]

Kultur- und Erziehungsbegriff

Ende der 1920er-Jahre wurde der Begriff der Kulturpädagogik in die wissenschaftliche Debatte über die Pädagogik (als Wissenschaft) eingeführt. Kulturpädagogik war hierbei der »Titel für eine merkwürdige Gemeinsamkeit zwischen an sich rivalisierenden Ansätzen vor allem der philosophischen Pädagogik, die neukantianische und geisteswissenschaftliche Ansätze verband« (OELKERS 1991, S. 14). Diese Gemeinsamkeit war erstens dadurch begründet, dass die Wertgebiete historischer Kultur bei jeder Form von Erziehung vorausgesetzt werden müssten; zweitens, dass das Subjekt durch 'Intuition' in diese 'differenzierte Kultur' geformt werde und drittens, dass die Erziehungswirklichkeit immer als das 'pragmatisch Vorausgesetzte' Geltung beanspruche (vgl. MÜLLER-ROLLI 1996, S. 77).[2]

Begriff der Kulturpädagogik

(2) Die Jugendmusikbewegung resp. die Ansätze einer musischen (bzw. musisch-kulturellen) Bildung sind eng mit der (bürgerlichen) Jugendbewegung verknüpft. Für die Kulturpädagogik ist die Jugendmusik-, Sing- und Kunstbewegung insofern bedeutsam, weil hier die Anfänge eines Wandels von einer privaten zu einer – mehr oder weniger – öffentlichen Aufgabe markiert werden. Musische Gemeinschaftsaktivität wurde zunächst als Gleichzeitigkeit von Gemeinschaftserziehung und Erziehung zur individuellen ästhetischen Ausdrucksfähigkeit und Selbstfindung konzeptualisiert und ihr wurde ein gesellschaftlicher Auftrag erteilt (vgl. KOLLAND 1979; HODEK 1977; ADORNO 1956). Ausgehend von der frühen Praxis gemeinschaftlicher musischer Erziehung und Bildung sind in der Folge unterschiedlichste Konzeptualisierungsversuche unternommen worden, die mehr oder

---

1 Diese Verknüpfung von Erziehung und Kultur gehörte auch zu den Leitbildern der bürgerlichen Jugendbewegung, in der die ästhetische Auseinandersetzung mit den Sparten der Kunst und der musischen Bildung des jugendkulturellen Habitus' im Vordergrund stand. Unterschieden wurde hierbei zwischen der Aneignung von überlieferten kulturellen Praktiken und der Inszenierung eigener ästhetischer Bedürfnisse.

2 Klaus MOLLENHAUER (1998) hat u.a. diese Tradition in »Vergessene Zusammenhänge« (wieder) aufgegriffen; er beschreibt die Kultur als Grundlage aller Erziehungsvorgänge und -prozesse.

weniger deutlich auf die Selbstaktivität der Beteiligten und die Wirkung alltagskultureller Praxis setzten. Nur beispielhaft sind hier die Institutionalisierung der *musischen Bildung* in Klassenzimmer, Musikschule etc. nach 1945, die *musisch-kulturelle Bildung* (vgl. BLK 1977), die *sozio-kulturelle Animation* (KIRCHGÄSSNER 1981) und die Gründung der *Akademie Remscheid* zu nennen, die sich als Versuch verstanden, verschiedenste Aktivitäten zu bündeln und »Kulturpädagogik als umfassende Vermittlungsform für kulturbezogene Bildung und Praxis« zu fassen (OEHRENS 1994, S. 47; vgl. auch FUCHS 1990; TWITTENHOFF 1958).

(3) Ein dritter Strang kulturpädagogischer Ansätze lässt sich in die 1970er-Jahre zurück verfolgen. Die »westliche Kulturrevolution« im Zuge der Studentenrevolte Ende der 1960er-Jahre – etwa mit der von Peter WEISS geforderten »Belesenheit vor Erfahrung«; dem Aufstand gegen den »bildungsbürgerlichen Kulturkonsum« als »Dekuvrieren der Warenästhetik« (Fritz HAUG) oder der Joseph BEUYSschen Happening- und Fluxusbewegung mit der Absicht, »Kunst=Leben, Leben=Kunst« konsequent umzusetzen und den Kulturbetrieb aufzusprengen; kurz: das Leben »wider die affirmative Kultur« auszurichten (vgl. ausführlich GLASER 1997, S. 312 ff.) – blieb nicht ohne Wirkungen auf die kulturpädagogischen Praxiskonzepte und auf die Etablierung von freien Kulturgruppen, Initiativen usw. sowie einer anders ausgerichteten Kulturpolitik. Die Kommunen spielten bei der Umsetzung einer »Kultur für alle« (vgl. HOFFMANN 1979) eine nicht unbedeutende Rolle – städtische Kulturdezernenten wagten »die Dreckarbeit der Reform« und forderten nach dem jahrelangen Streit über die Bildungsreform das »Bürgerrecht Kultur« (ebd., S. 382). So ist in diesem Zusammenhang etwa der Ergänzungsplan »musisch-kulturelle Bildung« des Bildungsgesamtplans der Bund-Länder-Kommission (vgl. BLK 1977) zu nennen, in dem die Förderung schöpferischer Fähigkeiten und Kräfte des Menschen im intellektuellen und emotionalen Bereich aufgenommen wurde. In der kulturellen Jugendbildung (Bundesjugendplan) stellte man neue Verbindungen mit der Sozialarbeit her, vor allem in der Forderung nach kritischer Auseinandersetzung mit der Kunst und der Trivialkultur.

Dennoch war das Zusammenspiel von Kulturpolitik und den entstandenen freien Kulturgruppen und Initiativen in der kulturpädagogischen Praxis keineswegs harmonisch. Obwohl sich beide an einem erweiterten Kulturbegriff orientierten, entwickelte sich die Kulturpolitik nach und nach zur Kulturadministration, der sich die alternativen Kulturszenen z.T. massiv widersetzten (vgl. von WENSIERSKI 2000).

Jenseits (aber dennoch nicht vollkommen unabhängig von) dieser sich verändernden institutionalisierten Kulturpolitik wurden alternative Formen von Soziokultur im Zuge der »neuen soziokulturellen Bewegungen« mit ihren Aktivitäten in den 1970er und 1980er-Jahren zur Mode und orientierten sich hauptsächlich am Gemeinwesen, einzelnen Stadtteilen und den Szenen jenseits des öffentlichen Kulturbetriebs und favorisierten die Unterstützung von Laien, Initiativen, Kleinkünstlern usw. Als Experimentierfeld trugen sie nicht unwesentlich bei zur Entwicklung neuer Konzepte und Arbeitsformen. Die Kulturarbeit erlangte wachsende Bedeutung für sozialarbeiterische, pädagogische und therapeutische Handlungsfelder. Aus den freien Gruppen und Initiativen der 1970er-Jahre etablierten sich breite Angebote in der Jugendkulturarbeit. Die Jugendkulturbewegung hatte sich von ihrem

»musischen ‚Laienspielhabitus'« längst verabschiedet und zur (offenen) Kinder-
und Jugendkulturarbeit entwickelt (THOLE 1995, S. 113). Institutionelle Einrichtungen, Initiativen und Gruppen hatten sich im Bereich des Sozialen etabliert. In
den pädagogischen Debatten hatte sich der Kulturbegriff ausgeweitet.

Kulturelle Fragen und die Beschäftigung mit der Kunst wurden erneut aufgegriffen und im Kontext klassisch-kulturpädagogischer Ansätze, reformpädagogischer Konzepte und vor dem Hintergrund der Jugendbewegung diskutiert. Auch
die pädagogische Disziplin beschäftigte sich (wieder) mit kultur-ästhetischen Fragen. Zusätzlich häuften sich in den 1980er-Jahren die Befunde einer Ästhetisierung des Alltags. Hiermit verbunden war auch ein neuerliches Interesse der Päd-
agogik an der alltagskulturellen Praxis von Jugendlichen, das an die Traditionen   Neues Interesse an der
»jugendbewegter« Reformpädagogik anknüpfen konnte. Während sich das Inter-   (Jugend-)Kultur
esse am »Projekt Jugend« zunächst auf deren subkulturelle Ausdrucks- und Wider-
standsformen konzentrierte und sich dem Emanzipationsgedanken verpflichtet
fühlte (vgl. z. B. CLARKE u.a. 1979; BAACKE 1993), wurde mit einer zunehmenden
Ausdifferenzierung von jugendkulturellen Stilen die Jugend selbst zur Triebkraft
der »Ästhetisierung des Lebens« (vgl. u.a. WILLIS 1991; SPOKK 1997).

»Jugend als Avantgarde ihrer eigenen Abschaffung« (vgl. HOLERT/TERKESSI-
DIS 1996; CLOOS 1998) transportierte jugendkulturelle Erlebnisformen in weite
Teile der Kinder- und Erwachsenenkultur und sicherte sich somit nicht nur das Interesse der Jugendforschung und Pädagogik, sondern auch der Kulturarbeit, die   Jugendforschung u.
nicht unwesentlich mit den jugendkulturellen Alternativbewegungen der 1970er-   Kulturpädagogik
und 1980er-Jahre in Zusammenhang stand. Kulturpädagogische Ansätze haben
solche Zustandsbeschreibungen dankbar aufgenommen (vgl. z.B. LIEBAU 1992),
ohne dass jedoch das Verhältnis von Jugendkultur, Jugend(kultur)forschung und
Kulturpädagogik grundsätzlich geklärt werden konnte.

Aktuell können für die Kulturpädagogik zumindest drei »Strömungen« identifi-
ziert werden (THOLE 1990, S. 41, 1994): »Erstens ist da eine bildungstheoretische
Position (MÜLLER-ROLLI), zweitens das kultur-ästhetische, erfahrungsbezogene
Spektrum (unter anderem ZACHARIAS/MAYHOFER; NACHTWEY; RICHARD; SCHÄ-
FER; HONIG) und drittens das Spektrum zu nennen, das eine Positionierung der Kul-   Aktuelle
turpädagogik über kultur-postmoderne Argumentationen versucht (unter anderem   kulturpädagogische
BAACKE; VOLKMER)«. Während die erste am kulturtheoretischen Ansatz BOUR-   Positionen
DIEUs ansetzt und die Kulturpädagogik als Teildisziplin der Erziehungswissenschaft konzeptionalisiert, findet der zweite Ansatz seinen Bezugspunkt in der kritischen Theorie und an der Kritik an der Kulturindustrie. Die dritte Strömung schließlich orientiert sich eher an postmoderner Gesellschaftsreflexion und hinterfragt die
pädagogische Inszenierung als Grundlage der Kulturpädagogik (vgl. ebd.).

Fasst man die hier beschriebene Entwicklung kulturpädagogischer Ansätze zusammen, dann zeigt sich, dass Kulturpädagogik kein theoretisch fundiertes Bezugs-
system zur Entwicklung ihrer Konzepte herausgebildet hat. Sie verfügt über »keine
umfassende konsistente Theoriebildung« (von WENSIERSKI 2000, S. 192). Je nach
Standort und historisch gewachsenem Hintergrund bezieht sie sich (mal mehr oder
weniger) deutlich auf ästhetische oder soziologische Fragen, auf Erkenntnisse der
Jugendforschung oder (reform)pädagogische Konzepte sowie auf kulturpolitische
oder 'gegen'kulturelle Positionen. Die Schnittmengen mit Konzepten der Freizeit-,
Medien- und Kunstpädagogik sowie zur kulturpädagogisch engagierten Sozialen

109

Arbeit und interkulturellen Pädagogik scheinen so bedeutsam zu sein, dass Kultur-pädagogik als »Rumpelstilzchen« (vgl. ZACHARIAS 1988; FUCHS 1990) im Feld konkurrierender Teil-Pädagogiken zumindest theoretisch und konzeptionell ihre »multiple« Identität (noch) nicht zu einem Gesamtkonzept zusammenfügen konnte. Angesichts dieser Befunde lässt sich an dieser Stelle fragen, in welcher Form sich Kulturpädagogik als Ausbildungs- und Berufsfeld entwickeln konnte.

2.2 Kulturpädagogische Ausbildung

Die Geschichte der Ausbildungen für kultur-ästhetische Handlungs- und Arbeits-felder kann als eine Geschichte zunehmender Ausdifferenzierung und Vervielfälti-gung der Ausbildungsangebote und -formen seit Anfang der 1970er Jahre gelesen werden (vgl. WAGNER 1997). Bis dahin standen nur wenige Studiengänge[3] insbe-sondere im Rahmen kunstpädagogischer Diplom- oder Magisterstudiengänge je-nen zur Verfügung, die auf den damals noch relativ engen, durch die traditionellen Kulturverwaltungen und Kultureinrichtungen geprägten Kultur-Arbeitsmarkt drängten. Eine Ausbildung für die Verwaltung oder in den klassischen künstleri-

schen Studiengängen bildete zumeist die Grundlage für die Tätigkeit in diesem Segment. Zumindest seit der Reformpädagogik hatte Kultur Einzug in die Hoch-schul-Pädagogik gehalten; jedoch hatte sie darin keinen institutionalisierten Ort in Form von Studiengängen, Studienrichtungen oder ähnlichem gefunden. Um- und Neuorientierungen unter Labels wie »Ästhetik und Kommunikation«, »Kulturwis-senschaft« usw. im Zuge der Reformbemühungen des Bildungs- und Hochschul-wesens der 1970er-Jahre läuteten eine Entwicklungsdynamik kulturell-ästheti-scher Studienmöglichkeiten ein, die in den 1980er-Jahren einen ersten Höhepunkt erreichten (vgl. ebd.) und eine fortschreitende Institutionalisierung der Kulturpäd-agogik in Ausbildung zur Folge hatte. Diese Dynamik verwies weniger auf eine konkrete Nachfrage kulturpädagogischer Einrichtungen nach spezifischen ästhe-tisch-kulturellen Qualifikationsprofilen, sondern vielmehr auf ein gewandeltes Be-rufsverständnis und auf Steuerungsprobleme im Ausbildungssystem. Sie dienten mitunter der »Umlenkung« der Studienströme von den überfüllten Studiengängen (vgl. MÜLLER-ROLLI 1988). Der 1979 gegründete Studiengang Kulturpädagogik an der Universität Hildesheim war die erste Vollzeitstudienmöglichkeit, die Kultur und Pädagogik zumindest begrifflich vereinte. Er bildete damit quasi den Auftakt zur Aufwertung und Ausweitung kulturbezogener Bindestrich-Pädagogiken in der Ausbildung in Form eigenständiger Studiengänge oder -schwerpunkte, Aufbau- und Ergänzungsstudiengänge in Freizeit-, Kunst-, Spiel- und Medienpadagogik sowie Kulturwissenschaft in den 1980er-Jahren.

Die Ausdifferenzierung der Ausbildungslandschaft hatte einen zweiten, fast explosionsartigen Höhepunkt Anfang der 1990er-Jahre (vgl. WAGNER 1997) und ging mit einem neuerlichen Interesse an der Kultur in Politik, Wissenschaft und

---

3 Die wissenschaftliche Analyse hat sich bislang vorwiegend auf die kultur-ästhetische Ausbildung konzentriert, die an Hochschulen stattfindet. Vernachlässigt wurden jedoch weitgehend Ausbil-dungsanteile und –inhalte von Ausbildungen unter Hochschulniveau, auch wenn traditionell in der Ausbildung und Praxis z.B. von ErzieherInnen kultur-ästhetischen Angeboten ein hoher Stellenwert zuzuschreiben ist.

Ausbildung einher. Dieses wurde begleitet durch eine Rhetorik der »Kultivierung respektive Ästhetisierung des Alltags« (vgl. LIEBAU 1992).

In der zweiten Hälfte der 1990er-Jahre kann die Entdeckung des »Kulturmanagements« in der Ausbildung an Hochschulen zum einen als Reaktion auf eine veränderte Nachfrage durch die anwachsenden Aktivitäten der Kulturverwaltungen und -einrichtungen angesehen werden (vgl. WAGNER 1997), die eine bis dahin nie dagewesene Unübersichtlichkeit kulturellen Engagements erzeugte. Das Verwischen der Grenzen zwischen Kulturverwaltung und Kulturindustrie hatte zur Folge, dass zur Bewältigung von Aufgaben im »Kulturbetrieb« zunehmend Qualifikationen in den Bereichen Management und Betriebswirtschaft erforderlich wurden. Kulturmanagement
Zum anderen schwamm die pädagogisch ausgerichtete kultur-ästhetische Ausbildung damit auch auf der Welle einer Neuorientierung an betriebswirtschaftlichen Paradigmen in Theorie und Praxis der Erziehungswissenschaft, der Sozialen Arbeit etc. mit (vgl. FLÖSSER/OTTO 1996; THOLE/CLOOS 2001). Zusätzlich zu den Studiengängen, die sich mehr oder weniger dezidiert auf die Arbeit in kulturellen Einrichtungen in der Bundesrepublik beziehen, entstanden Ende des vergangenen Jahrhunderts weitere Studienmöglichkeiten, die entweder stärker wirtschaftswissenschaftlich ausgerichtet sind oder aber für die kulturelle Praxis in anderen Ländern qualifizieren (vgl. hierzu WAGNER 1997).

Die gegenwärtig anzutreffende Vielfalt der Ausbildungsmöglichkeiten für ästhetisch-kulturelle Handlungs- und Arbeitsfelder lässt sich in vier verschiedene Ausbildungstypen differenzieren: Neben *grundständigen Studiengängen* bestehen Studiengänge mit *kulturvermittelnden Schwerpunkten* und *Aufbau- und Ergänzungsstudiengänge* sowie sonstige Fort- und Weiterbildungsangebote bzw. *berufsbegleitende Studiengänge*.[4] Vielfalt der Ausbildungs-
möglichkeiten

Die Entwicklung hin zur Vielfalt und Unterschiedlichkeit der Ausbildungsmöglichkeiten ist jedoch unabhängig von der Ausdifferenzierung des »Kulturbetriebes« zu sehen, da dieser weder kulturspezifisch ausgerichtete (neue) Berufsbilder erzeugte noch einen in vergleichbarem Maße wachsenden Arbeitsmarkt für AbsolventInnen mit kultur-ästhetischen Qualifikationen hervorbrachte (vgl. THOLE/CLOOS 1997). Eine Analyse von Stellenausschreibungen in den Bereichen Erziehungswissenschaft und Sozialwesen konnte zumindest belegen, daß solche Qualifikationen in der (sozial)pädagogischen Praxis nicht explizit nachgefragt werden (vgl. KOLFHAUS 1997). MÜLLER-ROLLI (1988, S. 13) hat dies prägnant zusammen gefasst: »Ein neuer Markt entsteht, dessen Gesetze noch unbekannt sind«. Ausbildung u. ungewisser
Arbeitsmarkt

Infolgedessen besteht eine große Schwierigkeit der Ausbildung darin, dass sie nicht nur bezüglich der Chancen von AbsolventInnen, sondern auch hinsichtlich eines unklaren Gegenstandsfeldes 'ungewiss ausbildet'. Denn bei genauerer Betrachtung der einschlägigen Studienmöglichkeiten wird zum einen deutlich, daß deren inhaltliche Fundierung und Ausrichtung an Kultur und Pädagogik untereinander stark abweicht.[5] Zum anderen ist jedoch auch festzustellen, dass die einzel- Probleme
kulturpädagogischer
Ausbildung

---

4 Zum sich ausweitenden kulturbezogenen Fort- und Weiterbildungsmarkt vgl. BAER (1997); RAUSCHENBACH/CHRIST/GALUSKE (1994).

5 Unklar bleibt jedoch weiterhin ob »Kulturpädagogik« einen Sammelbegriff für die vielgestaltige kulturbezogenen Ausbildungsmöglichkeiten darstellen kann. Rein quantitativ sind im Bereich grundständiger Studiengänge »Kulturwissenschaft« und bei Studienschwerpunkten »Kulturpädagogik« die vorrangig benutzten Labels (vgl. RAUSCHENBACH/CHRIST/GALUSKE 1994).

nen Studiengänge und Schwerpunkte selber kaum ein klares Ausbildungsprofil entwickeln können (vgl. THOLE/CLOOS 1997).

»Zu vielfältig und unstrukturiert ist das Feld kultureller Tätigkeiten, als daß sich daraus eindeutige Anforderungsprofile zu vermittelnder Qualifikationen direkt ableiten und konkrete Curriculumelemente bestimmen ließen« (WAGNER 1997, S. 39). Diese »Offenheit und teilweise vage Zielgerichtetheit der Aus- und Fortbildungsmöglichkeiten« (GEHRKE/WAGNER 1992, S. 42) könnte positiv gewendet als eine neue, modernisierte Studienvariante und damit als Antwort auf einen flexibilisierten Arbeitsmarkt gefasst werden (vgl. WAGNER 1997). RAUSCHEN-BACH/CHRIST/GALUSKE (1994) stellen hier jedoch eine 'gewisse Beliebigkeit' der Ausbildungsgänge fest. Die Ausbildungsgänge und -schwerpunkte schwanken in ihrer inhaltlichen Ausrichtung zwischen (jugendkultureller) Alltagskultur und

künstlerischer »Hochkultur«, kulturwissenschaftlicher Analyse und kulturarbeiterischem Praxisbezug, zwischen dem Erlernen künstlerischer Techniken und kunstbezogener Reflexion. Weiterhin bleibt gerade im Hinblick auf die Disziplin zudem unklar, wie im interdisziplinären Nebeneinander ein gemeinsames Profil herausgebildet werden könnte. Profilbildende Wirkung und integrative Kraft scheint hier auch nicht mehr der Begriff der »Kulturpädagogik« zu vermitteln. Die mancherorts entschiedene Umbenennung des Studiengangs »Kulturpädagogik« (etwa an der Universität Hildesheim) in »Kulturwissenschaften und Ästhetische Praxis« könnte darauf verweisen.

Anknüpfend an einen Bildungsbegriff, der die ästhetische Dimension als einen »eigenen dritten Erkenntnisweg neben die wissenschaftlich-rationale und die ethisch-moralische Weise des Zugangs zu Welt« (STAUDTE 1991, S. 247 f.) betrachtet, kann ästhetisch-kulturelle Ausbildung geeignete Basisqualifikationen im Bereich der Ausbildung für helfende, beratende und bildende Tätigkeiten von Diplom-PädagogInnen, SozialpädagogInnen, SozialarbeiterInnen usw. vermitteln. Eine Befragung von Fachhochschulen im Bereich Sozialwesen und erziehungs-

wissenschaftlichen Hauptfachstudiengängen ergab, dass zwar nur in wenigen Fällen ästhetisch-kulturelle Studienangebote als eigenständige Studienrichtung eingerichtet wurden, jedoch überwiegend als Studienschwerpunkt neben anderen oder als Wahlpflichtfach bereitgehalten werden. Fast alle Fachhochschulen und zwei Drittel der Universitäten bieten solche Angebote an. Neben der kulturwissenschaftlichen Auseinandersetzung gehören hier eine breite Palette unterschiedlicher ästhetisch-kultureller Techniken aus den unterschiedlichsten Bereichen der bildenden und angewandten Kunst zum Ausbildungsrepertoire (vgl. KOLFHAUS 1997).[6]

Der Zenit kulturpädagogischer Expansion im hochschulischen Ausbildungswesen scheint jedoch derzeit überschritten und ist in Zukunft eher als 'Besitzstandswahrung angesagt'[7], wenn »aus den Prüfungs- und Studienordnungen kultu-

---

6 Zu ergänzen ist, dass ästhetisch-kulturellen Studienanteilen in Sonderpädagogik, Rehabilitation und Heilpädagogik nicht nur als Therapieform ein nicht unbedeutender Stellenwert zugeschrieben werden kann.

7 »Sowohl der stärker handlungsorientiert ausgerichtete kulturelle Studienschwerpunkt an Fachhochschulen als auch die stärker wissenschaftsorientierte Studienrichtung an Universitäten wäre in den Rahmenstudienordnungen als Möglichkeit vorzusehen, also nicht als Kernelement an allen Hochschulen zu etablieren, um nicht über den tatsächlichen Bedarf des Arbeitsmarktes hinaus zu qualifizieren« (THOLE 1997, S. 184)

112

relle Segmente und Studienelemente eliminiert und für diesen Bereich reservierte Stellen (...) umgewidmet werden« (THOLE 1997, S. 185).

2.3 Kulturpädagogische Praxis und aktuelle Konzepte

So vielgestaltig die kulturpädagogische Ausbildungslandschaft ist, so »bunt und vielfältig« gestaltet sich auch kulturpädagogische Praxis (vgl. hierzu THOLE/KOLF-HAUS 1994). Weder ist hier ein eindeutig einzugrenzendes Berufsfeld noch ein besonders entwickeltes Beschäftigungsfeld zu identifizieren. Die oben beschriebenen Formen kulturpädagogischer Ausbildung sind nicht mit den unterschiedlichen Handlungsfeldern und institutionellen Orten kompatibel. Weiterhin bleibt unklar, ob unter den Begriffen »Kulturpädagogik« oder »Kulturarbeit« diese nicht immer scharf voneinander abzugrenzenden Handlungsfelder wie Museums- und Theaterpädagogik, soziokulturelle Zentren und Aktionen, Kunst- und Musikschulen, Jugendkulturarbeit und kulturelle Jugendbildung sowie Soziokultur und kulturelle Sozialarbeit subsumiert werden können, zumal diese Aktivitäten von einem breiten Trägerspektrum zwischen Jugendverbänden und kommunaler Kulturarbeit, freier Kulturszene und etabliert-klassischen Kulturbetrieb angeboten werden. *(Vielfältigkeit kulturpädagogischer Praxis)*

Max FUCHS (1993, S. 147) unterscheidet zehn Orte der Kulturpädagogik: Neben spezialisierten kulturpädagogischen Einrichtungen (Musik- und Jugendkunstschulen), kulturpädagogischen Initiativen, soziokulturellen Zentren und kulturpädagogischen Angeboten in Museen und Theatern, in der verbandlichen und offenen Jugendarbeit, in der außerunterrichtlichen Arbeit von Schulen und Volkshochschulen sowie in sozialarbeiterischen und sozialpädagogischen Kontexten (wie Kindertageseinrichtungen, offene Kinder- und Jugendarbeit und Heimerziehung) als auch in therapeutischen Einrichtungen ist eine Vielzahl an kulturpädagogisch arbeitenden Projekten und Initiativgruppen zu finden. *(Orte der Kulturpädagogik)*

Die Angebote bewegen sich grundsätzlich zwischen mindestens acht Spannungsfeldern, zwischen[8]

- »freier Kulturszene und staatlicher Kulturpolitik« (von WENSIERSKI 2000, S. 201);
- fest institutionalisierter und projektbezogener Arbeit; *(Spannungsfelder)*
- mehr oder weniger offenen oder geschlossenen Szenarien;
- Spaß und/oder Bildung;
- selbsttätiger Alltagskultur oder inszenierter ästhetisch-künstlerischer Produktion;
- Kunstrezeption und (kritischer) Reflexion alltagsästhetischen Ausdrucks;
- lebenswelt- bzw. stadtteilbezogener Arbeit und davon unabhängigen themenbezogenen Angeboten;
- oder mit TREPTOW (1991) unterschieden: zwischen Sachdimension und Sozialdimension.[9]

---

8 Zu unterscheiden sind außerdem im weiten Feld kulturpädagogischer Arbeit dezidiert kulturpädagogisch ausgerichtete Angebote, von solchen, die ästhtisch-kulturelle Techniken untergeordnet quasi als ein Arbeitsmedium einsetzen, also als therapeutisches Mittel (Musiktherapie), als Mittel zur politischen Bildung, zur Identitätsarbeit in der geschlechtsspezifischen Pädagogik usw.

Heutige Kulturarbeit kann als ein Sammelbecken begriffen werden, in dem historisch bedeutsame Konzepte von der musischen und ästhetischen Erziehung, der Soziokultur und der jugendkulturellen Bildung etc. praktisch werden. Mehr oder weniger stark fokussiert bewegen sich kulturpädagogische Ansätze zwischen den Polen der »Erzeugung von Differenzerfahrungen und der Anerkennung des Konformen« (TREPTOW 1991, S. 237). Das 'Konforme' kann hier begriffen werden als gängige künstlerische Praxis, die im offiziellen Kulturbetrieb in etablierten Galerien, öffentlichen Museen und Theatern ihren Ausdruck findet, aber auch als Massenrezeption gleichförmiger kulturindustrieller Produktion, die alle Kultur zur Ware werden lässt (vgl. ADORNO/HORKHEIMER 1985), als »Wunsch nach Teilhabe am überlieferten Geschmack, am Sentimentalen, an Ruhe, Harmonie, am 'Guten, Schönen und Wahren'« (TREPTOW 1991, S. 236) – oder in den Worten BOURDIEUS (1987): Als habituelle Distinktion der »feinen Unterschiede«.

Das »soziale Projekt der Ästhetik« (TREPTOW 1991, S. 232) setzt jedoch auf Differenzerfahrung; es will mitunter dem »Billigen und Vulgären« der Massen eine alltagsnahe Kunst entgegensetzen (vgl. DEWEY 1988) oder versucht im Sinne des Bauhauses »die hohe, freie Kunst im Zusammenspiel mit der angewandten Kunst der alltäglichen Erfahrungswelt zu integrieren« (WILHELM 1996). Das Projekt der Differenzerfahrung soll im Sinne von MÜLLER-ROLLI (1988) als Inkorporationsprozess kulturellen Kapitels Bildungs- und Lernprozesse in Gang setzen oder es setzt an der »Ästhetik des Widerstands« jugendkultureller Praxis an (vgl. CLARKE 1979). Es versteht sich zuweilen auch als Projekt gegen einseitige Rationalität und zielt auf eine alle »Sinne« erfassende musische Bildung sinnlicher Erfahrung.

Kurz: Das Projekt der Ästhetik ist das Projekt wider die Anästhetik: »Der ästhetisch Sensibilisierte hingegen erkennt die Kehrseite des Prozesses und bahnt einen anderen, auf die Anästhetik reagierenden, nicht ihr verfallenden Weg (...) Gegen gezielte Anästhetik hilft nur gezielte Ästhetik« (WELSCH 1995, S. 68). Kunsterfahrung als eine Form ästhetischer Operationen stellt somit »eine exemplarische und mustergültige Einübung in Pluralität dar« (ebd., S. 70).

In den aktuellen Ansätzen kulturpädagogischer Praxis schwingen (mal mehr oder weniger deutlich) solche theoretischen Positionen mit. Die Vielfalt möglicher konzeptioneller Positionierungen zwischen diesen Polen scheint hier jedoch kaum bearbeitet. Damit bleiben Fragen, die an die kulturpädagogische Praxis gestellt werden können, zumeist unbeantwortet. Gefragt werden könnte inwieweit kulturell dispositionierte, über die Zeit stabile Habitusformationen durch kulturpädagogische Arbeit nur verfestigt oder durch Differenzerfahrungen vom Individuum aufgebrochen werden können. Ungeklärt bleibt häufig das Verhältnis zur Widersprüchlichkeit einer Kulturindustrie (vgl. TREPTOW 1991), die sich zunehmend einem »Mainstream der Minderheiten« verschreibt (vgl. HOLERT/TERKESSIDIS 1996).[10] Mit der Erweiterung des Kulturbegriffs besteht für die Kulturpädagogik die Gefahr, dass 'alles gleichsam zu ihrem Gegenstand' werden kann.

Marginalien:

Differenzerfahrung vs. Anerkennung des Konformen

Alltagsnähe vs. Ästhetik des Widerstands

Ästhetik vs. Anästhetik

---

9 »Die Sachdimension bietet Erfahrungsinhalte, die dem komplexen Bereich der ästhetischen, mitunter technischen Sparten entstammen: der Musik, dem Film, dem Theater, der Literatur, dem Tanz, der Malerei ... Sie bleibt aber nicht auf ästhetische Erfahrungsinhalte beschränkt. Sie bezieht sich auf eine Sozialdimension, indem sie, ... ,Ästhetik und Kommunikation' verknüpft, Kommunikation über Sachinhalte: über politische Kultur des Gemeinwesens, über fremde und interkulturelle Lebensformen, über alltägliche Ereignisse ... (TREPTOW 1991, S. 238).

114

Kulturarbeit verstanden als »Initiierung selbstreflexiver Prozesse« über die aktive Auseinandersetzung mit ästhetischer Praxis und Erweiterung der kommunikativen und ästhetischen Wahrnehmungs- und Darstellungsmöglichkeiten im Kontext jeweils konkreter lebensweltlicher Bezüge« (von WENSIERSKI 2000, S. 203) verfügt weder über ein klares konzeptionelles Profil noch über eine Methodologie (vgl. BAER/FUCHS 1994). Ihr Medium ist die ästhetische Praxis (vgl. von WENSIERSKI 2000, S. 204). Je nachdem, in welchem Kontext sie sich bewegt (im Rahmen der Museumspädagogik oder eines autonomen jugendkulturellen Zentrums), können die Ziele, Konzepte und Methoden gänzlich unterschiedlich sein: Eine Holzbläsergruppe eines Kulturvereins, eine Punkkonzert-Besucherin in einem autonomen Kulturzentrum, die Videoarbeit einer Gruppe der Drogenberatungsstelle, die kurdische Tanzgruppe im Jugendzentrum und die ältere Dame, die einen Öl-Malkurs bei der Volkshochschule besucht, scheint nur wenig Gemeinsames zu verbinden. Das einzige, was die Vielzahl dieser Handlungsorte gemeinsam haben, ist, dass Anliegen als ein Pädagogisches zu verstehen und sich im weitesten Sinne mit 'Kultur' zu beschäftigen.

Diese vielfältige kulturpädagogische Praxis wird getragen von einem »bunten« Sammelsurium von MitarbeiterInnen mit unterschiedlichsten Qualifikationen. Auch wenn für das gesamte Feld keine Daten zur Zusammensetzung der hier vorzufindenden MitarbeiterInnen vorliegen, so ergibt doch eine Untersuchung der Daten aus der Kinder- und Jugendhilfestatistik, dass bspw. die »Kunstschulen und kulturellen Einrichtungen für junge Menschen« ein Beschäftigungsfeld für unterschiedlichste akademisch gebildete Berufsgruppen darstellt, dies aber nur in geringem Maße für SozialarbeiterInnen, SozialpädagogInnen, KulturpädagogInnen und PädagogInnen mit Diplom (vgl. THOLE/CLOOS 1997). Zudem kann festgestellt werden, dass mindestens für die Kinder- und Jugendkulturarbeit der überwiegende Anteil der MitarbeiterInnen teilzeit-, nebenberuflich oder befristet beschäftigt ist (vgl. RAUSCHENBACH/CHRIST/GALUSKE 1994). »Positiv gewendet deutet dies auf ein integratives und plurales Potential der Kinder- und Jugendkulturarbeit hin, in dem sich verschiedene Erfahrungshintergründe, Kompetenzen, Spezialisierungen und Neigungen zu einem attraktiven Angebotsmix mischen können, das den Nachfragenden zu Gute kommt (...) Die von MÜLLER-ROLLI (1988) identifizierten Hinweise auf die Herausbildung eines neuen 'Berufes' in den kulturpädagogischen Praxisfeldern findet im Spiegel der (...) Daten und Befunden zu den Arbeitsfeldern vorerst keine Bestätigung« (RAUSCHENBACH/CHRIST/GALUSKE 1994, S. 84; vgl. von WENSIERSKI 2000). Auch wenn für die Arbeitsfelder der Kulturarbeit insgesamt ein Wachstum an Personal und Einrichtungen zu vermuten ist (vgl. THOLE/CLOOS 1994), bleibt die Frage nach der Professionalisierung dieses Handlungsfeldes virulent.

Ziele und Methoden

Kulturpädagogik als Beruf

---

10 Die Thesen von HORKHEIMER/ADORNO zur Kulturindustrie müssen heute einem ambivalenten Bild kulturindustrieller Produktion weichen, wenn die Grenzen zwischen Hoch- und Trivialkultur zunehmend verschwimmen. Aber auch der Gegensatz von kulturindustriellem Mainstream und widerständiger Subkultur lösen sich auf, wenn die Vorherrschaft der Mainstream-Stile in der Kulturindustrie, von der Pluralität der Minderheiten-Stile abgelöst wird und subkulturelle Elemente, soziale Unterschiede und Auseinandersetzungen unter kulturindustrieller Verarbeitung nur noch als konsumistische Stilprobleme und symbolische Kämpfe wahrgenommen werden (vgl. HOLERT/TERKESSIDIS 1996).

3. Perspektiven der Kulturpädagogik

Fragt man abschließend nach den Perspektiven der Kulturpädagogik, so lassen sich drei zentrale Befunde festhalten:

1. Die Kulturpädagogik verfügt über ein vielschichtiges und breitgefächertes Praxisfeld, das als 'spezifisch kulturpädagogisches' identifiziert werden kann. Es hat sich vor allem aus den kulturpädagogischen Emanzipationsbestrebungen der 1970er-Jahre entwickelt und seither stets weiter ausdifferenziert. Doch die Akzeptanz, auf die die kulturpädagogische Praxis in den 1980er-Jahren noch blicken konnte, hat sich in den letzten Jahren zunehmend verflüchtigt.

2. Pädagogische und erziehungswissenschaftliche Konzeptionen für diese Fülle an kulturpädagogischer Praxis sind rar. Die Ansätze aus den 1920er-Jahren sind wenig diskutiert, die Diskrepanz zwischen kulturpädagogischer Erziehung resp. Bildung nur selten differenziert behandelt worden. Unklar ist nach wie vor, welche Handlungsfelder unter dem Begriff »Kulturpädagogik« subsumiert werden können und welche Theorietraditionen integrativ ein Reflexionsgegenstand kulturpädagogischer Konzeptionen, der Ausbildung und Praxis sein können: Ästhetische Bildung oder musische bzw. kulturelle Erziehung, kulturelle Jugendarbeit oder Jugendkulturarbeit, soziale Kulturarbeit oder kulturelle Sozialarbeit die Liste ließe sich fortsetzen. Zudem bleibt nach wie vor unentschieden, in welchem Verhältnis Erziehung und Bildung zu Kunst und Kultur gesehen werden können oder inwiefern Kulturpädagogik (als »Bindestrich«-Pädagogik oder subdisziplinärer Reflexionsort) in der Erziehungswissenschaft bedeutsam ist.

3. Vor diesem Hintergrund ist es erstaunlich, dass nach wie vor an einer kulturpädagogischen Ausbildung in der oben beschriebenen Form festgehalten wird. Theater-, Medien- oder Kulturwissenschaften werden in der kulturpädagogischen Ausbildung kaum in Beziehung gesetzt; künstlerische Ausbildungsinhalte haben nur wenig Raum in kulturpädagogischen Studiengängen. Das interdisziplinäre Nebeneinander von Kultur und Kulturpädagogik (vgl. CLOOS/KÜSTER-SCHAPFL 1997) bleibt nicht ohne Auswirkungen auf die Ausbildung an Fachhochschulen und Universitäten – zumal hier die Frage zu stellen wäre, was überhaupt das Spezifische von KulturpädagogInnen sein könnte, wenn Kultur als Grundlage aller Erziehung angesehen wird (vgl. MOLLENHAUER 1998). Erschwerend kommt hinzu, dass kaum präzises Datenmaterial zu den Arbeits- und Handlungsfeldern von KulturpädagogInnen vorliegt. Kulturpädagogische Berufe werden nicht dezidiert ausgewiesen und nach wie vor existiert kein eindeutiges Berufsprofil (vgl. von WENSIERSKI 2000). Unbeantwortet bleibt auch derzeit, ob angesichts der Vielfalt kulturpädagogischer Praxis solch ein Berufsprofil herausgebildet werden kann oder angestrebt werden sollte.

Und dennoch: Kulturpädagogik als Beschäftigungsfeld war und bleibt existent; aus der pädagogischen Praxis ist sie gegenwärtig nur schwer wegzudenken. Zu fragen bleibt, ob es überhaupt sinnvoll ist, an einer theoretischen Konzeption von und für die Kulturpädagogik zu arbeiten – oder ob es nicht vielmehr endlich an der Zeit ist, sich auf »vergessene Zusammenhänge« (MOLLENHAUER) zwischen Kultur und Erziehung zurückzubesinnen, weil Kulturpädagogik immer auch und schon in der Erziehungswissenschaft enthalten ist.

Schwindende Akzeptanz

Disziplinäre u. professionelle Identitätslosigkeit

Diffusität kulturpädagogischer Ausbildung

116

Literatur

ADORNO, TH. W.: Kritik der Jugendmusik. In: Deutsche Jugend 1956, H. 4, S. 555-560.

ADORNO, TH. W./HORKHEIMER, M.: Dialektik der Aufklärung. Frankfurt/M. 1985.

BAACKE, D.: Bewegungen beweglich machen, Oder: Plädoyer für mehr Ironie. In: BAACKE, D. u. a. (Hrsg.): Am Ende postmodern? München 1985.

BAACKE, D.: Jugend und Jugendkulturen. Darstellung und Deutung. Weinheim/München 1993, 2. Auflage.

BAER, U./FUCHS, M.: Methoden und Arbeitsformen der Kulturpädagogik. Unna 1993.

BOURDIEU, P. : Die feinen Unterschiede. Kritik der gesellschaftlichen Urteilskraft. Frankfurt/M. 1987.

BUND-LÄNDER-KOMMISION FÜR BILDUNGSPLANUNG UND FORSCHUNGSFÖRDERUNG (BLK): Musisch-kulturelle Bildung. Ergänzungsplan zum Bildungsgesamtplan, 2. Bände. Stuttgart 1977.

CLARKE, J. u.a.: Jugendkultur als Widerstand. Frankfurt/M. 1979.

CLOOS, P./KÜSTER-SCHAPFL, E.-U.: Exemplarische Charakterisierung von ausgewählten Studiengängen an Universitäten und Fachhochschulen. In: THOLE/CLOOS (1997), S. 63-97.

CLOOS, P.: Jugend als Avantgarde ihrer eigenen Abschaffung? In: Sozialwissenschaftliche Literatur Rundschau 1998, H. 36, S. 37-54.

DEWEY, J.: Kunst als Erfahrung. Frankfurt/M. 1988.

FLÖSSER, G./OTTO, H.-U. (Hrsg.) : Neue Steuerungsmodelle für die Jugendhilfe. Neuwied 1996.

FUCHS, M.: Kulturpädagogik und gesellschaftlicher Anspruch. Theorie und Praxis. Remscheid 1990.

FUCHS, M.: Kulturpädagogik in verschiedenen Arbeitsfeldern. In: BAER, U./FUCHS, M.: Methoden und Arbeitsformen der Kulturpädagogik. Unna 1994, S. 147-510.

GEHRKE, O.S./WAGNER, B.: Aus- und Fortbildung in Kulturberufen. Eine Bestandsaufnahme. Zwischenbericht des Forschungsprojektes »Aus- und Fortbildung in der Kulturpädagogik, Kulturarbeit und kulturellen Bildung«. Berlin u.a. 1992.

GLASER, H.: Deutsche Kultur. Ein historischer Überblick von 1945 bis zur Gegenwart. Bonn 1997

HODEK, J.: Musikalisch-pädagogische Bewegung zwischen Demokratie und Faschismus. Weinheim/Basel 1977.

HOFFMANN, H.: Kultur für alle. Perspektiven und Modell. Frankfurt/M. 1979.

HOLERT, T./TERKESSIDIS, M. (Hrsg.): Mainstream der Minderheiten. Pop in der Kontrollgesellschaft. Berlin 1996, S. 5-19.

KOLFHAUS, ST. A.: Was – Wie – Wo? Kulturelle Profile an Fachhochschulen für soziale Arbeit und in erziehungswissenschaftlichen Hauptfachstudiengängen. In: THOLE/CLOOS (1997), S. 41-62.

KOLLAND, D.: Jugendmusikbewegung. Stuttgart 1979.

LENZEN, D.(Hrsg.): Kunst und Pädagogik. Erziehungswissenschaft auf dem Weg zur Ästhetik? Darmstadt 1990.

LIEBAU, E.: Die Kultivierung des Alltags. Das pädagogische Interesse an Kunst und Kultur. Weinheim/München 1992.

MOLLENHAUER, K.: Kultur. In: LENZEN, D. (Hrsg.): Pädagogische Grundbegriffe. Reinbek 1989, S. 900-909.

MOLLENHAUER, K.: Vergessene Zusammenhänge. Über Kultur und Erziehung. Weinheim/München 1998, 5. Aufl.

MÜLLER-ROLLI, S. (Hrsg.): Kulturpädagogik und Kulturarbeit. Grundlagen, Praxisfelder, Ausbildung Weinheim/München 1988.

MÜLLER-ROLLI, S.: Wie pädagogisch ist Kulturpädagogik? In: Der pädagogische Blick 1996, H. 2, S. 77-86.

NACHTWEY, R.: Wildwuchs – Pflege – Bricollage. Opladen 1987.

OEHRENS, E.-M.: Ziele und Begriffe der Kulturpädagogik. In: BAER, U./FUCHS, M.: Methoden und Arbeitsformen der Kulturpädagogik. Unna 1994, S. 21-52.

OELKERS, J.: Erziehung als Paradoxie der Moderne. Aufsätze zur Kulturpädagogik. Weinheim 1991.

RAUSCHENBACH, TH./CHRIST, B./GALUSKE, M.: Die MitarbeiterInnen in der Kinder- und Jugend-kulturarbeit. Unna 1994.

RICHARD, J.: Kulturarbeit machen. Regensburg 1984.

SCHÄFER, B.: Praxis Kulturpädagogik. Unna 1988.

SPOKK (Hrsg.): Kursbuch JugendKultur. Stil, Szenen und Identitäten vor der Jahrtausendwende. Mannheim 1997.

STAUDTE, A.: Ästhetische Bildung oder Ästhetische Erziehung? In: ZACHARIAS (1991), S. 245-256.

THOLE, W.: Wozu einen »Schönheitssinn« ausprägen? Ziele und Aufgaben der Kulturpädagogik. In: LANDESVEREINIGUNG KULTURELLE JUGENDARBEIT NRW E.V. (Hrsg.): Jugendkulturarbeit. Ein Dialog zwischen Politik, Wissenschaft und Praxis (Tagungsdokumentation). Unna 1990, S. 36-49.

THOLE, W.: Alltag, Inszenierung und Pädagogik. Notizen zur Kinder- und Jugendkulturarbeit. In: Sozialmagazin 1994, H. 4, S. 14-21.

THOLE, W.: Kinder- und Jugendarbeit: Freizeitzentren, Jugendbildungsstätten, Aktions- und Erholungsräume. In: KRÜGER, H.-H./RAUSCHENBACH, TH. (Hrsg.): Einführung in die Arbeitsfelder der Erziehungswissenschaft. Opladen 1995, S. 107-125.

THOLE, W.: Ausbildungswege – Tätigkeitsprofile – Berufswege: »Kultur-Pädagogik« als Ausbildungs- und Berufsprofil. In: THOLE/CLOOS (1997), S. 173-185.

THOLE, W./CLOOS, P. (Hrsg.): Kultur-Pädagogik studieren. Lernen für Kulturell-ästhetische Handlungsfelder der außerschulischen Pädagogik. Hildesheim/Zürich/New York 1997.

THOLE, W./CLOOS, P.: Soziale Arbeit als professionelle Dienstleistung. Zur »Transformation des beruflichen Handelns« zwischen Ökonomie und eigenständiger Fachkultur. In: MÜLLER, S./SÜNKER, H./OLK, TH./BÖLLERT, K. (Hrsg.): Soziale Arbeit. Gesellschaftliche Bedingungen und professionelle Perspektiven. Neuwied 2000, S. 547-567.

THOLE, W./KOLFHAUS, S. A. u. a.: Bunt und vielfältig. Stand und Entwicklung der Kinder- und Jugendkulturarbeit in Nordrhein-Westfalen. Unna 1994.

TREPTOW, R.: Jugendkulturarbeit – Balance zwischen sozialen und ästhetischen Orientierungen. In: ZACHARIAS (1991), S. 231-244.

TREPTOW, R.: Jugendkulturarbeit. In: DEUTSCHER VEREIN FÜR ÖFFENTLICHE UND PRIVATE FÜRSORGE (Hrsg.): Fachlexikon der sozialen Arbeit. Frankfurt/M. 1997, 4. Auflage, S. 524-525.

TWITTENHOFF, W.: Musische Bildung heute? Gedanken zur Eröffnung der Musischen Bildungsstätte Remscheid. In: Deutsche Jugend 1958, H. 9, S. 399-404.

VANSELOW, M.: Kulturpädagogik und Sozialpädagogik bei Kerschensteiner, Spranger und Litt. Berlin 1927.

VOLMER, I.: Kulturräume statt Kulturpädagogik. In: BAACKE, D. u. a. (Hrsg.): Am Ende postmodern? München 1985.

WAGNER, B.: Vom »Orchideenfach« zum Numerus clausus. Hochschulstudiengänge für kulturelle Praxisfelder. In: THOLE/CLOOS (1997), S. 15-39.

WELSCH, W.: Ästhetisches Denken. Stuttgart 1995, 4. Auflage.

WENSIERSKI, H.-J. von: Medien- und Kulturpädagogik: Medienerziehung, Kulturarbeit, jugendkulturelle Bildung. In: KRÜGER, H.-H./RAUSCHENBACH, TH. (Hrsg.): Einführung in die Arbeitsfelder des Bildungs- und Sozialwesens. Opladen 2000, 3. Aufl., S. 191-208,

WILHELM, K.: Das Bauhaus. Architektur und Design. In: WAGNER, M. (Hrsg.): Moderne Kunst 2. Das Funkkolleg zum Verständnis der Gegenwartskunst. Reinbek bei Hamburg 1996.

WILLIS, P.: Jugend-Stile. Zur Ästhetik der gemeinsamen Kultur. Hamburg/Berlin 1991.

ZACHARIAS, W. (Hrsg): Schöne Aussichten? Ästhetische Bildung in einer technisch-medialen Welt. Essen 1991.

ZACHARIAS, W.: Stichwort Kulturpädagogik 2. Ein neuer Anlauf? In: Kulturpolitische Mitteilungen 1983, H. 21, S. 7ff.

ZACHARIAS, W./MAYHOFER, H.: projektbuch ästhetisches lernen. Reinbek bei Hamburg 1977.

ZACHARIAS, W.: Rezension zu MÜLLER-ROLLI (1988). In: Kulturpolitische Mitteilungen 1988, H. 4.

Neue Medien

Renate Möller/Uwe Sander

Inhalt

Die Frage, inwieweit die Neuen Medien pädagogische Berufsfelder und Tätigkeitsbereiche tangieren, wird im Folgenden in zwei Unterfragen aufgeteilt. So geht es zuerst darum, welche Bedeutung Neue Medien für die vorhandenen pädagogischen Arbeitsfelder haben und welche neuen Anforderungen dadurch auf erziehungswissenschaftliche Studiengänge sowie auf pädagogische Berufe zukommen. Der zweite Aspekt bezieht sich darauf, ob die Neuen Medien selbst, also ihre Gestaltung und ihr Funktionieren, zu einem beruflichen Thema für Absolventinnen und Absolventen erziehungswissenschaftlicher Studiengänge werden können.

1. Neue Medien und ihr Eindringen in pädagogischen Berufsfeldern

1.1 Pädagogik und Neue Medien: ein ambivalentes Verhältnis

Die Einführung neuer Medien stellte die Pädagogik seit jeher vor große Herausforderungen, allerdings dringen die heutigen Neuen Medien viel schneller in die pädagogischen Praxisfelder ein als z.B. das Buch, der Rundfunk oder andere 'klassische' Medien. Die pädagogischen Debatten über die gesellschaftliche Relevanz und über den (individuellen) Lerngewinn hinken z.T. der faktischen Medienentwicklung nach, obgleich die pädagogischen Diskussionen intensiv und auch kontrovers geführt wurden und werden. Dies konnte schon Anfang des Jahrhunderts   Neue Debatte
beim Filmeinsatz beobachtet werden (vgl. SCHORB 1995) und setzte sich in den 70er Jahren über die Sprachlabors und die Videoarbeit fort. Pädagogische Diskus-

119

sionen um die Bedeutung Neuer Medien tendierten dabei in der Vergangenheit meist zu extremen, manchmal zu optimistischen, häufig jedoch zu skeptischen Einschätzungen der jeweils 'neuen' Medien. Auch in der aktuellen Debatte um die Neuen Medien werden teilweise – (alte) – Kontroversen geführt, die seit den 80er Jahren mit dem Aufkommen der (Home-) Computer und ihrer Verbreitung im Alltag junger Menschen, im Beruf und in der Schule zu lesen und zu hören sind (vgl. als Überblick SANDER/VOLLBRECHT 1986, 1987).

Allerdings ist das Verhältnis zwischen Pädagogik und Neuen Medien inzwischen entspannter geworden. Anstelle der theoretischen Auseinandersetzung ist der praktische Umgang stärker in den Vordergrund getreten. Neue Medien heute sind weniger ein abstraktes Thema der Erziehungswissenschaft als vielmehr ein realer Bestandteil der beruflichen Praxis.

In den 80er Jahren dagegen wurde die Bandbreite möglicher sozialer und psychischer Implikationen des neuen Mediums Computer für Bildung und Erziehung und die Bildungspolitik aufgespannt durch optimistische Perspektiven eines gänzlich neuen Lernens (vgl. PAPERT 1985), durch die Ankündigung einer Bildungskatastrophe (vgl. HAEFNER 1982), falls die Computerisierung der Gesellschaft durch das Bildungssystem nicht flankiert würde, bis hin zu einem kulturkritischen Plädoyer

Alte Kontroversen für ein Aufwachsen ohne Computer (vgl. EURICH 1985; v. HENTIG 1984). Die Befürworter des Computereinsatzes für pädagogische Zwecke argumentierten teils gesellschaftspolitisch wie Klaus HAEFNER, der von der Einsicht ausging, »dass wir uns der Herausforderung der Informationstechnik mit all ihren Problemen stellen müssen – auf Gedeih und Verderb! Wir müssen versuchen, die Integration von Mensch und Informationstechnik angemessen voranzubringen, dies sollte in eine *human* computerisierte Gesellschaft mit ihren positiven Optionen führen« (HAEFNER 1982, S. 170). Eine andere befürwortende Richtung argumentierte stärker lerntheoretisch und wurde in den 80er Jahren vor allem in den USA dominant. STONIER/COLIN (1985) bspw. sehen im Computer ein überragendes Lernmedium, das seine Stärke aus den individuellen Möglichkeiten, die eine Person daraus ziehen kann, entwickelt. Als herausragendes Lernmedium eignet sich der Computer für sie vor allem deshalb, weil er ein interaktives Medium ist und über eine Vielzahl didaktischer Möglichkeiten verfügt. Auch Patricia GREENFIELD (1987) hat immer wieder auf die positiven Aspekte der Computernutzung hingewiesen. Für die verschiedenen Lernformen am Computer wie computergestütztes Lernen, Lernen mit Hilfe von Modellen, Computersimulation und lernfähigen Programmen hat sie jeweils die spezifischen Vorteile herausgearbeitet. So hat sie beim computergestützten Lernen auf die Atmosphäre eines angstfreien Lernens hingewiesen oder beim Lernen am Modell vermutet, dass dies zur Hypothesenbildung animiere. Ein weiterer bekannter Befür-

Lernen und Computer worter der Computerisierung von Bildungsprozessen war Seymour PAPERT (1985), der das Programmieren schon für Kinder für geeignet hielt und sich mit den Möglichkeiten des Computers beschäftigte, einen Zugang zu mathematischem Wissen mit Hilfe der von ihm entwickelten Igelgeometrie LOGO zu ermöglichen.

Eine skeptische Position zur Stellung des Computers im Leben und Lernen von Kindern und Jugendlichen wurde in der Bundesrepublik von Klaus EURICH (1985) vertreten. Er sah die (ökonomisch ausgerichtete) Eigenlogik der Entwicklung neuer Informationstechnologien als so »unbeirrbar« an, dass eine externe administrative Steuerung (z.B. durch die Politik oder auch durch pädagogische Lenkung) von vorn-

120

herein versagen musste. Die neuen Informationstechniken haben nach EURICH die Schwelle zur eigendynamischen Fortentwicklung überschritten und durch ihre gesellschaftliche Eingliederung hohe Abhängigkeiten geschaffen. EURICH empfahl deshalb eine bildungspolitische und vor allem pädagogisch-praktische Abstinenz gegenüber dem Computer.

Dieses war lange Zeit eine typische pädagogische Haltung, die heute jedoch von der Realität überholt worden ist. Die zentralen Stichworte dieser Position, nämlich die Gefahren von Isolation, Instrumentalisierung und Virtualisierung kindlicher Erfahrungswelten finden sich zwar auch in der heutigen Debatte wieder, z.B. befürchtet BRAUN (1994) die »Zerstörung des Planeten Erde durch Computernetze?«. Aber inzwischen relativieren empirische Untersuchungen (vgl. DÖRING 1995; JÄHNKE 1994; WETZSTEIN u.a. 1994; SPANHEL 1990; KNEER 1994; JONES 1995) die eher kulturkritisch-philosophischen Negativ-Szenarien, wie sie etwa von POSTMAN (1992) entwickelt wurden. Auch wenn, wie bei jeder anderen Technologie oder jedem anderen Medium, mögliche negative Konsequenzen durchaus konstatiert werden, haben mittlerweile extreme pessimistische wie auch optimistische Prognosen einem pragmatischen Umgang mit den Neuen Medien Platz gemacht. Wie schon in den 80er Jahren bei den Homecomputern und den späteren PCs (vgl. SANDER/VOLL-BRECHT 1986) wird die reale und größtenteils unspektakuläre Nutzung der Neuen Medien sowohl hinter den existentiellen Befürchtungen ihrer Kritiker als auch hinter den euphorischen Hoffnungen ihrer Befürworter zurückbleiben.

Während in den 80er Jahren die Diskussion um Neue Medien auf den Computer als eigenständiges Medium konzentriert war, stehen heute Vernetzung und Internet im Zentrum der Diskussion. Mit Multimedia, Hypertexten und Vernetzung sind neue Techniken entwickelt worden, deren Umgang erlernt werden will. Darüber hinaus steht heute jedem, der Zugriff zu diesen Netzwerken hat, eine Vielfalt an Wissensangeboten zur Verfügung. Durch diese Entwicklungen hat die Diskussion um die prinzipiellen Möglichkeiten des pädagogischen Einsatzes der neuen Technologien auch in bildungstheoretischer Hinsicht neue Impulse erhalten (vgl. MAROTZKI/MEISTER/SANDER 2000).

Lernen und Neue Medien

1.2 Neue Medien – was ist das eigentlich?

Ein Blick in die umfangreiche Literatur zum Thema Neue Medien macht deutlich, dass der Begriff keinesfalls einheitlich verwendet wird. Einige Autoren vertreten die Meinung, dass die Neuen Medien, insbesondere die Computernetze, nichts weiter sind als »neue Distributionsformen längst bekannter und entwickelter Medien« (SCHIEMANN 1987, S. 14). Durch das Zusammenwachsen der klassischen Medien über Computernetze und durch die mikroelektronische Steuerung haben sich jedoch Systeme gebildet, die nicht mehr als einfache Erweiterung der klassischen Medien zu interpretieren sind. »Durch die Digitalisierung der verschiedenenartigen medialen Informationen wachsen Computer- und Audio/Video-, aber auch Telekommunikationstechnik zu Multimedia-Systemen zusammen und lassen neue Arten von Medien und Mediennutzung entstehen« (KERRES 1995, S. 26). Während Vernetzung in der Diskussion über die Neuen Medien in den 80er Jahren eine eher untergeordnete Rolle spielte und der Computer als eigenständiges Medi-

Neue Medien

121

um neben anderen gesehen wurde, gewann er als steuernde Einheit erst im Rahmen von Multimedia eine dominante Rolle. Telekommunikation und Mikroelektronik wurden seit dem zu einem festen Bestandteil der Definition der Neuer Medien.

»When we refer to 'new media', we mainly mean those media technologies, mostly electronic und digital, that are undergoing expansion in our times. The key technologies underlying new media include microelectronics, computers, and telecommunication networks. A medium might be as singular 'new' as interactive videodiscs, yet there are many examples where 'new' represents an extension of an older medium – for example, the computer-switched telephone network, the teletext system that uses part of television signal, and the teleconferencing system that mixes a voice, data, and image« (WILLIAMS/RICE/ROGERS 1988, S. 3 f.).

Ähnlich wie für Neue Medien findet sich auch für Multimedia keine eindeutige Definition. Und das Definitionsproblem liegt nicht darin, dass sich keiner etwas unter Multimedia vorstellen kann, sondern dass zu viele Leute sich zu viel darunter vorstellen. Als Werbeargument ist Multimedia immer gut, und so erhalten auch schon einmal Präsentationen von Bildfolgen oder eine Animation mit etwas Sound das Etikett Multimedia. Eine technisch-orientierte Definition liefert STEINMETZ (1993). Er unterscheidet zwei Kategorien von Medien: zeitunabhängige Medien, wie Texte und Grafiken, und zeitkritische Medien, wie Audio- und Bewegtbildinformationen, deren Präsentation der Synchronisierung bedarf. Für zeitkritische Medien gilt, dass sie aus Folgen von Bildern oder Tönen bestehen, die vom Multimedia-System in einem festgelegten zeitlichen Rahmen dargestellt werden müssen. Kommt es zu Verzögerungen, dann ist ein Videofilm kein Film mehr, sondern gefriert in der Darstellung zu einem Bild. Zentrales Merkmal eines Multimedia-Systems ist für STEINMETZ die Kombination zeitunabhängiger (diskreter) und zeitabhängiger (kontinuierlicher) Medien. Aus technischer Sicht geht es bei Multimedia-Anwendungen also um die zeitliche Synchronisation der unterschiedlichen Datenströme, in die auch Eingriffe von außen – durch den Anwender des Systems – zugelassen werden können. In Multimedia-Anwendungen laufen also parallel unterschiedliche Prozesse der Präsentation von Informationen und der Reaktion auf Interventionen ab. Die Technik erlaubt es beispielsweise, gleichzeitig Grafiken mit akustischem Kommentar oder auch Bewegtbildsequenzen darzustellen und dabei interaktiv mit dem Anwender zu kommunizieren. Gerade dieses Potential macht Multimedia-Systeme für didaktische Anwendungen interessant. Während klassische Lehrfilme ihre Informationen in einer starren Sequenz »herunterspulen«, bieten interaktive Systeme dem Lerner die Möglichkeit, die Präsentation abzubrechen und andere, subjektiv relevantere Informationen aufzurufen. Während ein klassisches Lehrbuch nur einen Sinneskanal anspricht, ist es mit Multimedia-Systemen möglich, visuelle und akustische Darstellungen von Informationen zu kombinieren. Der Anwender kann also wählen zwischen analytisch aufbereiteten Texten, statischen oder animierten Grafiken mit und ohne akustischer Untermalung oder gesprochenen Kommentaren. Möglichkeiten wie Interaktivität, Multimodalität und Multifunktionalität verweisen auf die enormen Einsatzpotentiale multimedialer Systeme, wenn sie denn kompetent und das heißt sowohl anwenderorientiert als auch technisch sauber konzipiert sind. Abbildung 1 soll zusammenfassend verdeutlichen, dass es sich bei Multimedia um ein Konzept handelt, in dem technische und Anwendungsdimensionen zusammen spielen (vgl. KLIMSA 1995, S. 8).

Abbildung 1: Technische Dimension und Anwendungsdimension von Multimedia

Technische Dimension		Anwendungsdimension	
Technische Konzepte	Medien und ihre Präsentation	Anwender-programme	Anwendungs-konzepte
Multimedialität	*zeitunabhängig* Text Grafik	Hypermedia-systeme Virtuelle Realität Kommunikations-Systeme Lernprogramme etc.	Information Kommunikation Lernen Unterhaltung
	zeitabhängig Video Audio Animation		
Multimodalität	Parallele Präsentation akustischer und visueller Darstellungen Interaktivität		

Hypermedia-Systeme sind die am weitesten verbreiteten Formen multimedialer Anwendungen. Unter dem Begriff Hypertext wird eine nichtlineare Textstruktur verstanden, die sich aus den Elementen »Knoten« und »Verknüpfungen (Kanten)« zusammensetzt. Die Knoten sind die elementaren Einheiten der Informationsspeicherung. Sie können »klassische« lineare Texte enthalten; möglich ist aber auch, in einem Knoten Grafiken, Filmsequenzen oder Audiodaten abzulegen. Mit dem Begriff Hypermedia werden Hypertexte bezeichnet, deren Knoten multimediale Elemente enthalten. Die Verknüpfungen verbinden die einzelnen Knoten eines Hypertextes untereinander. Beispielsweise kann ein bestimmtes Wort eines in einem Knoten abgespeicherten Textes mit einem anderen Knoten verknüpft werden, der Informationen zu eben diesem Wort enthält. Handelt es sich um den Namen einer Person, dann kann dieser Name beispielsweise mit einem Knoten verknüpft werden, der biographische Informationen zu dieser Person enthält, oder auch mit einem Knoten, in dem ein Bild dieser Person abgespeichert ist. Wenn es sich bei der Person um einen Komponisten handelt, kann beispielsweise auch ein Musikstück in einem Knoten abgelegt sein. Durch die Zerlegung der darzustellenden Information in kleinere Informationseinheiten, die jeweils in den Knoten gespeichert sind, wird die lineare Struktur eines Textes aufgebrochen, und der »Leser« kann, einzig durch die Verknüpfungen geleitet, nahezu beliebig von einem Knoten zum anderen springen. Die typische Form des eher »herumstöbernden« Lesens in einem Hypertext bezeichnet man als Browsing. Aber die Systeme bieten auch die Möglichkeit, Lernwege vorzugeben. Der Leser des Hypertextes kann dann auf vorgegebenen, didaktisch begründeten Wegen den Lehrstoff erkunden.

Wenn im pädagogischen Bereich vom Nutzen von Interaktivität im Zusammenhang mit Multimedia die Rede ist, wird immer wieder darauf hingewiesen, dass interaktive Multimedia-Systeme den herkömmlichen Lehrformen in vieler Hinsicht überlegen seien. Sie ermöglichen beispielweise:

Hypermedia
Hypertext

Konsequenzen für Lernen

- die Rücksichtnahme auf unterschiedliche Vorkenntnisse der Lernenden,
- ein individuell angepasstes Lerntempo,
- variable und realitätsnahe Darstellungen, um die Voraussetzungen für erlebnishaftes Lernen zu schaffen,
- durch den Einsatz verschiedener Medien und durch wechselnde Darstellungsstile die Aufmerksamkeit der Lernenden über einen längeren Zeitraum zu erhalten,
- den Lernenden zu einer aktives Auseinandersetzung mit dem Lehrstoff zu motivieren,
- Lernerfolgskontrollen einzubauen, die die Lerner über ihre Lernfortschritte unterrichten.

All diese Eigenschaften haben die Systeme natürlich nur, wenn sie pädagogisch- didaktisch konzipiert wurden. Dann sind sie im Prinzip zur Unterstützung jeder Form von Lernen einsetzbar, gleichgültig ob in schulischen Kontexten gelernt wird, in Einrichtungen der betrieblichen oder freien Weiterbildung oder eigeninitiert in nicht institutionalisierten Umfeldern. Und de facto findet man diese Systeme auch

Institutioneller Einsatz

in allen Bereichen, in denen institutionell gelernt wird, nämlich in Schulen, in Einrichtungen der Erwachsenen- und der Weiterbildung oder in Universitäten, aber auch auf den Homecomputern von Schülern und anderen Lernwilligen. Verschiedene Verlage bieten inzwischen eine Fülle von multimedial konzipierten Programmen zum selbstgesteuerten Lernen an. Pädagogen werden durch diese Entwicklung mit vielfachen Anforderungen konfrontiert. Da sind einerseits die originären pädagogischen Arbeitsfelder, in denen Pädagogen mit den oben skizzierten Programmen konfrontiert werden, aber andererseits bedarf es auch bei der Konzeption, Gestaltung und Erstellung multimedialer Lehr- und Lernprogramme pädagogisch-didaktischer Kompetenzen.

1.3 Aktueller Stellenwert Neuer Medien

Das Internet bzw. Netze, die Gateways zum Internet oder zu anderen Netzen haben, bieten eine ganze Reihe von Voraussetzungen, die sie als Wissensbasis und Lernmedium interessant machen. Bestimmte Dienste (z.B. Talk, MUD) ermöglichen über weite Distanzen hinweg eine synchrone Kommunikation zwischen Teilnehmern, andere Dienste (z.B. Email) lassen es zu, dass Nachrichten, Diskussionsbeiträge oder Informationen offline produziert und dann online verschickt werden (asynchrone Kommunikation). FTP verschickt Dateien, und über Telnet lassen sich externe Rechner, die ans Netz angeschlossen sind, steuern. Die Informationsmenge im Netz ist immens, und fast zu allen Wissenssparten finden sich Beiträge in den

WWW und Internet als Lernsystem

verschiedenen Informationssystemen. Insbesondere durch das WWW (World Wide Web) mit seiner hypermedialen Struktur und seiner graphischen, leicht zu bedienenden Benutzeroberfläche, hat das Internet in letzter Zeit eine herausragende Bedeutung bekommen. Das Internet repräsentiert als selbstreferentielles Medium, in dem alle notwendigen Informationen, Lehrmaterialien und Hilfsmittel für eine nutzerorientierte Produktion eigener Informationssysteme im Internet vorhanden sind, theoretisch ein *geschlossenes Lehr- und Lernsystem*. Durch das WWW erweckt das Internet die Hoffnungen auf eine Revolution des Umgangs mit Informationen und Wissen. Berücksichtigt werden muss jedoch, dass die Nutzung des Inter-

124

net als *geschlossenes Lehr- und Lernsystem* nur durch Profis möglich ist. Von Laien, die an speziellen Informationen Interesse haben, kann dagegen nicht erwartet werden, dass sie die *theoretische* Möglichkeit einer rein netzinternen Wissensreproduktion und einer ebenso selbstbezüglichen Reproduktion der Netzstruktur durch Bausteine im Netz jemals ausschöpfen können. Allerdings sind euphorische Stimmungen, die sich an den (irrealen) theoretischen Optionen Neuer Medien festmachen, aus der Einführungsphase anderer Medien oder Technologien (z.B. dem Sprachlabor, dem Programmierten Unterricht, dem Computer) bekannt und werden zumeist sehr schnell von der Realität gedämpft.

Jenseits der besonderen Hoffnungen, die durch Multimedia-Systeme geweckt werden und die die Vorteile für das Lernen betonen, erhalten neuerdings die faktischen Lernleistungsmöglichkeiten mehr Aufmerksamkeit. Bislang konnten Meta-Analysen wenig aussagekräftige Daten über eine hohe Lernleistung bieten. »Durchgängig ist lediglich das Ergebnis, dass die individualisierte Form des Lernens am Computer und die freie Einteilung der Lernzeiten und des Arbeitstempos im Gegensatz zum starren Frontalunterricht eine erhebliche Reduktion der Lernzeit ergeben« (HAASEBROOK 1995, S. 96). Der Einsatz dynamischer Medien scheint verschiedenen Studien zufolge bei solchen Themen und Zusammenhängen angebracht zu sein, die sequentiell schwer darzustellen sind, mit Hilfe einer Animation jedoch visualisiert werden können. Ob das Internet bzw. grafikorientierte Multimedia-Systeme auch zur Vermittlung von Strukturwissen beitragen können, ist bislang noch nicht hinreichend geklärt. Im Internet finden sich zwar viele lexikalische Angebote, Übungsaufgaben, Überblicke, tutorielle Systeme etc., und diese Angebote motivieren, sich mit ihnen auseinander zu setzen. Allerdings benötigt Lernen nicht nur Informationen, sondern vor allem die »Kompetenz« (vgl. MEISTER/SANDER 1999a; DEWE/SANDER 1996), diese Informationen einzuordnen, auszuwählen, sinnvoll zusammenzufügen und zu übertragen. Gerade die Entwicklung dieser Kompetenz benötigt den sozialen Kontext des Lernprozesses. Sie wird gefördert durch Eltern, Lehrer, Erzieher und andere Personen, die die schulische sowie außerschulische Bildung und Erziehung und die Sozialisation junger Menschen informell oder systematisch anleiten. Es ist also nicht zu erwarten, dass die heutigen Neuen Medien das personelle Verhältnis zwischen den Pädagogen und ihrer Klientel ersetzen könnten. Für die Vermittlung von Strukturwissen sind die Neuen Medien als Informationsquelle zusammengefasst nur unter Beachtung bestimmter Prämissen geeignet. So bedarf es konkreter Lernaufgaben und Anleitungen zum Lesen und Verstehen der benötigten Informationen. Darüber hinaus muss gelernt werden, im Netz zu navigieren und sich nicht aufgrund der vielfältigen Navigationsmöglichkeiten vom Lernziel ablenken zu lassen (vgl. HAASEBROOK 1995). Die Neuen Medien unterstützen zwar besser als andere Medien individuelle und selbstorganisierte Lernvorgänge und lassen sich auch als Informationsträger flexibel einsetzen. Der individuelle Umgang mit ihnen beruht jedoch auf Kompetenzen, die sich nur innerhalb *sozialer Kontexte* (z.B. Familie oder pädagogischen Feldern) entwickeln. Eine technische Substitution von Formen pädagogischer Praxis, die diese Kompetenzen erst entwickeln, ist durch die Virtualität der Neuen Medien nicht möglich. Insbesondere die über die reine Wissensvermittlung hinausgehenden pädagogischen Praxisaufgaben lassen sich nicht medial substituieren, d.h. Pädagoginnen und Pädagogen werden auch weiterhin notwendig bleiben.

Kompetenz

Die Neuen Medien ersetzen also keine pädagogischen Berufsfelder, sondern beeinflussen und verändern sie vielmehr. Das erzeugt für Pädagoginnen und Pädagogen in den unterschiedlichen etablierten pädagogischen Berufsfeldern (z.B. Sozialpädagogik, Weiterbildung, Schule etc.) die Notwendigkeit, Neue Medien als Instrumente für Verwaltungsaufgaben, Texterfassung und Kommunikation sowie zur Unterstützung pädagogischer Präsentationen zu beherrschen. Dazu sind Bedienungswissen sowie der Umgang mit Standardprogrammen (Textverarbeitung, Email, Datenbanken, Powerpoint etc.) erforderlich. Für heutige Studierende der Erziehungswissenschaft sollte dieses Wissen zu einem selbstverständlichen Bestandteil des Studiums werden, einerseits als Qualifikation für den späteren Beruf, und andererseits als Handwerkszeug für ein erfolgreiches Studium. Darüber hinaus bedarf es eines speziellen pädagogischen Wissens, wie Neue Medien als Gegenstand pädagogischen Handelns und als pädagogische Medien z.B. in die schulische oder außerschulische pädagogische Praxis integriert werden können. Für AbsolventInnen pädagogischer Studiengänge sollten hierbei, neben Wissen um die Medien selbst, die pädagogischen Konzeptionen des Medieneinsatzes im Vordergrund stehen (vgl. MEISTER/SANDER 1999). Das pädagogische Medienwissen als Berufswissen richtet sich also in dieser Beziehung nur partiell auf die Technik der Neuen Medien, zentral geht es um geeignete Konzepte des Einsatzes in der pädagogischen Praxis.

Abbildung 2: Bedeutung der Neuen Medien in Studium und beruflicher Praxis

Bedeutung Neuer Medien...	Erziehungswissen-schaftliches Studium	Pädagogische Berufsfelder
als Bedie-nungswissen	Nutzung von Computern, Multimedia, Internet usw.; Nutzung von Standardanwendungen (Textverarbeitung, Datenbankprogramme, SPSS, Powerpoint usw.) als Werkzeuge für das Studium	Nutzung von Computern, Multimedia, Internet usw.; Nutzung von Standardanwendungen (Textverarbeitung, Datenbankprogramme, SPSS, Powerpoint usw.) als Werkzeuge für den Beruf
als konzeptio-nelles Wissen	Einarbeitung in pädagogische Konzeptionen für den Einsatz Neuer Medien Entwicklung didaktischer Modelle Instruktionsdesign	Anwendungen pädagogischer Konzeptionen für den Einsatz Neuer Medien Konzeption von Lernprogrammen für die Praxis Gestaltung von Benutzerschnittstellen

2. Neue Medien als innovatives Berufsfeld für Pädagoginnen und Pädagogen

Berufsfelder, in denen Neue Medien nicht nur als Werkzeuge, sondern als Gegenstand beruflicher Tätigkeit eine Rolle spielen, zeichnen sich insbesondere nach dem Multimedia-Boom der 90er Jahre durch überdurchschnittliches Wachstum aus. Und in diesen neuen beruflichen Tätigkeitsfeldern arbeiten nicht nur Informatiker, Programmierer und Techniker. Die inhaltlichen Elemente von Anwendungs-

programmen, die graphische und anwenderfreundliche Gestaltung von Nutzeroberflächen sowie der gesamte Bereich der Aus- und Weiterbildung, der vom Me-
dienboom mit erfasst wurde, erfordern berufliche Kompetenzen jenseits der reinen
technischen Dimensionen. Aus dem bisher Gesagten sollte deutlich geworden sein,
dass unserer Meinung nach dieser innovative Wachstumsbereich auch für Absolventen erziehungswissenschaftlicher Studiengänge attraktive Optionen und neue
berufliche Aufgabenbereiche eröffnet. Allerdings können an dieser Stelle keine ex-
akten Arbeitsfelder vorgestellt werden, da sich im Kontext Multimedia noch keine
eingegrenzten Berufsprofile entwickelt haben. Der Deutsche Multimedia Verband
nimmt in seiner Studie »Qualifizierungsprofile für Multimediaberufe« (vgl. SCHIS- 5 Kerntätigkeitsfelder
LER 1996) eine Aufteilung der Multimediaberufe in die fünf Kerntätigkeitsfelder
Konzeption, Design, Programmierung, Projektmanagement und *Netzwerk-/Hard-
waretechnologie* vor. Originär technische Kompetenzen, die durch den Abschluss
eines Informatik- oder Ingenieurstudiengangs zu erwerben sind, stellen nur für einen Teil dieser Tätigkeitsfelder die zentralen Anforderungen dar. In den Bereichen
Konzeption, Design und *Projektmanagement* sind es vielmehr Schlüsselqualifikationen wie *Teamfähigkeit, Eigenverantwortlichkeit, Kundenorientierung* und
Kreativität, die im Anforderungsprofil der gesuchten Mitarbeiterinnen und Mitarbeiter eine zentrale Rolle spielen. Nach ISSING »wird sich hier ein großes neues Arbeitsfeld auftun – nicht nur für Informatiker, sondern auch für Designer und Künstler, für Kommunikations- und Medienwissenschaftler, Wirtschaftswissenschaft-
ler, Psychologen und Pädagogen mit Kenntnissen in Multimedia« (ISSING/DEPPE
1998, S. 214).

2.1 Pädagogische Aufgaben bei der Gestaltung der Schnittstelle Mensch – Maschine

Ein für Pädagogen besonders interessantes Aufgabenfeld erwächst aus der Tendenz, immer mehr Geräte des täglichen Gebrauchs mit interaktiven, intuitiv ver-
stehbaren, selbsterklärenden Nutzeroberflächen auszustatten. Das gilt für Fotoap- Pädagogik ...
parate und Kopiergeräte, für die Waschmaschine, den Fahrkartenautomat und auch
die Neuen Medien selbst. Die Einstellung eines Monitors oder die Bedienung eines und
Lernprogramms sollen dergestalt sein, dass sich Laien ohne eine umständliche
Lernphase sofort zurecht finden. Bei Fragen oder Anwenderproblemen treten so- Gestaltung Neuer Medien
genannte Hilfeprogramme auf den Plan, die zum einen bei dem Anwendungspro-
blem helfen und zum anderen Lernprozesse initiieren, so dass im Prozess der Nutzung selbst, also durch Learning by Doing, ein professionellerer Umgang unterstützt wird. Selbstverständlich verlangt diese propagierte und häufig erst angezielte
Selbstlern-Qualität Neuer Medien an erster Stelle, dass schon bei der Gestaltung
der Nutzerschnittstelle pädagogische sowie lern- und wahrnehmungspsychologi-
sche Aspekte berücksichtigt werden. Hier werden also bei der Gestaltung der Neu-
en Medien klassische pädagogische Kompetenzen verlangt, die bislang jedoch vorwiegend von pädagogischen Laien wie z.B. Informatikern oder Programmierern
erbracht werden. Zur Zeit werden noch zu wenig Pädagoginnen und Pädagogen in
diese beruflichen Aufgaben integriert. Notwendig erscheinen uns zur Änderung
dieses Mankos zum einen adäquate Inhalte in der pädagogischen Hochschulausbil-

dung, zum anderen müssen sich die AbsolventInnen pädagogischer Studiengänge aber auch stärker in diesen innovativen Berufsfeldern engagieren, um nicht weiterhin pädagogische Aufgaben den AbsolventInnen nicht-pädagogischer Studiengänge zu überlassen.

2.2 Pädagogische Aufgaben bei der Produktion von Multimedia-Systemen

Nimmt man zur Kenntnis, dass die Ausbreitung von Multimedia-Systemen inzwischen in allen Bildungsinstitutionen fortschreitet, dann kann die geringe Beteiligung von Erziehungswissenschaftlern bei der Produktion entsprechender Systeme

Didaktische Kompetenzen

und Programme nur verwundern. Dass pädagogische Kompetenzen auch in diesem Arbeitsfeld benötigt werden, macht ein Blick auf die zur Entwicklung von Multimedia-Anwendungen notwendigen Schritte deutlich (vgl. VAUGHAM 1993; YAGER 1994).

Insbesondere in der Konzeptphase sind didaktische Kompetenzen und Kenntnisse in der Entwicklergruppe unumgänglich, aber auch die Auswahl der Multimediaquellen kann nicht allein unter technischen Aspekten getroffen werden. Wie bereits im Abschnitt 1.2 ausgeführt, sind didaktisches und lernpsychologisches Wissen notwendig, um eine fundierte Zusammenstellung adäquater Materialien vorzunehmen, so dass die Produkte nicht nur bunt, ansprechend und interessant, sondern auch von didaktischer Qualität sind.

Insgesamt bietet also der aufstrebende Multimediabereich eine Fülle von Tätigkeitsfeldern für AbsolventInnen erziehungswissenschaftlicher Studiengänge. Ein eindeutig definiertes Berufsfeld zeichnet sich allerdings zur Zeit noch nicht ab. Hier ist der Einschätzung ISSINGS zu folgen, dass die bisher getrennten Berufsfelder im Medienbereich durch die fortschreitende Computerisierung und Digitalisie-

Abbildung 3: Produktionsphasen bei Multimedia-Entwicklungen

Konzeptphase	Produktionsphase I: Multimediaquellen	Produktionsphase II: Multimedia-programmierung
• Didaktische Analyse und Konzeptualisierung • Spezifikation der Wiedergabeplattform • Erstellung eines interaktiven Drehbuchs • Spezifikation des Entwicklungswerkzeugs • Erstellen eines Prototyps • Projekt- und Budgetplan	• Grafik, Bildschirmlayout • Computeranimation • Video-Produktion • Audio-Produktion • Schnitt, Effekte, Vertonung • Begleitmaterial	• Digitalisierung bzw. Wandlung der Quellen in bestimmte Dateiformate • Programmierung der Interaktionsstruktur (Autorensystem) • Einbinden der Multimediaquellen • Tests • Publikation • Einführung, Wartung, Betreuung

rung entspezialisiert und dadurch enger zusammenwachsen werden. »Das Arbeiten in kleinen Teams wird kennzeichnend sein für die künftige Medienpraxis« (ISSING 1998, S. 214). Und in diesen Teams, so ist hinzuzufügen, sollten Pädagoginnen und Pädagogen ihren festen Platz finden.

Literatur

BRAUN, J: Die weltweiten Computernetze zerstören unseren Planeten – und die Sozialwissenschaftler spenden warmen Applaus. In: GROTE, C.v. u.a. (Hrsg.): Kommunikationsnetze der Zukunft – Leitbilder und Praxis. WZB Papers FS 94-103. Berlin 1994, S. 229-336.

DEWE, B./SANDER, U.: Medienkompetenz und Erwachsenenbildung. In: REIN, A. von (Hrsg.): Medienkompetenz als Schlüsselbegriff. Bad Heilbrunn 1996, S. 125-142.

DÖRING, N.: Internet: Bildungsreise auf der Infobahn. In: ISSING, L.J./KLIMSA, P. (Hrsg.): Information und Lernen mit Multimedia. Weinheim 1995, S. 305-336.

EURICH, C.: Faszination oder Information. In: Bildschirm Jahresheft III (1985), S. 34-37.

GREENFIELD, P.: Kinder und neue Medien. Die Wirkungen von Fernsehen, Videospielen und Computern. München/Weinheim 1987.

HAASEBROOK, J.P.: Lernen mit Multimedia. In: Zeitschrift für Pädagogische Psychologie 9(2), (1995), S. 5-103.

HAEFNER, K.: Die neue Bildungskrise. Basel 1982.

HENTIG, H. von: Das allmähliche Verschwinden der Wirklichkeit. Ein Pädagoge ermutigt zum Nachdenken über die neuen Medien. München/Wien 1984.

ISSING, L.J./DEPPE, A.: Berufsbilder und Ausbildung für den Multimedia-Bereich. In: KUBICEK, H. u.a. (Hrsg): Lernort Multimedia. Jahrbuch Telekommunikation und Gesellschaft 1998. Heidelberg 1998, S. 213-219.

JÄHNKE, J.: Soziale Implikationen der Kommunikation in Computernetzen. Untersucht am Beispiel des Internet. Freiburg 1994

JONES, S.: Cyber-Society. Computer-Mediated Communication and Community. London 1995.

KERRES, M.: Technische Aspekte multimedialer Lehr-Lernmedien. In: ISSING, L.J./KLIMSA, P. (Hrsg): Information und Lernen mit Multimedia. Weinheim 1995, S. 25-45.

KLIMSA, P.: Multimedia aus psychologischer und didaktischer Sicht. In: ISSING, L.J./KLIMSA, P. (Hrsg): Information und Lernen mit Multimedia. Weinheim 1995, S. 7-24.

KNEER, V.: Computernetze und Kommunikation. Hohenheim 1994.

MAROTZKI, W./MEISTER, D./SANDER, U. (Hrsg.): Zum Bildungswert des Internet. Opladen 2000.

MEISTER, D./SANDER, U. (Hrsg.): Multimedia – Chancen für die Schule. Neuwied 1999.

MEISTER, D/SANDER, U.: Multimedia und Kompetenz. In: MEISTER, D./SANDER, U. (Hrsg.): Multimedia – Chancen für die Schule. Neuwied 1999, S. 35-53 (a).

PAPERT, S.: Gedankenblitze. Kinder, Computer und neues Lernen. Reinbek 1985.

POSTMAN, N.: Das Technopol. Die Macht der Technologien und die Entmündigung der Gesellschaft. Frankfurt a.M. 1992.

SANDER, U./VOLLBRECHT, R.: Mediennutzung und Medienwirkung bei Kindern und Jugendlichen. Gutachten im Auftrag des Bundesministeriums für Jugend, Familie und Gesundheit. Bielefeld 1986.

SANDER, U./VOLLBRECHT, R.: Kinder und Jugendliche im Medienzeitalter. Annahmen, Daten und Ergebnisse empirischer Medienforschung. Leverkusen 1987.

SCHIEMANN, K.K.: Veränderungen durch die neuen Medien. In: BOHN, H./MIKUS, J./SCHIEMANN, K.K./Seidel, G.: Neue Medien – Konsequenzen für die Erwachsenenbildung. Bonn 1987.

SCHISLER, P.: Studie Qualifizierungsprofile für Multimediaberufe. Berlin 1996.

SCHORB, B.: Medienpädagogik und Handeln. Medienpädagogik in Geschichte, Forschung und Praxis. Opladen 1995.

SPANHEL, D.: Jugendliche vor dem Bildschirm. Neueste Forschungsergebnisse über die Nutzung der Videofilme, Telespiele und Heimcomputer durch Jugendliche. Weinheim 1990.

STEINMETZ, R.: Multimedia-Technologien. Einführung und Grundlagen. Berlin 1993.

STONIER; C.: The Three C's: Children, Computers and Communication. Chichester/NY 1985.

VAUGHAM, T.: Multimedia. Making it work. Berkeley/CA 1993.

WETZSTEIN u.a.: Kultur und elektronische Kommunikation. Eine empirische Untersuchung zu den Nutzern von Computernetzwerken. Trier 1994.

WILLIAMS, F./RICE, R.E./ROGERS, E.M.: Research Methods and the New Media. New York/London 1988.

YAGER, T.: The Multimedia Production Handbook. New York 1994.

Frauen- und Mädchenarbeit

Katharina Gröning/Melanie Plößer

Inhalt

Seit Mitte der 70er Jahre haben sich in zunehmendem Maße erziehungswissenschaftliche Berufsfelder etabliert, die sich an den Lebens- und Problemlagen von Frauen und Mädchen orientieren. Die Entwicklung dieser sogenannten Frauenarbeitsfelder hängt vor allem damit zusammen, dass die Kategorie Geschlecht zu einer Leitdifferenz im Rahmen pädagogischer Forschung und Praxis avancierte. Die folgenden Ausführungen geben einen ersten Einblick in das erziehungswissenschaftliche Berufsfeld der Frauenarbeit. Dieser Einblick kann allerdings nicht gelingen ohne zuvor über den grundsätzlichen Stellenwert der Zielgruppe »Mädchen und Frauen« im erziehungswissenschaftlichen Kontext Auskunft zu geben. In einem weiteren Zugang werden die Tätigkeitsfelder der Frauen- und Mädchenarbeit unter inhaltlichen sowie organisationstheoretischen Aspekten diskutiert, um abschließend die aus feministischen Debatten hervorgegangenen Handlungsperspektiven und Postulate dieses Arbeitsbereiches zu skizzieren.

1. Die Kategorie des Geschlechts im erziehungswissenschaftlichen Kontext

Im Zuge der neuen Frauenbewegung Ende der 60er Jahre kamen androzentrische Strukturen von Wissenschaft kritisch in den Blick. Auch für die Geschichte der Erziehungswissenschaft gilt bis dahin, dass die Frage des Geschlechts weitestgehend unberücksichtigt blieb. Cornelia Klinger (1986) bezeichnet die Wissenschaft deshalb auch als »halb plus falsch« und hebt damit hervor, dass die Vernachlässigung der Kategorie des Geschlechts sowohl zu einer Ausblendung von wissenschaftlichen Erkenntnissen als auch zu deren Verfälschung führe.

Kritik am wissenschaftlichen Androzentrismus

Die wissenschaftlichen Erkenntnisansprüche, insbesondere die des empirisch-analytischen Paradigmas wie Objektivität, Rationalität oder Universalität wurden als Effekte eines dichotomen männerzentrierten Denkens erkannt, denen gegenüber die Frauenforschung eigene Prinzipien wie die der Parteilichkeit oder der Betroffenheit entwickelte. Zudem wurde herausgestellt, dass vermeintlich geschlechtsneutrale Theorien allein auf männliche Lebensmuster ausgerichtet seien, während weibliche Lebenszusammenhänge vielfach unberücksichtigt blieben. Im Rahmen dieser Kritik spielten auch erziehungswissenschaftliche Fragestellungen, wie etwa die Benachteiligungen von Mädchen in der Schule oder die schlechteren (Aus-) Bildungschancen von Frauen und Mädchen erstmalig eine entscheidende Rolle. Zudem wurden die Debatten um die Chancen und Risiken von Koedukation neu aufgeworfen. Sie führten zu Forderungen nach einer Verbesserung und Veränderung bisheriger Unterrichtspraxen.

Wie auch in übrigen Wissenschaftsbereichen erfuhren die Ergebnisse der Frauenforschung auch im Bereich der Erziehungswissenschaften eine langsame, zuweilen unwillige Rezeption. So wird die Kategorie Geschlecht vielfach weiterhin vernachlässigt oder an die herkömmliche Themenbehandlung gleichsam additiv angehängt. Dieser nachhaltige Androzentrismus der erziehungswissenschaftlichen Theorie ist dabei um so eklatanter, als die pädagogische Praxis ein zumeist weibliches Gesicht hat (vgl. auch FAULSTICH-WIELAND, Bd. 2).

2. Frauenbewegung und feministische Forschung

Zentrale Inhalte der Frauenbewegung

Pädagogische Arbeit mit Mädchen und Frauen ist als eine notwendige Konsequenz der über die Frauenbewegung und die Frauenforschung initiierten Politisierung und Problematisierung der Geschlechterverhältnisse zu verstehen. Besonders die Aspekte der Gewalt im innerfamiliären Raum wie auch die gesellschaftliche Arbeitsteilung wurden zu zentralen Themen der autonomen Frauenbewegung. Diese Themen wurden gesellschaftlich hegemonial. Die Überzeugungskraft der Argumente reichte bis weit in die Frauenorganisationen der politischen Parteien wie auch in eher ständisch orientierte Frauenorganisationen.

Aufbau eigener Projekte

Dabei richtete sich die Kritik vorrangig gegen die Trennung zwischen Öffentlichkeit und Privatheit und die Verschleierung von gesellschaftlich bedingten frauenspezifischen Problemlagen. Unter dem Postulat, dass das Private immer auch politisch ist, galt ein wichtiger Ansatzpunkt der Schaffung »eigener Räume«, in denen Frauen die Möglichkeit erhalten sollten, ihre Missachtungs- oder Gewalterfahrungen zu thematisieren, um so zu einer Enttabuisierung von frauenpolitischen Themen, wie der häuslichen Gewalt oder des sexuellen Missbrauchs beitragen zu können. Mit diesem Anspruch entstanden gegen Ende der 70er Jahre die ersten autonomen Projekte, die sich gegen herkömmliche Institutionen und Einrichtungen abgrenzten, in denen die Belange von Frauen und Mädchen häufig nur eine untergeordnete Rolle spielten.

3. Berufsfelder im Rahmen von Frauen- und Mädchenarbeit

Das Feld der Frauenarbeit abzustecken stellt sich heute als komplexe Aufgabe dar. Zum einen gilt, dass die erziehungswissenschaftliche Praxis die Arbeit mit Frauen und Mädchen stets impliziert. Das bedeutet, dass jede soziale und professionelle Interaktion von den Geschlechterverhältnissen beeinflusst wird und Handlungskontexte mithin diese Verhältnisse (re-)produzieren. Zum anderen gibt es innerhalb der feministischen Praxis eine zunehmende Ausdifferenzierung der bestehenden Angebote. Die hier vorgestellten Arbeitsfelder stellen somit keine starren Säulen dar, sondern sind vielmehr als stark umkämpfte und damit sich stetig verändernde Forschungs- und Tätigkeitsbereiche zu verstehen. Die aus der Frauenbewegung entstandene Frauenarbeit erschöpft sich also nicht allein in ihrer Bezugnahme auf die Differenz »Frau«, sondern zeigt sich stets auch als ein Prozess, der von den sozialen und gesellschaftlichen Ungleichheiten und Differenzen innerhalb dieser Geschlechtergruppe weiter »bewegt« wird.

1. Arbeitsfeld: Gewalt gegen Frauen und Mädchen
Ein wesentliches Merkmal des Geschlechterverhältnisses ist, dass es ein – zumeist strukturelles – Gewaltverhältnis ist. Gleichwohl ist direkte Gewalt ein universelles Phänomen im Verhältnis der Geschlechter. Direkte Gewalt gegen Frauen und Mädchen kann sich dabei in Form von körperlicher und sexueller Gewalt oder psychischer Diskriminierung äußern, während sich strukturelle Gewalt beispielsweise durch Benachteiligungen auf dem Arbeitsmarkt oder in androzentrischen Curricula ausdrücken kann. Im Laufe der Jahre haben sich daher bestimmte Arbeitsfelder etabliert, die sich mit Formen von sexueller, körperlicher oder psychischer Gewalt gegen Frauen und Mädchen auseinandersetzen. Vor dem Hintergrund dieser zumeist tabuisierten Gewalt in Ehe- und Partnerbeziehungen wurden Mitte der 70er Jahre die ersten Frauenhäuser in Deutschland eröffnet. Die Notwendigkeit dieses Angebotes spiegelt sich dabei allein schon in der Tatsache wider, dass pro Jahr rund 45.000 Frauen aufgrund von erlebter Gewalt Zuflucht in Frauenhäusern suchen. Neben der Gewährleistung von Schutz vor männlicher Gewalt und der praktischen Unterstützung der betroffenen Frauen und ihrer Kinder besteht ein weiteres vorrangiges Ziel der Frauenhausarbeit in der Öffentlichmachung der Gewalt an Frauen und Mädchen als gesellschaftliche Bedingtheit (vgl. BRÜCKNER 1990).

Auch für Mädchen haben sich in zunehmenden Maße Projekte und Vereine etabliert, die diesen im Fall von sexuellen und körperlichen Übergriffen eine Zuflucht ermöglichen. Ausgeweitet wurden die Angebote der Frauen- und Mädchenhausarbeit über ihre Aufgabe der Krisenintervention hinaus durch die Einrichtung von Wohngruppen für Mädchen und Frauen und die Entwicklung von Präventionsmaßnahmen. Um Mädchen und Frauen bei (versuchten) Vergewaltigungen zu unterstützen, sind zudem auf bundesweiter Ebene Notrufgruppen entstanden, die den Opfern Beratung sowie Begleitung zu Behörden und Gerichtsterminen anbieten.

Gewalt im
Geschlechterverhältnis

Einrichtung von
Frauenhäusern

Ein weiterer Bereich der Arbeit im Umfeld der sexuellen und körperlichen Gewalt stellt das Feld der Prostitution unter der besonderen Berücksichtigung der von Beschaffungsprostitution als auch von Frauenhandel betroffenen Frauen und Mädchen dar.

2. Arbeitsfeld: Frauen- und Mädchenberatung

Über die Frauen- und Mädchenhausarbeit sind feministische Arbeitsansätze zunehmend auch in den Blickwinkel einer pädagogischen Beratungstheorie und -praxis gerückt (vgl. GRÖNING 1993). Die im Zuge der Auseinandersetzung mit der strukturellen Gewalt entwickelten Postulate der reflektierten Parteilichkeit, der gesellschaftlichen Kontextualisierung von Problemlagen sowie die beraterischen Ansprüche ressourcenorientiert und unter einer ganzheitlichen Perspektive zu arbeiten, sind mittlerweile als wichtige Grundlagen in unterschiedlichste Beratungs- und Therapieangebote wie auch in sexualpädagogische oder gesundheits- oder berufsorientierte Maßnahmen für Frauen und Mädchen eingeflossen und machen diese somit auch zu eigenen geschlechtsbezogenen Tätigkeitsfeldern. Zudem haben die über Frauenprojekte entwickelten emanzipatorischen Beratungsprinzipien bestehende Beratungskonzepte beeinflusst und dabei besonders zu einer Thematisierung des von Machtstrukturen und Differenzen charakterisierten Beratungsverhältnisses beigetragen.

Entwicklung feministischer Beratungsansätze

3. Arbeitsfeld: Mädchenarbeit

Von zentraler Bedeutung für die erziehungswissenschaftliche Positionsbestimmung der Lebenslagen von Mädchen und Frauen ist weiterhin die in allen Instanzen und Bereichen wirksame geschlechtsspezifische Sozialisation. Im Zuge der Auseinandersetzung mit den Sozialisationsbedingungen von Mädchen ist auch die Jugendarbeit unter einem geschlechtsspezifischen Blickwinkel überprüft und als Jungenarbeit entlarvt worden. Die aus dieser Kritik entstandene Mädchenbildungsarbeit will sich demgegenüber an den konkreten Lebenslagen und Ressourcen von Mädchen orientieren, um sozialisations- und gesellschaftlich bedingten Benachteiligungen und Ungleichheiten, die im Rahmen des sechsten Jugendberichtes »Zur Verbesserung der Chancengleichheit von Mädchen in der BRD« (1984) erstmalig öffentlich thematisiert wurden, entgegenzuwirken. Mädchenarbeit setzt sich zum Ziel, dass sich Mädchen und junge Frauen unabhängig von männlichen Standards entwickeln, um dabei neue Handlungsspielräume und Selbstverständnisse zu erproben und zu verfestigen. Dabei gilt es zum einen, gesellschaftliche Benachteiligungen von Mädchen und jungen Frauen wahrzunehmen, zum anderen sind Mädchen in ihrer geschlechtsspezifischen Entwicklung zu verstehen und zu unterstützen. Die Förderung der eigenen Wertschätzung, die Reflexion der Lebensgeschichte im gesellschaftlichen Kontext als auch die kritische Auseinandersetzung mit der Geschlechterrolle bilden wichtige Ansatzpunkte im Rahmen der feministischen und parteilichen Mädchenarbeitspraxis (vgl. HEILIGER/KUHNE 1993; KLEES 1989).

Geschlechtsspezifische Sozialisation

Sechster Jugendbericht

Postulate feministischer Mädchenarbeit

Abgesehen von der Entwicklung geschlechtshomogen ausgerichteter autonomer Mädchenprojekte fand die Mädchenarbeit auch als Querschnittsaufgabe innerhalb bestehender Angebote und Einrichtungen der Jugendhilfe wie in der Offenen Arbeit oder auch der Jugendverbandsarbeit Einzug. Mädchenarbeit findet somit heute auch vor allem innerhalb des koedukativen Bereiches, etwa in Jugendzentren,

Sportvereinen oder in Schulen statt. Das feministische Prinzip der Geschlechtsho-mogenität erfährt hier in Form von Mädchengruppen, gesonderten Öffnungszeiten oder geschlechtsspezifisch ausgerichteten Angeboten seine Umsetzung.

Organisationsformen von Mädchenarbeit

Zudem entstanden Projekte, die den Benachteiligungen von Mädchen über Freizeit- oder Sportpädagogische Maßnahmen, Körperarbeit, Selbstbehauptungs-trainings oder kreative Angebote entgegenzuwirken suchen. Einen weiteren Schwerpunkt im Rahmen der Mädchenbildung stellt die Ausbildungsförderung und Ausbildungsberatung dar, die sich den besonderen Bedürfnissen und Problemen von Mädchen auf dem Ausbildungsmarkt stellt.

4. Arbeitsfeld: Frauenkultur- und Frauenbildungsarbeit

Die weiterhin bestehende geschlechtsspezifische Arbeitsteilung sowie die weibli-che Doppelorientierung auf Familie und Beruf führt dazu, dass sich je verschiede-ne Lebenszusammenhänge für Männer und Frauen ergeben. Die Folgen sind Be-nachteiligungen für Frauen im Rahmen von Bildung und Erwerbstätigkeit als auch allgemeine Beschränkungen öffentlicher Wirksamkeit.

Kritik an Bildungs-benachteiligungen von Frauen

Um diesen Benachteiligungen entgegenzuwirken, sind Projekte und Einrich-tungen entstanden, die zu einer vermehrten Teilhabe von Frauen auf einer kulturel-len Ebene (etwa in Form von Frauenkulturzentren, Frauenferienhäusern, Frauen-museen, oder Frauenbuchläden) als auch zu einer Verbesserung der politischen und beruflichen Bildungsmöglichkeiten von Frauen und Mädchen führen sollen. Die

Etablierung von Frauenkulturarbeit

Reflexion der strukturellen Diskriminierung von Frauen, die Thematisierung von weiblichen Lebenszusammenhängen und die Entwicklung von Handlungsfähigkeit und Selbstbestimmung bilden zentrale Aspekte der im Zuge der neuen Frauenbewe-

Lebensweltorientierung

gung und der Bildungsreform entstandenen lebensweltlich orientierten Frauenbil-dungsarbeit (vgl. WURMS 1992). Über eine selbsterfahrungsbezogene Herange-hensweise soll das Private als politisch thematisiert, in seinen vielfältigen Auswir-kungen erkannt und so zum Gegenstand gesellschaftlicher Veränderungen werden (vgl. KOLK 1994). Neben der Berücksichtigung frauenpolitischer Inhalte in institu-tionalisierten Bildungseinrichtungen wie Gewerkschaften oder Volkshochschulen

Bildungsangebote für Frauen

haben sich vor allem im Rahmen der autonomen Frauenbildungsarbeit eine Reihe von Projekten und Bildungszentren entwickelt, in denen frauenspezifische Belange Raum finden. Zudem bieten Universitäten (z.B. Bielefeld oder Dortmund) Frauen-studien als Weiterbildungsmöglichkeit für Frauen an.

5. Arbeitsfeld: Frauengleichstellungsstellen

Mit den Aufgaben der Überprüfung von Gesetzesentwürfen, der Koordination von Fraueninitiativen sowie der Entwicklung und Einleitung geeigneter Maßnahmen zur Überwindung von Frauendiskriminierung wurden Ende der 70er Jahre Länder-gleichstellungsstellen eingerichtet. Da die Erfahrungen der Gleichstellungsein-

Kommunale Gleichstellungspolitik

richtungen auf Länderebene gezeigt haben, dass viele der frauenpolitischen Belan-ge der kommunalen Ebene zufallen, wurden nun zunehmend auch Gleichstellungs-stellen für die Gemeinden und Städte gefordert (vgl. GATTERMANN 1987). Mittler-weile sind bundesweit Frauen- und/oder Gleichstellungsbeauftragte in den Ver-waltungen tätig, um die Gleichberechtigung und die soziale Gleichstellung der Ge-schlechter zu fördern. Dabei verstehen sich die kommunalen Gleichstellungsein-richtungen heute vor allem in einer politischen Funktion, bei der es weniger um die

Bewältigung individueller Problemlagen als vielmehr um die Beseitigung grundsätzlicher struktureller Benachteiligungen von Frauen geht. Ihre Arbeit beinhaltet die Beratung von Frauen im Rahmen eines offenen Sprechstundenangebotes, die Überprüfung und Beurteilung öffentlicher Maßnahmen unter dem Gleichberechtigungsgrundsatz, die Koordination und Unterstützung von frauenspezifischen Organisationen und Projekten, die Initiierung eigener Projekte, als auch die Erarbeitung von Frauenfördermaßnahmen.

6. Arbeitsfeld: Berufshilfe für Frauen

Ausgehend von den Analysen zur Arbeitsmarktsegmentation und zu geschlechtsspezifischen Arbeitsmärkten haben sich vor allem mit den sogenannten »Regionalstellen Frau und Beruf« Institutionen etabliert, die Frauen mittels Beratung, Bildung und Qualifikation dabei unterstützen, sich existenzsichernde Positionen im

ersten Arbeitsmarkt zu verschaffen. Dabei verfolgen die Einrichtungen zur Berufshilfe für Frauen mehrere unterschiedliche Strategien. Zum einen werden solche Berufsfelder für Frauen erschlossen, die es gering qualifizierten Frauen ermöglichen, beruflich an ihre geschlechtstypischen traditionellen Qualifikationen anzuknüpfen, z.B. geschieht dies in sog. Haushaltsagenturen. Ungeschützte Beschäftigungsverhältnisse und Schwarzarbeit können so verlassen werden. Gleichzeitig zahlen Frauen Beiträge in die Sozialversicherung und sind auf diese Weise vor Altersarmut, Krankheit, Arbeitslosigkeit besser geschützt. Berufshilfe für Frauen versucht zweitens über Projekte, den geschlechtsspezifischen Arbeitsmarkt aufzu-

brechen. Hierhin gehört der gesamte Bereich der Vorbereitung von Frauen auf neue Technologien, Sicherung neuer Ausbildungsmärkte für Mädchen etc. Eine Besonderheit stellen solche Maßnahmen zur Berufshilfe für Frauen und Mädchen dar, die sich zum einen an »vergessene« Adressantinnen richten, zum Beispiel behinderte Frauen und Mädchen, zum anderen versuchen, für diese Gruppen mehr als nur traditionelle Ausbildungen und Arbeitsplätze anzubieten. Hierzu zählt zum Beispiel das Projekt Telehaus für behinderte Frauen. Leider haben diese Initiativen in der Regel nur Modellcharakter. Sie sind abhängig von öffentlichen Fördergeldern, die in der Regel über die Europäische Gemeinschaft, über die Bundesländer und über den Bund vergeben werden. Entsprechend unterliegt die Berufshilfe für Frauen diskursiven Konjunkturen.

Berufshilfe für Frauen richtet sich zum dritten auf die ideelle Unterstützung von qualifizierten Frauen, vor allem von Frauen in Führungspositionen (Coaching und Supervision). Dies ist ein Bereich, der künftig einer systematischen Forschung und Reflexion bedarf, da im Bildungssystem eroberte Bastionen in der Wirklichkeit der Arbeitswelt immer wieder zur Disposition gestellt werden. Schließlich sei

zum vierten noch die Berufshilfe für Frauen genannt, die sich auf die Schaffung von Netzwerken richtet. Netzwerke sollen vor allem selbständigen Frauen helfen, am Markt zu überleben. Ihr Vorhandensein oder ihr Fehlen kann als Schlüssel für Erfolg oder Misserfolg bezeichnet werden, stellen sie doch im Sinne BOURDIEUS soziales Kapital dar, welches in der Kombination mit kulturellem Kapital in ökonomisches Kapital konvertierbar ist (vgl. BOURDIEU 1983).

136

7. Arbeitsfeld: Frauenforschung/Geschlechterforschung

Auch die erziehungswissenschaftliche Lehre und Forschung stellt sich als relevantes Arbeitsfeld für Frauen dar. Dabei gilt es sowohl gesellschaftliche Phänomene unter einer Perspektive zu analysieren, die die Geschlechterverhältnisse bewusst reflektiert, als auch pädagogische und bildungstheoretische Modelle zu entwickeln, die der Ungleichheit dieser Verhältnisse Rechnung tragen. Besonderes Augenmerk ist dabei sicherlich (etwa im Rahmen von biografischen oder ethnomethodologischen Studien) auf das Dilemma der Differenz zu richten. Denn obwohl die Geschlechterdifferenz nicht mehr als natürliche sondern als »konstruierte Realität« (vgl. HEINTZ 1993) betrachten werden kann, wird den Subjekten über ihre Geschlechtszugehörigkeit weiterhin ein sozialer und hierarchisch organisierter Platz in der Gesellschaft zugewiesen. Diese Zuweisung und die damit vielfach implizierten Benachteiligungen machen wiederum pädagogische Arbeits- und Bildungskonzepte notwendig, die die Differenzverhältnisse zu berücksichtigen wie auch zu dekonstruieren suchen.

Reflexion der Geschlechterverhältnisse

Notwendigkeit geschlechts-reflektierender Theorien und Konzepte

4. Organisationsmerkmale und Tendenzen von Frauenarbeitsfeldern

4.1 Feministische Projekte

Die feministischen Projekte basieren auf den moralischen Postulaten der Solidarität, der Selbstorganisation und einer basisdemokratischen Entscheidungsform. Mit einer eigenen Moral soll bewusst der hierarchischen Organisation und Arbeitsteilung herkömmlicher Institutionen und Einrichtungen entgegengewirkt werden. Medium der Umsetzung ist vor allem die Teamarbeit. Die autonomen Projekte reagieren mit dieser Binnenstruktur auf den institutionskritischen Diskurs, den die Erziehungswissenschaften seit den 60er Jahren führen und in deren Mittelpunkt die Kritik am Modell des Leiters als zentrale Figur in Organisationen steht. Aber auch die Machtstruktur zwischen Klientinnen und Professionellen entwickelte sich in zunehmendem Maße zum Reflexionsgegenstand der Frauenprojekte. Die Projekte reagieren damit auf den professionskritischen Diskurs, der in der Erziehungswissenschaft vor allem um die sogenannte Kolonisierung der Lebenswelt geführt wurde und in deren Mittelpunkt die Kritik am Modell des autonomen Experten steht. Mit diesen beiden für die Aufbauorganisation und die Konzeption entscheidenden Voraussetzungen – Teamarbeit und lebensweltliche Anerkennung – haben die autonomen Frauenprojekte wichtige Kritiken, die vor allem Vertreter und Vertreterinnen der Ökologiebewegung an traditionellen Organisationen geübt haben, in ihre Arbeit zu integrieren versucht. Sie haben damit aber auch eine Reihe von Widersprüchen und Tabus in ihre Arbeit eingebaut.

Moralische Handlungsmaximen

Da Frauen und Mädchenarbeit sich an der Lebenswirklichkeit von Frauen und Mädchen orientiert, folgert für die konkrete Tätigkeit neben der Behebung von individuellen Problemlagen immer auch eine Auseinandersetzung mit der eigenen als auch der allgemeinen gesellschaftlichen Situation von Frauen und Mädchen. In die-

Politischer Anspruch

137

sem Sinne bestimmt vor allem auch eine frauenpolitische Haltung das Anforderungsprofil von Mitarbeiterinnen in der Frauen- und Mädchenarbeit, aus der die hierarchischen und als »natürlich« verschleierten Geschlechterverhältnisse kritisch reflektiert werden. Das Anforderungsprofil richtet sich entsprechend nicht auf die Rolle, wie es in traditionellen Berufen üblich ist, sondern auf die Person, auf ihr Denken, Fühlen, Erleben – kurz auf ihr Gewissen. Insofern bringen die autonomen Frauenprojekte – jedes für sich – eine eigene Institutionsmatrix hervor (vgl. FOULKES 1974). Inhalt dieser institutionellen Matrix sind neben den formalen Konzepten und der jeweiligen Geschichte des Projektes immer auch Ideologien und die sich aus der Parteilichkeits- und Solidaritätsmoral ergebenden Konflikte.

Neben diesen organisationskulturellen Merkmalen gehört zu den strukturellen Merkmalen der Projekte der Tatbestand, dass sie sich im wesentlichen aus den Zuwendungen der Bundesanstalt für Arbeit, der Länder und der Kommunen finanzieren. Die Arbeitsverhältnisse sind meistens dereguliert, d.h. befristet, geteilt, teilweise ungeschützt. Die Entlohnung liegt in der Regel knapp über dem Sozialhilfesatz. Immer wieder wird erwartet, dass die Mitarbeiterinnen über ihre Gehälter Spenden aufbringen, um das Projekt als Ganzes zu erhalten. Es herrscht also nicht das Leistungsprinzip, sondern das Prinzip von gegenseitiger Solidarität vor. Die Produktivität ist entsprechend gering, Effektivität, Effizienz, Dienstleistungsauffassungen treten zugunsten von Gemeinschaft und Mitarbeiterorientierung zurück.

Als »Suchbewegungen zwischen Idealisierungen und Ernüchterungen« charakterisiert Margrit BRÜCKNER (1996) Kultur und Struktur autonomer feministischer Projekte, die – anders ausgedrückt – durchaus als Fallen bezeichnet werden können, nicht zuletzt weil sie Übertragungsangebote darstellen und die Übertragungsbereitschaft stimulieren. Anforderungsprofile, die sich auf das Innere einer Person und nicht auf die Rolle richten, stehen in direktem Zusammenhang mit Konflikten, die FOUCAULT der Machtform der Gewissensführung zugeordnet hat (vgl. FOUCAULT 1984). Die Mitarbeiterinnen werden zum Beispiel unfrei vor allem solche Erfahrungen mit und Einstellungen zu Klientinnen auszudrücken, die den feministischen Denkweisen und Überzeugungen entgegenstehen.

Basisdemokratische Entscheidungsformen und die Kultur des ideellen Teams haben in der Praxis immer wieder einen Kurzschluss zwischen Verantwortlichkeiten und Kompetenzen nach sich gezogen. Hierhin gehört ebenfalls das Problem der geringen Produktivität, da alle Entscheidungen in gemeinsamen Prozessen verhandelt werden müssen. PÜHL (1995) hat in diesem Zusammenhang problematisiert, dass Basisdemokratie als Organisationsprinzip in der Gefahr steht, sich zum institutionellen Mythos zu entwickeln. Eine fehlende Matrix formaler Rollen in Organisationen setzt seiner Ansicht nach auch die positiven Effekte von Hierarchien außer Kraft, die vor allem in der Angstbindung bestehen. PÜHL attestiert den alternativen Projekten entsprechend das Vorhandensein starker Ängste und ängstlicher Affekte, nicht selten auf der Ebene der fight-flight-Stufe, d.h. Kampf und Flucht bilden die maßgeblich die Teamdynamik.

Schließlich thematisieren die Mitarbeiterinnen in den autonomen Projekten immer wieder das existenzielle Problem wirtschaftlicher Not, fehlender finanzieller Rücklagen und damit zusammenhängend Ausbeutung und Selbstausbeutung. Die Probleme der Umsetzbarkeit von feministischen Prinzipien, das schwierige berufliche Selbstverständnis zwischen politischem Anspruch und Professionalität als auch psychodynamische Prozesse im Rahmen der autonomen und hierarchiefreien Teamstrukturen, bilden charakteristische Dilemma, mit denen sich autonome Frauen- und Mädchenprojekte heute kritisch und reflektiert auseinandersetzen (vgl. BRÜCKNER 1996). Wichtige Unterstützungsformen im Zuge dieser Selbstreflexion bilden die übergreifende fachliche Vernetzung, die Ermöglichung von Supervisionsgruppen und die Initiierung von Arbeitskreisen zur Erarbeitung fachlicher Standards.

Weiterhin sind feministische Projekte zu einem beachtlichen Teil Opferhilfe-Projekte und aus diesem Tatbestand ergeben sich bezüglich der Mikrostruktur der pädagogischen Beziehung eine Reihe von Dilemmata. Auf der Ebene der Auseinandersetzung mit einer männlich geprägten Wissenschaft, vor allem der Viktimologie, *Opferbilder* und mit einer patriarchalisch geprägten Definition von Gewalt als besondere Form des (sadomasochistischen) Liebesspiels haben die feministischen Pädagoginnen einen politischen Kampf um die Anerkennung ihrer Klientel als Opfer geführt. Gestolpert sind sie dabei über die kulturellen Opferbilder, die die »Unschuld« des Opfers normativ voraussetzen. Die Bilder, die dabei von den feministischen Frauen über Gewalt gegen Frauen selbst transportiert werden, haben das Bild der Frau als Opfer bestätigt. Unschuldig sind indessen das Klientel der Frauen-Projekte ganz und gar nicht. Sie sind vielmehr verstrickt, und sie handeln, legt man die Theorie BOURDIEUS über die Ökonomie der Praxis zugrunde, im Sinne einer strategischen Einstellung und eines strategischen Umgangs mit ihren Gewalterfahrungen. Der ökonomische Umgang der Frauen mit ihrem Gewaltschicksal hat die Pädagoginnen überrascht und verunsichert. Es entstanden Dilemmata der offenen oder heimlichen moralischen Verurteilung der Klientin. Diese Gefühle im Umgang mit Klientinnen zu thematisieren schien immer verboten.

4.2 Frauengleichstellungsstellen, Referate für Frauen und Mädchenarbeit, Frauen- und Mädchenbeauftragte

Neben den autonomen Projekten haben sich im Zuge der Frauenbewegung auch vermehrt Frauen- und Mädchenarbeitsbereiche in bestehenden institutionellen Einrichtungen des Bildungs- und Sozialwesens etabliert. Dazu zählen beispielsweise die bundesweite Einrichtung von Gleichstellungsstellen Ende der 70er Jahre oder die zunehmende Etablierung von Mädchenarbeit im Rahmen von erzieherischen Hilfen, der Jugendverbandsarbeit und den offenen Jugendeinrichtungen. Diese Einrichtungen arbeiten in der Regel als Stabstellen, das heißt als erziehungswissen- *Stabstellenarbeit* schaftlich ausgebildete Expertinnen in bürokratischen Organisationen. Aus diesem Status ergeben sich, organisationssoziologisch betrachtet, bestimmte strukturelle Konflikte wie die strukturelle Randständigkeit der Beauftragten und Referentinnen in den jeweiligen Organisationen, eine Disparität zwischen Verantwortung und *Organisationssozio-* Kompetenzen sowie zwischen Aufgaben und Ressourcen, diffuse oder fehlende *logische Konflikte* Stellenbeschreibungen und damit zusammenhängend Konflikte bei der Wahrnehmung der frauenspezifischen Belange und Aufgaben. Immer wieder ist diesen Stellen Alibicharakter vorgeworfen worden. Dies gilt insbesondere für die Gleichstellungsstellen, lässt sich aber auch auf Referentinnen für Frauen- und Mädchenarbeit in den verschiedensten Organisationen übertragen. Es gilt hier die Einsicht der Ver-

wendungsforschung zur Rezeption sozialwissenschaftlichen Wissens in bürokratischen Systemen, die lautet, dass vor allem unterschiedliche Handlungsmaßstäbe in
den Stabstellen für Frauen- und Mädchenarbeit auf der einen Seite und in der pyra-
midenförmig organisierten Institution mit in der Regel bürokratischen Positionen
auf der anderen Seite die Beziehung zwischen Stab und Linie prägen.

4.3 Berufshilfe

Lebensweltbezug

Die Berufshilfe für Frauen und Mädchen arbeitet in der Regel lebensweltbezogen
und zunächst individuell, d.h. die Klientinnen der Berufshilfe werden zunächst
personenorientiert beraten. In den organisatorischen Kontexten der Berufshilfe haben sich, bedingt durch diesen Ansatz und bedingt durch die erziehungswissenschaftliche Ausbildung der dort tätigen Expertinnen, teilweise Therapeutisierun-
gen als Problem der Organisationskultur ergeben. Unter Therapeutisierung werden

Therapeutisierungsgefahr

solche sozialen Definitionsprozesse verstanden, die in der Regel unbeabsichtigt ein
gesellschaftliches und strukturelles Problem wie Arbeitslosigkeit umdefinieren
und zu einem Seelen- oder Persönlichkeitsproblem machen. Dies ist vor allem
dann naheliegend, wenn Beratungen und Hilfeleistungen in Zeiten biografischer
Wendepunkte und Krisen nachgefragt werden. Die Balance zwischen personen-
orientierter Beratung und frauenpolitischem Bewusstsein zu halten ist nicht nur
Ziel in den jeweiligen Konzeptionen der Berufshilfe für Frauen und Mädchen, sondern auch der Maßstab, an dem sie gemessen werden.

5. Handlungsperspektiven für die erziehungswissenschaftliche Theorie und Praxis

Geschlechterverhältnis
als Strukturprinzip

Seit Mitte der 80er Jahre richtet sich der Fokus der Geschlechterforschung nicht
mehr auf die Differenz zwischen den Geschlechtern, sondern vielmehr auf das Geschlechterverhältnis als grundlegendes Strukturprinzip unserer Gesellschaft, aus
dem sich je unterschiedliche Lebenszusammenhänge für Männer und Frauen ergeben. Im Rahmen dieses Perspektivenwechsels markiert die Geschlechterdifferenz
keine natürliche, sondern eine über soziale Interaktionen und Diskurse hervorgebrachte kontextabhängige Differenz.

Diese hervorgehobene Kontextualität der alltäglichen Geschlechterkonstruk-
tion, des »Doing Gender« (vgl. WEST/ZIMMERMAN 1991), impliziert zudem die
Kritik an der Universalität der Kategorie Frauen. Die »vergessene Differenz« (vgl.
KNAPP 1988) unter Frauen sowie die Individuation und Heterogenität von Frauen
und ihrer Lebenszusammenhänge werden thematisiert. Wichtige Impulse liefern
hier vor allem die Bewegungen schwarzer oder migrierter Frauen, die starke Kritik
an der Vereinheitlichung der Kategorie Frauen üben und für die Miteinbeziehung
gesellschaftlicher und kultureller Differenzen innerhalb der feministischen Theorie und Praxis plädieren.

Indem also zunehmend die Differenzen zwischen Frauen in den Blick rücken,
wird gezeigt, dass eine einheitliche weibliche Sichtweise wie auch die eine Lebens-

140

wirklichkeit von Frauen immer fraglicher ist. Für die erziehungswissenschaftliche Frauen- und Mädchenarbeitspraxis bedeutet diese Einsicht eine Herangehensweise, »welche die Differenzperspektive abwechselnd ernst nimmt und außer Kraft setzt« (HAGEMANN-WHITE 1993, zit. n. TATSCHMURAT 1996, S.22). Was diese Prämisse für die professionelle Arbeit mit Frauen und Mädchen impliziert, diskutiert Carmen TATSCHMURAT (1996) mit den Postulaten des »Parteilichen Handelns« und des »dekonstruktivistischen Denkens«. So solle sich die praktische Arbeit weiterhin auf die erlebte Realität von Frauen und Mädchen beziehen, während andererseits die vermeintlichen Selbstverständlichkeiten von Geschlechterkonstruktionen hinterfragt und dekonstruiert werden.

Differenzen innerhalb der Kategorie Geschlecht

Die über die Auseinandersetzung mit sozialkonstruktivistischen Ansätzen entstandene differenzkritische Sichtweise führte auch dazu, dass neben Diskussionen über die Grenzen von Parteilichkeit vor allem das Postulat der gemeinsamen Betroffenheit aller Frauen seinen vorrangigen Stellenwert eingebüßt hat. So haben die Verschiedenheiten innerhalb der Gruppe der Adressantinnen und Mitarbeiterinnen den Anspruch einer grundlegenden Gemeinsamkeit aller Frauen als Mythos entlarvt. Mithin zeigen sich feministische Theorien und Konzepte zunehmend den Prämissen einer »Pädagogik der Vielfalt« (vgl. PRENGEL 1995) oder einem postmodernen »Denken der Differenz« (vgl. THÜRMER-ROHR 1995) verpflichtet.

Kritische Ausdiffenrenzierung der feministischen Postulate

6. Frauen- und Mädchenarbeit als neues Feld der Erziehungswissenschaften?

Die Darstellung pädagogischer Frauen- und Mädchenarbeit als neues Berufsfeld der Erziehungswissenschaft kann sich auch als problematisch erweisen. Insofern nämlich, als Frauen ebenso wie Männer keine natürliche und damit auch keine eindeutig zu charakterisierende Gruppe darstellen. Über eine strikte Einteilung in Frauenarbeit kann der schematisierende Dualismus von weiblich/männlich leicht verfestigt werden. In diesem Sinne ist die Adressantinnengruppe »Frauen« auch im Rahmen unserer Ausführungen nicht als einheitliche, sondern vielmehr als sozial hervorgebrachte und gänzlich heterogene Kategorie zu verstehen. Über die eindimensionale Thematisierung der Geschlechterdifferenz können folglich andere mögliche relevante Strukturmerkmale wie etwa Ethnizität oder Generation verschleiert werden.

»Frauen« als heterogene Kategorie

Weiterhin mag die alleinige Fokussierung auf das Berufsfeld der Frauenarbeit auch dazu führen, dass eben jener Umstand aus dem Blick gerät, dass eigentlich jede erziehungswissenschaftliche Tätigkeit, die Kategorie des Geschlechts zu berücksichtigen und zu thematisieren habe. Die Anerkennung und Reflexion der Geschlechterverhältnisse ist somit eine pädagogische Leitidee, die ihren Platz nicht allein in Tätigkeitsfeldern haben sollte, die explizit als solche ausgewiesen sind.

Reflexion der Geschlechterverhältnisse als Querschnittsaufgabe

141

Literatur

BITZAN, M.: Parteilichkeit zwischen Politik und Professionalität. In: HEILIGER, A./KUHNE, T. (Hrsg.): Feministische Mädchenpolitik. München 1993, S. 196-206.

BOURDIEU, P.: Ökonomisches Kapital, kulturelles Kapital, soziales Kapital. In: KRECKEL, R. (Hrsg.): Soziale Welt. Band 2. Soziale Ungleichheiten. Göttingen 1983, S. 183-198.

BRÜCKNER, M.: Vom schwierigen Umgang mit Enttäuschung. In: MÜLLER, B./THIERSCH, H. (Hrsg.): Gerechtigkeit und Selbstverwirklichung. Freiburg 1990, S. 137-160.

BRÜCKNER, M.: Frauen- und Mädchenprojekte. Von feministischen Gewißheiten zu neuen Suchbewegungen. Opladen 1996.

BUNDESTAGSDRUCKSACHE 10/1007: Sachverständigenkommission. Sechster Jugendbericht: Zur Verbesserung der Chancengleichheit von Mädchen in der BRD. Bonn 1984.

FOUCAULT, M.: Was ist Kritik? Berlin 1984.

FOULKES, S. H.: Gruppenanalytische Psychotherapie. München 1974.

GATTERMANN, S.: Chance oder Alibi? Die kommunalen Gleichstellungsstellen und Frauenbüros. Marburg 1987.

GRÖNING, K.: Beratung für Frauen. In: Neue Praxis, 23. Jg., 1993, Heft 3, S. 227-248.

HAGEMANN-WHITE, C.: Die Konstrukteure des Geschlechts auf frischer Tat ertappen? Methodische Konsequenzen einer theoretischen Einsicht. In: Feministische Studien 1993, Heft 11, S. 68-78.

HEILIGER, A./KUHNE, T.: Feministische Mädchenpolitik. München 1993.

HEINTZ, B.: Die Auflösung der Geschlechterdifferenz. Entwicklungstendenzen in der Theorie der Geschlechter. In: BÜHLER, E./MEYER, H./REICHERT D./SCHELLER, A.: Ortssuche. Zur Geographie der Geschlechterdifferenz. Zürich/Dortmund 1993, S. 17-48.

KLEES, R./MARBURGER, H./SCHUMACHER, M.: Mädchenarbeit. Praxishandbuch für die Jugendarbeit. Weinheim/München 1992.

KLINGER, C.: Das Bild der Frau in der Philosophie und die Reflexion von Frauen auf die Philosophie. In: HAUSEN, K./NOWOTNY, H. (Hrsg.): Wie männlich ist die Wissenschaft? Frankfurt/M. 1986, S. 62-84.

KNAPP, G.-A.: Die vergessene Differenz. In: Feministische Studien 1988, Heft 1, S. 12-31.

KOLK, S.: Von der Selbsterfahrung über die Selbsterkenntnis zur Einsicht. Ein Befreiungsweg im Kontext feministischer Bildungsarbeit. Bielefeld 1994.

PRENGEL, A.: Pädagogik der Vielfalt. Verschiedenheit und Gleichberechtigung in Interkultureller, Feministischer und Integrativer Pädagogik. Opladen 1995.

PÜHL, H.: Der institutionelle Mythos. In: BAUER, A./GRÖNING, K.(Hrsg.): Institutionsgeschichten/Institutionsanalysen. Tübingen 1995, S. 70-79.

TATSCHMURAT, C.: Feministisch orientierte soziale Arbeit: Parteilich handeln, dekonstruktivistisch denken? In: MILLER, T./TATSCHMURAT, C. (Hrsg.): Soziale Arbeit mit Frauen und Mädchen. Positionsbestimmungen und Handlungsperspektiven. Stuttgart 1996, S. 9-28.

THÜRMER-ROHR, Ch.: Denken der Differenz. Feminismus und Postmoderne. In: Beiträge zur feministischen Theorie und Praxis, Heft 39, S. 87-97.

WEST, C./ZIMMERMAN, D.-H.: Doing Gender. In: LORBER, J./FARREL, S. A.: The social construction of Gender. Newbury Park 1991, S. 13-37.

WURMS, R.: »Von heute an gibt´s mein Programm« – Zur Entwicklung der politischen Frauenbildungsarbeit. In: Arbeitsgruppe Frauenbildung und Politik: FÜHRENBERG, D./KOCH,G./REDZEPI, J./WURMS, R. (Hrsg.): Von Frauen für Frauen. Ein Handbuch zur politischen Frauenbildungsarbeit. Zürich/Dortmund 1992, S. 11-40.

Pflegepädagogik

Peter Vogel/Ellen Bögemann-Großheim

Inhalt

Die Geburtsstunde des begrifflichen Konstrukts »Pflegepädagogik« als Beschreibung einer erziehungswissenschaftlichen Teildisziplin einerseits und als Bezeichnung für ein pädagogisches Arbeitsfeld andererseits fällt zusammen mit der Institutionalisierung von neuen Studiengängen vornehmlich an Fachhochschulen, die ab Anfang der 1990er Jahre eingerichtet werden, um Lehrkräfte für Pflegeberufe wissenschaftlich zu qualifizieren.

Pflegepädagogik

1. Pflegepädagogik als Studienfach

1.1 Vorgeschichte

Um die Institutionalisierung von Studiengängen der Pflegepädagogik zu würdigen, muss berücksichtigt werden, dass es bis zum Ende der 1980er Jahre in den alten Ländern der Bundesrepublik keine akademische Ausbildung für Lehrkräfte im Bereich der Kranken-, Kinderkranken-, Entbindungs- und Altenpflege gab, die einen wissenschaftlichen Abschluss ermöglichte.

Studiengänge der Pflegepädagogik

Üblich war eine zweijährige berufliche Weiterbildung zur Pflegelehrkraft, die staatlich ungeregelt von kommerziellen, kirchlichen, gewerkschaftlichen und berufsverbandsspezifischen Weiterbildungsinstituten für Pflegeberufe durchgeführt wurde. Um an einer Weiterbildungsmaßnahme teilzunehmen, musste man in der Regel eine abgeschlossene Berufsausbildung in einem Pflegeberuf sowie eine mindestens dreijährige Berufserfahrung nachweisen. In seiner Studie zur PflegelehrerInnenqualifizierung charakterisiert WANNER (1993) die Weiterbildungspraxis in kritischer Absicht folgendermaßen: »Anders als das bei allen anderen Lehrberufen der Fall ist, bildet ein praktischer Beruf (die Krankenpflege) diejenigen Lehrkräfte heran, die anschließend seine Nachwuchskräfte unterrichten. ... Da die Weiterbil-

143

dungsträger mehrheitlich der Auffassung sind, dass die AbsolventInnen der Lehrgänge auch nach einer erfolgreichen Teilnahme weiterhin dem Pflegeberuf angehören, lassen sie auch für die Weiterbildungsmaßnahmen pflegerische und nicht lehrerartige Maßstäbe gelten« (WANNER 1993, S. 151).

1.2 Arbeitsfeld Pflegeschule

PflegelehrerInnen

Die besondere Rekrutierungspraxis der PflegelehrerInnen korrespondierte mit der Besonderheit der Ausbildungspraxis in Pflegeschulen, die in der Regel keine Schulen im schulrechtlichen Sinn sind. Es handelt sich hierbei gewöhnlich um staatlich anerkannte Ersatzschulen in freier Trägerschaft. So sind Krankenpflegeschulen Betriebsteile einzelner Krankenhäuser oder werden von verschiedenen Krankenhausträgern gemeinsam unterhalten. Im Berufsbildungssystem nehmen diese Ausbildungen eine Sonderstellung ein. Die Ausbildungen der Kranken-, Kinderkranken- und Entbindungspflege werden auf der Rechtsgrundlage von Artikel 74 (1) 19 des Grundgesetzes durch Berufszulassungsgesetze des Bundes geregelt. Die Ausbildung der Altenpflege unterliegt demgegenüber zur Zeit noch länderspezifischen Regelungen, wobei auch in der Altenpflege in vielen Bundesländern nicht die Kultusministerien, sondern die Gesundheits- und/oder Sozialministerien zuständig sind. Mit dem 'Gesetz über die Berufe in der Altenpflege (Altenpflegegesetz – AltPflG)', das am 1. August 2001 in Kraft treten soll, wird auch dieser Ausbildungsgang zukünftig auf der Ebene eines Berufszulassungsgesetzes analog der anderen Pflegeberufe geregelt (vgl. AltPflG Art. 4). Konsequenz der ‚Ausbildungen besonderer Art', die für Pflegeberufe bestehen (vgl. auch KURTENBACH/GOLOMBEK/SIEBERS 1988, S. 109) ist, dass den Trägern der Ausbildungsstätten sehr viel Autonomie bei der Ausgestaltung von Ausbildung zugestanden wird. Unter der traditionellen Berufsbezeichnung 'Unterrichtsschwester' bzw. 'Unterrichtspfleger' tragen PflegelehrerInnen in Abhängigkeit zur Besonderheit der schulischen Einrichtung Verantwortung für einen Aufgabenbereich, der vergleichbar generalistisch aufgebaut ist wie der Arbeitsbereich der Pflegepersonen am Krankenbett. Generalistisch im Gegensatz zu funktional spezifisch bedeute, dass

Ausbildungen besonderer Art

Unterrichtsschwestern

* PflegelehrerInnen nicht nur in der Ausbildung, sondern auch in der beruflichen Fort- und Weiterbildung tätig sind;
* PflegelehrerInnen nicht nur in der Schule unterrichten, sondern auch klinischen Unterricht erteilen und fachpraktische Unterweisungen im Betrieb, der die praktische Ausbildung trägt, durchführen;
* PflegelehrerInnen nicht nur im Fach Pflege Unterricht erteilen, sondern auch in anderen Fächern der Ausbildung (Erste Hilfe, Ernährungslehre, Anatomie/Physiologie, Berufskunde, Staatsbürgerkunde u.ä.) lehren;
* PflegelehrerInnen in den Pflegeschulen den größten Teil ihrer Arbeitsstunden für »Planung, Organisation, Beratung und Kooperation« (ALBERT 1998, S. 117), nicht aber für die Erteilung von Unterricht aufwenden (vgl. ebd.);
* PflegelehrerInnen, insbesondere in Schulen mit nur einer kleinen Schülerschaft (so gibt es im Pflegebildungsbereich auch so genannte Zwergschulen mit nur etwa 30-60 Ausbildungsplätzen), mehrere Positionen in einer Person vereinen (SchulsekretärIn, SchulleiterIn und/oder KlassenlehrerIn).

1.3 Die Ausbildung in der DDR

Abweichend von der besonderen Rekrutierungspraxis in einer beruflichen Weiterbildung wurden in der ehemaligen DDR PflegelehrerInnen gemeinsam mit Lehr-
personen für andere Gesundheitsfachberufe in einem universitären Studium auf
ihre Lehrtätigkeit vorbereitet. Das Studium 'Diplom-Medizinpägagogik' wurde
bereits ab 1963 angeboten und qualifizierte für eine Lehrtätigkeit an einer medizi-   Diplom-Medizin-
nischen Fachschule. Zum Studium wurden auch hier nur Personen zugelassen, die   pädagogik
bereits über eine Ausbildung in einem Gesundheitsfachberuf verfügten. Das Studium zielte auf eine Lehrbefähigung der zukünftigen Diplom-MedizinpädagogInnen
in den medizinischen Grundlagenfächern, die zum Fächerkanon unterschiedlicher
Gesundheitsfachberufe zählten (wie Anatomie, Physiologie, Erste Hilfe, Ernährungslehre u.ä.). Gleichzeitig sollten die AbsolventInnen qualifiziert werden in
Abhängigkeit zu den Erstberufen, denen sie entstammten, Verantwortung für die
theoretische Unterweisung in den berufsspezifischen Fächern zu tragen, so in
Krankenpflege, Methoden der Hämatologie u.ä. (vgl. HOPPE 1991, S. 332 ff.).

In den alten Bundesländern werteten nach der Wiedervereinigung reformenga-
gierte BerufsvertreterInnen der Pflege das Studium der Medizinpädagogik, das
(auch) Pflegefachkräften, die LehrerInnen in ihrem Berufsfeld werden wollten, ein   Studium der
universitäres Studium eröffnete, als ambivalente Herausforderung.   Medizinpädagogik

Zum einen begrüßte man die akademische Ausbildung des Lehrpersonals im
Berufsfeld Pflege als einen längst überfälligen Beitrag zur Professionalisierung der
Unterrichtsarbeit des Pflegelehrpersonals. Zum anderen wurde die Ausrichtung
des Studienangebots 'Medizinpädagogik' an der Leitdisziplin Medizin kritisiert.
Dies – so die Argumentation – verhindere, dass sich Pflege als originäre Wissens-
disziplin entfalten könne. Denn »Pflege hat einen eigenständigen Wissens- und
Handlungsbereich, der im Umgang mit den Grundbedürfnissen des Patienten und
der Interaktion zwischen Pflegekraft und Patient liegt. Dieser Wissens- und Handlungsbereich ist nicht aus der heutigen Medizin ableitbar« (BOTSCHAFTER/
BISCHOFF 1991, S. 56).

1.4 Reformdiskussion und Etablierung von Studiengängen

Die berufspolitisch motivierte Forderung nach einem eigenständigen Erkenntnis-
system Pflege wurde mit Hinweis auf internationale Vorbilder untermauert. So
gibt es in den USA bereits seit Beginn des 20. Jh. pflegewissenschaftliche Studiengänge. In Europa setzte der Aufbau und zunehmende Ausbau von Hochschulbil-
dung für Pflegefachkräfte nach dem Zweiten Weltkrieg ein.

Der Diagnose eines Rückstands pflegeberuflicher Entwicklung im internationalen Vergleich verschaffte die Debatte des Pflegenotstands, die zum Ende der
1980er und Beginn der 1990er Jahre nicht nur im Kreis der Berufsangehörigen,   Debatte des
sondern in breiter Fachöffentlichkeit geführt wurde, neue Dynamik und Schub-   Pflegenotstands
kraft. In dieser Debatte spielte die Berufssituation der PflegelehrerInnen keine be-
deutende Rolle. Aufmerksamkeit wurde der Arbeitssituation der Pflegepraktike-
rInnen zuteil. Angesichts einer wachsenden Nachfrage an ausgebildeten Fachkräften (Stichworte: demographische Altersentwicklung in der Gesellschaft, Zunahme

an chronischen Erkrankungen im Krankheitsspektrum, Arbeitsverdichtung in der akutmedizinischen Versorgung sowie der notwendige Ausbau pflegerischer Dienste im ambulanten Versorgungssektor) wurde die Schwierigkeit ausreichend Nachwuchs zu gewinnen und längerfristig im Beruf zu halten mit den hohen Belastungen im Berufsalltag, mangelhafter gesellschaftlicher Anerkennung, fehlenden Karrierewegen in der Pflege aber auch mit Qualifikationsdefiziten der Fachkräfte begründet. Vor diesem Hintergrund begann man ab den frühen 1990er Jahren mit der Einrichtung von Studiengängen für Leitungskräfte, Lehrkräfte und für Personen, die im Berufsfeld besondere ExpertInnenfunktionen wahrnehmen sollten.

Rückblickend attestiert SCHAEFFER (1999) der Einrichtung von pflegebezogenen Studiengängen eine hohe 'Expansionsdynamik', die zu Beginn nicht absehbar war. »So existierte beispielsweise zu Beginn der 90er Jahre erst ein einziger Pflegestudiengang, heute (1999, d.V.) hingegen mehr als 50« (SCHAEFFER 1999, S. 41).

In der Diskussion zur angemessenen akademischen Qualifizierung des Lehrpersonals für Pflegeberufe im Kanon der sich etablierenden weiteren pflegebezogenen Studiengänge repräsentiert das *Studium der Pflegepädagogik* einen besonderen Typus. BALS (1993) kennzeichnet diesen Ansatz der LehrerInnenqualifizierung als berufsständisch, insofern die LehrerInnenausbildung nicht als grundständiges Studium, sondern als akademische Weiterbildung für Personen, die bereits Pflegefachkräfte sind, angeboten wird. Sie stellt eine von verschiedenen Möglichkeiten dar, die ausgebildeten Pflegekräften offenstehen, wenn sie sich auf Hochschulebene weiterbilden möchten. In diesem Studiengangsmodell bleibt die Kernrolle des beruflichen Handelns weiterhin die Rolle der Pflegeperson, nicht die Rolle der Lehrerin/des Lehrers (vgl. BALS 1993, S. 88 f.).

Medizinpädagogik

Wurde bereits in der nichtakademischen berufspädagogischen Weiterbildung dieses Modell realisiert, so bleibt es nach seiner Einschätzung auch in Pflegepädagogikstudiengängen, insbesondere wenn sie an Fachhochschulen eingerichtet werden, bestimmend.

Pflegepädagogik bzw. Medizinpädagogik an der Universität kann man zur Zeit nur in den östlichen Bundesländern studieren (so in Halle, Dresden und Berlin). Vorreiter für eine Reform des Medizinpädagogikstudiums explizit für Personen aus den Pflegeberufen ist die Humboldt-Universität in Berlin. Sie entwickelte für Angehörige der Pflegeberufe im Rahmen des nach wie vor bestehenden Studiengangs Medizinpädagogik eine gesonderte Studienrichtung Pflegepädagogik. Als Gründe für die Einrichtung des eigenständigen Profils 'Pflegepädagogik' werden »die emanzipatorischen Bewegungen in den Pflegeberufen, die Entwicklung der Pflege zur Wissenschaft und nicht zuletzt der gegenwärtige Zustand der Praxis im Bereich der pflegerischen und medizinischen Betreuung« angegeben (BEIER/FICHTER 1992, S. 25). Es handelt sich um ein einphasiges Studium, das eine abgeschlossene Ausbildung und eine zweijährige Berufserfahrung in einem Pflegeberuf voraussetzt und mit erfolgreichem Abschluss ein Hochschuldiplom 'Pflegepädagoge/Pflegepädagogin' verleiht.

In den westlichen Bundesländern haben sich auf Fachhochschulebene weitere Pflegepädagogikstudiengänge etabliert. WITTNEBEN (2000) zählt bereits bundesweit zehn Studiengänge für Pflegepädagogik. Die Mehrheit von ihnen steht in katholischer oder evangelischer Trägerschaft (vgl. ebd., S. 10).

146

Betont wird von den Befürwortern eines Fachhochschulstudiums 'Pflegepäd-
agogik' »der große Praxisbezug des Studiums in dieser Hochschulform« (WEIDNER   Praxisbezug im Studium
2000, S. 17). Ein besonderer Praxisbezug wird *zum einen* durch die Studierenden
selbst möglich, da sie bereits Angehörige des Berufsfelds Pflege sind. Vielfach sind
die Studienangebote berufsintegrierend bzw. berufsbegleitend organisiert, so dass
auch während des Studiums eine Präsenz im Berufsfeld nicht aufgegeben wird. *Zum
anderen* sucht man Praxisorientierung durch ein einphasiges Studienangebot abzusichern, dass Praktika in Pflegeschulen und in Einrichtungen der beruflichen Fort-
und Weiterbildung in das Studienangebot integriert.

Unter 'Praxis' versteht man nicht nur die Praxis der Pflegeschule, sondern
auch die betriebliche Praxis, in der praktische Unterweisungen und Anleitungen
durchgeführt werden. PflegepädagogInnen sollen in Theorie und Praxis der Aus-,
Fort- und Weiterbildung fähig sein, unterweisende, anleitende und beratende
Funktionen wahrzunehmen. So lautet das Ziel des Studiums der Pflegepädagogik
an der Fachhochschule Bielefeld: »Das Studium der Pflegepädagogik soll für die
Übernahme berufspädagogischer Aufgaben im Pflegebereich qualifizieren« (REN-
NEN-ALLHOFF 1997, S. 4).

Unter Pflegepädagogik kann zum einen das *gesamte Studium* derer verstanden
werden, die einen akademischen Grad 'Pflegepädagoge/Pflegepädagogin' (FH) erwerben wollen. Mit Pflegepädagogik wird zum anderen ein *besonderer Studienbe-
reich* innerhalb des Gesamtstudiums bezeichnet. So studieren PflegepädagogInnen
neben dem Schwerpunktbereich Pflegepädagogik weitere Schwerpunktbereiche
(berufliche Fachrichtung Pflege, Vertiefungsbereich o.ä.).

2. Aktuelle Probleme und Entwicklungsaufgaben der Pflegepädagogik

2.1 Der Ort im Wissenschaftssystem

Die Pflegepädagogik steht zur Zeit u.a. vor der Herausforderung, dass sie ihr besonderes Ausbildungsprofil gegenüber weiteren Möglichkeiten der LehrerInnenqualifizierung im Pflegebereich begründen muss. So wurden in Bremen ab dem
Wintersemester 1994/95 und Osnabrück ab dem Wintersemester 1997/98 universitäre LehrerInnenstudiengänge für die berufliche Fachrichtung Pflege eingerichtet.
Die Ausbildung an der Universität im Rahmen eines Studiums für LehrerInnen an   Pflege als Fachrichtung
beruflichen Schulen entspricht auch dem Beschluss der KMK vom 12.05.1995,
Pflege als Fachrichtung in den Kanon der Fachrichtungen aufzunehmen, die für
Studiengänge zur Qualifizierung von LehrerInnen an beruflichen Schulen beste-   Fachrichtung Gesundheit
hen (vgl. VOGEL 1999, S. 326). An der Universität Hamburg werden in einem Studiengang 'Lehramt an der Oberstufe/Berufliche Schulen' in der Fachrichtung Gesundheit auch diejenigen LehrerInnen ausgebildet, die Pflege in der Altenpflegeausbildung unterrichten sollen. Die Notwendigkeit der Integration derer, die im Al-
tenpflegebildungsbereich unterrichten wollen, in staatliche Lehramtsstudiengänge
ist in Hamburg unstrittig, da hier die Altenpflegeausbildung zur Zeit noch – anders

147

als in anderen Bundesländern – im dualen Ausbildungssystem erfolgt (vgl. WITT-NEBEN 2000, S. 10).

Neben der Existenz von Lehramtsstudiengängen, Studiengängen der Pflegepädagogik auf universitärer und Fachhochschulebene bestehen die traditionellen nichtakademischen Weiterbildungen in der Gegenwart fort. Sie wurden durch die Ausbildungsangebote im Hochschulbereich zwar eingeschränkt aber nicht eingestellt.

Dass an Pflegeschulen im Prinzip Personen mit sehr unterschiedlichen Vorbildungen (bisweilen auch ohne besondere pädagogisch-didaktische Qualifikationsnachweise) unterrichten können, steht im Zusammenhang damit, dass von staatlicher Seite bisher darauf verzichtet wurde, eindeutig zu definieren, welche Voraussetzungen jemand benötigt, der in einer Pflegeschule Verantwortung für den pflegefachlichen Unterricht trägt.

PflegelehrerInnen

Die Einschätzung von BALS (2001) zu Ausbildungsstandards der Lehrkräfte im Berufsfeld Gesundheit betrifft auch und insbesondere die PflegelehrerInnen: Es »scheint sich hier die Geschichte der Lehrerausbildung für berufliche Schulen, repräsentiert vor allem durch den 'Handelslehrer' und 'Gewerbelehrer', in einer Dekade zu verdichten. Vom bloßen Vor- und Nachmachen im Rahmen der dem Handwerk entlehnten 'Meister- bzw. Beistellehre', über Seminar, Institut oder Akademie als Ausbildungsort bin hin zur Pädagogischen Hochschule (bzw. Fachhochschule) und Universität sind fast alle Qualifizierungsvarianten gleichzeitig vertreten; die horizontale Zeitachse ist gewissermaßen zu einem Zeitpunkt vertikal aufgerichtet« (BALS 2001, S. 2).

Ausschlaggebend für die Frage, ob überhaupt, wie und auf welchem Niveau die LehrerInnenausbildung im Pflegebereich zukünftig vereinheitlicht wird, ist, dass auf struktureller Ebene die Erstausbildungen im Pflegebildungsbereich in Reformprozesse eingebunden werden. Wenn, wie vielfach von VertreterInnen der Fachöffentlichkeit gefordert (vgl. DEUTSCHER BERUFSVERBAND für PFLEGEBERUFE 1997), die Pflegeschulen in das System der Berufsbildung integriert werden sollen, dürfte es schwer sein zu begründen, warum eine Pflegelehrerin, die in einer staatlichen Schule die Verantwortung für den theoretischen Unterricht im Fach Pflege trägt, anders ausgebildet sein soll als LehrerInnen, die in anderen Berufsfeldern Unterricht erteilen.

2.2 Pflegepädagogik als Wissenschaftsdisziplin

Pflegepädagogik steht vor der grundlegenden Frage, wie sie sich als neues Fach konstituieren soll. *Zum einen* muß das besondere Berufsfeld Pflege eindeutig definiert werden. »Bedenkt man, dass es neben dem Berufsfeld Pflege noch die Felder Gesundheit, Sozialpädagogik und Ernährung und Hauswirtschaft gibt, denen ebenfalls Berufe mit Pflegeaufgaben oder 'reine' Pflegeberufe zugeordnet sind, erweist sich die Zuordnung als schwierig« (FEGEBANK 1998, S. 8). Ein eindeutig Antwort darauf, welche Einzelberufe in pflegepädagogische Überlegungen einzubeziehen sind, wird durch uneinheitliche Ordnungsversuche erschwert.

In den Erwerbsstatistiken des Statistischen Bundesamtes werden Personen, die im Bereich der Altenpflege oder aber Kinderpflege arbeiten, in der Berufsordnung

Sozialberufe aufgeführt (vgl. MAGS 1996, S. 8 ff.), demgegenüber Angehörige der Krankenpflege, Kinderkrankenpflege und Entbindungspflege werden unter die Gesundheitsberufe subsumiert. BALS (1993) ordnet sämtliche Pflegeberufe dem Berufsfeld Gesundheit zu (vgl. ebd., S. 97). BECKER/MEIFORT zählen auch die Diätassistenz zu den Pflegeberufen (vgl. ebd. 1997, S. 36).

In Studiengängen der Pflegepädagogik erhalten zur Zeit nur Personen Zugang, die eine Ausbildung in der Krankenpflege, Kinderkrankenpflege, Altenpflege und Entbindungspflege erfolgreich absolviert haben. Weitere Personen aus anderen Pflegeberufen (Heilerziehungspflege, Haus- und Familienpflege, Kinderpflege u.ä.) sind ausgeschlossen.

Die Schwierigkeit einer Systematisierung des Berufsfelds Pflege steht im Zusammenhang mit dem Begriff 'Pflege', der, »so wie er gegenwärtig in Fachliteratur und Praxis diskutiert wird, ... als Grundlage zur Bestimmung beruflicher Aufgaben und Handlungskompetenzen wenig aussagefähig« ist (BECKER/MEIFORT 1994, S. 153). Eine systematische Neuverortung der Berufe wird vielfach als notwendig erachtet (zur Reformdiskussion im Berufsfeld Pflege vgl. u.a. BECKER 1995; MAGS 1996; DEUTSCHER BERUFSVERBAND für PFLEGEBERUFE 1997). Systematisierung des
Berufsfelds Pflege

Zum anderen bedarf die Pflegepädagogik einer *wissenschaftssystematischen Verortung im Gefüge der Wissenschaften.* Naheliegend scheint es, Pflegepädagogik, die als Erkenntnisbereich für die LehrerInnenbildung im Berufsfeld Pflege entsteht, als Teildisziplin der Erziehungswissenschaft zu verstehen. Für eine Pflegepädagogik als erziehungswissenschaftliche Teildisziplin votiert BALS (1995). Für ihn ist die Pflegepädagogik bzw. Pflege- und Medizinpädagogik »weder Bestandteil der Medizin- noch der Pflegewissenschaft, aber auch genau so wenig von Gesundheitswissenschaften oder Public Health, sondern repräsentiert eine Ausdifferenzierung der pädagogischen Berufsbildungsforschung bzw. ein Spezialgebiet der Erziehungswissenschaften« (ebd., S. 17).

Eine Einbindung der Pflegepädagogik in die Erziehungswissenschaft ist jedoch insbesondere im Kontext der Fachhochschulstudiengänge nicht selbstverständlich, berücksichtigt man, dass an den Fachhochschulen keine erziehungswissenschaftliche Fakultät vorhanden ist, die als 'Mutterdisziplin' fungieren könnte. An den Fachhochschulen wird das Fach Pflegepädagogik in der Regel dem Fachbereich Pflege bzw. Pflege und Gesundheit zugeordnet (vgl. BUNDESANSTALT für ARBEIT 1998). Dass unter dem Dach der Pflege(wissenschaft) Pflegepädagogik ein Selbstverständnis als pflegefachliche Teildisziplin entfalten kann, findet u.a. seinen Ausdruck in der Abschlussbezeichnung des Pflegepädagogikstudiums an der Katholischen Fachhochschule Nordrhein-Westfalen (KFH NW) in Köln. Die Studierenden erhalten den akademischen Grad 'Diplom-Pflegewissenschaftler/in Fachrichtung Pflegepädagogik (FH)' (vgl. WEIDNER 2000, S. 18). Auch SCHAEFFER (1999) versteht die neu eingerichteten Pflegepädagogikstudiengänge als besondere pflegewissenschaftliche Studienangebote, die – wie auch die Studienangebote für Pflegemanagement – auf besondere Teilbereiche pflegerischen Handelns bezogen sind. Sie plädiert – mit Blick auf Professionalisierungsbestrebungen der in Pflegeberufen Tätigen – für einen Ausbau pflegewissenschaftlicher Studiengängen, die auf die gesamte Pflege zielen und wertet die Konzentration auf besondere Aufgabenschwerpunkte der Pflege (Lehre bzw. Leitung) als ein zu überwindendes Durchgangsstadium im Zuge der vollständigen Akademisierung und Professionalisierung des Pflegehandelns (vgl. ebd., S. 142 ff.; vgl. auch SCHMERFELD 1996, S. 59), der die Einrichtung von Studiengängen der Pflegepädagogik als Ausdruck von Professionalisierungsbestrebungen der Pflege interpretiert.

SAHMEL (2001) plädiert demgegenüber dafür, dass das Fach Pflegepädagogik ein eigenständiges, unabhängiges Profil entfalten soll. Er schlägt vor, Pflegepädagogik als 'kritisch-konstruktive Disziplin' »im Rahmen der kritischen Sozialwissenschaften zu konstituieren … Sie (die Pflegepädagogik, d.V.) baut zentral auf Analysen und Impulsen der Kritisch-konstruktiven Erziehungswissenschaft wie der Kritischen Pflegewissenschaft auf, ohne dass jedoch Erkenntnisse bruchlos in die neue Disziplin übertragen werden« (SAHMEL 2001, S. 26).

Die angedeuteten Entwürfe zur Verortung einer Pflegepädagogik verdeutlichen, dass zu grundlegenden Fragen noch kein Konsens hergestellt werden konnte. Bisher haben sich weitgehend unabhängig voneinander die (vorläufigen) Profile zur Ausbildung von PflegepädagogInnen entfaltet, wobei insbesondere an konfessionellen Fachhochschulen auf der Basis besonderer weltanschaulicher Verständnisse eigenständige Akzente des Qualifikationsprofils betont werden (vgl. etwa WEIDNER 2000, S. 17 ff.).

Zur Zeit müssen die AbsolventInnen der Pflegepädagogikstudiengänge die Überlegenheit ihrer besonderen Ausbildung auf dem Berufsstellenmarkt der Pflegeschulen selbst unter Beweis stellen. Hierbei müssen sie auch mit Personen kon-

Lehrerin für Pflege   kurrieren, die über *andere* Qualifikationsniveaus (Universität bzw. nicht akademische Weiterbildung) verfügen. Ein Großteil derer, die derzeit in Pflegeschulen tätig sind, hat keine akademische Aus- bzw. Weiterbildung absolviert. Wurde dieser Personenkreis lange Zeit als Unterrichtsschwester bzw. Unterrichtspfleger tituliert, so setzt sich zunehmend die Berufsbezeichnung 'Lehrerin für Pflege' bzw. 'Lehrerin für Pflegeberufe' durch. Der Titel 'Pflegepädagogin' ist demgegenüber nur den AbsolventInnen der beschriebenen Studiengänge vorbehalten und hat sich bisher zur Bezeichnung des Lehrpersonals im Pflegebildungsbereich noch nicht erfolgreich durchgesetzt.

Literatur

ALBERT, M.: Krankenpflege auf dem Weg zur Professionalisierung. Diss. Pädagogische Hochschule Freiburg 1998.

ALTENPFLEGEGESETZ – AltPflG: Gesetz über die Berufe in der Altenpflege (Altenpflegegesetz – AltPflG) sowie zur Änderung des Krankenpflegegesetzes. Drucksache 514/00.

BALS, Th.: Professionalisierung des Lehrens im Berufsfeld Gesundheit. 2. Aufl. Köln 1992.

BALS, Th.: Gesundheitslehrer oder Krankenpflegepädagogen? Zur Frage der Normalität der Lehrerausbildung in den Gesundheitsfachberufen. In: BISCHOFF, C./BOTSCHAFTER, P. (Hrsg.): Neue Wege in der Lehrerausbildung für Pflegeberufe. Melsungen 1993, S. 87-110.

BALS, Th.: Was ist 'Medizin- und Pflegepädagogik'? In: Pflegepädagogik 5 (1995), S. 15-17.

BALS, Th.: Lehrerausbildung für die Gesundheitsfachberufe. Online in Internet. URL: Server für Pflege.de/Beruf Pflegestudium »Lehrerausbildung ...«. (Stand 25.02.01).

BECKER, W./MEIFORT, B.: Pflegen als Beruf – ein Berufsfeld in der Entwicklung. Bielefeld 1994.

BECKER, W.: Das Eis ist brüchig ... oder: Wie viele Berufe verträgt das System? Überlegungen zur Zukunft gesundheits- und sozialpflegerischer Berufe. In: MEIFORT, B./BECKER, W. (Hrsg.): Berufliche Bildung für Pflege- und Erziehungsberufe. Bielefeld 1995, S. 197-219.

BEIER, J./FICHTNER, K.-H.: 2. Studiengang Medizinpädagogik/Pflegepädagogik in Berlin: In: Deutsche Krankenpflegezeitschrift 45 (1992), Beilage S. 24-28.

BOTSCHAFTER, P./BISCHOFF, C.: Argumente für die Einrichtung des Studienganges Pflegepädagogik an der Freien Universität Berlin. In: Deutsche Krankenpflegezeitschrift 44 (1991), S. 56-57.

BUNDESANSTALT für ARBEIT (Hrsg.): KURS. Die Datenbank für Aus- und Weiterbildung. Stichwort Pflegewissenschaft Gesamtinformationen. Druck vom 4.3.1998.

DEUTSCHER BERUFSVERBAND für PFLEGEBERUFE (Hrsg.): Ausbildung in den Pflegeberufen. Eschborn 1993.

FEGEBANK, B.: Der schwierige Weg zur Professionalisierung und Akademisierung in der „Pflege". In: Pädagogischer Blick 6 (1998), S. 5-15.

HOPPE, E.: „Was heißt und zu welchem Zweck studiert man Medizinpädagogik?". In: Deutsche Krankenpflegezeitschrift 44 (1991), S. 332-335.

MAGS: Ministerium für Arbeit, Gesundheit und Soziales des Landes Nordrhein-Westfalen (Hrsg.): Strukturreform der Pflegeausbildungen. Gutachten über Handlungsbedarf zur Neustrukturierung von Berufsbildern der gesundheits- und sozialpflegerischen Berufe und bildungspolitische Schlußforderung. Düsseldorf 1996.

RENNEN-ALLHOFF, B.: Berichte aus Lehre und Forschung. Nr. 1. Konzeption des Studiengangs Pflegepädagogik an der Fachhochschule Bielefeld 1997.

ROBERT BOSCH STIFTUNG (Hrsg.): Pflege braucht Eliten. Denkschrift zur Hochschulausbildung für Lehr- und Leitungskräfte in der Pflege. 4. Aufl. 1993.

SAHMEL, K.-H.: Möglichkeiten und Grenzen kritisch-konstruktiver Pflegepädagogik. In: SAHMEL, K.-H. (Hrsg.): Grundfragen der Pflegepädagogik. Stuttgart 2001, S. 11-29.

SCHAEFFER, D.: Entwicklungsstand und -herausforderungen der bundesdeutschen Pflegewissenschaft. In: Pflege 12 (1999), S. 141-152.

SCHMERFELD, J.: Pädagogische Professionalität in der Pflege – Gedanken zur Hochschulausbildung von Pflegepädgogen. In: Pflege 9 (1996), S. 56-60.

VOGEL, P.: Lehrer für Pflegeberufe. In: KAISER, F.-J./PÄTZOLD, G. (Hrsg.): Wörterbuch Berufs- und Wirtschaftspädagogik. Bad Heilbronn/Obb. 1999, S. 257-259.

WANNER, B.: Lehrer zweiter Klasse? Historische Begründung und Perspektiven der Qualifizierung von Lehrerinnen und Lehrern der Pflege. 2. überarb. Aufl. Frankfurt/M. 1993.

WEIDNER, F.: Eine einphasige, berufsbegleitende Ausbildung von Pflegepädagoginnen/Pflegepädagogen an der Fachhochschule. In: DARMANN, I./WITTNEBEN, K. (Hrsg.): Gesundheit und Pflege: Ausbildung, Weiterbildung und Lehrerbildung im Umbruch. Bielefeld 2000, S. 16-26.

WITTNEBEN, K.: Schulen, Ausbildung, Weiterbildung, Lehrerbildung der Fachrichtungen Gesundheit und Pflege im Umbruch – Eine Einführung in das Tagungsthema. In: DARMANN, I./WITTNEBEN, K. (Hrsg.): Gesundheit und Pflege: Ausbildung, Weiterbildung und Lehrerbildung im Umbruch. Bielefeld 2000, S. 7-15.

Sozialgerontologie

Gerhard Naegele

Inhalt

1. Soziale Gerontologie in der Hochschulausbildung

Gerontologie versteht sich als eine interdisziplinäre Wissenschaft, die sich mit dem Alter ebenso wie mit dem Alternsprozess auseinandersetzt. Gerontologie als Oberbegriff für die Wissenschaft vom Altern lässt sich differenzieren in einen naturwissenschaftlich-medizinischen Zweig und einen sozialwissenschaftlichen Zweig (Soziale Gerontologie), der u.a. psychologische, soziologische, sozialpolitikwissenschaftliche und pädagogische Alternswissenschaften umfasst. *Was ist Gerontologie?*

Gerontologie spielt derzeit in den für eine spätere berufliche Tätigkeit einschlägigen grundständigen Studiengängen an Fachhochschulen und Universitäten (zumeist Sozialarbeit, Sozialpädagogik, Psychologie, Pädagogik und Sozialwissenschaften) eine untergeordnete und häufig nur zufällige Rolle. Nur ganz wenige Universitäten (z.B. Heidelberg/Dortmund, s.u.) verfügen über systematisch entwickelte und wissenschaftlich fundierte gerontologisch relevante Angebote in der Erst-/Grundausbildung. Somit verfügt ein Großteil der beruflich mit Alternsthemen befassten nicht-ärztlichen Berufsgruppen über keine oder nur in einem sehr geringen Maße gerontologischen Kenntnisse.

In Deutschland gibt es explizite gerontologische Lehr- und Studienangebote bislang – von Vechta (Universität Vechta) abgesehen – nur im Rahmen eines Aufbau- (GHS Kassel), zweier Zusatz- (Universitäten Heidelberg und Nürnberg-Erlangen) und eines Weiterbildungsstudiengangs (Universität Dortmund). Die Uni- *Wo gibt es gerontologische Studienangebote?*

versitäten Kassel und Dortmund (s. Abschnitt 1.2.) haben dabei eine explizit sozialgerontologische Ausrichtung und verleihen als Diplomabschluss auch den Titel Diplom-Sozialgerontologe.

1.1 Warum (sozial)gerontologische Qualifizierung auf Hochschulebene?

Universitäre Studienangebote in (sozialer) Gerontologie sind eine Reaktion auf ein bundesweit stark gestiegenes Interesse, das insbesondere aus dem Bereich der beruflichen Praxis kommt. Dies betrifft vor allem Professionelle mit Diplomabschlüssen in den Studiengängen Sozialarbeit, Sozialpädagogik, Psychologie, Pädagogik, Sozialwissenschaften und Theologie, dabei zumeist Leitungs- und Führungskräfte, und hängt u.a. mit folgenden Arbeitsfeldveränderungen zusammen (vgl. BÄCKER/ HEINZE/NAEGELE 1995; NAEGELE 1999; BÄCKER u.a. 2000):

- Konsequenzen des demographischen und sozialen Wandels mit der damit einhergehend gestiegenen Notwendigkeit zur Professionalisierung des Sektors Altenpolitik und -arbeit;

Arbeitsfeldveränderungen in Altenpolitik und -arbeit

- Qualitative Arbeitsfeldveränderungen aufgrund neuer Zielgruppen, Aufgaben und Zielsetzungen von Altenpolitik und -arbeit (z.B. junge Alte, ältere Ausländer, psychisch veränderte (und/oder dementiell erkrankte) Menschen, Schwerpflegebedürftige und deren Angehörige);
- Gestiegene fachliche Anforderungen als Folge neuer gerontologischer Erkenntnisse über Handlungsmöglichkeiten und bestehenden Handlungsbedarf (z.B. bezogen auf Rehabilitation) einerseits und veränderter politisch-gesetzlicher Rahmenbedingungen andererseits (z.B. Qualitätssicherung als explizites Ziel im SGB XI);
- Fachlich komplizierter und anspruchsvoller gewordene Rahmenbedingungen und Strukturen, unter denen Altenpolitik und -arbeit sich vollzieht, so insbesondere bezüglich arbeits-, sozial- sowie finanzpolitisch-rechtlicher Vorgaben oder ökonomischer Sachzwänge (z.B. Budgetierung, neue Steuerungsmodelle auch in der örtlichen Altenpolitik und -arbeit);
- Stark gestiegener Aus-, Fort- und Weiterbildungsbedarf, dessen Abdeckung sowohl mehr wie zugleich auch qualifiziertere gerontologische Aus-, Fort- und Weiterbildner erfordert;
- Wachsende Einsicht in die Notwendigkeit von Mitarbeitergewinnung, -führung und -motivation, insbesondere auch angesichts des »knappen Gutes« qualifizierter »Altenarbeiter«, die es zu »hegen und zu pflegen« gilt, anstatt zu demotivieren oder im Extrem gar völlig vorzeitig aus dem Berufsfeld zu vertreiben.

Sozialgerontologisch qualifizierte Leitungs- und Führungskräfte

Diese und andere Arbeitsfeldveränderungen setzen mehr und qualifiziertere Mitarbeiter in den verschiedenen Feldern und Funktionsbereichen von Altenpolitik und -arbeit, insbesondere von qualifizierten Leitungs- und Führungskräften, voraus. Letztere nehmen einen maßgeblichen Einfluss auf die Entwicklung und Umsetzung von Arbeits- und Personalentwicklungskonzepten und tragen dadurch zu einem effektiveren Einsatz der vorhandenen knappen materiellen und personellen Ressourcen bei. Nur über die systematische Vertiefung und Verbreiterung bereits

154

vorhandener, häufig auch nur zufällig erworbener beruflicher Qualifikationen lässt sich Praxis verändern.

Insofern ist die Forderung nach Akademisierung des Berufsfeldes Altenpolitik und -arbeit eine notwendige Reaktion auf die bereits stattgefundenen und weiter voranschreitenden strukturellen Veränderungen in einem Arbeitsfeld, das wie kein zweites mit die höchsten Zuwachsraten sowohl im quantitativen wie im fachlichqualitativen Aufgabenzuschnitt zu verzeichnen hat und wie kein anderer Dienstleistungsbereich Wachstums- und Entwicklungschancen aufweist (vgl. BARKHOLDT u.a. 1999).

1.2 Soziale Gerontologie am Lehrstuhl für Soziale Gerontologie der Universität Dortmund

Die an der *Universität Dortmund, Lehrstuhl für Soziale Gerontologie*, vertretene Soziale Gerontologie hat einen *sozialpolitikwissenschaftlichen/soziologischen* Schwerpunkt. Dieser lässt sich wie folgt beschreiben:

Ziel ist zum einen die Vermittlung sozialgerontologischen Grundlagenwissens, das aus disziplinspezifischer Perspektive der Sozialpolitikwissenschaften/Soziologie betrachtet wird. Dabei liegt der sozialgerontologischen Grundlagenforschung am Lehrstuhl stets ein klarer *Anwendungsbezug* zugrunde, d.h. es geht immer auch um eine vertiefende Auseinandersetzung mit sozialpolitisch relevanten Fragestellungen. Diese beziehen sich zumeist auf typische soziale Probleme des Alters (wie z.B. Altersarbeitslosigkeit, Hilfe- und Pflegebedürftigkeit) bzw. auf die Umsetzung bestimmter, allgemein anerkannter altenpolitischer Ziele wie Erhalt/Erhöhung der Lebensqualität im Alter, Aufrechterhaltung der selbständigen Lebensführung und dgl. Die am Lehrstuhl betriebene Theoriebildung wird von daher auf die jeweiligen Herausforderungen der Praxis gerichtet. Ziel ist es, den praktischen Handlungsbezug theoretisch zu fundieren bzw. die theoretische Reflexion von professionellem, aber auch von Laienhandeln (z.B. Ehrenamtliche), in der praktischen Altenpolitik und -arbeit zu ermöglichen. Es geht also im weitesten Sinne um die *Anwendung wissenschaftlicher Erkenntnisse aus der Alternsforschung in der Praxis von Alterssozialpolitik, Altenpolitik und -arbeit.*

Vor dem Hintergrund verschiedener theoretischer Ansätze der Sozial- und Geisteswissenschaften nimmt die Dortmunder Soziale Gerontologie das Altern als soziales Phänomen und den alternden Menschen als handelndes Subjekt in den Blick. Altern wird dabei v.a. auf den folgenden vier Ebenen thematisiert

- Soziale Gerontologie mit einem sozialpolitikwissenschaftlichen Schwerpunkt beschäftigt sich mit *Lebenslageanalysen* von spezifischen Gruppen älterer Menschen (z.B. ältere Arbeitnehmer, Frauen im Alter, älter werdende Singles, ältere Migranten). Dabei legt sie einen besonderen Fokus auf *soziale Ungleichheiten* innerhalb der älteren Bevölkerung (z.B. ältere Arbeitslose, Hilfe- und Pflegebedürftige, benachteiligte ältere Frauen, isolierte ältere Ausländer) und leitet auf wissenschaftlicher Grundlage Maßnahmen ab, die auf die Verbesserung der Lebenslage sozial gefährdeter und sozial schwacher älterer Menschen bzw. auf die präventive Vermeidung von sozialen Ungleichheiten gerichtet sind.

Marginalia: Anwendungsbezug

Marginalia: Sozialgerontologische Lebenslageanalyse

- Besondere Beachtung findet die *Evaluierung von sozialpolitischen Maßnahmen, Programmen, Regelungen und dgl.* für ältere Menschen (z.B. staatliche Alterssicherung, gesundheitliche und pflegerische Versorgung). Einbezogen ist auch die Evaluierung der praktischen Altenpolitik und -arbeit incl. der darauf bezogenen Sozialplanung – vor allem auf örtlicher Ebene.

Sozialgerontologische Evaluierung

- Soziale Gerontologie nimmt darüber hinaus die *gesellschaftlichen Rahmenbedingungen in der Phase des Alterns* ins Blickfeld. So geht z.b. der demographische Wandel einher mit strukturellen Veränderungen im höheren Lebensalter wie Entberuflichung, einerseits Verjüngung, andererseits Hochaltrigkeit, Singularisierung und Feminisierung (vgl. NAEGELE/TEWS 1993). Soziale Gerontologie beschäftigt sich dabei mit der Zuschreibung von Altersrollen, der Konstituierung von Altersgrenzen in sozialpolitischen Prozessen, Generationen- und Kohortenbeziehungen, dem Wandel der Erwerbsgesellschaft und den Veränderungen in der Familie und macht auf die damit verbundenen Konsequenzen für die Lebenslage der älteren Menschen aufmerksam.

Gesellschaftliche Rahmenbedingungen von Altern und individueller Lebenslagen im Alter

- Ältere Menschen sind als Individuen zu begreifen, die in sozialen Kontexten eingebunden sind und sich in ihrem Alternsprozess mit den sozialen, kulturellen und biologischen Lebensbedingungen auseinandersetzen. Soziale Gerontologie fragt nach den *gesellschaftlichen Begründungszusammenhängen individueller Lebenslagen*, nach alters- und/oder auch generationsspezifischen Ereignissen und auf welche Weise diese die Lebenswelten älterer Menschen prägen. Das Alter ist als eine Phase des Lebens zu verstehen, darauf bezogene Lehre und Forschung erfordern deshalb die Berücksichtigung biographischer und/oder lebenslaufbezogener Dimensionen. Themenbereiche sind z.b. der Übergang in den Ruhestand, Verwitwung, die Entstehung von Hilfe- und Pflegebedürftigkeit, Beziehungen in sozialen Netzen wie Familie, Freunde und Nachbarschaft.

2. Qualifikationserfordernisse und mögliche Arbeitsfelder

2.1 Elemente eines beruflichen Anforderungsprofils

Das von (Sozial) Gerontologen geforderte berufliche *Anforderungsprofil* bezieht sich zum einen auf gerontologische Fachkenntnisse incl. der dazugehörigen theoretischen Grundlagen und zum anderen auf sog. Schlüsselqualifikationen für die Übernahme von konzeptionell planerischen wie Management- und Führungsaufgaben in der praktischen Altenpolitik und -arbeit (vgl. Abschnitt. 2.2). In einem Grundsatzpapier zu den Aufgaben universitärer gerontologischer Ausbildung hat eine Arbeitsgruppe der Deutschen Gesellschaft für Gerontologie und Geriatrie, in der alle oben genannten Hochschulen vertreten sind, dazu kürzlich wie folgt argumentiert (Hervorhebungen im Original):

Sicherung eines sozialgerontologischen Anforderungsprofils im Studium

»Absolventen gerontologischer Studiengänge sollen über solide Kenntnisse in bezug auf zentrale Theorien, Methoden, und Ergebnisse gerontologischer Forschung verfügen. Dabei ist zu beachten, dass gerontologische Forschung zum einen disziplinäre Forschung ist, zum anderen die Integration der Erkenntnisse aus verschiedenen Disziplinen umfasst. Aus diesem Grunde müssen sich Gerontologen im

Kern mit verschiedenen Disziplinen beschäftigen und zugleich Erkenntnisse dieser Disziplinen miteinander verbinden können (*multi- oder interdisziplinäre Perspektive*). Da die Studenten (von (sozial-)gerontologischen Aufbau-, Zusatz- oder Weiterbildungsstudiengängen; G.N.) ... aus unterschiedlichen Grunddisziplinen (grundständigen Studiengängen) und/oder beruflichen Tätigkeitsfeldern stammen, ist bei ihnen von *einer spezifischen Sicht des Alter(n)s auszugehen*, die im Sinne einer multi- oder interdisziplinären Ausrichtung der Gerontologie perspektivisch erweitert werden soll. Dabei unterscheiden sich die ... Studiengänge in dem Gewicht, das sie einzelnen Disziplinen zuordnen, so dass es bei der Entwicklung eines gemeinsamen Kernprofils lediglich darum gehen kann, einen *Grundstandard* an Kenntnissen in verschiedenen Disziplinen zu definieren.

Weiter ist neben dieser eher *wissenschaftlich orientierten Perspektive* für die ausbildungsbezogene Definition des Begriffs 'Gerontologie' *die anwendungsbezogene Perspektive* wesentlich. In bezug auf die Qualifikation bedeutet dies, dass Absolventen der .... Studiengänge über fundierte Kenntnisse hinsichtlich der praktischen Anforderungen und Aufgaben verfügen, die sich aus dem Älterwerden des Einzelnen und dem Altern der Gesellschaft insgesamt ergeben. Die diesbezüglichen Kenntnisse beziehen sich auf medizinisch-rehabilitative, psychologische, bildungsbezogene, infrastrukturell-organisatorische, sozialpolitische, ökonomische sowie juristische Aspekte (...).

Die .... Studiengänge 'Gerontologie' verfolgen schließlich das Ziel, theoretische und anwendungsbezogene Perspektiven miteinander zu verbinden. Bestandteil aller Studiengänge ist deshalb die Auseinandersetzung mit den Beziehungen zwischen Theorie und Empirie sowie von Theorie und Praxis in den verschiedenen Disziplinen. Die Anforderungen, die aus den verschiedenen beruflichen Tätigkeitsfeldern hervorgehen, sind unter Nutzung von Erkenntnissen der Grundlagen- und Interventionsforschung zu bewältigen. Aus diesem Grunde bildet die wissenschaftliche Orientierung in den .... Studiengängen eine zentrale Voraussetzung für die kompetente Tätigkeit als Gerontologe. Zudem gehört zur Qualifikation als Gerontologe die Fähigkeit, neue (auch zukünftige) Handlungsfelder in der Praxis zu erkennen und – zum Teil auch in Kooperation mit anderen Berufsgruppen – angemessene Konzepte für diese Handlungsfelder zu entwickeln« (CARELL u.a. 1998, o.S.).

Diese allgemeinen Ausführungen lassen sich ergänzen um folgende *Kernbestandteile eines fachlichen Anforderungsprofils*, das dem Dortmunder Weiterbildenden Studiengangs »Soziale Gerontologie« zugrunde liegt und im Rahmen seiner Evaluierung weiterentwickelt wurde (vgl. auch KÜHNERT/NAEGELE 1995):

- Fachkenntnisse in der Soziologie, Psychologie, Pädagogik und Sozialpolitik in ihren gerontologisch relevanten Teilbereichen incl. der dazugehörigen theoretischen Grundlagen – und zwar bezogen auf individuelle Alternsvorgänge ebenso wie auf die gesellschaftlichen und sozialen Umwelten demographischer Prozesse;
- Fachkenntnisse auf den Gebieten der politischen, mikro- und makroökonomischen, finanzierungsbezogenen, rechtlichen, berufspolitischen und qualifikatorischen Rahmenbedingungen von Altenpolitik und -arbeit;
- vertiefte Kenntnisse zu den bestehenden Praxisfeldern von Altenpolitik und -altenarbeit incl. der jeweiligen politisch-administrativen Strukturen, rechtlichen

Kernbestandteile eines beruflichen Anforderungsprofils

und finanzierungspolitischen Voraussetzungen, der jeweiligen Aufbau- und Ablauforganisation, Arbeitsbedingungen etc. (z.B. Dienste und Einrichtungen der gesundheitlichen und pflegerischen Versorgung);

- Kompetenzen zur systematischen, theoriegeleiteten Erfassung von Problemlagen und zur Herstellung des erforderlichen Theorie-Praxisbezugs einerseits und zur Evaluierung von Praxis, d.h. Schlüsselqualifikationen zum angewandten wissenschaftlichen Arbeiten incl. des dazugehörigen methodischen Rüstzeugs;
- Soziale Management- und Führungskompetenzen, d.h. Kenntnisse, Fähigkeiten und Fertigkeiten auf dem Gebiet der Mitarbeiterführung, -beurteilung, -auswahl sowie bezüglich Strategien zur Personal- und Organisationsentwicklung in sozialen Organisationen sowie zur Projektplanung und -steuerung;
- Kommunikative und kooperative Kompetenzen zur Arbeit in multiprofessionellen Teams sowie zur Zusammenarbeit mit anderen Institutionen und Berufsgruppen incl. der hierfür erforderlichen Gesprächs- und Verhandlungstechniken;
- Schlüsselqualifikationen wie Flexibilität, Fähigkeit zur kritischen Selbstreflexion und Beurteilung der bisherigen Berufserfahrungen sowie zur realistischen Einschätzung der eigenen Gestaltungsmöglichkeiten und -grenzen;
- Fähigkeiten im Umgang mit Belastungssituationen, die zum einen durch die Zielgruppe selbst hervorgerufen sein können, zum anderen aber auch durch die je spezifischen Arbeitsbedingungen in diesem Handlungsfeld.

2.2 Arbeitsfelder

Der Bedarf an qualifizierten (Sozial) Gerontologen ist derzeit nicht exakt zu quantifizieren. Allerdings ist es möglich, die Arbeitsfelder zu benennen, in denen (Sozial) Gerontologen aufgrund ihres fachlichen Profils eingesetzt und auch gebraucht werden *könnten*. Dass bislang nur wenige entsprechende Stellen ausgeschrieben (und finanziert) werden, hat z.T. mit den etablierten (in Teilen noch immer selbst »gerontologisierten«) Praxisstrukturen incl. des traditionell geringen Professionalisierungsgrades in der praktischen Altenpolitik und -arbeit zu tun. Aktuell bestehen überdies erhebliche Unsicherheiten hinsichtlich der Finanzierungsstrukturen – insbesondere als Konsequenz der im Zuge der Einführung des SGB XI dort erfolgten finanziellen, betrieblichen und personellen »Turbulenzen«, die auf Trägerseite deutliche Zurückhaltung hinsichtlich Personalausweitung und -umschichtung zur Folge haben (vgl. exemplarisch am Beispiel der ambulanten Pflege Aids-Kranker EWERS/SCHAEFFER 1999). Nicht zuletzt ist auch das berufliche Profil des (Sozial) Gerontologen in der Praxis kaum bekannt.

Sozialgerontologische Arbeitsfelder

Insgesamt ergeben sich folgende praktische Einsatzfelder für qualifizierte (Sozial) Gerontologen:

- Leitungstätigkeiten in größeren Einrichtungen der praktischen Altenpolitik und -arbeit (z.B. Heime, Tagesstätten, Sozialstationen, Beratungsstellen);
- Leitungs- und Referententätigkeiten in Fachabteilungen von Verbänden, die Fachberatung durchführen oder mit konzeptionellen Aufgaben betraut sind;
- Bereiche der Verwaltung, die mit Altenpolitik und -planung beschäftigt sind, auf Bundes-, Landes- und kommunaler Ebene;

- Gerontologische Aus-, Fort- und Weiterbildungsinstitute im Hinblick auf die konzeptionelle Entwicklung und Durchführung von Bildungsangeboten;
- Beratungstätigkeiten für einzelne Dienste und Einrichtungen der praktischen Altenpolitik und -arbeit außerhalb der Verbände und Kommunen (z.b. Organisationsberatung);
- Mitarbeit in Forschungs- und Lehreinrichtungen;
- selbständige Tätigkeit im Bereich der praktischen Altenpolitik und -arbeit (z.b. Gründung eines eigenen, auf ältere Menschen bezogenen Dienstleistungsunternehmens);
- Beratung von bzw. Mitarbeit in Betrieben, Kammern und anderen Wirtschaftseinrichtungen und Unternehmen im Bereich des sog. »Geronto-Marketing«, z.b. Tourismus, Freizeit, Wellness, Wohnen und selbständige Lebensführung, Kommunikation und neue Medien (vgl. BARKHOLDT u.a. 1999).

Literatur

BÄCKER, G./HEINZE, R./NAEGELE, G.: Die sozialen Dienste vor neuen Herausforderungen, Dortmunder Beiträge zur Sozial- und Gesellschaftspolitik, 1. Münster 1995.

BÄCKER, G./BISPINCK, R./HOFEMANN, K./NAEGELE, G.: Sozialpolitik und Soziale Lage, Band 2: Gesundheit und Gesundheitssystem, Familie, Alter, Soziale Dienste. Wiesbaden 2000.

BARKHOLDT, C. u.a.: Memorandum »Wirtschaftskraft Alter«, Gemeinsamer Forschungsbericht der Forschungsgesellschaft für Gerontologie e.V., Institut für Gerontologie an der Universität Dortmund und Institut Arbeit und Technik, Abteilung Dienstleistungssysteme, im Wissenschaftszentrum Nordrhein-Westfalen. Manuskript Dortmund/Gelsenkirchen, März 1999.

CARELL, A. u.a.: Interner Zwischenbericht der DGGG-Arbeitsgruppe »Diplom-Studiengänge im Fach Gerontologie« Juni 1997-September 1998. Manuskript O.O. 1998.

EWERS, M./SCHAEFFER, D.: Herausforderungen für die ambulante Pflege Schwerstkranker. Eine Situationsanalyse nach Einführung der Pflegeversicherung. Veröffentlichungsreihe des Instituts für Pflegewissenschaft an der Universität Bielefeld, IPW, P99-107. Bielefeld, August 1999.

KÜHNERT, S./NAEGELE, G.: Hochschulausbildung für Sozialgerontologen – Begründungen und erste curriculare Überlegungen. In: KÜHNERT, S. (Hrsg.): Qualifizierung und Professionalisierung in der Altenarbeit. Dortmunder Beiträge zur angewandten Gerontologie, 2. Hannover 1995, S. 79-98.

NAEGELE, G.: Neue Märkte und Berufe, Altern schafft Bedarf. In: NIEDERFRANKE, A./NAEGELE, G./FRAHM, E. (Hrsg.): Funkkolleg Altern 2: Lebenslagen und Lebenswelten, Soziale Sicherung und Altenpolitik. Wiesbaden 1999, S. 435-478.

NAEGELE, G./TEWS, H.P.: Lebenslagen im Strukturwandel des Alters, Alternde Gesellschaft – Folgen für die Politik. Opladen 1993.

Gesundheitspädagogik

Hans Günther Homfeldt

Inhalt

Berufliches Arbeitshandeln als institutionelles Faktum ist durch spezifische Erwartungsmuster, durch unverwechselbare Leistungsprofile und durch wissensfundierte fachkulturelle Standards begründet. Ihnen liegt in der Regel eine ausbildungsbezogene Sozialisation »als biographische Aneignung generativer Kompetenzen zur Lösung von erwerbsbiographischen Handlungssituationen« zugrunde (CORSTEN 1998, S. 35).

Das Berufsfeld Gesundheit ist – wie das für Soziales und Erziehung – den personenbezogenen Dienstleistungsberufen zuzurechnen. Die mit Diensten am Menschen befassten Berufe haben sich, wie Thomas RAUSCHENBACH ermittelte, in den zurückliegenden 30 Jahren im Vergleich zum Gesamtarbeitsmarkt überproportional ausdifferenziert (vgl. RAUSCHENBACH 1999, S. 2293 ff.), vor allem als Tätigkeitsfeld für Frauen. Die Expansion helfender Berufe bewertet bereits Mitte der 80er Jahre GROSS (1985, S. 62) als sehr problematisch. Ungebremst entfalteten, spalteten und teilten sich helfende Berufe, unverdrossen lehrten Hochschulen neue Techniken des Helfens. »Entgegen der Zeitdiagnose, entgegen der allgemeinen Stimmungslage und auch entgegen der welken Philosophie des 'immer mehr' und 'immer größer' scheint sich das Gesundheits- bzw. Krankenwesen ... nach dem Prinzip des Heuschreckenfluges selber fortwährend zu dynamisieren, anzutreiben« (GROSS 1985, S. 62), bis wegen ausbleibender Energiezufur der Höhenflug abbreche.

14 Jahre später vermutet RAUSCHENBACH (1998), dass möglicherweise ein turning point des Wachstums erreicht sei, zumindest im Bereich des Sozialen; im Arbeitsfeld Gesundheit ergibt sich ein uneindeutiges Bild.

Expansion des Berufsfeldes Gesundheit ab 1970

1. Zum Berufsfeld Gesundheit

Gesundheitsberufe sind zumeist weniger auf dem Gebiet von Gesundheit als vielmehr von Krankheit und psychosozialen sowie soziosomatischen Problemfeldern tätig. »Unterschiedliche Entwicklungen der Berufsbilder, Tätigkeitsbereiche, Art der Ausbildungsstätten und gesetzliche Grundlagen sowie Nähe und Ferne zu anderen Fachbereichen wie Verwaltung, Soziales, Pädagogik und Technik machen eine exakte Zuordnung ... derzeit unmöglich« (STATISTISCHES BUNDESAMT 1998, S. 373). In dem für das Gesundheitswesen einschlägigen Band von BESKE und HALLAUER wird im Kapitel »Beruf im Gesundheitswesen« (BESKE/HALLAUER 1999, S. 214 ff.) sehr ausführlich über Arzt, Zahnarzt, Apotheker, schon sehr viel knapper über Diplom-Psychologe, Heilpraktiker und schließlich unter »weitere Berufe im Gesundheitswesen« Altenpfleger, Diätassistentin, Hebamme, Logopäde, Masseur etc., aber nicht Sozialarbeiter/Sozialarbeiterin berichtet, auch nicht im nachfolgenden Kapitel zur freien Wohlfahrtspflege und zu Selbsthilfegruppen, obwohl sich die Rahmenbedingungen für Gesundheitsarbeit in den zurückliegenden Jahrzehnten im Zuge der Gesundheitsreformen (z.B. Ausweitung des § 20 SGB V bis Sept. 1996) ausdifferenziert haben: In bezug auf alte Menschen, betriebliche Gesundheitsarbeit, Gesundheitsbildung in der Erwachsenenbildung etc. stellt MEIFORT fest: »Zunehmend geraten die Versorgungsbedürfnisse chronisch Kranker, alter und behinderter Menschen, Suchtkranker, sozial schwacher Familien ins Zentrum der Gesundheitsarbeit. In allen Einrichtungen ist ein zunehmender Einsatz von ... sozialpädagogischen Berufen zu beobachten« (MEIFORT 2000, S. 1).

Anfoderungsprofile im Berufsfeld Gesundheit Die Anforderungsprofile im Berufsfeld Gesundheit rücken näher zusammen: Gesundheitsarbeit verschiebt sich tendenziell von medizinisch-pflegerischen zu sozialpflegerischen und sozialpräventiven Arbeiten. Untermauert wird diese Tendenz durch die steigende Bedeutung häuslicher Betreuung und Unterstützung sowie der präventiven Intervention gegenüber der kurativen. Gleichwohl geht es in der Gesundheitspolitik (z.B. den Gesundheitsreformgesetzen) und in der Gesundheitsökonomie immer noch weitgehend um letztere. Um 'primary health care' als patientenorientierte, gemeindenahe Betreuung und Versorgung vorzugsweise behinderter, kranker, alter, sich in psychosozialer, soziosomatischer Not befindender Menschen, die Beratung, Pflege, Hilfe und Betreuung brauchen, geht es erst in zweiter Linie. So trifft tendenziell immer noch zu, was BALS feststellte: »Es dürfte wohl keinen anderen gesellschaftlichen Teilbereich geben, in dem ein einziger Beruf den anderen Berufen dieses Sektors eine hinsichtlich Berufsaufgabe und -auffassung derart defizitäre Selbstdefinition aufgibt, wie dies bei den Ärzten und den sog. nichtärztlichen Gesundheitsberufen der Fall ist« (BALS 1993, S. 15).

Gleichwohl gibt es seit mehr als zwanzig Jahren eine immer kräftiger gewordene sehr stark von den Sozialwissenschaften getragene Gegenbewegung, die zur Ausdifferenzierung im Berufsfeld Gesundheit beigetragen hat. Diese Entwicklung korrespondiert mit der salutogenetischen Neufassung des Gesundheitsbegriffs (vgl. ANTONOVSKY 1979) und einer durch sie angeregten Einrichtung einer Vielzahl schulischer wie hochschulischer Ausbildungsmöglichkeiten (vgl. KÄLBLE/v. TROSCHKE 1997).

Nachfolgend werde ich das Berufsfeld Gesundheit für die Soziale Arbeit[1] vor allem, aber auch für Pädagogik, in dreifacher Hinsicht entfalten:

- Als traditionelles Feld von Sozialarbeit im Gesundheitswesen.
- Als Mitwirkungsmöglichkeit von Pädagogen/Pädagoginnen sowie Sozialarbeitern/Sozialarbeiterinnen bei Prävention und Gesundheitsförderung in außerpädagogischen und außersozialpädagogischen Feldern.
- Als Tätigkeitsfeld von Pädagogen/Pädagoginnen sowie Sozialarbeitern/Sozialarbeiterinnen in Arbeitsfeldern von Pädagogik und Sozialer Arbeit.

Der Sozialarbeit im Gesundheitswesen (Abschnitt 2) und der Gesundheitsförderung (Abschnitt 3) im Sinne der OTTAWA-CHARTA der WHO von 1986, das erste Segment tendenziell in der Krankenversorgung relevant, das zweite gesundheitswissenschaftlich verankert, liegen tendenziell unterschiedliche Vorstellungen von Gesundheit zugrunde. Entsprechend unterschiedlich sind die Aufgaben und die Anforderungen an professionelle Handlungskompetenzen. Dieser Beitrag kann die Differenz wegen gebotener Kürze nicht mehr als nur antippen.

2. Sozialarbeit im Gesundheitswesen

Das Gesundheitswesen umfasst alle staatlichen, kommunalen, privaten Einrichtungen, Organisationen, Personen, die mittel- wie unmittelbar am Erhalt der Förderung sowie Wiederherstellung von Gesundheit und der Abwendung von Gesundheitsgefährdung befasst sind. Das öffentliche Gesundheitswesen umfasst alle Bereiche des Gesundheitswesens der öffentlichen Hand (Staat oder kommunaler Gebietskörperschaften) wie Krankenhäuser, Einrichtungen des ambulanten und stationären Suchtbereiches in öffentlicher Trägerschaft, Öffentlicher Gesundheitsdienst, Sanitätsdienst der Bundeswehr, Sozialversicherungsfragen (u.a. gesetzliche Krankenversicherung, gesetzliche Pflegeversicherung). Gesundheitsbezogene Soziale Arbeit findet sich in einer Großzahl ambulanter, teilstationärer und stationärer Einrichtungen des (öffentlichen) Gesundheitswesens. »Sie wirkt an den Schnittstellen zwischen den sozialen Bedürfnissen von Klienten bzw. Patienten einerseits und den institutionellen Zielsetzungen und trägerspezifischen Vorgaben andererseits« (HOFFMANN 1996, S. 37 f.). Sozialarbeit im Gesundheitswesen (vgl. WALLER 1982) entwickelte sich um Armut, Krankheit, Gefährdung und Behinderung an den gesellschaftlichen Rändern als (Sozial-)Hygiene und Gesundheitsvorsorge (vgl. v. KARDOFF 1999, S. 343) in der Bedrängnis professionspolitischer Manipulierbarkeit, vor allem durch die dominante Medizin. Soziale Arbeit im Gesundheitswesen gibt es vor allem als Sozialdienst im Krankenhaus, im öffentlichen Gesundheitsdienst (ÖGD) vorzugsweise in Form von Hilfe in psychosozialen Problemlagen und Drogenprävention und in der statiotionären psychosomatischen Rehabilitation (vgl. MANS 1997, S. 344 ff.).

Der im Ausgang des 19. Jahrhunderts in den USA zuerst als Ehrenamt entstandene Sozialdienst im Krankenhaus (vgl. REINICKE 1998) hat sich seit Beginn der 70er Jahre des 20. Jahrhunderts auf über 4.000 Mitarbeiter-/Mitarbeiterinnenstel-

Gesundheitswesen der öffentlichen Hand

Schnittstellentätigkeit der Sozialen Arbeit

Sozialdienst im Krankenhaus

---

1 Die Begriffe Sozialarbeit, Sozialpädagogik und Soziale Arbeit werden synonym verwendet.

len ausgeweitet. Vom Ziel einer selbstbestimmten Professionalität ist der Sozialdienst u.a. nach wie vor weit entfernt, da mögliches Potential bisher nicht ausgeschöpft werden konnte und sich – auch verbandlich – primär auf die Weiterentwicklung zweifelsfrei auch wichtigen Handlungskompetenz konzentriert wurde, während eine schärfere funktionsbezogene Profilierung und ihre Integration in den professionellen Habitus noch aussteht.

Im ÖGD haben sich die Akzente etwas verschoben. Obwohl in der sozialarbeiterischen Alltagsarbeit im ÖGD »der Zusammenhang von Armut, gesundheitsgefährdenden Wohn- und Lebensbedingungen, familiär- und bildungsbedingten Defiziten besonders greifbar« ist (v. KARDOFF 1999, S. 353), verlebendigte sich gleichwohl in diesem Tätigkeitssegment der Gedanke kommunaler Gesundheitsförderung zunehmend.

3. PädagogInnen und SozialarbeiterInnen in und außer(sozial)pädagogischen Tätigkeitsfeldern

Dieser Abschnitt befasst sich mit der Gesundheitsförderung als »process of enabling people to increase control over and to improve their health« (OTTAWA CHARTA 1986). Eine an der Gesundheitsförderung ausgerichtete (sozial-) pädagogische Tätigkeit orientiert sich an den Ressourcen, den subjektiven Theorien, an Biographien und Lebensweisen von Menschen, ohne die Aufgabe von Prävention und Hilfe zur Krankheitsbewältigung aus dem Blick zu verlieren. Ressourcenorientiert zu arbeiten bedeutet, zentrale Fähigkeiten von Personen in ihrer Lebenswelt zu diagnostizieren, die Personen zur Entwicklung ihrer Ressourcen vor Ort anzuregen sowie eventuelle Ressourcenmängel zu erkennen und zu beheben helfen. Empowerment als personenbezogene, z.b. biographiebezogene Arbeit ist bemüht, Selbstwert und Gruppenfähigkeit anzuheben, Empowerment als politische Mobilisierung orientiert sich an der Förderung eines Settings (vgl. KENDALL 1998).

Gesundheitsförderung als Querschnittsaufgabe

Während sich um das Jahr 1990 so etwas wie eine Goldgräberstimmung in bezug auf Gesundheitsförderung ausbreitete, besteht im Jahre 2000 in einer Zeit knapper gehaltener Kassen in diesem Tätigkeitssegment die Neigung, Gesundheitsförderung als Querschnittsaufgabe festzuschreiben. Da neben anderen Hochtechnologieländern auch Deutschland nach der Definition von R. WILKINSON (1996) zu den »unhealthy societies« zu rechnen ist, dass nämlich immer weniger immer reicher werden und immer weitere Bevölkerungsteile verarmen, mithin die konstitutiven Bedingungen für Gesundheit, angemessene Wohnbedingungen, Bildung, Ernährung etc. in Frage gestellt sind, ergibt sich ein weites Aufgabenfeld für eine gesundheitsförderlich wirkende Soziale Arbeit, das weit über das Aufgabenspektrum des ÖGD's hinausgeht (vgl. GOSTOMZYK 1997, S. 126).

Gesundheitsförderungsprojekte nach dem Settingsansatz

Inzwischen gibt es viele wissenschaftlich evaluierte Gesundheitsförderungsprojekte nach dem setting-approach, die sich durch Abbau von Sektoralisierung, durch Schaffung von integrativen Netzwerken und Allianzen, Interprofessionalität und Teamarbeit auszeichnen: Schulen, Krankenhäuser, Städte, Regionen, Betriebe, Vereine und Verbände, Hochschulen etc. Das Problem der meisten Projekte besteht darin, dass sie solange wirken, wie sie Modell sind. Nachhaltigkeit entsteht aber erst, wenn auf der Ebene des Gemeinwesens und der Gesamtpolitik gesundheitsbezogene Organisationsentwicklung betrieben wird.

Der Pädagogik, der Sozialen Arbeit, Public Health und den Pflegewissenschaften bietet sich im setting approach mit den Zielen der Förderung, des Schutzes und der Pflege von Gesundheit sowie der Prävention die Chance zu interprofessioneller Kooperation (vgl. MÜHLUM/BARTHOLOMEYCZIK/GÖPEL 1997). Als »Antwort auf die natürlichen Grenzen von individuen- oder gruppenbezogenen Gesundheitserziehungs-, Gesundheitsbildung- oder Präventionsmaßnahmen« (BRÖß-KAMP-STONE u.a. 1998, S. 142) besteht ein zentrales Ziel von Gesundheitsförderung im Abbau von sozialer Ungleichheit und damit von Benachteiligung im Zugang zu sozialen und gesundheitsbezogenen Dienstleistungen.

Interprofessionelle Kooperation in der Gesundheitsförderung

Eine flächendeckende Umsetzung von Gesundheitsförderung als zentrale Herausforderung für die Zukunft hängt ab von den Akteuren vor Ort. In einer Abbildung von TOEPLER werden drei Aktionsgruppen sichtbar: eine im inneren Kreis als vorwiegend für Prävention und Gesundheitsförderung zuständige, eine im mittleren Kreis, für die Gesundheitsförderung nicht zur primären Aufgabe gehört und schließlich eine dritte, deren Interesse für Gesundheitsfröderung zu wecken ist.

Abbildung: Die Akteure der gemeindenahen Prävention und Gesundheitsförderung

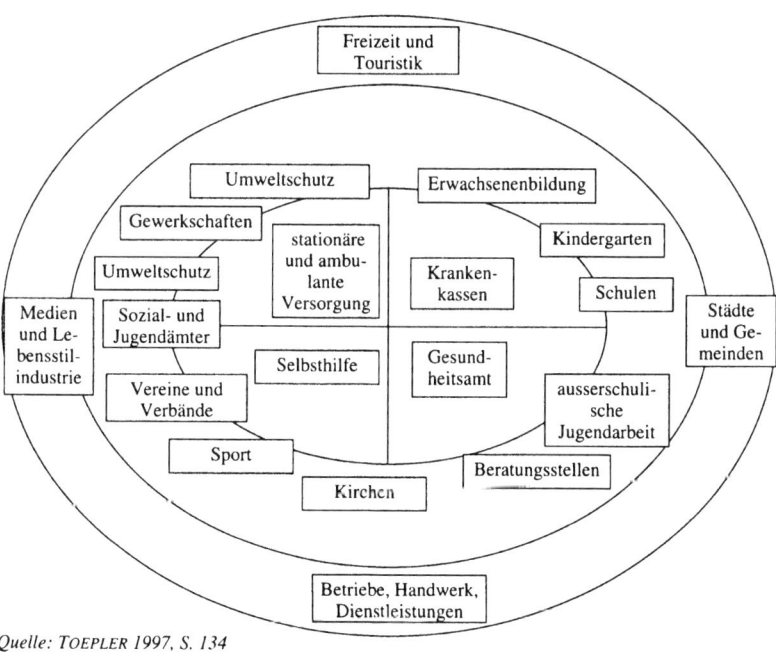

Quelle: TOEPLER 1997, S. 134

165

Obwohl festzustellen ist, dass das Berufsfeld Gesundheit im wie außerhalb des Gesundheitswesens expandiert, bedingt z. T. durch die Pflegeversicherung, bleibt es doch zweifelhaft, ob sich dies als Zuwachs an qualifizierter Arbeit ausdrückt. Vielmehr zeichnet sich die Tendenz zu einer großen Zahl gering qualifizierter und einer kleinen Zahl hochqualifizierter Fachkräfte ab (vgl. MEIFORT 1997, S. 140).

§ 20 SGB V und Gesundheitsförderung

Tendenziell bekräftigt wird die Aussage von MEIFORT durch die fast gänzliche Herausnahme von Gesundheitsförderung aus dem § 20 SGB V im Jahr 2000 aus dem neuen Gesundheitsstrukturgesetz. Erhalten bleiben tendenziell Aufgaben medizinisch ausgerichteter Prävention, herausgenommen wurden psychosozial orientierte Aufgaben von Gesundheitsförderung. Wenn im September 1996 Gesundheitsförderung (§ 20 SGB V) so schnell zu Fall gebracht werden konnte, dann wohl auch wegen einiger Fehlentwicklungen: Krankenkassen als Anbieter verwechselten Marketing mit Gesundheitsförderung; naive Programme zu Abnehmen, Bewegung, Ernährung fielen weit hinter dem Anliegen einer Gesundheitsförderung der WHO zurück.

Verblieben ist im Entwurf des § 20 die Aufgabe von Krankenkassen, Selbsthilfegruppen, -organisationen und -kontaktstellen zu fördern, die sich die Prävention oder die Rehabilitation von Versicherten zum Ziel gesetzt haben; ebenso können Krankenkassen den Arbeitsschutz ergänzende Maßnahmen der betrieblichen Gesundheitsförderung durchführen. Auf beide Bereiche gehe ich knapp ein.

Selbsthilfegruppen

»Selbsthilfegruppen haben sich im Laufe der Geschichte stets dort gebildet, wo eine Gruppe von Menschen in gemeinsamer Not war und ihre Situation erkannte« (MÖLLER 1996, S. 53). Als Bewegung »von unten« (OLK 1991, S. 201) richtet sich Selbsthilfe gegen entmündigende hierarchische Systeme und fordert Mitbestimmung, Gleichstellung sowie Selbstverantwortlichkeit der Bürger. Selbsthilfegruppen sind auch Reaktionen auf den Verlust primärer sozialer Netzwerke und im Gesundheitsbereich Reaktion auf Problemlagen im Bereich degenerativer, psychosomatischer, soziosomatischer oder stressbedingter Erkrankungen. Selbsthilfegruppen bieten Raum für Empowermentprozesse und haben Bedarf an professioneller Unterstützung (vgl. WOHLFAHRT/BREITKOPF 1995, S. 84 ff.) z.B. durch Selbsthilfekontaktstellen als Brückeninstanzen, die vermitteln, vernetzen und den Weg zur institutionalisierten Welt der Gesundheitshilfe öffnen. Die Kontaktstellen bieten begrenzte Möglichkeiten qualifizierter Anstellung. Gleiches gilt für Wohlfahrtsverbände, freie Projekte, Gesundheitsläden, -zentren, -häuser, Aidsberatungsstellen.

Betriebliche Gesundheitsförderung

Betriebliche Gesundheitsförderung umgreift alle Maßnahmen seitens eines Betriebes zur Qualifizierung von Gesundheit am Arbeitsplatz. Analog zum Gesunde-Städte-Netzwerk und Netzwerk gesundheitsförderlicher Schulen gibt es auch ein EU-weites Netzwerk betrieblicher Gesundheitsförderung, mit der Zielvorgabe, der Gesundheit am Arbeitsplatz einen höheren Stellenwert einzuräumen. In einer Zeit, in der die Arbeitswelt sich in einem tiefgreifenden Wandel befindet, Qualitätssicherung und Globalisierung dominieren, kommt der betrieblichen Förderung von Gesundheit, z.B. in der Zusammenarbeit betrieblicher im Gesundheitszirkel, in der Schaffung gesundheitsgerechter Arbeitsbedingungen, in der Vorbeugung sich chronifizierender Erkrankungen, im Erhalt der Leistungsfähigkeit, in der Verringerung der Fluktuation und in der Erstellung einer betrieblichen Gesundheitsberichterstattung eine hohe Bedeutung zu.

4. Pädagogische und sozialpädagogische Tätigkeitsfelder

Zwei Bereiche greife ich heraus: gesundheitsbezogene Altenhilfe und Gesundheitsbildung Erwachsener.

(1) *Gesundheitsbezogene Altenhilfe*: Das Thema Gesundheit ist als »aktiv leben – gesund alt werden« (Motto der WHO für das Jahr 1999) von zentraler Bedeutung. Da Krankheiten in aller Regel mit dem Älterwerden zunehmen, steigt die Bereitschaft zu gesundheitsbewusstem Handeln, u.a. Risikofaktoren zu meiden als Voraussetzung für Gesundheitsbildung und damit als Sicherung von Leistungsfähigkeit und Erhalt von Selbständigkeit. Wird Gesundheit als Fähigkeit begriffen, ein für die persönlichen Belange optimales Mensch-Umwelt-Verhältnis immer wieder herzustellen, so geht es einer Gesundheitsbildung im Alter um Erhalt bzw. Verbesserung von Gesundheit etwa durch Stabilisierung des sozialen Netzwerks, durch pflegerische, hauswirtschaftliche, psychosoziale Hilfe. Möglich ist dies u.a. durch ein hauptamtliches ambulantes Unterstützungsmanagement (vgl. BELARDI 1999, S. 151 ff.), dem in der Zukunft eine wachsende Bedeutung zukommt.

[Randnotiz: Gesundheitsbezogene Altenhilfe]

[Randnotiz: Gesundheitsbildung im Alter]

In den zurückliegenden Jahren ist ein stationär verankerter Sozialdienst im Alten- und Pflegeheim immer wichtiger geworden; gleichwohl ist die Zahl der im ambulanten wie stationären Sozialdienst tätigen Sozialarbeiter/Sozialarbeiterinnen im Jahr 2000 nicht viel höher als 3.000 Personen. Lag die Aufgabe in den 70er Jahren vorwiegend in Freizeit- und Beschäftigungsanleitung, so sind die Aufgaben im zurückliegenden Jahrzehnt sozialtherapeutischer geworden (zu den Tätigkeiten vgl. BELARDI 1999, S. 154 ff.).

Ein weiter ausbaubares Arbeitsfeld der Sozialen Arbeit liegt in der (vgl. GROND 1999, S. 146 ff.). Zu den Aufgabenbereichen mit psychisch Alterskranken ist u.a. zu rechnen, Handlungsfähigkeiten im sozialen Umfeld zu erhalten, Ressourcen und Kompetenzen zu mobilisieren, mit Angehörigen zu arbeiten, alltagsbezogen zu beraten, den Kranken zu helfen sich räumlich zu orientieren, beim Aufbau von Beziehungen zu unterstützen, mit den Kranken biographiebezogen zu arbeiten usw.

(2) *Gesundheitsbildung Erwachsener:* Sie wird von einer Vielzahl von Einrichtungen des Bildungs-, Sozial- und Gesundheitswesens betrieben: Volkshochschulen, Verbänden, Familienbildungsstätten etc. In gesundheitsbezogener Bildungsarbeit steht der Personenbezug vor dem Sachbezug im Vordergrund. »Gesundheitsbildung ist ein Entwicklungsprozess von Fähigkeiten, die durch Ausdifferenzierung zu überdauernden Lebenshaltungen, individuellen Wertvorstellungen und Kompetenzen führen und motivierend in die Lebensgestaltung eingehen« (THEGEDER 2000, S. 282).

[Randnotiz: Gesundheitsbildung Erwachsener]

Auch das Berufsfeld Gesundheitsbildung ist durch labilisierte Finanzierungsbedingungen gefährdet, zumindest in seiner Weiterentwicklung gehindert. Auf der Grundlage des seit 1989 bis Ende 1996 Gesundheitsförderung ermöglichenden § 20 SGB V hatte sich nach und nach bei Krankenkassen ein hauptamtliches Berufsfeld Gesundheitsbildung zur Organisation von Anti-Stress-Trainings, Rückenschulen, Ernährungskursen, Nichtraucher-Trainings etc. aufgebaut. Dieser Berufszweig ist ab 1997 weitgehend zusammengebrochen.

5. Aus- und Weiterbildung

Unübersichtliches Bild in der Ausbildungsstruktur

Seit mehr als 10 Jahren bieten Universitäten wie Fachhochschulen gesundheitsbezogene Aus- und Weiterbildung an. So stellt KÄLBLE fest: »Die in den letzten Jahren zu beobachtende dynamische Entwicklung und qualitative Erweiterung der gesundheitsbezogenen Studienangebote vollzog sich ungeachtet der bislang noch weitgehend ungeklärten Debatten um die bildungspolitischen Rahmenbedingungen, den arbeitsmarktpolitischen Bedarf und die Zielvorstellungen einer Modernisierung des Gesundheitswesens« (KÄLBLE 2000, S. 1). KÄLBLE registriert an den Hochschulen ein unübersichtliches Bild uneinheitlicher Studienstrukturen, dem ein unübersichtlicher Anstellungsmarkt entspricht. Für Markt wie Ausbildung fordert der Autor Transparenz in bezug auf Fachkompetenz, u.a. auch Klärungsprozesse zwischen Pflege, Sozialer Arbeit und Gesundheitswissenschaften (vgl. auch MÜHLUM/BARTHOLOMEYCZIK/GÖPEL 1997). So gibt es zwischen diesen drei Disziplinen in bezug auf Gesundheitsförderung/Prävention Überlappungen. Analog zu den postgradualen Public Health-Studiengängen sollten Abstimmungen über Mindeststandards und das Vernetzungspotential genutzt werden. Außerdem sollte es Abstimmungen in bezug auf ein Berufsprofil geben. Es bietet sich überdies an, über das Berufsprofil eines/einer Gesundheitspflegers/-pflegerin gemeinsam (vgl. MEIFORT/METTIN 1998) als Fachperson für Betreuung und Pflege nachzudenken.

Berufsprofil von Gesundheitspflege

Das neue Berufsbild geht aus von komplexen Ansprüchen an Pflege. Auf der Grundlage medizinisch-pflegerischen, sozialpflegerischen, hauswirtschaftlichen Wissens und Könnens (vgl. MEIFORT/METTIN 1998, S. 27) verbindet die Gesundheitspflege Gesundheit, Soziales und Hauswirtschaft als komplexe Mischform mit Alter, Krankheit, Behinderung, psychosoziale Problemlagen. Der Einsatz der Gesundheitspflege sollte nicht zielgruppen-, sondern einrichtungs- und trägerspezifisch in der Versorgung, Betreuung, Beratung sein.

6. Zukunft

Zur Zukunft gesundheitsbezogener Sozialer Arbeit

Gesundheitsbezogene Soziale Arbeit hat Zukunft. Darauf verweist v. KARDOFF (1999, S. 357), u.a.

- in der Planung, Koordination und Vernetzung häuslicher stationärer Pflege,
- in der Mitwirkung bei Evaluation, Qualitätssicherung und -management,
- in der hauptamtlichen Unterstützung von Selbsthilfeaktivitäten,
- in einer gesundheitsförderlichen Ausrichtung der sozialpädagogischen Familienhilfe,
- in der Leitung und Steuerung von Sozialstationen.

Die Zukunft gesundheitsbezogener Sozialer Arbeit liegt ohne Zweifel im Feld interprofessioneller Kooperation, zu der ROSENBROCK (1997, S. 41 ff.) feststellt, dass Probleme weniger auf der Ebene des Denkens liegen, als auf der Ebene der Umsetzung, dass der Flaschenhals, also der Engpass der Entwicklung auf der Stufe der Umsetzung liege, wo das vorhandene, grundsätzlich produzierbare Wissen auf reale

Interessen, gewachsene Sichtweisen, Erfahrungen und Institutionen treffe (vgl. ebd., S. 56). Mit der Feststellung bagatellisiert ROSENBROCK nicht mögliche Wissenslücken, sondern fordert, dass die fördernden und hemmenden professionellen, ökonomischen und politischen Umsetzungsbedingungen von Interventionen auf die Forschungsagenda gehören. Die Entwicklung beruflicher Perspektiven für Soziale Arbeit hängt auch davon ab, wie das Thema Gesundheit weiterentwickelt wird, »als Ware auf dem Markt medizinischer Konsumgüter oder als Fähigkeit zur verantwortungsbewussten Gestaltung des eigenen Lebens« (v. TROSCHKE 1995, S. 345).

Dass sich die gesundheitsbezogene Soziale Arbeit nicht nur, aber auch als Sozialarbeit im Gesundheitswesen, in Deutschland voraussichtlich weiterentwickeln wird, darauf verweisen Analysen in den USA (vgl. z.B. DHOOPER 1997). Statistiken dokumentieren erschreckende Zahlen von Kinderarmut, besonders von Kindern lateinamerikanischer wie auch farbiger Herkunft (S. 38). Ein wichtiges Aufgabenfeld resultiert aus wachsender Wohnungslosigkeit (vgl. für Deutschland: TRABERT 1997, S. 24 ff.). Wohnungslose sind besonders massiv gesundheitlichen Problemen ausgesetzt. DHOOPER sieht wachsende Aufgaben Sozialer Arbeit im Bereich chronischer Krankheit, sozialer Probleme aufgrund von Armut, Gewalt und Missbrauch, Aidsberatung, Drogenprävention und -arbeit im stationären ambulanten Bereich, aber auch im Feld der Betreuung alter Menschen. Zur professionellen Stärke Sozialer Arbeit ist zu rechnen, dass sie die denkbaren Dimensionen von Lebenswelt erarbeitet und aufeinander bezieht. Vonnöten ist dies im berufsfeldbezogenen Sinne in einem noch fest verankerten Casemanagement, zumindest in Deutschland im Gegensatz zu USA und Großbritannien, und in der klinischen Sozialarbeit (z.B. in der stationären psychosomatischen Rehabilitation). Auf beide Bereiche gehe ich in gebotener Kürze abschließend ein. Casemanagement als Segment klinischer Sozialarbeit findet sich in Ansätzen z.B. in der Krankenhaussozialarbeit und in der Sozialarbeit mit Suchtkranken. Sinnvoll erscheint eine berufliche Ansiedlung bei Krankenkassen.

Casemanagement als
Segment Sozialer Arbeit

Casemanagement gibt es in den USA als Beruf ab Ende der 70er Jahre, um die ambulante Versorgung behinderter, psychisch kranker, pflegebedürftiger Menschen zu sichern. Casemanagement operiert an der Schnittstelle von Klientsystem und Dienstleistungssystem, und zwar bezieht es die soziale und finanzielle Dienstleistung mit ein, dies immer dann, wenn eine Person/eine Familie nicht in der Lage sind, eine für sich nötige Unterstützung allein aufzubauen (vgl. WENDT 1997, S. 210 f.). Angesichts von Rationalisierungsbemühungen auch im Gesundheitswesen könnte der um Schnittstellenmanagement bemühte Ansatz des Casemanagements in der Zukunft an Bedeutung gewinnen (vgl. SCHMIDT 2000, S. 26).

Klinischer Sozialarbeit geht es vorrangig darum, »in der unmittelbaren Arbeit mit der Klientel ihr psychosoziales Wohlbefinden zu fördern« (ANSEN 2000, S. 16). Dabei ist die klinische Sozialarbeit nicht (Psycho-)Therapie. Bei ihrer Unterstützung zur Lösung akuter Probleme ist die Wiederherstellung von Handlungs- und Selbststeuerungsfähigkeit auf der sozialen Ebene, um persönliche, familial befriedigende Lebensverhältnisse aufzubauen vorrangig. Ähnlich wie Georg HEY (2000) betont H. ANSEN die professionelle Eigenständigkeit klinischer Sozialarbeit. Berufsbereiche sind neben Krankenhaussozialdienst und Suchtkrankenhilfe ambulante wie stationäre Psychiatrie, Rehabilitation, Gemeindepsychiatrie, Geriatrie. Bislang hat die klinische Sozialarbeit – anders als in den USA und Großbritannien ana-

Klinische Sozialarbeit

log zur klinischen Psychologie – noch kein eigenes Profil entwickelt. Dort gibt es seit Mitte der 80er Jahre den freiberuflich tätigen klinischen Sozialarbeiter (vgl. PATRIARCA 1998, S. 178). Ziel auch in Deutschland sollte es sein, der Sozialen Arbeit im klinischen Bereich ein ihren fachlichen Möglichkeiten angemessenes Handlungsfeld zu verschaffen. Dabei sollte sich die klinische Sozialarbeit auf ihre Stärken besinnen: Menschen nicht zu klinifizieren und nicht einem medizinischen Paradigma, indem sie Probleme individualisiert, zu folgen, sondern im Sinne des Settingbezuges Menschen bei sozialräumlichen Problemlösungen zu unterstützen.

Schlüsselqualifikationen Wichtig ist, dass Sozialarbeiter und Sozialarbeiterinnen eine eigene Position im Zusammenhang der anderen Professionen finden. Neben Schlüsselqualifikationen wie Teamfähigkeit, Selbstreflexivität ist dialogische Auseinandersetzung mit anderen Professionen, aber auch die Bereitschaft zur Weiterbildung unabdingbar (vgl. TROST 1999, S. 139). In diesem knapp angedachten Sinne könnte eine klinische Sozialarbeit einen wichtigen Beitrag liefern, »um in Augenhöhe mit der Medizin und der Psychologie im breiten Feld der psychosozialen Praxis zu arbeiten« (ANSEN 2000, S. 25).

Literatur

ANSEN, H.: Klinische Sozialarbeit und methodisches Handeln. In: Sozialmagazin 25 (2000), H. 2, S. 15-26.

ANTONOVSKY, A.: Health, stress and coping. San Francisco 1979.

BALS, Th.: Berufsbildung der Gesundheitsfachberufe: Einordnung – Strukturwandel – Reformansätze. Alsbach 1993.

BELARDI, N.: Altenhilfe. Weinheim 1999.

BESKE, F./HALLAUER, J.F.: Das Gesundheitswesen in Deutschland. Struktur – Leistung – Weiterentwicklung. Köln 1999 (3. Auflage).

BRÖBKAMP-STONE, U./KICKBUSCH, J./WALTER, U.: Gesundheitsförderung und Prävention. In: SCHWARZ, F.W. u.a. (Hrsg.): Das Publike Health Buch. München/Wien/Baltimore 1998, S. 141-150.

BRÖBKAMP-STONE, U./KICKBUSCH, J./WALTER, U.: Gesundheitsförderung und Prävention. In: SCHWARZ, F.W. u.a. (Hrsg.): Das Public Health Buch. München/Wien/Baltimore 1998, S. 141-150.

CORSTEN, M.: Die Kultivierung beruflicher Handlungsstile: Einbettung, Nutzung und Gestaltung von Berufskompetenzen. Frankfurt 1998.

DHOOPER, S.S.: Social work in health care in the 21" century. California 1997.

GROND, E.: Gerontopsychiatrie. In: SCHWARZER, W./TROST, A. (Hrsg.): Psychiatrie und Psychotherapie. Dortmund 1999, S. 143-211.

GROSS, P.: Liebe, Mühe, Arbeit. Abschied von den Professionen? In: Soziale Welt 36 (1985), H. 1, S. 60-82.

HEY, G.: Perspektiven der Sozialen Arbeit im Gesundheitswesen. Lage 2000.

HOFFMANN, P.: Sozialarbeit im Gesundheitswesen. In: SCHWARZER, W. (Hrsg.): Lehrbuch der Sozialmedizin. Dortmund 1996, S. 37-72.

KÄLBLE, K./v. TROSCHKE, J. (Hrsg.): Aus- und Weiterbildung in den Gesundheitswissenschaften/Public Health. Freiburg 1997.

KÄLBLE, K.: Gesundheitsbezogene Studiengänge an Universitäten und Fachhochschulen. In: BUNDESVEREINIGUNG FÜR GESUNDHEIT (Hrsg.): Gesundheit: Strukturen und Handlungsfelder. Loseblattwerk. Neuwied 2000, IX 3.2.

v. KARDOFF, E.: Soziale Arbeit und Soziale Dienste im Gesundheitswesen. In: CHASSEE, K.A./v. WENSIERSKI, H.-J. (Hrsg.): Praxisfelder der Sozialen Arbeit. München 1999, S. 343-359.

KENDALL, S. (Hrsg.): Health and empowerment. London/Sydney/Auckland 1998.

MANS, E.J.: Konzeptionelle Aspekte der Sozialen Arbeit in der stationären psychosomatischen Rehabilitation. In: neue praxis, 27 (1997), H. 4, S. 344-356.

MEIFORT, B.: Professionalisierungstendenzen in den Gesundheitsberufen. In: KÄLBLE, K./v. TROSCHKE, J. (Hrsg.): Aus- und Weiterbildung in den Gesundheitswissenschaften. Freiburg 1997, S. 140-146.

MEIFORT, B.: Berufsbildung im Gesundheitswesen. In: BUNDESVEREINIGUNG FÜR GESUNDHEIT (Hrsg.): Gesundheit: Strukturen und Handlungsfelder. Loseblattwerk. Neuwied 2000, IX 1.

MEIFORT, B./METTIN, G.: Gesundheitspflegerin/Gesundheitspfleger – Überlegungen zu einem neuen Berufsfeld für die Pflege nach BBIG. In: BUNDESINSTITUT FÜR BERUFSBILDUNG. Der Generalsekretär (Hrsg.): Gesundheitspflege – Überlegungen zu einem BBIG –Pflegeberuf. Bielefeld 1998, S. 27-39.

MÖLLER, M.L.: Selbsthilfegruppen – Anleitungen und Hintergründe. Reinbek 1996.

MÜHLUM, A.: Public Health – (k)ein Thema der Sozialarbeit? In: Soziale Arbeit, 45 (1996), H. , S. 110-117.

MÜHLUM, A./BARTHOLOMEYCZIK, S./GÖPEL, E.: Sozialarbeitswissenschaft, Pflegewissenschaft, Gesundheitswissenschaft. Freiburg 1997.

OLK, Th.: In produktiver Bewegung halten – über die gesellschaftlichen, politischen und strukturellen Bedingungen der Unterstützung von Selbsthilfegruppen. In: BALKE, K./THIEL, W. (Hrsg.): Jenseits des Helfens: Professionelle unterstützen Selbsthilfegruppen. Freiburg 1991, S. 201-219.

PARTRIARCA, S.: »Methoden kombinieren, die Klienten helfen, Probleme lösen«. In: Blätter der Wohlfahrtspflege, 145 (1998), H. 9/10, S. 176-179.

RAUSCHENBACH, Th.: »Dienste am Menschen« – Motor oder Sand im Getriebe des Arbeitsmarktes? In: Information für die Beratungs- und Vermittlungsdienste der Bundesanstalt für Arbeit, Nr. 28 vom 14.7.1999, S. 2293-2313.

REINICKE, P.: Soziale Krankenhausfürsorge in Deutschland. Von den Anfängen bis zum Ende des Zweiten Weltkriegs. Opladen 1998.

ROSENBROCK, R.: Theoretische Konzepte der Prävention. In: KLOTTER, C. (Hrsg.): Prävention im Gesundheitswesen. Göttingen 1997, S. 41-60.

SCHMIDT, R.: Perspektiven der sich wandelnden Pflegelandschaft. In: Blätter der Wohlfahrtspflege, 147 (2000), H. 1+2, S. 24-27.

STICHER-GIL, G. B.: Menschen in prekären Situationen sollen erleben, Probleme sind lösbar. In: Blätter der Wohlfahrtspflege, 145 (1998) H. 9/10, S. 180-183.

THEGEDER, H.: Gesundheitsbildung und Bewegung, Sport und Spiel. In: BECKER, S./VEELKEN, L./WALLRAVEN, K.P. (Hrsg.): Handbuch Altenbildung. Opladen 2000, S. 281-287.

TOEPLER, E.: Gesundheitsförderung und berufliche Weiterbildung. In: KÄLBLE, K./v. TROSCHKE, J. (Hrsg.): Aus- und Weiterbildung in den Gesundheitswissenschaften. Freiburg 1997, S. 133-139.

TRABERT, G.: Gesundheit und gesundheitliche Versorgung von alleinstehend wohnungslosen Menschen. In: WEBER, J. (Hrsg.): Gesundheit sozialer Randgruppen. Stuttgart 1997, S. 24-43.

v. TROSCHKE, J.: Zukunft der Gesundheitsförderung und Prävention. In: KOLIP, P. u.a. (Hrsg.): Jugend und Gesundheit. Weinheim/München 1995, S. 333-346.

TROST, A.: Kinder- und Jugendpsychiatrie und -psychotherapie. In: SCHWARZER, W./TROST, A. (Hrsg.): Psychiatrie und Psychotherapie. Dortmund 1999, S. 83-142.

WALLER, H.: Sozialarbeit im Gesundheitswesen. Weinheim 1982.

WENDT, W.R.: Die Soziosomatik der Lebensbewältigung und das Management der Unterstützung: Case Management. In: HOMFELDT, H G./HÜNERSDORF, B. (Hrsg.): Soziale Arbeit und Gesundheit. Neuwied 1997, S. 205-227.

WOHLFAHRT, N./BREITKOPF, H./THIEL, W. (Hrsg.): Selbsthilfegruppen und Soziale Arbeit: Eine Einführung für soziale Berufe. Freiburg 1995.

Sozialmanagement

Gaby Flösser

Inhalt

Der Wunsch nach oder zumindest die Einsicht in die Notwendigkeit von Veränderungen des bestehenden Systems der Bereitstellung und Gewährung sozialer Dienste ist unstrittig. Diesen Anforderungen entsprechend hat sich die Soziale Arbeit auf die Suche nach neuen Modellen, Konzepten, Strukturen, Strategien und Instrumenten gemacht, um den zeitgemäßen Charakter ihrer Produktionsweisen öffentlich unter Beweis zu stellen. Management-, Organisations- und Personalentwicklungskonzepte haben deshalb Konjunktur und bündeln eine Vielzahl von Optimierungsbestrebungen im Sektor der sozialen Dienste (vgl. FLÖSSER/OTTO 1992). Dabei hat sich in den letzten Jahren als »common sense«, dem Zeitgeist folgend, die Notwendigkeit der Adaption betriebswirtschaftlicher Konzepte und Ansätze in die Handlungstheorien Sozialer Arbeit herauskristallisiert. Moderne Modelle der Organisationsentwicklung operieren entsprechend mit Kriterien, die zwar noch nicht zu Allgemeinplätzen geworden sind, wohl aber das Assoziationsvermögen der Beteiligten anregen, z.B. durch Begriffe wie den der Effizienz, der Effektivität, der Produktivität, der Rentabilität, des Produktes oder des Kunden der Sozialen Arbeit

Notwendigkeit von Veränderungen

Seit Ende der 80er Jahre gibt es eine inflationäre Welle an Publikationen, einschließlich neuer Medien und Organe, die das Thema und Geschäft der Modernisierung der sozialen Dienste federführend betreiben. Auch zeigen sich erste Auswirkungen auf dem ansonsten so schwerfälligen Arbeitsmarkt: Ein wahrer Boom an Beratungs- und Organisationsgesellschaften, Evaluierungs- und Planungskonzepten, die in eigens gegründeten Abteilungen und Instituten ausgearbeitet werden und die Kategorien von Effektivität, Effizienz und Qualität Sozialer Arbeit mit Inhalten füllen sollen, eröffnen neben Betriebswirtschaftlerinnen oder entsprechend ausgebildeten Zeitgenossen auch Diplom-Pädagoginnen, Sozialpädagoginnen und Sozialarbeiterinnen bislang nicht erahnte Chancen eines neuen beruflichen Profils, das seinerseits zu einer veränderten Nachfrage gegenüber den Ausbildungsinstitu-

Modernisierung sozialer Dienste und ihre Auswirkungen

tionen führt. »Moderne« Diplom- und Sozialpädagoginnen verfügen mithin über scheinbar unerschöpfliche Ressourcen an visionären Konzepten, die sich in Begrifflichkeiten wie »Lean Administration«, »Output-Steuerung«, »Kunden- und Produktorientierung« oder »Qualitätsmanagement« manifestieren. Die Modernisierung der sozialen Dienste berührt damit alle Kernbereiche der Sozialen Arbeit, die Theorieproduktion ebenso wie die Ausbildung und die Praxis und verheißt vor diesem Hintergrund eine zukunftsträchtige Folie zu sein und zu bleiben.

Gerade dieser verheißungsvolle Nexus aber zwingt immer wieder dazu, die Grundlagen der Beschäftigung mit dem Thema zu bilanzieren, da der allseits zu konstatierende Aktionismus sonst Gefahr läuft, Versatzstücke einer Mikroökonomie wie sie z.B. im Konzept der Neuen Steuerung oder des »New Manageralism« verankert sind, mit der fachlichen Qualität beruflicher Handlungsvollzüge in der Sozialen Arbeit zu verwechseln. Andererseits kann es allen Befunden nach keineswegs als gesichert angesehen werden, dass der bislang entwickelte Status quo der Profession schon ein Garant für eine in diesem Sinne fachlich-kompetente Erbringung sozialer Dienstleistungen ist. Vielmehr zeigen die empirischen Untersuchungen, dass in den sozialen Diensten oftmals die Voraussetzungen fehlen, um eine wirkungsvolle Soziale Arbeit tatsächlich leisten zu können. Hier wird entsprechend der Wert und Nutzen von Strategien des Sozialmanagements verortet, wenn sie denn konsequent an auf die Besonderheiten der sozialen Dienstleistungsproduktion rückbezogen werden. Voraussetzung hierfür ist allerdings ein Setting für die Profession, das es ihr erlaubt, den neuen Anforderungen kreativ und undogmatisch zu begegnen: Sozialmanagement in diesem Sinne ist ersteinmal eine Führungsaufgabe. Ohne den Boden für eine konstruktive Mitarbeit der Profession bestellt zu haben, müssen die Modelle gleich welcher Provenienz ins Leere laufen. Von daher ist zu erwarten, dass sich zukünftig verstärkt auch in den sozialen Diensten an den Ideen der »Lernenden Organisation« (vgl. SENGE 1990; SATTELBERGER 1996) orientiert wird: »Das ist die Grundbedeutung einer 'lernenden Organisation' – es ist eine Organisation, die kontinuierlich die Fähigkeit ausweitet, ihre eigene Zukunft schöpferisch zu gestalten. Eine solche Organisation gibt sich nicht damit zufrieden, einfach zu überleben. 'Überlebenstraining', häufig auch als 'adaptives Lernen' bezeichnet, ist wichtig und sogar notwendig. Aber bei einer lernenden Organisation muss sich zu diesem adaptiven ein schöpferisches Lernen hinzufügen, ein Lernen das unsere kreative Kraft fördert« (SENGE 1990, S. 24). Von diesem durchaus metaphorisch gemeinten Anspruch scheint die Soziale Arbeit allerdings noch ein gutes Stück entfernt zu sein. Ihre Debatten sind noch eher zwischen voreilendem Gehorsam und Abwehrschlachten zu verorten, wodurch letztendlich viele Energien absorbiert werden.

Setting für die Profession als Voraussetzung

1. Vom Management sozialer Dienste ...

Explizite Konzepte über Führung und Leitung für soziale Dienstleistungsorganisationen sind in der wissenschaftlichen Theoriebildung und Forschung bislang vernachlässigt worden. Dies gilt für die öffentliche Verwaltung bislang genauso, da ihre Referenzwissenschaften – die Staats- und Politikwissenschaften – ein vergleichsweise geringes Erkenntnisinteresse an den organisationsbezogenen Abläufen in den Verwaltungen artikulierten (vgl. JANN 1998). Diese Lücke füllen daher unter den neuen gesellschaftlichen Vorzeichen betriebswirtschaftliche Ansätze, wobei hier auch unverkennbar Anleihen in den unterschiedlichen Schulen der Organisationspsychologie gemacht werden. Klassisch wird dabei unter »Führen« von Organisationen »ganz allgemein die Möglichkeit (verstanden, G.F.), dass eine Person (als 'Führer') auf eine oder mehrere andere Personen im Hinblick auf bestimmte Ziele und Absichten Einfluss nimmt« (NEUBAUER 1996, S. 76). »Leitung« bildet hiervon einen Unterfall, insofern die Leitung auf bestimmten formalen organisatorischen Rahmenbedingungen basiert, die für die öffentliche Verwaltung jedoch als prinzipiell gegeben angesehen werden können (z. B. hierarchische Arbeitsteilung, Arbeitsverträge). Die bloße Existenz dieser formalen Kriterien der Arbeitsgestaltung, die »Führen und Leiten« an eindeutig fixierte Positionen in der Organisation band, verringerte die Aufmerksamkeit auf die Managementkompetenzen der Führungs- und Leitungskräfte. Allenfalls unter dem Gesichtspunkt persönlicher Haltungen und Tugenden der Leitungskräfte wurde über die Effekte von Führungsstilen debattiert, wobei große Ähnlichkeiten mit der Diskussion über die Wirkungen von Erziehungsstilen ins Auge fallen: Unterstellt wurde in diesem Zusammenhang eine mehr oder minder kausale Beziehung zwischen dem Führungsstil eines/einer Vorgesetzten und dem Führungserfolg, der seinerseits in den Größen der Produktivität und Effizienz des organisatorischen Handelns, erweitert – je nach Konzept – um den Aspekt der Arbeitszufriedenheit der Mitarbeiterinnen und Mitarbeiter, gemessen wurde. Obwohl diese Modelle keinerlei empirische Evidenz zeitigten, halten sich auch in den moderneren Führungskonzepten die Unterscheidungen zwischen partizipativen, delegierenden, unterstützenden, strukturierenden, direktiven oder autoritären Führungsstilen, die auf dem Spannungsfeld zwischen MitarbeiterInnen- und Aufgabenorientierung angesiedelt werden (vgl. KIESER u.a. 1995). Die kausale Betrachtung des Zusammenhangs zwischen Führungsstilen und erzeugten Wirkungen wurde jedoch durch den Einfluss system- und kontingenztheoretischer Erkenntnisse verdrängt: Danach wird heute unterstellt, dass insbesondere die Umwelten der Organisationen das Verhalten in den Organisationen beeinflussen. Diese prinzipiell kontingenten Situationen können selbst von den Organisationen nicht beeinflusst werden, wohl aber die Situationen, die dadurch bedingt in den Organisationen entstehen (vgl. WILLKE 1996), wodurch die Relevanz von Führungskonzepten eingegrenzt, damit aber auch handhabbarer wird. Auf der Basis dieser theoretischen Rahmung von Führungs- und Leitungskonzepten wird auch in der öffentlichen Verwaltung gegenwärtig ein Ansatz erprobt, der sich in der klassischen Managementlehre durchgesetzt hat: das Führen durch Zielvereinbarungen (management by objectives).

Dieser Ansatz prägte entsprechend auch schon die frühen Diskussionen um das Sozialmanagement als ein auf die Besonderheiten der sozialen Dienste abgestimmte Form des Managements (vgl. MÜLLER-SCHÖLL/PRIEPKE 1989). Während jedoch MÜLLER-SCHÖLL/PRIEPKE (1989) in ihrem Buch der problembezogenen Frage nachgingen, wie Konflikte innerhalb sozialer Organisationen dauerhaft in produktive, innovative Kräfte umgeformt werden können und welche praktischen Anforderungen für eine Organisationsberatung hieraus abzuleiten sind, verschoben sich die Akzentuierungen in der Diskussion der Sozialen Arbeit in Richtung auf ein zukunftsorientiertes Kompetenzprofil für Leitungs- und Führungskräfte in den sozia-

»Führen« von
Organisationen

»Führen und Leiten«

len Diensten. Und obwohl bislang eine einheitliche definitorische Grundlegung des Sozialmanagements fehlt, herrscht weitgehend Einigkeit darüber, dass drei Aspekte in den Konzepten des Sozialmanagements zusammengebunden werden müssen. Danach bezeichnet Sozialmanagement entgegen anfänglichen Irritationen, die hierin eine spezifische Technik des Management selbst – eben soziales Management – sahen, heute 1. Qualifikationsanforderungen für diejenigen Personen, die mit der Leitung und Führung sozialer Dienste beauftragt sind und die dazu geeignet sind, 2. durch geplanten sozialen Wandel, also Organisationsentwicklung, die sozialen und wirtschaftlichen Interessen der Organisationen zu vertreten und 3. durch angepasste Konzepte der Personalentwicklung die Motivations- und Leistungsressourcen der ehren- und hauptamtlichen Mitarbeiterinnen und Mitarbeiter zu optimieren (vgl. REINBOLD 1996). Schon an dieser Richtungskorrektur gegenüber den Ursprüngen wurde deutlich, dass die Ära der Sozialen Arbeit, die es erlaubte, sich selbstreferentiell, einem systemischen Verständnis folgend mit den eigenen Produktionsbedingungen auseinander zusetzen, ihr vorzeitiges Ende gefunden hatte und sie sich nunmehr auch fremddefinierten, außengesteuerten Anforderungen stellen musste. In ungewohnter Radikalität nämlich wurden explizit Missmanagement und Inkompetenz in den Führungsetagen der sozialen Diensten für den herrschenden Bürokratismus, die mangelnde Effektivität und Effizienz verantwortlich gemacht wurden.

2. ... über die Personalentwicklung ...

Die geforderten Innovationen in der Sozialen Arbeit lassen sich aus der Perspektive des Sozialmanagements allerdings nur dann verwirklichen, wenn komplementär zu den eingeleiteten Organisationsentwicklungsprozessen auch Personalentwicklungs-Maßnahmen initiiert werden, deren zentrale Aufgabe es ist, hilfreich für die Implementierung und Entwicklung von Strategien der Dienstleistungsproduktion zu wirken und dabei die Elemente von Struktur und Kultur der Organisationen zusammenzuführen (vgl. SATTELBERGER 1996, S. 32). In diesem Zusammenhang ist es Aufgabe des Managements nach geeigneten Konzepten zu suchen, die die Aspekte moderner Personalentwicklung integrativ behandeln:

Personalentwicklungs-Maßnahmen

- Personalmarketing
- Personalsuche
- Personalauswahl
- Ausbildung/Einarbeitung
- Qualifizierung
- Potentialentwicklung
- Ausscheiden/Entlassen

Eine der Schlüsselfragen für eine Modernisierung der sozialen Dienste lenkt entsprechend den Blick auf ihren zentralen Produktionsfaktor und lautet: »Mit welchem Personal sollen die veränderten Arbeitsanforderungen und Handlungsprinzipien eigentlich umgesetzt werden?« – oder vorsichtiger: »Welches berufliche Profil benötigt die oder der idealtypische Mitarbeiter in einer sich modernisierenden Sozialen Arbeit?« Vor allem die neuen Organisationsmodelle, die sich eher an be-

Berufliches Profil des idealtypischen Mitarbeiters

176

triebswirtschaftlichen Modellen und Konzepten orientieren, zielen dabei, unabhängig davon, ob es sich um öffentliche, freie oder private Träger handelt, auf einen veränderten Mitarbeitertypus, der sich von dem Bild eines »guten Bürokraten« bzw. eines »guten Mitarbeiters im öffentlichen Dienst« fundamental unterscheidet. Mitarbeitertypus
Dem jahrzehntelang idealisierten Bild des sachlich neutralen, qualifizierten, mit klarem Kompetenz- und Zuständigkeitsbereich ausgestatteten, durchaus im Hinblick auf seine berufliche und materielle Sicherheit privilegierten Mitarbeiters wird im Kontext dieser Überlegungen eine deutliche Absage erteilt. Die in diesem Zusammenhang zentrale Unterstellung lautet, dass dieser Typus des Einzelbeamten Verkrustungen der Organisationsstrukturen fördert, da Kreativität und Flexibilität des Einzelnen letztendlich negativ sanktioniert werden, nur geringe Anreize zur Arbeitsmotivation bestehen, keine Bereitschaft zur Verantwortungsübernahme gefördert wird und einiges mehr, wodurch insgesamt das Bild eines desengagierten, auf Routine bedachten, eher Arbeitsvermeidungsstrategien erfindenden, denn Leistungsbereitschaft signalisierenden Mitarbeiters entsteht. Dieses Bild wird von einer Reihe empirischer Untersuchungen, die das öffentliche Erscheinungsbild, das Image der Mitarbeiterinnen und Mitarbeiter des öffentlichen Dienstes dokumentiert haben, noch genährt.

Im Kontext dienstleistungstheoretischer Überlegungen werden diese klassischen Anforderungen an das Personal deshalb revidiert. Insbesondere aus Legitimations- und Akzeptanzproblemen des öffentlichen Dienstes selbst wird in diesem Kontext ein anderes Profil für die Mitarbeiterinnen und Mitarbeiter gefordert:

Tabelle: Alter und neuer Professionstypus

Typus des Einzelbeamten	Neuer Mitarbeitertypus
Sachqualifikation	Fachliche Qualifikation und personale Kompetenz
persönlich frei nur *sachlichen* Amts*pflichten* gehorchen mit festen Amts*kompetenzen*	mit problem- und situationsbezogenen Kompetenzen
in fester Amts*hierarchie*	Zuordnung ergibt sich aus *Problemlösungs*kompetenz
Entgolten mit festen Gehältern in *Geld*	entgolten in Geld und *Leistungsanreizen*
Amt als *Beruf*	Beruf als *Profession*
»Aufrücken« je nach Amtsalter oder Leistungen oder beiden, abhängig vom Urteil der Vorgesetzten	Leistungsgerechte Beförderung, Leitungsaufgaben entsprechend dem Kompetenzprofil
strenge, einheitliche Amts*disziplin* und Kontrolle	Eigenverantwortlichkeit, geringe Kontrolle

Alter und neuer Professionstypus

Der Eindruck, der sich hier aufdrängt, der Mitarbeiter von morgen sei jung, dynamisch, immer auf der Suche nach neuen Problemen, die es zu lösen gilt, dabei relativ frei von Zugehörigkeiten, einzig an der Aufgabenstellung interessiert, ist denn auch nicht ganz von der Hand zu weisen. Die Überlegungen zur zukünftigen Personalstruktur in den Kommunalverwaltungen orientieren sich entsprechend vor allem an Modellen des Projektmanagements (vgl. AHLEMEYER 1994) und verabschieden sich von einzelorganisatorischen Konzepten. Reformen des Dienstrechtes, des Berufsbeamtentums und des BAT stehen folgerichtig auf der Tagesordnung.

Reformen stehen an

Zusammenfassend lässt sich für diesen Bereich der Implikationen der Dienstleistungsorientierung in der Sozialen Arbeit bis hier bilanzieren, dass ein neuer Mitarbeitertypus für die sozialen Dienste gefordert wird, der sich von dem bisherigen Leitbild des Einzelbeamten abwendet und stärker auf professionsorientierte Merkmale setzt (vgl. hierzu auch STICHWEH 1994). Der frei(beruflich) agierende, in erster Linie an fachlichen Standards orientierte Mitarbeiter, der weniger schematisch und routiniert den Aufgabenanfall abarbeitet als vielmehr flexibel und kreativ immer neue Probleme löst, ist die Leitidee des Sozialmanagements, das damit Anforderungen an die Profession formuliert, die insgesamt stärker auf Einstellungen, Haltungen und Motivationen des Personals zielen, also vor allem Arbeitstugenden betonen.

Leitidee des Sozialmanagements

Vernachlässigt wird in den bestehenden Konzepten der Personalentwicklung und des Personalmanagements allerdings häufig die spezifische Personalstruktur, mit der die sozialen Dienste operieren: Neben bezahlten Mitarbeiterinnen und Mitarbeitern wird ein großer Teil Sozialer Arbeit durch nebenberufliche oder ehrenamtliche Kräfte geleistet. Geeignete Modelle zu entwickeln, die auch dieses Engagement in die umfassenden organisatorischen Erneuerungsprozesse einbeziehen, wird ein der zukünftigen Anforderungen an die Soziale Arbeit bilden.

3. ... zum Management des Sozialen

Dass dem Sozialmanagement z.Zt. soviel Bedeutung beigemessen wird, mag darin begründet liegen, dass unter verschärfenden sozialpolitischen Bedingungen sich die Leistungsanbieter verstärkt herausgefordert sehen, Qualitätsnachweise ihrer Arbeit zu erbringen, um sich die Förderung durch öffentliche Mittel und damit ihre eigene Existenz zu sichern. Gerade im Zuge der Auslagerung von bisher durch öffentliche Träger erbrachten Leistungen und der dadurch bedingten Implementierung von Wettbewerb, die im Modell des vieldiskutierten und, wie es scheint, sich durchzusetzenden 'contracting-out' (vgl. BACKHAUS-MAUL/OLK 1995, S. 10 f.; vgl. NASCHOLD 1995a, S. 35 ff.) vorgesehen ist, gewinnt die Festlegung von der Arbeit zugrunde liegenden fachlichen wie ökonomischen Standards zunehmend an Bedeutung. Der enger werdende finanzielle Handlungsrahmen, der die akute Notwendigkeit kommunaler Haushaltskonsolidierungen begründet, steht hierbei im Vordergrund. Bestrebungen einer stärkeren Ökonomisierung der sozialen Dienste werden so vor allem mit Defizitzuschreibungen an die bestehenden Organisationsmodelle, z.B. Legitimationsproblemen sozialer Dienste aufgrund mangelnder BürgerInnennähe, Effektivitätsvergleichen zwischen Verwaltungen und Unternehmen, Ausweitung und Ausdifferenzierung der Erwartungen der Adressaten an die sozialen Dienste begründet (vgl. z.B. MERCHEL 1995, S. 331; KGST-Bericht 9/94).

Dabei wird die Orientierung an betriebswirtschaftlichen Organisationsmodellen und -techniken als ein Vehikel für die Behebung der eigentlichen Defizite, die Wiederaneignung verlorengegangener politischer und administrativer Entscheidungsspielräume genutzt. Werden Konsolidierungserfordernisse der kommunalen Haushalte und der bedrohliche Legitimitätsverlust auf seiten der Öffentlichkeit als Auslöser für die weitgreifenden Modernisierungsvorhaben genannt (vgl. KGST-Bericht 5/1993:9), durchmischen sich mehr oder weniger bekannte Argumente der Wohlfahrts- und Sozialstaatskritik mit den offen zutage geförderten Schwächen des Bürokratiemodells, dessen Wesen die Routinen öffentlich erbrachter Leistungen nachhaltig prägt:

- »First, public services in general have lost their potential to serve as a blueprint for effective organization. In times of harsh technological change and global competition, the private sector has taken over the leading role with respect to efficiency and effective management.
- Secondly, publicly funded personal social services that had hitherto to been guided by professional ethics of 'good practice' and by the notion of social services as a 'public good', were increasingly challenged by economic imperatives as resources became scarer (...).
- Thirdly, we are witnessing a crisis of professionalism insofar as the users of personal social services are questioning professional expertise. Due to their pluralization and emancipation, specific groups of users are lass willing than ever to be patronized by professionals or to accept compromises between their individual aspirations and the view of experts.
- Futhermore – and as a consequence of the latter – the concept of privatizing public services has been increasingly difficult to challenge in the absence of notions of efficiency other than those associated with market mechanisms« (EVERS u.a. 1997, S. 2).

Unter diesen gesellschaftspolitischen Prämissen, ist eine Verständigung über die Spezifika sozialer Dienstleistungen unerlässlich, da sie sonst von dem allgemeinen Strudel erfasst zu werden drohen: In erster Linie gilt es dabei festzuhalten, dass soziale Dienstleistungen nicht der Herstellung eines Produktes dienen, »sondern (sie, G.F.) zielen darauf ab, Wirkungen auszulösen« (BAUER 1996, S. 27), was bedeutet, dass die Soziale Arbeit nicht nur Produkte im Sinne von quantifizierbaren Nachweisen organisatorischen Handelns erzeugt, sondern ausgerichtet ist auf Verhaltensänderungen bei ihren Adressaten. Wenn diese Differenz missachtet wird, können soziale Dienstleistungen leichtfertig auf Produkteigenschaften reduziert werden.

Gerade jedoch der externe, öffentlichkeitswirksam erzeugte Druck, der nachhaltig belegte, dass die administrative Steuerung von Dienstleistungsorganisationen weder dem gesellschaftlichen Wandel noch den Bedürfnissen der Mitarbeiterinnen und Mitarbeiter gerecht wird, förderte die Neudefinition von Führungs- und Leistungskompetenzen in der Sozialen Arbeit, die sich nunmehr an den Modellen zur Lernenden Organisation orientieren. Danach kommt den Führungs- und Leitungskräften ähnlich wie auch schon der Politik vor allem die Aufgabe einer visionären Weiterentwicklung der bestehenden Organisationen unter Ausnutzung der gewonnenen Handlungsspielräume zu: »Letztendlich mündet Handlungsfähigkeit in eine moralische Fähigkeit: in die Frage der Definition bzw. der Weiterentwicklung der eigenen Identität, im Finden des eigenen Standortes in einer sich wandelnden Gesellschaft« (SATTELBERGER 1996, S. 153).

Aus dieser Perspektive heraus scheint es für die Soziale Arbeit nur dann zu einer produktiven Verarbeitung des geforderten organisatorischen Wandels zu kommen, wenn sie ihre Fachdiskussionen wieder in einen breiteren Horizont einbindet.

Einbindung der Fachdiskussion in einen breiteren Horizont

Festgehalten werden kann in diesem Zusammenhang ersteinmal, dass das Management von Organisations- und Personalentwicklungserfordernissen in den sozialen Diensten, das es professionell zu gestalten gilt, unterhalb von der gegenwärtig öffentlich geführten sozialpolitischen Diskussion liegt. Gerungen wird entsprechend in dem Mikrokosmos der Sozialen Arbeit kaum über die Sinnhaftigkeit des avisierten Modells der Neuordnung der Sozialpolitik und ihrer Produktionsbedingungen. Vielmehr lässt die Konzentration auf die innerbetrieblichen Produktionsfaktoren sozialer Dienstleistungen die gesamtgesellschaftliche Großwetterlage außer Acht. Die Soziale Arbeit wird sich bei einer konsequenten Beibehaltung dieser Form der Dienstleistungsstrategie dann allerdings einmal fragen lassen müssen, ob und in welchem Maß ihre Aktivität als ein Beitrag zur Herstellung sozialer Gerechtigkeit gelesen werden kann bzw. wo zukünftig ihre Funktion angesiedelt ist.

Literatur

AHLEMEYER, H.W.: Administrativer Wandel. In: DAMMANN, K./GRUNOW, D./JAPP, K.P. (Hrsg.): Die Verwaltung des Politischen Systems. Opladen 1994, S. 183-197.

BACKHAUS-MAUL, H./OLK, Th.: Vom Korporatismus zum Pluralismus? – Aktuelle Tendenzen in den Staat-Verbände-Beziehungen am Beispiel des Sozialsektor. Zentrum für Sozialpolitik, Arbeitspapier Nr. 11. Bremen 1995.

BAUER, R.: »Hier geht es um Menschen, dort um Gegenstände« – Über Dienstleistungen, Qualität und Qualitätssicherung. In: Widersprüche, 1996, H. 61, S. 11-49.

EVERS, A./HAVERINEN, R./LEICHSENRING, K./WISTOW, G.: Developing Quality in Personal Social Services: Introduction. In: dies. (eds.), Developing Quality in Personal Social Services. Wien 1996, S. 1-5.

FLÖSSER, G./OTTO, H.-U. (Hrsg.): Sozialmanagement oder Management des Sozialen? Bielefeld 1992.

JANN, W.: Neues Steuerungsmodell. In: BANDEMER, St. VON/BLANKE, B./NULLMEIER, F./WEWER, G. (Hrsg.): Handbuch zur Verwaltungsreform. Opladen 1998, S. 70-80.

KGST: Das neue Steuerungsmodell. Begründung – Konturen – Umsetzung. Bericht Nr. 5/1993. Köln 1993

KGST: Outputorientierte Steuerung in der Jugendhilfe. Bericht Nr.9/1994. Köln 1994.

KIESER, A./REBER, G./WUNDERER, R. (Hrsg.): Handwörterbuch der Führung. Baden-Baden 1995.

MERCHEL, J.: Sozialverwaltung oder Wohlfahrtsverband als 'kunden-orientiertes Unternehmen': ein tragfähiges, zukunfts-orientiertes Leitbild? In: Neue Praxis, 25. Jg. (1995), Heft 4, S. 325-340.

MÜLLER-SCHÖLL, A./PRIEPKE, M.: Sozialmanagement. Frankfurt/M. 1989.

NASCHOLD, F.: Ergebnissteuerung, Wettbewerb, Qualitätspolitik. Entwicklungspfade des öffentlichen Sektors in Europa. Berlin 1995.

NEUBAUER, W.: Führen und Leiten in sozialen Organisationen. In: BOSKAMP, P./KNAPP, R. (Hrsg.): Führung und Leitung in sozialen Organisationen. Neuwied/Kiftel/Berlin 1996, S. 75-108.

REINBOLD, B.: Sozialmanagement. In: KREFT, D./MIELENZ, I. (Hrsg.): Wörterbuch Soziale Arbeit. Weinheim/Basel 1996.

SATTELBERGER, Th.: Die lernende Organisation. Konzepte für eine neue Qualität der Unternehmensentwicklung. Wiesbaden 1996.

SENGE, P.M.: Die fünfte Disziplin. Stuttgart 1995.

STICHWEH, R.: Berufsbeamtentum und öffentlicher Dienst als Leitprofession. In: DAMMANN, K./GRUNOW, D./JAPP, K.P. (Hrsg.): Die Verwaltung des Politischen Systems. Opladen 1994, S. 207-214.

WILLKE, H.: Systemtheorie II: Interventionsformen. Stuttgart/Jena 1996.

Bildungsmanagement

Hans-Günter Rolff

Inhalt

Bildungsmanagement erlebt einen Boom, weil Schulen und Hochschulen, Volkshochschulen sowie die übrigen Weiterbildungseinrichtungen ebenso wie die betriebliche Ausbildung vor einem Umbruch stehen. Alle Bildungseinrichtungen sind mit neuen Steuerungsmodellen konfrontiert.

1. Neue Steuerungsmodelle erfordern ein professionelles Management

Die neuen Steuerungsmodelle haben etliche Kennzeichen gemeinsam: Es geht zumeist darum, dass der einzelnen Bildungseinrichtung mehr Selbständigkeit überantwortet wird in bezug auf inhaltliche, curriculare, personelle und finanzielle Entscheidungen. Selbst Schulen, denen bisher die Lehrpläne und das Curriculum bis ins Detail vorgeschrieben wurden, sind heute aufgerufen, ein eigenes Schulcurriculum zu entwickeln und sich mittels Schulprogramm zu profilieren; einzelne Bundesländer gestatten den Schulen, bis zu 40 Prozent des Lehrplans selbst festzulegen. Hinsichtlich der Personaleinstellung dürfen deutsche Schulen bis zu 50 Prozent der Personalentscheidungen entscheidend mitbestimmen und haben einige österreichische Universitäten das Recht erhalten, alle Personalentscheidungen ohne Einwirkung des Ministeriums selbst zu treffen. Zudem wird die Finanzautonomie aller Bildungseinrichtungen in dem Maße größer, als sie Budgets erhalten, über deren jeweilige Verwendung sie selbst entscheiden. Zum neuen Steuerungsmodell gehört allerdings auch, dass die Bildungseinrichtungen dem Träger und der Öffent-

Erweiterte Selbständigkeiten

Rechenschaftspflicht

lichkeit gegenüber in eine stärkere Rechenschaftspflicht genommen werden, die zumeist eine interne Evaluation verlangt, die von Zeit zu Zeit durch externe ergänzt bzw. gespiegelt wird.

Dies alles erhöht die Anforderung an das Management der Bildungseinrichtungen, für das in erster Linie die Leitung zuständig ist, wobei aber letztlich jedes Organisationsmitglied mitwirken muss.

2. Bildungsmanagement als integriertes Management

Um Missverständnisse zu vermeiden, sollte von vornherein betont werden, dass Bildungsmanagement als Management der Bildungseinrichtungen zu begreifen ist und nicht als Management der Bildung selbst, was einem »emphatischen Bildungsbegriff« (BLANKERTZ) auch zuwiderliefe.

Begriffsklärung: Management

Mit Management der Bildungseinrichtungen ist, wie BUCHEN und BURKARD herausgearbeitet haben, ein professionelles Management der Arbeit sowie der Entwicklung der Bildungseinrichtungen gemeint. Dabei wird Management nicht in dem überholten engen Sinne verstanden, die von den Behörden zugewiesenen Alltagsaufgaben von Verwaltung und Organisation zur Aufrechterhaltung des Lernbetriebes sorgfältig zu handhaben. Wichtigste Voraussetzung für die Entwicklung eines neuen Managementverständnisses ist vielmehr, dass die Leiter der Bildungseinrichtungen selbst eine konzeptuelle Vorstellung von ihrer Arbeit, von der Weiterentwicklung ihrer Einrichtung und von ihrer Leitung und Führung haben. Bisher lagen wesentliche Ressourcen der Bildungseinrichtungen in den Händen anderer Stellen. Modernes Bildungsmanagement setzt voraus, dass es mit Ressourcen umgehen kann, deren Zusammensetzung und Menge (z.B. Zeit, Personal) es selbst beeinflussen kann.

Integriertes Management

Modernes Management übersteigt traditionelles Verwaltungshandeln bei weitem (vgl. dazu DECKER 1995). Die Aufgaben von Bildungseinrichtungen haben unter Berücksichtigung der gesellschaftspolitischen Bedingungen, der spezifisch lokalen Rahmenverhältnisse und der gestiegenen gesellschaftlichen Erwartungen einen Grad von Komplexität erreicht, der nur noch von einem sog. integrierten Management bewältigt werden kann, »das von einem ganzheitlichen Denken und Handeln getragen ist. (...) Notwendig wird ein umfassendes systemisches Denken, das ein gedankliches Wechselspiel zwischen Teil und Ganzheit, das Einordnen von Teilerkenntnissen in Gesamtkonzepte sowie ein wechselseitiges Denken auf unterschiedlichen Abstraktionsebenen erlaubt« (BLEICHER 1991, S. 3).

Integriertes Management verbindet drei Dimensionen, welche logisch voneinander abgrenzbare Problemfelder beinhalten, die das Management zu bearbeiten hat. Diese sind jedoch nicht als Grundlage arbeitsteiliger Zuständigkeitsverteilung zu verstehen. Im Gegenteil, sie durchdringen sich gegenseitig, und sie bilden ein systemisches Ganzes. Dabei handelt es sich um das normative, das strategische und das operative Management.

Normatives Management

Das normative Management beschäftigt sich mit den generellen Zielen der Einrichtung, mit Prinzipien, Normen, Spielregeln, die darauf gerichtet sind, die (Über-)Lebensfähigkeit sicherzustellen. Dazu ist es notwendig, die Identität der

184

Organisation zu gewährleisten. Zentraler Inhalt des normativen Managements von Bildungseinrichtungen ist die Orientierung des konkreten Handelns an einem pädagogischen Konzept. Das ist am ehesten möglich, wenn die Bildungseinrichtung über eine Vision oder ein Leitbild verfügt; ein solches für die und mit der Bildungseinrichtung zu entwickeln, gehört zu den wichtigsten Aufgaben des normativen Managements.

Das strategische Management ist darauf gerichtet, die erfolgsrelevanten Voraussetzungen zu schaffen. Zu diesem Zweck müssen die förderlichen und die hemmenden Faktoren identifiziert werden. Bezugsgrößen des strategischen Managements sind die im normativen Management artikulierten Zielvorstellungen und programmatischen Aussagen. Umgesetzt werden das normative und das strategische Management durch das operative Management, das an Effektivität orientiert, also auch ökonomisch ausgerichtet ist. Strategisches Management

In einer Gesellschaft, die sich im Umbruch befindet, ist integriertes Management notwendigerweise entwicklungsorientiert. Dabei spielt die Leitung von Bildungseinrichtungen eine besondere, in ihrer Bedeutung wachsende Rolle. Bisher wurden Bildungseinrichtungen häufig nebenbei geleitet. Eine Bildungseinrichtung zu leiten wird zunehmend zu einem eigenen Beruf. Die zentrale Aufgabenstellung dieser Berufstätigkeit besteht darin, über die klassischen Verwaltungs- und Organisationstätigkeiten hinaus die zielorientierte Weiterentwicklung der Bildungseinrichtung möglichst optimal zu realisieren. Mit diesem Prozess substantiell verbunden ist das Definieren der entsprechenden Qualitäts- und Leistungsindikatoren, die gleichzeitig Basis für Evaluationsprozesse und Rechenschaftslegung sind, die die Öffentlichkeit immer entschiedener verlangt. Rolle der Leitung

Die neuen vielfältigen und z.T. hochspezifischen Aufgaben und Probleme einer Bildungseinrichtung sind am ehesten am Standort und von den dort tätigen und mit der Situation vertrauten Personen in den Einrichtungen mit Aussicht auf Erfolg zu bearbeiten. Daraus folgt in Anlehnung an PROBST (1993), dass der einzelne Mitarbeiter die Verantwortung für seine Entscheidungen trägt, und dass Entscheidungen nur Bestand haben, wenn die Mitarbeiter an der Entscheidungsfindung und Wertsetzung qualifiziert beteiligt sind. Aus dieser Sicht wird deutlich, dass Management alle angeht und gleichzeitig klar, was es bedeutet, von »Management als Systemeigenschaft« zu sprechen: Jeder ist ein Manager (weshalb man in den USA auch von »classroom management« spricht), aber jeder ist auch dem Gesamtzusammenhang der Bildungseinrichtung und seiner Entwicklung verpflichtet. Management geht alle an

3. Organisationspädagogik als Bezugswissenschaft

Das Konzept des integrierten Managements ist umfassend und anspruchsvoll zugleich. Es entstammt der Betriebswirtschaftslehre, aus der sich inzwischen eine eigenständige Managementwissenschaft ausdifferenziert hat. Es ist, wie dargelegt, für Bildungseinrichtungen von wachsender Bedeutung, lässt sich jedoch nicht umstandslos auf diese übertragen. Er bedarf vielmehr einer erziehungswissenschaftlichen Reflexion, damit er das spezifisch Pädagogische der Bildungseinrichtungen nicht verfehlt. Dafür bietet sich in erster Linie das Konzept der Organisationspädagogik an, das ROSENBUSCH 1989 kreiert und 1997 entfaltet hat. ROSENBUSCH geht davon aus, dass die Erziehungswissenschaft viel von modernen Organisations- und Managementtheorien lernen kann, aber doch durch das Einbringen einer spezifischen pädagogischen Perspektive einen eigenen Standpunkt finden muss.

Begriffsbestimmung Organisationspädagogik orientiert sich deshalb an den pädagogischen Wirkungen von Management und Organisation – und zwar in doppelter Fragerichtung, die ROSENBUSCH am Beispiel der Schule wie folgt formuliert:

»Welche pädagogischen Wirkungen haben Beschaffenheit und Bedingungen der Organisation Schule auf einzelne oder Gruppen innerhalb der Organisation? – und umgekehrt: Welche Wirkungen haben Bedingungen und Beschaffenheit von einzelnen oder Gruppen auf die Organisation Schule als Ganzes?« (ROSENBUSCH 1997, S. 329).

Durch diese Festlegung lassen sich pädagogisch relevante Aspekte des strukturellen Aufbaus der Organisation von Bildungseinrichtungen erfassen, ebenso Fragen des Managements wie Mitbestimmung der Beteiligten, Führungsprobleme, Fragen nach der Qualität des Führungspersonals, auch im Hinblick auf seine Rekrutierung und Qualifizierung, auf die Aufgabenfelder der übergeordneten Behörden wie die Möglichkeiten von Schülerinnen und Schülern, Studierenden, Mitarbeitern und Lehrkräften, Einfluss auf die Bildungseinrichtung zu nehmen. Diese Aspekte gehen über die traditionell behandelten (vor allem Interaktion in Unterricht und Lehre) weit hinaus, tangieren jedoch nach allgemeiner Überzeugung Arbeit und Erfolg der Bildungseinrichtungen mehr oder minder stark.

Organisationspädagogik als Gestaltungskraft Organisationspädagogik versteht ROSENBUSCH nicht ausschließlich als analytische Wissenschaft, sondern auch als Gestaltungskraft, also als Management: Bildungseinrichtungen,»als primär bürokratisch, ungeplante erzieherisch bedeutsame Wirklichkeit müssen in Richtung einer bewusst pädagogisch konzipierten, erzieherisch gestalteten Wirklichkeit verändert werden« (ebd. S. 331).

Für die Gestaltung von Bildungseinrichtungen begründet und formuliert ROSENBUSCH vier Grundlinien, die sein Verständnis von Pädagogik ausdrücken, nämlich:

- »das Ziel des mündigen, sozial- und eigenverantwortlichen Menschen,
- die Idee der gegenseitigen, vollständigen Anerkennung der Individuen, und zwar der Anerkennung des anderen und der einen Person,
- das Prinzip der Selbsttätigkeit in der Erziehung sowie
- Kooperationsfähigkeit als Ziel und Kooperation als Methode« (ebd. S. 332).

4. Neue Betätigungsfelder

Resumée Es lässt sich an dieser Stelle resümieren: Bildungsmanagement ist ein neues, sich ausweitendes Feld. Als Bezugswissenschaft empfiehlt sich die erziehungswissenschaftliche Teildisziplin der Organisationspädagogik, die die (auch kritische) Analyse und Gestaltung der pädagogischen Wirkungen von Organisationsprozessen zum Gegenstand hat.

Mit der Ausweitung des Bildungsmanagements entstehen einerseits neue Anforderungen an die erziehungswissenschaftliche Forschung und Lehre und andererseits neue Betätigungsfelder für Diplom-Pädagogen und z.T. auch für Lehrerinnen und Lehrer, die abschließend in loser Reihenfolge aufgezählt werden sollen:

• Leiterinnen und Leiter von Bildungseinrichtungen, seien es Kindergärten, Volkshochschulen, Schulen, Bildungsstätten, usw.
• Beraterinnen und Berater für Organisations-, Personal- und Unterrichtsentwicklung von Bildungseinrichtungen.
• Supervisoren und Coaches für Führungspersonen, aber auch für Mitarbeitergruppen.
• Trainerinnen und Trainer für Moderation, Kommunikation, Teamarbeit/Kooperation und Projektmanagement.
• Evaluatorinnen und Evaluatoren, die Methoden vermitteln, bei interner Evaluation beraten und die unterschiedlichsten Formen externer Evaluation selbst durchführen bzw. daran mitwirken.
• Qualitätssicherer, die Verfahren und/oder ganzheitliche Modelle von Qualitätsmanagement mit Bildungseinrichtungen entwickeln und die auch als Zertifizierer wirken können.
• Personalentwicklerinnen und -entwickler, die Bedarfe und Potentiale (human ressources) feststellen können und die sich auf dem Gebiet der Personalbeurteilung auskennen.

Bildungsmanagement wird vor allem nachgefragt werden, weil es beizutragen verspricht, »dass die Sachen richtig laufen«. Der Bezug zur Organisationspädagogik hätte jedoch dafür zu sorgen, dass die »richtigen Sachen laufen«.

Literatur

BLEICHER, K.: Organisation. Strategien – Strukturen – Kulturen. Wiesbaden 1991 (2. Auflage).
BUCHEN, H./BURKARD, CH.: Wird Schulmanagement zum Qualitätsmanagement? In: FROMMELT, B. u.a. (Hrsg.): Schule am Ausgang des 20. Jahrhunderts. Weinheim 2000.
DECKER, F.: Bildungsmanagement für eine neue Praxis. Lichtenau 1995.
GEIBLER, H.: Organisationspädagogik. München 2000.
PROBST, G.: Organisation. Landsberg 1993.
ROSENBUSCH, H.: Der Schulleiter – ein notwendiger Gegenstand organisationspädagogischer Reflexion. In: ROSENBUSCH, H./WISSINGER, J. (Hrsg.): Schulleiter zwischen Administration und Innovation. Braunschweig 1989.
ROSENBUSCH, H.: Organisationspädagogische Perspektiven einer Reform der Schulorganisation. In: Schulverwaltung (Bayern) 10 (1997) 4, S. 329-334.

Wissenschaft und Forschung

Winfried Marotzki

Inhalt

»Wissenschaft als Beruf« legt die Assoziation mit der gleichnamigen Arbeit von Max WEBER (1919) nahe. Es handelt sich um die erweiterte Fassung eines Vortrags, den er im November 1917 im Rahmen einer Vortragsreihe »Geistige Arbeit als Beruf« vor Studenten der Münchner Universität gehalten hat. WEBERs Überlegungen sollen in diesem Aufsatz nicht im Zentrum stehen, eignen sich jedoch gut als Einleitung, weil er die Auffassung darlegt, dass Wissenschaft ein fachlich betriebener Beruf sei, der viel mit Handwerk zu tun habe und wenig mit Missionierung im Dienste einer Weltanschauung. Wertungen, politische Stellungnahmen und Entscheidungen gehörten auf den »Markt des Lebens«, nicht in den Hörsaal. Obwohl diese These der Werturteilsfreiheit von Wissenschaft in der Folge umstritten ist, spielen WEBERs Überlegungen bis heute eine wichtige Rolle für die Diskussion über die politische Verantwortung der Wissenschaft, vor allem im Bereich der Sozialwissenschaften, auf die sich WEBER überwiegend bezieht. Wichtig ist für meinen Zusammenhang nicht so sehr das Ethos von Wissenschaft, das für WEBER im Zentrum seiner Überlegungen stand, sondern vielmehr die verschiedenen Wege, die heute eingeschlagen werden können, wenn Wissenschaft als Beruf ausgeübt werden soll. Diese Überlegungen sollen am Beispiel der Erziehungswissenschaft ausgeführt werden.

Zunächst ist es klar, dass solche Überlegungen nicht von übergeordneten Trends zeitdiagnostischer und arbeitsmarktpolitischer Art abgekoppelt werden können. WEBER konnte noch im Bereich der Wissenschaft von relativ linearen Karrieren ausgehen. »Wissenschaft als Beruf« war eine lebenslange Tätigkeit, die der Erwerbsbiographie eine gewisse Kontinuität gab. Davon ist heute eher nur in Ausnahmefällen auszugehen. Vielmehr haben wir den Sachverhalt zu konstatieren, dass die Zahl derjenigen Menschen abnimmt, die ihr Leben lang in einem Beruf und viel-

Marginalien:
Max WEBER

Diskontinuierliche Erwerbsbiographien

leicht sogar bei einem Arbeitgeber arbeiten. Auch die Formen der Beschäftigung ändern sich, die Zahl der projektgebundenen befristeten Verträge, der Teilzeitbeschäftigten, der Beschäftigten auf Honorarbasis, der Erwerbstätigen ohne sozialversicherungsrechtlichen Schutz und der vielfältigen Mischformen, bei denen man im Einzelfall nur schwer unterscheiden kann, ob es sich um eine Berufstätigkeit oder eine verdeckte Form von Arbeitslosigkeit handelt, nimmt zu, vor allem im Wissenschaftsbetrieb. Insofern wundert es auch nicht, dass es sehr viele verschiedene Wege in die Wissenschaft und Aufenthaltsorte in ihr gibt.

Eine Schwierigkeit besteht zunächst darin, jene Tätigkeit genauer zu bestimmen, die am Beispiel der Erziehungswissenschaft mit dem Begriff »Wissenschaft als Beruf« bezeichnet werden soll. Hilfreich ist dabei eine Unterscheidung zwischen Pädagogik und Erziehungswissenschaft, die im ersten Schritt ausgeführt werden soll. Daran anschließend werden dann hochschulinterne und –externe Tätigkeitsfelder skizziert, die grundsätzlich in Frage kommen, wenn »Wissenschaft als Beruf« ausgeübt werden soll.

1. Erziehungswissenschaft und Pädagogik

Unterschiede zwischen Pädagogik und Erziehungswissenschaft

Zunächst kann gesagt werden, dass pädagogisches Handeln in pädagogischen Berufsfeldern betrieben wird, bspw. Schulpädagogik, Sozialpädagogik, Medienpädagogik, Freizeitpädagogik oder Sonderpädagogik. Eine pädagogische Ausbildung, sofern sie an wissenschaftlichen Hochschulen erfolgt, vermittelt wissenschaftsbasiertes praktisches Handlungswissen. Das akademische Fach, das diese pädagogische Ausbildung durchführt, wird als Erziehungswissenschaft bezeichnet. Während es bei der Pädagogik um die *Praxis* von Erziehung, Bildung, Hilfe und Unterricht geht, geht es bei der Erziehungswissenschaft um die *Bearbeitung von Fragen* der Erziehung, Bildung, Hilfe und des Unterrichts aus einer theoretischen und forschenden (empirischen) Perspektive: »Nicht die Lösung praktischer Probleme und die Gestaltung pädagogischer Situationen stehen im Mittelpunkt, sondern die distanzierte Analyse zum Zwecke der Erkenntnisgewinnung aus einer – im Vergleich zu pädagogischer Praxis – handlungs- und entscheidungsentlasteten, in gewissem Sinne auch nicht für die Praxis verantwortlichen Perspektive« (LÜDERS 1994, S. 569). Während sich der Pädagoge bzw. die Pädagogin also mit konkreten Handlungsproblemen in spezifischen Berufsfeldern beschäftigt, hat es der Erziehungswissenschaftler bzw. die Erziehungswissenschaftlerin in einer handlungsentlasteten Situation in der Regel mit theoretischen, methodischen und methodologischen Problemen zu tun, die natürlich mehr oder minder praxisnah gelagert sein bzw. einen mehr oder weniger starken Praxisbezug aufweisen oder sich auf konkrete Handlungsfelder beziehen können. Die Trennung zwischen Pädagogik und Erziehungswissenschaft soll aber auch nicht der Annahme Vorschub leisten, das Wissen werde hier, in der Erziehungswissenschaft, erzeugt und dort, in der Pädagogik, angewandt. Es wird auch nicht ausgeschlossen, dass pädagogische Probleme erziehungswissenschaftlich behandelt werden können. Die Unterscheidung verdeutlicht nur, dass das, was erziehungswissenschaftlich bearbeitet wird, nicht auf das reduziert werden kann, was pädagogisch auf der Agenda steht.

In der Geschichte des Fachs Erziehungswissenschaft sind diese Probleme unter dem Begriff des Theorie-Praxis-Verhältnisses diskutiert worden. Das ist nicht nur eine Diskussion um das Selbstverständnis des Fachs, sondern berührt konkrete Fragen der Curriculumgestaltung. Als Grundregel wird man bestätigt finden: Je stärker das Verhältnis von Erziehungswissenschaft und Pädagogik verzahnt gedacht wird, desto höher werden die Praxisanteile im Studium sein. Viele Impulse der Studienreform seit Anfang der 90er Jahre zielen darauf, die Anforderungen künftiger Berufspraxis in die universitäre Ausbildung aufzunehmen. Man muss nicht gleich von einer Verzahnung von Theorie und Praxis sprechen, aber es darf wohl gesagt werden, dass die universitär erlernten Kernkompetenzen (Wissen, Methoden, Methodologie und Kasuistik) an Problemlagen der Praxis und der Empirie entwickelt werden (sollen).

Theorie-Praxis-Verhältnis

Eigentlich liegt das Problem tiefer: Die Struktur des Universitätsstudiums selbst ist von einer tiefen Ambivalenz durchzogen. Bei einem Universitätsabschluss bspw. in einem erziehungswissenschaftlichen Hauptfach (Magister, Diplom, Bachelor, Master) soll es sich nämlich einerseits um eine Berufsausbildung handeln, also durchaus um eine wissenschaftsfundierte und berufsfeldbezogene Qualifikation. Andererseits soll es aber auch eine Einführung in die wissenschaftliche Forschung bieten. Das universitäre Studium kann also grundsätzlich als Zwischenstellung zwischen der Wissenschaft und der beruflichen Praxis verstanden werden. Diese Grundambivalenz ist auch in die Struktur erziehungswissenschaftlicher Studiengänge eingeschrieben, wie im folgenden Schritt gezeigt werden soll.

Studium zwischen Wissenschaft und beruflicher Praxis

Zusammenfassend kann aber zunächst festgehalten werden, dass die Unterscheidung von Erziehungswissenschaft und Pädagogik aus der hier favorisierten Perspektive erbracht hat, dass Wissenschaft als Beruf sich nicht so sehr auf die pädagogischen Handlungsfelder beziehen wird, sondern eher auf die erziehungswissenschaftlichen Handlungsfelder.

2. Das Studium: Zwischen wissenschaftlicher Ausbildung und beruflicher Qualifikation

Einerseits sollen Studierende also frühzeitig an Forschungsprozesse herangeführt werden. Auf der anderen Seite wird die Wissenschaft für die wenigsten ein Beruf werden, so dass andere berufliche Handlungsfelder im Vordergrund stehen, für die qualifiziert werden soll. Diese Spannung zwischen wissenschaftlicher Ausbildung und beruflicher Qualifikation ist Gegenstand der Auseinandersetzung um die Funktion universitärer Ausbildung. Der WISSENSCHAFTSRAT hat 1993 in seinen »zehn Thesen zur Hochschulpolitik« eine wichtige Weichenstellung vorgeschlagen, die in den Folgejahren reformbedeutsam geworden ist. In der sechsten These heißt es nämlich:

Funktion universitärer Ausbildung

»Universitäten müssen in Lehrangebot und Organisation des Studiums stärker zwischen dem auf Wissenschaft gegründeten berufsbefähigenden Studium und der nachfolgenden Ausbildung des wissenschaftlichen Nachwuchses für Wissenschaft,

Wirtschaft und Gesellschaft durch aktive Beteiligung der Graduierten an der Forschung unterscheiden.«

Und in These 7 heißt es: »Für die forschungsorientierte Ausbildung des wissenschaftlichen Nachwuchses für Wissenschaft, Wirtschaft und Gesellschaft werden von den Universitäten strukturierte, forschungsbezogene Graduiertenstudien angeboten, die zur Promotion führen.«

Diese Unterscheidung zwischen berufsorientierter und forschungsorientierter Ausbildung findet sich in gewisser Weise in gegenwärtigen Reformvorschlägen wieder, nämlich in den neuen Studiengängen, die zum Bachelor- und zum Masterabschluss führen.

Bachelor und Master

Nach den Vorgaben der Kultusministerkonferenz (KMK) sollen Fachhochschulen und Universitäten innerhalb eines gestuften Studienabschlusssystems nämlich zwei berufsqualifizierende Abschlüsse vergeben können: Der erste berufsqualifizierende Studienabschluss mit einer Regelstudiendauer von drei bis maximal vier Jahren wird im sogenannten Bachelorstudiengang (BA) erworben und ein zweiter berufsqualifizierender Studienabschluss mit einer Regelstudiendauer von ein bis maximal zwei Jahren im Masterstudiengang (MA). Dieser Abschluss berechtigt gleichzeitig zur Promotion. Der Bachelor-Studiengang soll eine breite theoretische, praktische und methodische Grundbildung in einem Fach vermitteln, während der Master-Studiengang deutlich stärker forschungsorientiert und spezialisierend gestaltet werden soll.

Soll Wissenschaft als Beruf betrieben werden, ist die Voraussetzung die Absolvierung eines erziehungswissenschaftlichen (Hauptfach-)Studiums mit anschließender Promotion. Klassischerweise geht es dabei um die sogenannte akademische Berufslaufbahn, aber es ergeben sich auch zunehmend Berufsfelder außerhalb der Hochschulen. Beiden, den hochschulinternen wie den hochschulexternen, gemeinsam ist die Orientierung an Forschung. Deshalb wähle ich im Folgenden den Weg, über eine Skizze der Forschungslandschaft in Deutschland mögliche Handlungsfelder zu skizzieren. Das hat den Vorteil, dass ein systematischer Überblick gegeben wird, und den Nachteil, dass nicht alle genannten Forschungsinstitutionen in gleicher Weise für ErziehungswissenschaftlerInnen interessant sind.

3. Wissenschaftliche Tätigkeitsfelder in der deutschen Forschungslandschaft

3.1 Bildungs- und forschungsadministrative Tätigkeitsfelder

Bildungsadministration

Zum einen ist der Bereich der Bildungs- und Forschungsadministration zu nennen, der als Tätigkeitsfeld infrage kommt und zum anderen die Forschungsinstitutionen selbst. Mit der Bildungs- und Forschungsadministration sind die Wissenschaftsministerien von Bund und Ländern (auch auf europäischer Ebene) gemeint. Hierzu würde ich auch die Tätigkeiten bspw. als FachreferentIn bei der Ständigen Konferenz der Kultusminister der Länder der Bundesrepublik Deutschland (KMK), der Bund-Länder-Kommission für Bildungsplanung und Forschungsförderung (BLK), des Wissenschaftsrates oder der Hochschulrektorenkonferenz (HRK) nennen. Das sind für ErziehungswissenschaftlerInnen sicherlich nur wenige Stellen, aber aus Gründen der Systematik müssen sie wenigstens genannt werden. Weiterhin sind aus dem gleichen Grund Fachvereinigungen hinzurechnen, z.b. die Deutsche Gesellschaft für Bildungsverwaltung, Bundesverband Deutscher Verwaltungs- und Wirtschaftsakademien (VWA), European Forum on Educational Administration. Drittens müssen Institutionen der Forschungsförderung genannt werden: Deutsche Forschungsgemeinschaft, Fraunhofer Gesellschaft, Hermann von Helmholtz-Gemeinschaft, Wissenschaftsgemeinschaft Gottfried Wilhelm Leibniz (WGL), Max-Planck-Gesellschaft und andere Wissenschafts- und Forschungsförderungsorganisationen.

Neben der Bildungs- und Forschungsadministration gibt es dann eben jene Institutionen, in denen Forschung betrieben wird. Hier kann zwischen hochschulinternen und -externen Institutionen unterschieden werden.

3.2 Hochschulinterne Tätigkeitsfelder

Zunächst einmal sind natürlich die Hochschulen als Kernbereich traditioneller Forschung zu nennen. Gemessen an den Ausgaben bilden sie den zweitgrößten Sektor nach der Wirtschaft. Der Hochschulsektor ist deshalb spezifisch, weil hier vom Leistungsspektrum her gesehen eine originäre Verbindung von Forschung, forschungsorientierter Nachwuchsausbildung und Lehre vorliegt. Traditionell spielen die Universitäten hier eine dominante Rolle, die Fachhochschulen nur insofern, als sie in den letzten Jahren Anwendungsforschung mit stark regionalen Bezügen aufgebaut haben.

3.2.1 Die akademische Laufbahn im engeren Sinne

Aus der Sicht einer akademischen Disziplin, also z.B. der Erziehungswissenschaft, besteht zunächst ein Interesse daran, den wissenschaftlichen Nachwuchs auszubilden, d.h. über Promotion und Habilitation genügend berufsfähige WissenschaftlerInnen zur Verfügung zu stellen. Geht man davon aus, dass derzeit ca. 1.000 Professuren in der Erziehungswissenschaft existieren (vgl. RAUSCHENBACH/CHRIST 1994; OTTO u.a. 2000), dann ergibt sich der Bedarf der Disziplin an der Rekrutierung des Nachwuchses, wenn man daran denkt, dass viele dieser Stellen in den nächsten Jahren wieder zur Besetzung anstehen, weil die jetzigen Stelleninhaber in den Ruhestand gehen werden.

Betrachten wir zunächst, was es heißt, Erziehungswissenschaft als Beruf im engeren Sinne auszuüben, also die sogenannte 'akademische Laufbahn' einzuschlagen. Die heute noch üblichen typischen Karriereschritte zu einer solchen Tätigkeit sind in der Regel:

(1) Mit einem abgeschlossenen erziehungswissenschaftlichen Studium wird der Nachweis der Befähigung zum wissenschaftlichen Arbeiten erbracht. Das ist in der Regel der Abschluss in einem Magister-, Diplom-, Master- oder auch in einem Lehramtsstudiengang. Damit wird die Berechtigung zur Promotion erworben. Schaut man auf die Hauptfachstudiengänge, dann sind es der Magister-,

Fachvereinigungen

Institutionen der Forschungsförderung

Hochschulen

Hochschulabschluss

der Diplom- und der Bachelorstudiengang mit konsekutiven Mastermodulen, die ein grundständiges erziehungswissenschaftliches Studium bieten. An 71 Wissenschaftlichen Hochschulen wird Erziehungswissenschaft derzeit als Hauptfach angeboten (vgl. OTTO u.a. 2000).

Promotion (2) Mit dem Abschluss in einem dieser Studiengänge wird die Promotionsberechtigung erworben. Soll Wissenschaft als Beruf betrieben werden, ist die Promotion eine notwendige Voraussetzung. Hier gibt es verschiedene Möglichkeiten: Einige Universitäten bieten hierfür Stellen, andere bieten lediglich ein Stipendium aus der jeweiligen Landesgraduiertenförderung an. Darüber hinaus können Promotionsstipendien von verschiedenen Stiftungen erworben werden (z.B. Konrad Adenauer-Stiftung, Hans-Böckler-Stiftung oder Friedrich Ebert-Stiftung).[1] Unabhängig davon, welcher Weg gewählt wird, soll durch das Promotionsverfahren gezeigt werden, dass der/die NachwuchswissenschaftlerIn in der Lage ist, eine wissenschaftliche Fragestellung zu bearbeiten und durch ein eigenes Projekt eine Forschungslücke zu schließen.

Habilitation (3) Der dritte Schritt wird in der Regel durch die Habilitation gebildet. Universitäten bieten hierfür C1-Stellen an. Mit diesen ist in der Regel eine geringe Lehrverpflichtung sowie eine gewisse Dienstleistungserbringung verbunden, so dass ausreichend Zeit für das eigene Habilitationsprojekt bleibt. Es ist aber auch möglich, »extern« zu habilitieren, d.h. KandidatInnen müssen nicht unbedingt eine Stelle an einer Universität haben. Sie können anderweitig beschäftigt sein (z.B. in der Wirtschaft oder in der Schule), ihre Habilitationsschrift erstellen und diese dann bei einem Fachbereich oder einer Fakultät einreichen. Zudem sehen einige Universitäten auch die kumulative Habilitation vor. Das bedeutet, dass keine »große Arbeit«, wie die Habilitationsschrift, eingereicht wird, sondern mehrere kleinere Arbeiten, die dann zusammengenommen genau soviel ergeben sollen wie eine Habilitationsschrift. Insbesondere in der Psychologie finden wir diese Form der Habilitation weit verbreitet, in der Erziehungswissenschaft ist sie eher die Ausnahme. In wenigen Fällen wird bei einer Berufung zum/zur ProfessorIn auch auf eine Habilitation verzichtet. Das ist dann der Fall, wenn das wissenschaftliche Gesamtwerk als derart qualitativ hochwertig eingeschätzt wird, dass es als Äquivalent für die nicht vorhandene Habilitation von der jeweiligen Berufungskommission eingeschätzt wird. Die Äquivalenzregelungen sind von Bundesland zu Bundesland unterschiedlich, doch wird man davon ausgehen können, dass eine solche Habilitationsäquivalenz über ein Gutachterverfahren festgestellt wird.

An dieser Stelle muss auch darauf hingewiesen werden, dass die Form der Qualifikation über die Habilitation in den letzten Jahren stark in die Kritik gekommen ist.

Juniorprofessuren An die Stelle der Habilitation werden Formen befristeter Juniorprofessuren favorisiert mit dem Recht zur selbständigen Forschung und Lehre in möglichst zeitnahem Anschluss an die Promotion (vgl. BMBF 2000). Damit sollen die Personalkategorien des wissenschaftlichen Assistenten, Oberassistenten und des Hochschuldo-

---

1 Das Konzept »Hochschuldienstrecht für das 21. Jahrhundert« vom Bundesministerium für Bildung und Forschung vom 21.9.2000 (vgl. BMBF 2000) sieht von der Doktorandenstatus im Hochschulrahmengesetz zu verankern, den es derzeit nicht gibt. Weiterhin soll eine Promotion generell mit einem Promotionsstudium verbunden werden. Das bisher flexible System der Finanzierung der Doktoranden durch Stipendien oder über Beschäftigungsverhältnisse soll beibehalten werden.

zenten entfallen. Die Juniorprofessur soll auf 2 mal 3 Jahre befristet werden (Beamtenverhältnis auf Zeit oder befristetes Angestelltenverhältnis) und über ein eigenes Budget und eine drittmittelfähige Grundausstattung verfügen. Weiterhin ist das Promotionsrecht und die korporationsrechtliche Zuordnung zur Hochschullehrergruppe geplant. Sie sollen nicht mehr einem Lehrstuhl zugeordnet sein, wie an vielen Universitäten die wissenschaftlichen Assistentenstellen, sondern sind bei den Fachbereichen angesiedelt.

Die Vor- und Nachteile dieser geplanten Reform des Dienstrechts sollen hier nicht weiter diskutiert werden. Wahrscheinlich wird sich diese Form durchsetzen und die klassische Qualifizierungslaufbahn, die durch die Habilitation gekennzeichnet ist, in den nächsten Jahren ablösen. Auf jeden Fall ist mit der Habilitation (oder äquivalenten Qualifikationen) die Verleihung des Titels 'PrivatdozentIn' verbunden, der ein Forschungsgebiet eigenständig in Forschung und Lehre vertreten darf. Mit der Erreichung dieses Status wird dann die klassische Berufungsvoraussetzung zum/zur ProfessorIn erfüllt.

3.2.2 Spezielle Institute und Institutionen an Universitäten

Während also die klassische universitäre Laufbahn neben den Aufgaben der Lehre, der akademischen Selbstverwaltung auch die Forschung beinhaltet, gibt es aber auch im universitären Bereich spezielle »Konzentrationen von Forschungen«. Zum einen sind dies spezielle Institute bzw. Institutionen an Universitäten, etwa das Institut für Schulentwicklungsforschung (IFS) in Dortmund oder das Zentrum für Qualitative Bildungs-, Beratungs- und Sozialforschung (ZBBS) in Magdeburg. Zum anderen handelt es sich aber auch um von der Deutschen Forschungsgemeinschaft (DFG) oder anderen Stiftungen geförderte Konfigurationen. Neben Graduiertenkollegs sind das z.B. Forschergruppen, Sonderforschungsbereiche, Innovationskollegs und Geisteswissenschaftliche Zentren (vgl. DFG 2000). In der Regel finden sich hier sogenannte Drittmittelstellen, die karrieremäßig oft eine gewisse Park- und auch Qualifizierungsfunktion haben.

Die Wissenschaftlichen Hochschulen spielen hinsichtlich der Forschungsaktivitäten eine dominante Rolle: »Drei Viertel der Anfang der 90er Jahre beim Sozialwissenschaftlichen Informationssystem erfassten erziehungswissenschaftlichen Forschungsprojekte sind an Wissenschaftlichen Hochschulen angesiedelt, ein Viertel an öffentlichen, staatlichen oder verbandsabhängigen außeruniversitären Instituten« (KRÜGER 1995, S. 293). Trotzdem muss ein Blick auf die hochschulexternen Tätigkeitsfelder geworfen werden, weil sich in den nächsten Jahren hier möglicherweise neue innovative Bereiche entwickeln werden.

3.2.3 An-Institute

»An-Institute sind rechtlich selbständige Einrichtungen an Hochschulen, die zwar organisatorisch, personell und räumlich mit diesen verflochten sind, ohne jedoch einen integralen Bestandteil der jeweiligen Hochschule zu bilden. Als Bindeglied zwischen Hochschule und Wirtschaft ist ihre Aufgabe die Erforschung wirtschaftsnaher Bereiche im Spannungsfeld zwischen angewandter Forschung und marktrelevanter Produktentwicklung« (BMBF 2000a, S. 38). Wie aus dieser Bestimmung schon hervorgeht, besteht die Grundidee darin, die Schnittstelle zwischen Hochschulen und Wirtschaft flexibler zu gestalten. An-Institute werden auch häufig gegründet, um der bürokratischen Mittelverwaltung von Universitäten zu entgehen und sich auf diese Weise flexible Instrumente zu schaffen. Typische Beispiele dafür finden sich im Maschinenbau, in den Wirtschaftswissenschaften, in der Medizin und in den Naturwissenschaften. Da ErziehungswissenschaftlerInnen in der Regel kaum in An-Instituten zu finden sind, führe ich diese Art von Forschungsinstitution an dieser Stelle nicht weiter aus.

Grundlegende Idee von
An-Instituten

3.3 Hochschulexterne Tätigkeitsfelder

3.3.1 Max-Planck-Gesellschaft (MPG)

Die wichtigste Wissenschaftsorganisation für die Grundlagenforschung ist die Max-Planck-Gesellschaft (MPG) mit 79 Forschungseinrichtungen, 17 davon in der Geisteswissenschaftlichen Sektion (vgl.: http://www.mpg.de/deutsch/institut/geistwiss.html; 09.01.2001). Für die Erziehungswissenschaft ist sicher das Max-Planck-Institut für Bildungsforschung in Berlin einschlägig. Es wurde 1963 gegründet und ist ein multidisziplinäres Forschungsinstitut, »das der Untersuchung von Prozessen menschlicher Entwicklung und Bildung aus evolutionärer, historischer, sozialer und institutioneller Sicht gewidmet ist« (http://www.mpib-berlin.mpg.de/; 16.01.2001). Das Institut gliedert sich in vier Forschungsbereiche: Adaptives Verhalten und Kognition, Bildung, Arbeit und gesellschaftliche Entwicklung, Erziehungswissenschaft und Bildungssysteme sowie Entwicklungspsychologie.

MPI für
Bildungsforschung

3.3.2 Fraunhofer Gesellschaft (FHG)

Die Fraunhofer-Gesellschaft zur Förderung der angewandten Forschung betreibt derzeit 48 Forschungseinrichtungen in Deutschland. Die Auftragsforschungen dienen dem Zweck der konsequenten Umsetzung von Forschungsergebnissen in neue Technologien, Verfahren und Dienstleistungen. Die Fraunhofer Gesellschaft ist auf eine enge Zusammenarbeit mit den Hochschulen angewiesen, weil sie regelmäßig NachwuchswissenschaftlerInnen gewinnen muss und ihr keine nennenswerten Ressourcen für die Grundlagenforschung zur Verfügung stehen (vgl. BMBF 2000a, S. 42).

3.3.3 Helmholtz-Gemeinschaft Deutscher Forschungszentren (HGF)

16 Großforschungseinrichtungen sind in der Helmholtz-Gemeinschaft zusammengeschlossen. Sie stellen Großgeräte und entsprechende Infrastruktur für nationale und internationale Forschergruppen bereit und nehmen darüber hinaus Forschungsaufgaben wahr, die durch Vorsorgeinteressen von Staat und Gesellschaft gekennzeichnet und in den Schlüsseltechnologien auf längerfristig angelegte Anforderungen der Wirtschaft ausgelegt sind (vgl. BMBF 2000a, S. 44).

3.3.4 Wissenschaftsgemeinschaft Gottfried Wilhelm Leibniz (WGL)

Gegenwärtig sind 84 Forschungseinrichtungen und Einrichtungen mit Service-funktion der sogenannten Blauen Liste (BLE) in der Wissenschaftsgemeinschaft Gottfried Wilhelm Leibniz (WGL) zusammengeschlossen. Die Blaue-Liste-Einrichtungen arbeiten seit ihrer Gründung an zukunftsweisenden Fragestellungen mit überregionaler Bedeutung und von gesamtstaatlichem Wissenschaftsinteresse. Sie nehmen für die deutsche Forschungslandschaft auch wichtige Servicefunktionen wahr. Bund und Länder greifen mit dem Förderinstrument »Blaue Liste« flexibel und im gemeinsamen Interesse liegende Fragen und Themen auf (vgl. BMBF 2000a, S. 46).

Blaue-Liste-
Einrichtungen

3.3.5 Bundes- und Landeseinrichtungen mit Forschungs- und Entwicklungsaufgaben

Zum Geschäftsbereich des Bundesministeriums für Bildung und Forschung (BMBF) gehören 52 Bundeseinrichtungen mit Forschungsaufgaben, bspw. das Bundesinstitut für Berufsbildung (BIBB) in Berlin, das Deutsche Institut für Internationale Pädagogische Forschung (DIPF) in Frankfurt/Main oder das Deutsche Jugendinstitut (DJI) in München. Daneben gibt es 84 Landes- und kommunale Forschungsanstalten (ohne Blaue-Liste, vgl. oben), die voll aus Landesmitteln finanziert werden. Oftmals handelt es sich um nachgeordnete Instanzen der Kultusministerien wie z.B. Landesinstitute für die Lehrerfort- und -weiterbildung.

3.3.6 Verbandsabhängige Einrichtungen

Bei verbandsabhängigen Einrichtungen handelt es sich um Forschungseinrichtungen, die von Verbänden oder Kirchen unterhalten werden, bspw. das Comenius-Institut in Münster (evangelische Kirche) oder das Institut für Sozialarbeit und Sozialpädagogik (ISS) in Frankfurt (Arbeiterwohlfahrt).

3.3.7 Akademien

Die sieben deutschen Akademien der Wissenschaften in Berlin, Düsseldorf, Göttingen, Heidelberg, Leipzig, Mainz und München sind in der Union der deutschen Akademien der Wissenschaften zusammengeschlossen. Die in ihrem Grundhaushalt allein von den Ländern finanzierten Akademien sind als wissenschaftliches Forum Ort zur Pflege der Wissenschaft, insb. für interdisziplinäre Reflexion und fachübergreifende Wissensproduktion (vgl. BMBF 2000a, S. 50).

3.3.8 Unternehmen der Wirtschaft

Die Wirtschaft konzentriert sich in ihren Forschungsanstrengungen vor allem auf die marktnahe Entwicklung. In der deutschen Industrie führt jedes dritte Unternehmen eigene Forschungs- und Entwicklungsarbeiten durch. Daneben gibt es noch 300 externe Industrieforschungseinrichtungen und Dienstleister in den neuen Ländern.

Neue Medien und New Economy: Wie Untersuchungen zeigen (vgl. NITTEL/ MAROTZKI 1997), gibt es ein breites grundlagenorientiertes Wissen, aufgrund dessen AbsolventInnen erziehungswissenschaftlicher Studiengänge durchaus auch gute Chancen haben, in der Wirtschaft Führungspositionen einzunehmen. Die oftmals als diffus beschriebene Berufsorientierung von Hauptfachstudierenden erweist sich aus dieser Sicht als Vorteil, weil eine breite Grundlagenqualifikation, gute Schlüsselqualifikationen und Reflexionskompetenzen eine hohe Flexibilität und auch Kreativität bereitstellen, wie sie etwa in einigen Marktsegmenten der New Economy gefordert sind. Solche Tätigkeiten finden sich in der produkt- und kundennahen Anwendungsforschung (z.B. Lehr- Lern-Software-Entwicklung oder Entwicklung von Portalen). Entwicklerteams von Lehr-Lern-Software sind bspw. so zusammengesetzt, dass immer auch PädagogInnen und ErziehungswissenschaftlerInnen dabei sind. Im Falle von Lehr-Lern-Software werden sie aufgrund ihrer Kenntnisse in Didaktik und Methodik des Lernens geschätzt. In anderen Fällen werden sie in ein Team aufgrund ihres geistesgeschichtlichen Wissens integriert, denn häufig geht es darum, Informationen und Wissen didaktisch zu arrangieren und in (historische) Kontexte einzubetten. Gute Beispiele stellen die Tätigkeitsfelder im Bereich der Museumspädagogik dar, in denen es heute auch darum geht, Ausstellungen im Internet zu präsentieren.

Es liegen leider derzeit noch keine verlässlichen Daten über diese Tätigkeitsbereiche vor, jedoch zeichnet sich gegenwärtig schon deutlich ab, dass es sich um ein expandierendes Marktsegment handelt. So ist z.B. der Artikel in der Zeitung »DIE WELT« von Roland (März 1997) mit dem Titel »Pädagogen finden ihre Nischen« zwar noch von einer gewissen Skepsis getragen und sieht die Nischenexistenz eher als eine Notlösung an. Diese Konnotation ist jedoch mit dem heutigen Blick auf die Beschäftigungssituation von ErziehungswissenschaftlerInnen nicht mehr unbedingt zu teilen. Zudem ist zu berücksichtigen, dass KARLE in seinem Artikel die Diplom-PädagogInnen im Visier hat. Inzwischen hat sich jedoch der Magisterstudiengang – vor allem in den neuen Bundesländern – weiterentwickelt und konnte an vielen Standorten sein verstaubtes Image ablegen. Durch ein Zweifachprofil, also z.B. Erziehungswissenschaft und Betriebswirtschaftslehre, eröffnen sich auf dem Arbeitsmarkt neue und andere Berufschancen, die für Diplom-PädagogInnen nicht so nahe liegen.

Dass Verlage und konventionelle Medien wie Rundfunk und Fernsehen für traditionelle MagisterabsolventInnen eine Rolle spielen, ist bekannt, aber man wird nicht sagen, dass solche Tätigkeiten mit dem Begriff »Wissenschaft als Beruf« beschrieben werden können. Dennoch wird gerade diese Entwicklung in den nächsten Jahren sehr genau zu verfolgen sein, weil aufgrund der Konvergenztendenzen Verlagstätigkeit, Fernsehen und Rundfunk auf der Basis des Internet zusammenwachsen werden, wie die Schlagwörter des Bildungsportals oder des Wissensmanagement signalisieren. Es ist jetzt bereits zu konstatieren, dass erziehungswissenschaftliche und pädagogische Entwicklungskompetenzen dort gefragt sein werden, wo es einerseits um wissensbasierte Prozesse geht und andererseits darum, die Schnittstelle zum Anwender, zum Nutzer oder zum Verbraucher zu bearbeiten. Aufgrund von Fallstudien ist bekannt, dass oftmals deshalb PädagogInnen eingestellt werden, weil von ihnen die Kombination von Sozial- und Methodenkompetenz erwartet wird.

4. Schlussbemerkung

Die generelle Situation für AkademikerInnen ist derzeit nicht schlecht: Die Arbeitslosenquote aller AkademikerInnen war 1999 mit schätzungsweise 4 Prozent noch nicht einmal halb so hoch wie die aller Arbeitslosen, die etwa bei 10,5 Prozent lag (vgl. IWD 2000a). Die Arbeitslosenquote für Erziehungs-, Sozial- und GeisteswissenschaftlerInnen liegt bei 5 Prozent. Dass geistes-, erziehungs- und sozialwissenschaftliche AkademikerInnen also offensichtlich gute Chancen auf dem Arbeitsmarkt haben, sagt zwar noch nichts darüber aus, ob es sich hierbei auch um Tätigkeiten handelt, für die das Hochschulstudium direkt vorbereitet hat, aber im Vergleich mit anderen HochschulabsolventInnen steht diese Berufsgruppe relativ gut da.

Bereits Mitte der 90er Jahre legte das Institut für Arbeitsmarkt- und Berufsforschung (IAB) Prognos AG Basel eine Studie vor, derzufolge der Bedarf an AkademikerInnen bis zum Jahre 2010 je nach gewähltem Szenario zwischen 850.000 und 1,7 Millionen steigen wird. Der AkademikerInnenanteil soll von derzeit 12,3 Prozent auf bis zu 18 Prozent steigen (vgl. IWD 1994).

Insgesamt kann also festgehalten werden, dass die Aussichten für Geistes-, Sozial- und ErziehungswissenschaftlerInnen auf dem Arbeitsmarkt der nächsten Jahre nicht schlecht sind, wenn sie in der Lage und bereit sind, sich in neue dynamische Arbeitsmarktsegmente einzupassen. Dass es auch Wissenschaft als Beruf gibt, sollte deshalb von Studierenden der Erziehungswissenschaft nicht aus dem Auge verloren werden. Aber auch jene sollten daran denken, die an den wissenschaftlichen Hochschulen für die Organisation und die inhaltliche Ausgestaltung des Studiums Verantwortung tragen. Kurz gesagt: Der Aufbau einer soliden erziehungswissenschaftlichen Theorie-, Methoden- und Forschungskompetenz hat Zukunft.

Literatur

BAHNMÜLLER, R. u.a.: Diplompädagogen auf dem Arbeitsmarkt. Ausbildung, Beschäftigung und Arbeitslosigkeit in einem Beruf im Wandel. Weinheim/München 1988.

BMBF: Hochschuldienstrecht für das 21. Jahrhundert (21.9.2000). Berlin 2000. ftp://ftp.bmbf.de/dienstrecht.pdf (05.01.2001).

BMBF: Bundesbericht Forschung 2000. Berlin 2000 (a). http://www.bmbf.de/veroef01/bufo2000.htm (05.01.2001).

DEWE, B./KURTZ, TH. (Hrsg.): Reflexionsbedarf und Forschungsperspektiven moderner Pädagogik. Opladen 2000.

DFG - DEUTSCHE FORSCHUNGSGEMEINSCHAFT: Jahresbericht 1999. Bonn 2000. http://www.dfg.de/jahresbericht/jb99/dfg/inhalt.htm (07.01.2001).

DGFE - DEUTSCHE GESELLSCHAFT FÜR ERZIEHUNGSWISSENSCHAFT: Bericht und Empfehlungen der Strukturkommission des Vorstandes der DGfE zur Einführung neuer Studiengänge und Abschlüsse - Bachelor of Arts, Master of Arts (BA, MA) im Fach Erziehungswissenschaft. In: Mitteilungsheft der DGfE, 1999, H. 20, S. 15-38.

HORN, K.-P./LÜDERS, Ch.: Erziehungswissenschaftliche Ausbildung zwischen Disziplin und Profession. Zur Einleitung in den Themenschwerpunkt. In: Zeitschrift für Pädagogik (1997),Heft 5, S. 759-770.

IWD: Akademiker Beschäftigung. In: Informationsdienst des Instituts der deutschen Wirtschaft Köln (iwd) vom 28.7.1994.

IWD: Schlüsselqualifikationen. Studieren mit Weitblick. In: Informationsdienst des Instituts der deutschen Wirtschaft Köln (iwd) vom 6. April 2000.

IWD: Akademiker Arbeitsmarkt. In: Informationsdienst des Instituts der deutschen Wirtschaft Köln (iwd) vom 5. Oktober 2000 (a).

KARLE, R.: Pädagogen finden ihre Nische. In: DIE WELT vom 15.3.1997.

KRÜGER, H.-H.: Erziehungswissenschaftliche Forschung: Hochschulen, außeruniversitäre Forschungseinrichtungen, Praxisforschung. In: KRÜGER, H.-H./RAUSCHENBACH, Th. (Hrsg.): Erziehungswissenschaft. Die Disziplin am Beginn einer neuen Epoche. Weinheim/München 1994, S. 287-302.

KRÜGER, H.-H./RAUSCHENBACH, Th. (Hrsg.): Erziehungswissenschaft. Die Disziplin am Beginn einer neuen Epoche. Weinheim/München 1994.

KRÜGER, H.-H./RAUSCHENBACH, Th. (Hrsg.): Einführung in die Arbeitsfelder der Erziehungswissenschaft. Opladen 1995.

LENZEN, D. (Hrsg.): Erziehungswissenschaft. Ein Grundkurs. Reinbek 1994.

LÜDERS, Ch.: Erziehungswissenschaftliches Studium und pädagogische Berufe. In: LENZEN, D. (Hrsg.): Erziehungswissenschaft. Ein Grundkurs. Reinbek 1994, S. 568-591.

NITTEL, D./MAROTZKI, W. (Hrsg.): Berufslaufbahn und biographische Lernstrategien. Eine Fallstudie über Pädagogen in der Privatwirtschaft. Hohengehren 1997.

OTTO, H.-U. u.a.: Datenreport Erziehungswissenschaft. Schriften der Deutschen Gesellschaft für Erziehungswissenschaft. Opladen 2000.

RAUSCHENBACH, Th.: Ausbildung und Arbeitsmarkt für ErziehungswissenschaftlerInnen. Empirische Bilanz und konzeptionelle Perspektiven. In: KRÜGER, H.-H./RAUSCHENBACH, Th. (Hrsg.): Erziehungswissenschaft. Die Disziplin am Beginn einer neuen Epoche. Weinheim/München 1994, S. 275-294.

RAUSCHENBACH, Th./CHRIST, B.: Abbau, Wandel oder Expansion? Zur disziplinären Entwicklung der Erziehungswissenschaft im Spiegel ihrer Stellenbesetzungen. In: KRÜGER, H.-H./RAUSCHENBACH, Th. (Hrsg.): Erziehungswissenschaft. Die Disziplin am Beginn einer neuen Epoche. Weinheim/München 1994, S. 69-92.

SCHERR, A.: Wissensaneignung als Bildungsprozeß? Überlegungen zur Funktion pädagogischer Studiengänge und zur Rekonstruktion (sozial)pädagogischer Wissensformen. In: DEWE, B./KURTZ, Th. (Hrsg.): Reflexionsbedarf und Forschungsperspektiven moderner Pädagogik. Opladen 2000, S. 187-202.

WISSENSCHAFTSRAT : 10 Thesen zur Hochschulpolitik. Berlin 1993.

»Neue Selbständigkeit«

Peter Faulstich

Inhalt

In der Diskussion um die Arbeits- und Erwerbsmöglichkeiten von AbsolventInnen der Hauptfachstudiengänge in den Erziehungs- und Bildungswissenschaften überlagern sich mindestens drei Entwicklungstendenzen. Zum einen setzt sich die Professionalisierungsdebatte fort, welche Erwerbschancen zumindest implizit verbunden hatte mit »abhängiger Beschäftigung« als einer– im Nachhinein betrachtet – spezifischen Form von Beruflichkeit. Zum andern ist das »Normalarbeitsverhältnis« als generelle Perspektive abhängiger, vertraglich geregelter, vollzeitiger, unbefristeter, männlicher Erwerbstätigkeit in seiner Perspektive gebrochen. Und verstärkt scheint drittens mit zunehmender Deregulierung potentzieller Arbeitsfelder das Modell eines »neuen Arbeitskraftunternehmers« auf, der sein Arbeitsvermögen selbst vermarktet.

Langfristig ergäbe sich dann für die Arbeitstätigkeiten im Sozial- und Bildungssektor eine Tendenz vom Ehrenamt oder Nebenberuflichkeit nicht zum Sozial- oder Lehrbeamten, sondern zum (schein-) selbständigen Helfer, Facilitator oder Trainer. Durch die Diskussion um »Scheinselbständigkeit« ist ein Problem zugespitzt worden, das im Bildungsbereich schon lange schwelte. Insgesamt schreitet eine Deregulierung der Arbeitsverhältnisse hin zu »Freiberuflichkeit« und »Selbständigkeit« voran, und neue Suchwörter werden vorgeschlagen, um die Ausprägungen dieser Erwerbsmuster zu kennzeichnen: Selbstangestellte, Arbeitskraftunternehmer, Freelancer u.a.. In der Grauzone zwischen selbständiger und abhängiger Erwerbsarbeit scheint mit der Erosion des »Normalarbeitsverhältnisses« eine generelle Tendenz ausgebrochen, die im Sozial- und Bildungsbereich immer schon virulent war. Als Beispiel kann hier die Erwachsenenbildung dienen. Dafür müssen erstens die Tätigkeitsfelder skizziert und zweitens die Formen der Beruflichkeit be-

trachtet werden. Drittens ist dies einzubeziehen in generelle Tendenzen der Arbeitsverhältnisse, um viertens Konsequenzen und fünftens Perspektiven für den Sozial-
und Bildungsbereich rückzuschließen.

1. Tätigkeitsfelder und Erwerbsformen

Verglichen mit anderen Sektoren des Bildungswesens scheint in den »außerschulischen« Tätigkeitsfeldern bezogen auf die Lage des Personals ein Kontrast auf. Unbefristete, volle, gar Beamtenstellen sind eher die Ausnahme. Gleichzeitig könnten
sich daraus generelle Horizonte des Personals entwickeln. Die arbeitspolitische Situation im Tätigkeitssektor Erwachsenenbildung z.b. wird zum Problem der »Bildungsarbeiter« (vgl. BÖTTCHER 1996) insgesamt und letztlich sogar aller Arbeitsverhältnisse.

»Normalarbeits-
verhältnis«

Dramatischer Hintergrund der Professionalisierungsdiskussion sind die in allen
Beschäftigungssektoren sich verstärkenden Verschiebungen im »Normalarbeitsverhältnis«, das sich als Resultat von Aushandlungsprozessen der Sozialparteien,
geronnen in gesetzgeberische Maßnahmen, lange Zeit als relativ stabil erwiesen hatte. Diese Denkfigur umfasst arbeitsvertraglich gestaltete, unbefristete Vollzeitarbeit
in einem Betrieb mit entsprechenden Schutzrechten und Einkommensansprüchen.
Vermehrt entstehen neue, atypische und prekäre Erwerbsformen wie Teilzeitarbeit
bis zur geringfügigen Beschäftigung, befristete Arbeitsverhältnisse, Heim- und Te-
learbeit oder Arbeitnehmerüberlassung. Dazu entwickeln sich vielfältige, komplizierte Mischformen zwischen Abhängigkeit und Selbständigkeit (vgl. Abschnitt 3).

Deregulation

Dies betrifft die Arbeitsverhältnisse im Sozial- und Bildungsbereich generell.
Deregulation hat auch das öffentliche Bildungswesen erreicht. Damit greifen Me-
chanismen des Arbeitsmarktes nunmehr auch in den Regelschulen und in den Hochschulen, und es entstehen Formen der Personalpolitik, wie wir sie aus kommerziellen Sektoren schon lange kennen. Dies ist für den Einsatz von Lehrern mit Teilzeit-,
Aushilfs- und Fristverträgen relativ neu, während z.B. der »vierte Bildungsbereich«
– die Erwachsenenbildung – immer schon bezogen auf Professionalisierung ein Pro-
blemfeld darstellte. Man kann hier demonstrieren, was es heißt, wenn der Markt im
System organisierter Bildung zum dominanten Regulationsmechanismus wird (vgl.
Abschnitt 4).

Mittlere
Systematisierung

Die Tätigkeitsbereiche sind gekennzeichnet durch einen Entwicklungsgrad
mittlerer Systematisierung (vgl. FAULSTICH u.a. 1991). Dies gilt zunächst bezogen
auf die Systemgrenzen, wo einerseits ein Prozess der Herausverlagerung von Lernaufgaben aus primären gesellschaftlichen Institutionen wie Familien und Betrieben
voranschreitet, gleichzeitig aber auch eine Ausbreitung, Zerstreuung und Entgrenzung stattfindet. Die Sozial- und Erwachsenenbildungssektoren sind »weiche« Systeme bezogen auf die strukturierenden Regulationsmechanismen: im Spannungsfeld von Politik und Ökonomie stellen sie »gemischtwirtschaftliche« Systeme dar.

Zur Entgrenzung und gleichzeitigen De- und Reinstitutionalisierung traditioneller Bildungs-, Erziehungs-, Beratungs-, Pflege- und Fürsorginstitutionen tritt
die Tatsache hinzu, dass immer mehr Bereiche der gesellschaftlichen Praxis pädagogische Elemente einbeziehen. Von der Vorschulerziehung über die betriebliche

Weiterbildung bis zur Altenbildung sind expandierende Arbeitsfelder entstanden, welche Institutionalisierungs- und Professionalitätsformen von »Lernvermitteln« hervorgebracht haben. Lernorte sind schon lange nicht mehr nur Schulen. »Pädagogen« sind schon lange nicht mehr nur Lehrer.

Gleichzeitig weist das Beschäftigungssegment der Erziehungs- und Sozialberufe langfristig eine stetige Steigerung auf. Die Daten des Statistischen Bundesamtes belegen, verglichen mit 1950, um 500% gewachsene Beschäftigungszahlen in diesem Sektor. Von 1,4 Millionen Beschäftigten 1990 waren 620.000 Lehrerinnen und Lehrer und eine entsprechend hohe Zahl in anderen erziehenden, lehrenden oder sozialen Berufen tätig.

Die »mittlere Systematisierung« hat aber bezogen auf das Personal eine »höchstens ansatzweise Professionalisierung« (vgl. FAULSTICH 1996, S. 50) erreicht. Die betrifft sowohl die Kompetenzprofile als auch die Verberuflichung. In der Professionalisierungsdiskussion waren diese beiden Argumentationsstränge immer schon verknüpft: Fragen nach der Form der Beruflichkeit als Art und Weise von Erwerbstätigkeit und Probleme der Professionalität als Kennzeichen von inhaltlicher Kompetenz.

Ansatzweise Professionalisierung

Erwerbstätigkeiten streuen in Berufstätigkeiten und Beschäftigungsverhältnissen zwischen privatem, intermediärem und öffentlichem Sektor. Dabei gibt es nach wie vor keine verlässlichen Zahlen über die Größenordnung der Erwerbstätigkeit. Auch hinsichtlich der inhaltlichen Frage, was denn die Professionalität des Personals ausmache, sind Konsens und Gewissheit nicht absehbar. Zu vielfältig sind die Arbeitsbereiche, die Institutionen, die Tätigkeitsfelder, die Erwerbsverhältnisse, die Ausbildungsgänge.

Allerdings ist die Professionalisierungsdiskussion in sich durchaus widersprüchlich. Es wurde die fehlende Stellenausweitung in »Abhängigkeit« beklagt, obwohl doch gerade bei den ehrwürdigsten aller Professionen, den Ärzten und den Juristen, Selbständigkeit und nicht abhängige Beschäftigung in hohem Maße immer schon vorliegt. Dies ist Resultat der besonderen Konstellation, dass Professionen eben besondere Berufe sind, die eine gesellschaftliche Verantwortung tragen – ein Mandat, eine Lizenz –, die sie vom Status »normaler« Arbeitnehmer unterscheiden. Die daraus resultierende, durchaus problematische, Dienstgesinnung der Professionellen unterscheidet sie von anderen Dienstleistungsberufen.

Die Aktivitäten des Personals im Sozialsektor und in der Erwachsenenbildung sind gekennzeichnet durch sehr unterschiedliche Tätigkeiten mit den Arbeitsschwerpunkten: *Planen und Leiten, Lehren und Beraten.*

Arbeitsschwerpunkte

- *Planen/Leiten:* Dies reicht von Verhandlungen mit Unternehmen und Behörden, über Sicherstellung der Rahmenbedingungen in der eigenen Institution, Akquisition von Fördermitteln, Bedarfserhebung, Entwicklung von Programmen und Konzepten, Schreiben von Berichten, bis zur Mitarbeit in Gremien und Aktivitäten in der Gemeinwesenarbeit, zum Personalmanagement und zur Kostenkalkulation.
- *Lehren:* Dies umfasst Unterrichten in Seminaren und Kursen, Teamen, Moderieren von Workshops, Arrangieren von Lernmöglichkeiten, bis zum Entwickeln von Seminarkonzepten, Medien und Unterlagen und zur didaktischen und curricularen Planung sowie Evaluierung;

- *Beraten:* Dies geht von Bedarfsentwicklungen über Beratung von Institutionen, Adressaten und Teilnehmenden, Coaching, bis zur Erstellung von Datenbanken und Informationssystemen. Dazu gehört auch die Öffentlichkeitsarbeit für die Institution bzw. die Darstellung der Leistungen im Unternehmen und für Adressaten und Kunden.

2. Perspektiven von Beruflichkeit

Nun ist aber die Expansion der »Vollzeitstellen« dem Umfangswachstum der Tätigkeitsfelder nicht proportional gefolgt. So ist wie in kaum einem anderen Wirtschaftsbereich die Weiterbildungsbranche dominiert vom Einsatz von Honorarkräften und ungesicherten Erwerbsverhältnissen. Schätzungen für die Erwachsenenbildung (vgl. etwa JÜTTING 1987), die den kirchlichen Bereich vor Augen hatte, unterstellen, dass nur etwa 5% fest Eingestellte sind, während reziprok DRÖLL für den »Weiterbildungsmarkt« Frankfurt davon ausgeht, dass 86,7% möglicher Arbeitsplätze durch »Freie« abgedeckt werden (vgl. DRÖLL 1998, S. 313).

»Arbeitskraft-unternehmer« — Betrachtet man die Formen der Beruflichkeit in der Erwachsenenbildung, so wird sie zunehmend zur Selbständigkeit als »Arbeitskraftunternehmer«. Die Fixierung auf Stellen in abhängiger Beschäftigung oder sogar im öffentlichen Dienst hat in der Erwachsenenbildung den Blick dafür verstellt, dass es einen Grad an Hauptberuflichkeit gibt, der sich nicht in normalen Arbeitsverhältnissen niederschlägt. Hinweise konnte man zwar schon frühzeitig finden in der Formel vom »Hauptberuf: Nebenberuflicher« (vgl. ZYBURA 1982, S. 117). DIECKMANN u.a. (1981) haben bereits 1980 für die Berliner Volkshochschulen belegt, dass 29% aller Dozenten fünf und mehr Kurse wöchentlich gaben und damit 56% aller unterrichtenden Tätigkeiten bestritten (vgl. auch ARABIN 1996).

Honorarpersonal — Als Hauptberufliche können diejenigen angesehen werden, die ihre überwiegende Erwerbstätigkeit einbringen, unabhängig davon, ob sie Arbeitnehmerstatus haben oder formal als Selbständige gelten. Insofern gibt es in der Erwachsenenbildung einen wesentlich höheren Anteil hauptberuflichen Honorarpersonals, als wenn man nur die Stellen bei den Trägern zählt. Diese Lage ist für die Volkshochschulen schon lange aufgedeckt, trifft aber auch andere Erwachsenenbildungsträger und im Rahmen von Externalisierungsprozessen zunehmend auch die betriebliche Weiterbildung, die auf einen expandierenden Trainermarkt zurückgreift (vgl. SCHMIDT-LAUFF 1999).

Der Status des Honorarpersonals ist wirtschaftsrechtlich schwer zu fassen (vgl. GRENZDÖRFER 1998). Es erbringt seine Leistung nicht im Rahmen eines Arbeitsvertrages, obwohl dies oft ungeklärt ist und immer wieder zu Rechtsstreitigkeiten führt.

Dienstleistung — Die Konstruktion beruht auf einem Dienstvertrag. So sieht es formal so aus, als ginge es um den Verkauf einer Dienstleistung an den Träger. Allerdings würde das bedeuten, dass die Weiterbildungseinrichtung nicht nur irgend eine Nebenleistung hereinnimmt, sondern ihre eigene Kernleistung kauft. Außerdem ist die Dozententätigkeit keine Dienstleistung für die Einrichtung, sondern – wenn schon – für die Teilnehmenden. Darüber hinaus wird meist nicht eine einzelne Leistung, sondern eine Kette in Folge der Kurse beansprucht. Daraus würde der Status von Schein-

204

selbständigkeit folgen. Dagegen versuchen sich die Träger zu schützen. Das Modell des selbständigen Dienstleistungsunternehmers trifft aber auf Dozenten- und Traineraktivitäten nur beschränkt zu.

Eine andere Interpretation der Statusproblematik würde dem Weiterbildungsträger nur die Rolle der Vermittlung eines Vertrages zwischen Dozenten und Teilnehmenden zuweisen. Ein solches Agentur-Modell greift z.B. im Kunst- und Kulturbereich, setzt aber eine wesentlich stärkere Position der Dozenten und selbstverantwortetes Engagement bei der zu erbringenden Leistung voraus. Das Verhandlungspotential von »Freien Mitarbeitern« auf Honorarbasis müsste gewichtiger sein. Agentur-Modell

Ein weiteres wirtschaftsrechtliches Konzept kommt wohl der gegenwärtigen Lage vieler Dozenten, Trainer, Coachs und Berater am nächsten. Vergleichbar wäre ihr Status mit dem von Beschäftigten, die alle zu Fremdunternehmen gehören, deren Tätigkeiten von einem Unternehmen koordiniert werden, welches nur aus einem Planungsstab besteht (vgl. GRENZDÖRFER 1998, S. 27). In diesem Subunternehmer-Modell, als Unternehmer ihrer eigenen Arbeitskraft, erhalten die Dozenten ein Entgelt für bestimmte Aufgaben im Rahmen der Leistungserstellung. Institutionen der Erwachsenenbildung oder betriebliche Bildungsabteilungen würden so zu fraktalen Dienstleistungsunternehmen mit einer zentralen Holding und einer Korona von Zulieferern. Es gibt diesen Trend zu fraktalen Lernvermittler-Agenturen. Subunternehmer-Modell Lernvermittler-Agenturen

3. Erosion der Normalarbeit und »freie« Existenzen

Alles in allem ergeben sich für das Personal ambivalente Konstellationen zwischen beliebiger Verfügbarkeit und Selbstverwirklichung. Für einige erscheint Selbständigkeit als Zukunftswunsch. Wenn man eine Position einnimmt, die sich außerhalb der ökonomischen Formation stellt, ist schließlich »abhängige Beschäftigung« keineswegs das Idealmodell menschlicher Arbeit. Für einige »alternative Unternehmen« ist dies auch Orientierungsgröße. »Selbständigkeit« wird in dieser optimistischen Variante als Chance für Selbstverwirklichung gesehen (vgl. MERK 1997). Die Debatten um die euphemistische Vokabel »Existenzgründung« versuchen diese Variante ideologisch zu nutzen. »Selbständigkeit« »Existenzgründung«

Potenziert wird dies im Menschenbild, das von der Zukunftskommission der Freistaaten Bayern und Sachsen für das 21. Jahrhundert vorgeschlagen wird. Die neoliberalistische Leitfigur des »unternehmerischen Menschen«, des »Lebensunternehmers«, ist ein individualistisches Konstrukt (vgl. KOMMISSION FÜR ZUKUNFTSFRAGEN 1997). Die traditionelle Begrifflichkeit, die den individuell in seinem Unternehmen verantwortlichen und disponierenden Besitzbürger bezeichnet, wird umgemünzt in eine Tugend der breiten Bevölkerung, die über ein solches Eigentum eben nicht verfügt, und die Aufforderung übersetzt, auch in Erwerbslosigkeit rührig und tätig zu sein.

Bei so viel Anspruchsüberlastung sollte man sich einiger Statistiken vergewissern. 1996 gab es nach den Ergebnissen des Mikrozensus in der Bundesrepublik Deutschland 35.982.000 Erwerbstätige. Die Selbständigenzahl stieg im Zeitraum von 1991 bis 1996 von 3 Millionen auf 3,4 Millionen. Davon waren 1,7 Millionen

»Ein-Personen-Mikrounternehmer«, d. h. sie beschäftigten keine abhängigen Arbeitnehmer. Der Anteil der Selbständigen an allen Erwerbstätigen betrug damit 1998 in Deutschland 10,4% (vgl. STATISTISCHES BUNDESAMT 2000, S. 76).

Auch bei den abhängig Beschäftigten verschieben sich die Erwerbsmuster. Die

Ersetzung von Normalar-
beitsverhältnissen

»Kommission für Zukunftsfragen der Freistaaten Bayern und Sachsen« behauptet eine »beschleunigt voranschreitende Ersetzung von Normalarbeitsverhältnissen durch Nicht-Normalarbeitsverhältnisse«. Sie nennt für 1996 den Anteil der Normalarbeitsverhältnisse 67% (1970: 83,4%) an allen Erwerbstätigen, befristet Beschäftigte 5% (1970: 4,5%), Teilzeitbeschäftigte 11% (1970: 4,7%), Kurzarbeiter 1% (1970: 0%), geringfügig Beschäftigte 13,6% (1970: 6%), abhängig Selbständige 2,4% (1970: 1,4%). Allerdings muss davor gewarnt werden, die Verschiebungen als Auflösung zu interpretieren (vgl. HOFFMANN/WALWEI 1998). Zum einen gibt es weniger eine Veränderung männlicher Erwerbsformen als ein Hinzukommen der Erwerbsbeteiligung von Frauen, die immer noch durch »Patchworking« gekennzeichnet ist (vgl. SENATSVERWALTUNG 1999, S. 75). Zum andern ist das »Normalarbeitsverhältnis« immer noch Leitbild für Existenzsicherung und Schutzfunktionen.

Zugenommen haben zweifellos Teilzeitarbeit und Selbständigkeit. Rund ein Zehntel der deutschen Erwerbstätigen arbeitet nach den genannten Zahlen selbstän-

»Kümmer- und
Randexistenzen«

dig. Erfolgreiche, »besser verdienende« Freiberufliche sind darunter, aber auch zunehmend Ausweglose, sonst Arbeitslose. Z. T. sind oder fühlen sich die Beteiligten privilegiert zwischen freiwilligem Unternehmertum und ständiger Selbstausbeutung. Oft geht es aber wirklich nur um »Scheinexistenzen«, wenn »Existenzgründungen« zu »Kümmer- und Randexistenzen« führen (SCHMUDE 1994, S. 6).

Selbständig ist nach § 84 Abs. 1 Satz 2 HGB derjenige, der seine Tätigkeiten im wesentlichen frei gestalten und seine Arbeitszeit bestimmen kann. Allerdings war die Abgrenzung von selbständiger und abhängig ausgeübter Erwerbsarbeit im deutschen Arbeits- und Sozialrecht nicht eindeutig geregelt und erfolgte durch juristische Einzelfallprüfungen. Entsprechend entstand ein Kontinuum von abhängig Beschäftigten, »abhängig Selbständigen« oder »Scheinselbständigen« zu selbständigen Erwerbsformen, die vielfältige arbeits- und versicherungsrechtliche Verzerrungen und Missbräuche ermöglicht.

Angesichts der Beschäftigungschancen für HochschulabsolventInnen gilt dies auch für AkademikerInnen, z.B. im Gesundheits- oder im Bildungswesen. Hier war

Selbständigkeit

zwar bei Medizinern, Ingenieuren und Juristen Selbständigkeit schon immer weit verbreitet. Der Mikrozensus weist die Selbständigenquote bei erwerbstätigen AkademikerInnen 1996 aus mit 24,1% im Bereich Gesundheit und Soziales, mit 22,1% im Ingenieurwesen, 13,5% für Verwaltung und Recht und 12,3% in den Geisteswissenschaften. Im Erziehungswesen und bei Lehrtätigkeiten waren aber nur 2,7% selbständig. Hier hat das Geflecht von Institutionen- und Personalinteressen zu unterschiedlichsten Beschäftigungsformen und Arbeitsverhältnissen geführt. Lehrkräfte, Dozenten, Kursleiter sind oft bei nur einem Bildungsanbieter tätig.

So gab es allein 1996 und 1997 vier Gesetzentwürfe mit dem Ziel, »scheinselbständige« Erwerbstätigkeit einzugrenzen. Das »Gesetz zu Korrekturen in der Sozialversicherung und zur Sicherung der Arbeitnehmerrechte« (Scheinselbständigkeit) vom 28.12.1998 (vgl. BUNDESGESETZBLATT I, S. 3843) hat hier einen harten Schnitt versucht, indem Honorarkräfte entweder als selbständige Unternehmer mit verschiedenen Auftraggebern auftreten oder die Institutionen entsprechende

Selbstständigkeit bei erwerbstätigen Akademikern

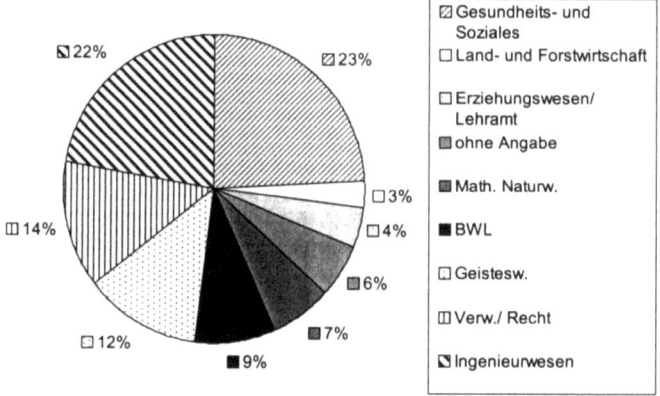

Selbständige Akademiker
(Anteil der Selbständigen nach Fachrichtungen)

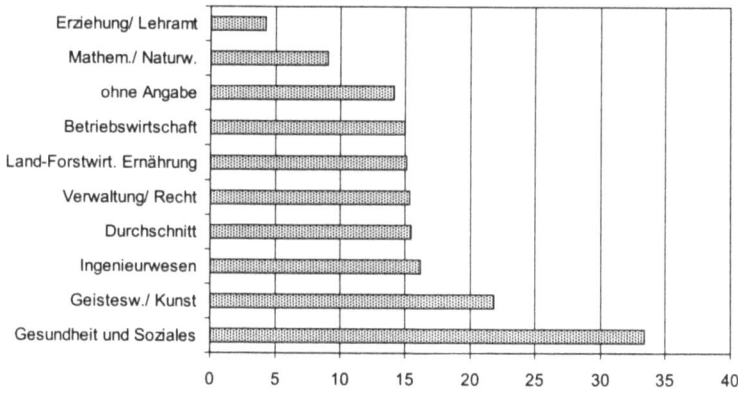

Sozialabgaben zahlen müssen. Seit 1999 bestimmt § 7 Abs. 4 SGB IV, dass bei Personen, die erwerbsmäßig tätig sind, vermutet wird, dass sie gegen Arbeitsentgelt von einem Arbeitgeber beschäftigt sind, wenn mindestens zwei von vier Merkmalen vorliegen:

- Sie beschäftigen mit Ausnahme von Familienangehörigen keinen versicherungspflichtigen Arbeitnehmer.
- Sie sind regelmäßig und im wesentlichen nur für einen Auftraggeber tätig.

- Sie erbringen die für abhängig Beschäftigte typischen Arbeitsleistungen, insbes. unterliegen sie den Weisungen des Auftragnehmers und sie sind in die Arbeitsorganisation des Auftraggebers eingegliedert.
- Sie treten nicht aufgrund unternehmerischer Tätigkeit am Markt auf.

Dieser Rückholversuch in »Normalarbeitsverhältnisse« sollte die »neuen Selbständigen« in die Schutzfunktion der Solidargemeinschaft einbeziehen. Er hat aber dazu geführt, dass die Betroffenen um ihre Erwerbsquellen fürchten. Das langfristig entstandene Interessengeflecht zwischen Institutionen und Personal wird zerschnitten. Da die Kostenkalkulationen sich aber anders eingespielt hatten, bricht der oft in stillschweigendem Konsens stillgelegte Konflikt möglicherweise in Richtung zu mehr Selbständigkeit oder Freiberuflichkeit auf.

Freie Berufe Spannend für die weitere Beschäftigungsentwicklung ist der Stellenwert der Freien Berufe. »Freiberufler erbringen ihre Leistungen in persönlicher und sachlicher Unabhängigkeit von privaten und staatlichen Weisungen oder Anordnungen. Als wesentliches Merkmal werden persönliche individuelle Leistungen erbracht, deren Ergebnisse ihrem Wesen nach Unikate sind. Der Freiberufler handelt dabei als Experte mit qualifizierter (gewöhnlich akademischer) Ausbildung und hoher fachlicher Kompetenz, der seine Fähigkeit einem Dritten zur Lösung von dessen Problemen zur Verfügung stellt« (IAB Kurzbericht Nr. 11/1997).

Es gab nach den Angaben des Instituts für Freie Berufe 1995 564. 000 selbständige Freiberufler, die außerdem 1.466.000 sozialversicherungspflichtig Beschäftigte angestellt hatten (vgl. IAB 1997). Eine Abgrenzung zu abhängiger Beschäftigung und gewerblichem Unternehmertum ist fließend. Unterschieden werden »Katalogberufe« namentlich aufgeführt in § 18 (1) Nr. 1 Einkommensteuergesetz (u.a.: Arzt, Rechtsanwalt, Ingenieur, Architekt Steuerberater, Journalist, Dolmetscher, Lotse). Weiterhin werden die »Schwellenberufe« genannt (u.a.: Infobroker, Medienberater, Kulturmanager, Museumspädagogen) und potentielle freie Berufe (u.a.: Berufsberater, Pflegesachverständige).

Insgesamt wird »Freiberuflichkeit« zum Arbeitsmodell des 3. Jahrtausends hochstilisiert. »Eine neue Form der Ware Arbeitskraft«, der »Arbeitskraftunternehmer« wird vorhergesagt (vgl. VOß/PONGRATZ 1998), bei der Arbeitende nicht mehr

Erwerbstätige in den Freien Berufen

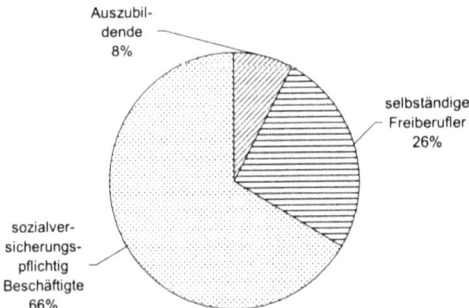

Auszubildende 8%

selbständige Freiberufler 26%

sozialversicherungspflichtig Beschäftigte 66%

primär ihr latentes Arbeitsvermögen verkaufen, sondern vorwiegend als Auftrag-
nehmer für Arbeitsleistungen handeln – d. h. ihre Arbeitskraft weitgehend selbstor-
ganisiert und selbstkontrolliert einbringen. Der Kern der Argumentation zielt auf
das unternehmerische Verhältnis der Arbeitskräfte zu ihrer eigenen Arbeitskraft — *Form der Ware*
(vgl. SCHUMANN 1999, S. 59). Geredet wird sogar bei betrieblichen Arbeitnehmern — *Arbeitskraft*
von »Intrapreneuren«. Im Rahmen veränderter Nutzungsstrategien der Arbeits-
kraftpotentiale nimmt möglicherweise »die überwiegende Mehrheit der Beschäftigten tatsächlich eine grundlegend neue betriebliche Selbstdefinition« vor (ebd., S.
60). Sie sehen Chancen zur Erweiterung der Spielräume für professionelles Arbeiten und zum Aufbau einer eigenen Arbeitskraft- und Zeitökonomie. Gleichzeitig
heißt das nicht, »Arbeitsvernutzung, Statusbenachteiligung, Entlohungsungerech-
tigkeit und Beschäftigungsunsicherheit als Bedrohung der Lohnarbeiterexistenz für
überwunden zu halten. Die neue Arbeitspolitik stellt diese Bestimmungsmomente
des Arbeiterbewusstseins nicht still« (ebd., S. 61).

Aber trotzdem gibt es Aspekte, in denen die traditionelle Form der Lohnarbeit
erodiert. Völlig riskant wird die Perspektive für die Professionalität, wenn vermehrt wieder auf den Stellenwert des Ehrenamts in der Erwachsenenbildung hin- — *Ehrenamt*
gewiesen wird. Zwar sind auch solche Aktivitäten, besonders im kirchlichen Bereich und in der Wohlfahrtspflege, unverzichtbar. Angesichts der unabgesicherten
Hauptberuflichen und des geringen Anteils an Stellen drohen hier Gefahren für die
Stabilität und die Qualität der Angebote. Ideologisch verbrämt wird dies zusätzlich
mit dem schillernden Begriff der Bürgerarbeit.

4. Konsequenzen und Risiken für die Professionsdebatte

Selbständigkeit, Scheinselbständigkeit oder Freiberuflichkeit haben für die Kontinuität der Entwicklung im Sozialsektor sowie der Jugend- und Erwachsenenbildung strukturell, personenunabhängig negative Konsequenzen, die sich aus der
Honorarsituation für die Institutionen, das Personal und letztlich für die Betreuten
bzw. Teilnehmenden ergeben:

- Fehlende Kündigungsfristen und mangelnde Arbeitsplatzsicherung verhindern
  oder erschweren zumindest eine Identifikation mit der auftraggebenden Institution.
- Die juristische Konstruktion schließt eine Einbindung in die Organisationsstrukturen und internes Engagement aus.
- Erzwungen wird eine Mehrfachbeschäftigung bei verschiedenen Auftraggebern. Es resultieren zersplitterte Arbeitszeiten und Terminstress.
- Da meist nur der gehaltene Unterricht bezahlt wird, werden Vor- und Nachbe-
  reitung eingeschränkt. Betreuung über die unmittelbare Anwesenheit hinaus
  wird nicht honoriert.
- Aus der fehlenden Arbeitsplatzsicherheit ergibt sich eine hohe Personalfluktua-
  tion. Häufiger Personalwechsel bedeutet Vergeudung von Kompetenz für die
  Einrichtungen und für die Teilnehmenden unabgesicherte Lernsituationen bis
  hin zum Kursabbruch.

- Die Selbständigkeit bedeutet für das Honorarpersonal, dass die Sicherung und Weiterentwicklung der eigenen Kompetenz ihnen zeitlich und finanziell selbst überlassen bleibt.

Diese negativen Konsequenzen der marginalen Stellenschaffung geben einen starken Impuls, die Relation in Richtung von mehr Dauerstellen zu verschieben. Gleichzeitig greift aber in der Realität der sich insgesamt verstärkende Trend zu einem »dualen Arbeitsmarkt«. Das Erwerbspersonenpotential wird aufgespalten in kleiner werdende Stammbelegschaften mit dauerhaften Beschäftigungsverhältnissen und in wachsende Randbelegschaften. Dazu gehören Zeitverträge, Probearbeitsverträge, geringfügige Beschäftigte, Jobber, »freie« Mitarbeiter. Das Honorarpersonal spielt also eine meist unfreiwillige Vorreiterrolle in »neuer Selbständigkeit«. Tatsächlich stellen sie einen Beschäftigungspuffer dar, der einen flexiblen Personaleinsatz ermöglicht (vgl. FAULSTICH 1998, S. 237). Institutionen der Sozialpädagogik und der Erwachsenenbildung – auch der betrieblichen Personalentwicklung – werden in dieser Tendenz zu fraktalen Agenturen. Dies führt zu Risiken für die organisationale Identität.

»Dualer Arbeitsmarkt«

5. Neoregulierung für neue Perspektiven

Angesichts der Verschiebungen der Arbeitsverhältnisse sind Rückholversuche von »Scheinselbständigkeit« in Richtung Restabilisierung eines bisher nicht erreichten »Normalarbeitsverhältnisses« kurzfristig verständlich, langfristig aber kaum durchsetzbar. »Der Wandel der Arbeitswelt manifestiert sich in neuen Beschäftigungs- und Arbeitszeitverhältnissen. Einen solchen Strukturwandel kann man nicht aufhalten. Wir müssen uns vielmehr der Erkenntnis stellen, dass die Abkehr vom Normalarbeitsverhältnis auch eine große Chance für Teile der Gesellschaft bedeutet, die es früher weitgehend ausschloss« (RIESTER 1999, S. 20).

Beschäftigungspolitische Arenen öffnen sich alternativ im Niedriglohn-Sektor, im »Dritten Sektor« oder im Sektor »neuer Selbständigkeit« (vgl. zum Folgenden HAAK/SCHMID 1999). Lohnspreizungen würden aber schon bestehende Einkommensdifferenzen im Sozial- und Bildungsbereich noch verstärken. Eine Ausweitung von »Bürgerarbeit«, Gemeinschaftsarbeit oder Eigenarbeit mit einer gleichzeitigen Ausweitung von Ehrenamtlichkeit hätte den Effekt eines potenzierten Abbaus von Erwerbsarbeitsplätzen. Aber auch die Strategie der »neuen Selbständigkeit« birgt erhebliche Risiken: dauerhaft unterwertige Beschäftigung, plötzlicher wirtschaftlicher Abstieg, permanenter Leistungsdruck, ungerechtfertigte Einkommensdifferenzen, totale Abhängigkeit bei formaler Selbständigkeit, soziale Isolation und »Burn-out«.

Erwachsenenbildung und Sozialpädagogik sind Paradebeispiele dafür, was es heißt, wenn das Modell der »neuen Selbständigen« greift, das eben oft nicht mit einem Zugewinn an Autonomie, sondern mit veränderter Abhängigkeit in »Scheinselbständigkeit« und erhöhtem individuellen Risiko verbunden ist.

»Neue Selbständige«

Absehbar ist in Zukunft eine weitere Segmentation der Erwerbsarbeit. Zum einen wird selbständige und prekäre Arbeit weiter auf Kosten des Normalarbeitsverhältnisses zunehmen. Zum anderen wird aber dennoch ein Großteil der Erwerbstätigkeiten sich nur in institutionalisierten, geregelten und längerfristig gesicherten Beschäftigungsverhältnissen entfalten können (vgl. HAAK/SCHMID 1999, S. 33). Angesichts dieser Spaltung des Arbeitsmarktes ist im Interesse des Personals und der Adressaten eine erste Doppelstrategie notwendig:

Doppelstrategie:

• Die Bereiche, in denen abhängige Beschäftigung die Regel ist, sollten stabilisiert werden, um den Erosionsprozess zu verlangsamen.

Abhängige Beschäftigung

• Gleichzeitig aber müssen Versuche, die Arbeitsverhältnisse des Honorarpersonals abzusichern, verstärkt werden. Dazu müssen Honorarordnungen sowie arbeits- und sozialversicherungsrechtliche Instrumente neu entwickelt werden.

Honorarordnungen

Insgesamt geht es darum, das Schutzniveau aller Arbeitsformen – d. h. auch das der Selbständigen – in die soziale Sicherung einzubeziehen und anzuheben. Um die Situation und die Bargaining Power des Personals im Sozialwesen und im Weiterbildungssystem zu verbessern, ist eine Strategie der »aktiven Professionalisierung« notwendig, die Ausbildungswege, Beruflichkeit, Selbstverständnis und Interessenorganisation klärt.

Literatur

ARABIN, L.: Unterrichtende an hessischen Volkshochschulen. Frankfurt/M. 1996.

BEINKE, L. u.a. (Hrsg.): Der Weiterbildungslehrer. Weil der Stadt 1981.

BÖTTCHER, W. (Hrsg.): Die Bildungsarbeiter. Weinheim 1996.

DIECKMANN, B. u.a.: Nebenberufliche Kursleiter in den Volkshochschulen von Berlin (West). Berlin 1981.

DIETRICH, H.: Erwerbsverhalten in der Grauzone von selbständiger und abhängiger Erwerbsarbeit. Nürnberg 1998.

DRÖLL, H.: Weiterbildungsmarkt Frankfurt. Schwalbach/Ts. 1998.

FAULSTICH, P.: Hochschulausbildung für Erwachsenenbildner. In: BEINKE, L. u.a. (Hrsg.): Der Weiterbildungslehrer. Weil der Stadt 1981.

FAULSTICH, P.: Höchstens ansatzweise Professionalisierung. In: BÖTTCHER (Hrsg.): Die Bildungsarbeiter. Weinheim 1996, S. 50-80.

FAULSTICH, P.: Strategien betrieblicher Weiterbildung. München 1998.

FAULSTICH, P./GRAEßNER, G.: Grundständige Studiengänge Erwachsenenbildung/ Weiterbildung und Weiterführende Studienangebote für Weiterbildnerinnen und Weiterbildner. Bielefeld 1995.

FAULSTICH, P./TEICHLER, U./ BOJANOWSKI, A./DÖRING, O.: Bestand und Perspektiven der Weiterbildung. Weinheim 1991.

FAULSTICH, P./ZEUNER, Chr.: Erwachsenenbildung. Weinheim 1999.

GRENZDÖRFER, K.: Stakeholder-Prozesse in der Weiterbildung. Bremen 1998.

HAAK, C./SCHMID, G.: Arbeitsmärkte für Künstler und Publizisten – Modelle einer zukünftigen Arbeitswelt. Berlin 1999.

HOFFMANN, E./WALWEI, U.: Normalarbeitsverhältnis: ein Auslaufmodell? In: MITTAB (1998), S. 409-425.

INSTITUT FÜR ARBEITSMARKT- und BERUFSFORSCHUNG: Auch für freie Berufe Starthilfe vom Arbeitsamt. IAB-Kurzbericht Nr. 11/9.12.1997. Nürnberg 1997.

JÜTTING, D. H.: Die Mitarbeiterfrage in der Erwachsenenbildung. In: HARNEY, K./JÜTTING, H. D./KORING, B. (Hrsg.): Professionalisierung der Erwachsenenbildung. Frankfurt/M. 1987, S. 1-58.

KOMMISSION FÜR ZUKUNFTSFRAGEN DER FREISTAATEN BAYERN UND SACHSEN: Erwerbstätigkeit und Arbeitslosigkeit in Deutschland. München 1998.

MERK, R.: Pädagogen machen sich selbständig. Neuwied 1997.

OEVERMANN, U.: Professionalisierung der Pädagogik – Professionalisierbarkeit pädagogischen Handelns. Vortrags-Transkript. Berlin 1981.

RIESTER, W.: in Frankfurter Rundschau 2./3. Juni 1999.

SCHLUTZ, E./SIEBERT, H.: Ende der Professionalisierung? Bremen 1988.

SCHMIDT-LAUFF, S.: Kooperationsstrategien zwischen Großunternehmen und Weiterbildungsanbietern. München/Mering 1999.

SCHMUDE, J.: Geförderte Unternehmensgründungen in Baden-Württemberg. Stuttgart 1994.

SCHULENBERG, W. u.a.: Zur Professionalisierung der Erwachsenenbildung. Braunschweig 1972.

SCHUMANN, M.: Das Lohnarbeiterbewusstsein des »Arbeitskraftunternehmers«. In: Sofi-Mitteilungen Nr. 27 (1999), S. 60-63.

SENATSVERWALTUNG FÜR ARBEIT, BERUFLICHE BILDUNG UND FRAUEN: Expertisen für ein Berliner Memorandum zur Modernisierung der Beruflichen Bildung. Berlin 1999.

STATISTISCHES BUNDESAMT (Hrsg.): Datenreport 1999. Bonn 2000.

VOß, G. G./PONGRATZ, H. J.: Der Arbeitskraftunternehmer. In: KZFSS (1998), S. 131-158.

ZYBURA, H.: Hauptberuf: Nebenberuflicher. In: DAHM, G. u.a.(Hrsg.): Thema: Management und Verwaltung. München 1982, S. 117-130.

Materialien

Wenn Erziehung zum Beruf wird. Entwicklung und Zukunft von Hauptfach-PädagogInnen und LehrerInnen.

Daten und Befunde

Ivo Züchner

Wurde in den Beiträgen des Bandes die Platzierung der akademisch-pädagogischen Qualifikationsprofile auf dem Arbeitsmarkt verdeutlicht und auch auf die Expansion pädagogischer Berufe in der zweiten Hälfte des 20. Jahrhunderts hingewiesen, so soll in Ergänzung dazu in folgender Materialiensammlung ein Blick auf das Gesamtarbeitsmarktsegment des Sozial-, Erziehungs- und Bildungswesens geworfen werden, also jenem Bereich, der nach den Ergebnissen der beruflichen Verbleibsforschung das zentrale Arbeitsmarktsegment für die im schulischen und außerschulischen Erziehungs- und Bildungsbereich Qualifizierten darstellt (vgl. SCHOMBURG/TEICHLER 1997; KRÜGER/ZÜCHNER in diesem Band). Zudem sollen einige weitere Aspekte der Entwicklung der LehrerInnenbeschäftigung aufgezeigt werden.[1] Für ausführliche Analysen zur Gesamtentwicklung des Bildungs- und Sozialwesens sei an dieser Stelle u.a. auf die Beiträge in KLEMM/BÖTTCHER/RAUSCHENBACH 2000 hingewiesen.

1. Der Arbeitsmarkt für Sozial-, Erziehungs- und Bildungsberufe

Betrachtet man die Gesamtentwicklung des Arbeitsmarktes der letzten 50 Jahre, so zeigt sich das Segment der Sozial- und Erziehungs- und Bildungsberufe, also jener Bereich, der Berufe im Sozialwesen, in lehrender Funktion sowie in Wissenschaft und Forschung beschreibt,[2] als einer der größten Wachstums-»Märkte« in Deutschland. Insbesondere dieser Bereich deckt, wie in diesem Band schon mehrfach angesprochen worden ist, im wesentlichen das Spektrum der Arbeitsmarktplatzierung der erziehungswissenschaftlich Qualifizierten ab.

---

1 Diese Materialiensammlung wurde erst kurz vor Drucklegung abgeschlossen; damit konnte in Einzelfällen auf aktuellere Daten Bezug genommen werden als diese den AutorInnen der Beiträge zur Verfügung standen.

2 Die sowohl in der Erwerbstätigen- als auch Arbeitslosenstatistik geführte Kategorie der »Sozial- und Erziehungsberufe« schließt neben den sozialen Berufen, den unterschiedlichen Lehrberufen auch anderweitig nicht genannte WissenschaftlerInnen sowie die Berufe in der Seelsorge ein.

Das enorme Wachstum läßt sich an den Daten der Volkszählung und des Mikrozensus nachvollziehen: Allein in Westdeutschland ist der Anteil dieses Teilarbeitsmarktes an der gesamten Erwerbstätigkeit seit 1950 von 1,7% auf 7,4% gestiegen. Das heißt: Inzwischen ist fast jede 13. erwerbstätige Person im Bereich der Sozial-, Erziehungs- und Bildungsberufe tätig (vgl. Tab. 1).

Über die Indexbildung läßt sich zudem beobachten, dass selbst bei dem in den 60er und 70er und dann später in den 90er Jahren gebremsten Anstieg der Gesamterwerbstätigenzahl dennoch auch in dieser Zeit ein erhebliches Wachstum in den Sozial- und Erziehungsberufen zu verzeichnen war, das zu wesentlichen Teilen durch die Expansion der sozialen und lehrenden Berufe zustande kam.

Die Zahl der Erwerbstätigen in den *Lehrberufen*[3] hat in den alten Bundesländern in dieser Zeit ein Wachstum von 226.000 auf 969.000 erfahren, was mehr als einer Vervierfachung der Ausgangszahl von 1950 entspricht. Am stärksten expandiert ist in diesem halben Jahrhundert jedoch der Bereich der *sozialen Berufe*, der neben den Gesundheitsberufen als einer der dynamischsten Teilarbeitsmärkte der letzten 20 Jahre bezeichnet werden kann. Seit 1950 steigerte sich die Zahl der in den sozialen Berufen Beschäftigten (von der Heimleiterin bis zur Erzieherin, vom Sozialpädagogen bis zur Altenpflegerin) um mehr als das Fünfzehnfache auf zuletzt rund 931.000 Beschäftigte allein in den alten Bundesländern. Noch einmal in

Tab. 1: Erwerbstätigkeit nach ausgewählten Berufsgruppen (1950-2000; alte Bundesländer; Berufskennziffer '86'-'89'; Index 1950 = 100)

Jahr	Erwerbstätige insgesamt		Sozial- und Erziehungsberufe '86'-'89'			Soziale Berufe '86'		Lehrer/-innen[1] '87'	
	abs. in 1.000	Index	abs. in 1.000	Index	% v. (2)	abs. in 1.000	Index	abs. in 1.000	Index
1	2	3	4	5	6	7	8	10	11
1950	21.800	100	364	100	1,7	60	100	226	100
1961	26.400	121	492	135	1,9	96	160	317	140
1970	26.300	121	707	194	2,7	155	258	461	204
1982	26.800	123	1.217	334	4,5	314	523	770	341
1991	29.700	136	1.579	434	5,3	540	900	858	380
1995	29.250	134	1.913	526	6,5	727	1.212	932	412
1998	29.317	134	2.115	581	7,2	832	1.387	968	428
1999	29.729	136	2.171	596	7,3	885	1.475	959	424
2000	30.009	138	2.223	611	7,4	931	1.552	969	429

1 Unter Lehrer/innen werden LehrerInnen im Schuldienst, HochschullehrerInnen und auch andere Lehrberufe außerhalb des formalen Bildungssystems erfaßt.
Quelle: Statistisches Bundesamt:: Fachserie 1, Reihe 4.1.2, verschiedene Jahrgänge; eigene Berechnungen

3 Um die Diffusität der Kategorie der Lehrberufe näher zu beschreiben: Neben in Hochschulen und Schulen Lehrenden werden mit der Berufskennziffer 87 auch in anderen Bildungseinrichtungen oder freiberuflich Lehrende erfasst. Dabei liegt deren »Lehre« ein weiter Bildungsbegriff zugrunde, wie man am Einschluss u.a. der Tauch-, Tanz- und FahrlehrerInnen sehen kann. Für die Angabe tatsächlicher LehrerInnenzahlen werden daher zumeist die jeweils über die Schulen gewonnenen Statistiken der KULTUSMINISTERKONFERENZ (KMK) bzw. des STATISTISCHEN BUNDESAMTES verwand.

Zahlen gefasst: In Westdeutschland sind heute über 2,2 Millionen Menschen in Berufen des Sozial- und Erziehungswesens tätig. Diese Zahl hat sich innerhalb von 50 Jahren von einst 360.000 um fast 2 Millionen auf den heutigen Stand erhöht, was mehr als einer Versechsfachung entspricht, während sich die Zahl aller Erwerbstätigen im gleichen Zeitraum nur etwa um das 1,4fache erhöht hat.

Bezogen auf das ganze Bundesgebiet liegen mit dem Mikrozensus seit 1993 vergleichbare Daten vor. Und auch hierauf bezogen findet sich für das Jahr 2000 ein Anteil von 7,5% aller Erwerbstätigen in den Sozial- und Erziehungsberufen. Ebenso läßt sich für das vereinigte Deutschland in den 90er Jahren – trotz der in den letzten sieben Jahren insgesamt leicht gesunkenen Erwerbstätigenzahl – das anhaltende Wachstum des Segments nachweisen (vgl. Tab. 2).

Tab. 2: Erwerbstätigkeit nach ausgewählten Berufsgruppen (1993-2000; Deutschland ; Berufskennziffer '86'-'89'; Index 1993 = 100)

Jahr	Erwerbstätige insgesamt		Sozial- und Erziehungsberufe '86'-'89'			Soziale Berufe '86'		Lehrer/-innen[1] '87'	
	abs. in 1.000	Index	abs. in 1.000	Index	% v. (2)	abs. in 1.000	Index	abs. in 1.000	Index
1	2	3	4	5	6	7	8	10	11
1993	37.445	100	2.265	100	6,0	866	100	1.130	100
1995	36.380	97	2.413	107	6,6	950	110	1.170	104
1997	35.805	96	2.586	114	7,2	1.039	120	1.206	107
1999	36.402	97	2.696	119	7,4	1.133	131	1.191	105
2000	36.604	98	2.732	121	7,5	1.176	136	1.191	105

1 Unter Lehrer/innen werden LehrerInnen im Schuldienst, HochschullehrerInnen und auch andere Lehrberufe außerhalb des formalen Bildungssystems erfasst.

Quelle: Statistisches Bundesamt:: Fachserie 1, Reihe 4.1.2, verschiedene Jahrgänge; eigene Berechnungen

So sind innerhalb von sieben Jahren bundesweit »netto« noch einmal knapp 500.000 Erwerbstätige in den Sozial- und Erziehungsberufen hinzugekommen, davon 310.000 Erwerbstätige allein in den »sozialen Berufen«. Werden mit Sozial- und Erziehungsberufen und dementsprechend in den Kategorien »soziale Berufe« und »Lehrer/-innen« zwar nicht nur einschlägig und akademisch Qualifizierte erfaßt, so entwickelte sich aber eben auch für die an Hochschulen für außerschulische und schulische Felder Qualifizierten ein sehr dynamischer Arbeitsbereich. Betrachtet man unter diesem Gesichtspunkt aktuell die beruflichen/akademischen Abschlüsse der Erwerbstätigen, so hatten 1999 von den knapp 2,2 Millionen in Sozial- und Erziehungsberufen Tätigen 860.000 und damit 40% einen Abschluß an einer Wissenschaftlichen Hochschule erworben (vgl. STATISTISCHES BUNDESAMT 2000, Fachserie 11, Reihe 4.1.2). Von diesen 860.000 wurden etwa 23% den sozialen Berufen, den anderweitig nicht genannten Geistes- und NaturwissenschaftlerInnen und den SeelsorgerInnen zugeordnet – die Mehrheit von 77% entfiel allerdings auf die Lehramtsberufe.

Folgt man mit Blick auf die zukünftige Entwicklung der aktuellen Prognose zur Entwicklung der Erwerbstätigkeit von Prognos AG und IAB (vgl. WEIDIG u.a. 1999), so befindet sich dieser Teilarbeitsmarkt nominell weiterhin in einer Wachstumsphase. Beschäftigung und Erwerbstätigkeit in Tätigkeitsbereichen der Bildung, des Betreuens, des Beratens und Pflegens, die für ErziehungswissenschaftlerInnen und LehrerInnen zentrale Arbeitsfelder bilden (vgl. auch PARMENTIER/ STOOß 1989; PARMENTIER u.a. 1998; SCHULZE-KRÜDENER 1997; SCHIERSMANN in diesem Band), werden dieser Vorhersage zufolge auch in Zukunft weiter wachsen (vgl. Tab. 3).

Tab. 3: Entwicklung der Erwerbstätigen nach einzelnen Dienstleistungstätigkeiten für Deutschland 1995-2010

	1995	2000	2010	Veränderung 1995-2000 in %	Veränderung 2000-2010 in %
Forschungs- und Entwicklungstätigkeiten	1.667	1.696	1.798	0,3	0,6
Produktionsorientierte Dienstleistungstätigkeiten	13.126	12.901	13.235	–0,4	0,3
Personenbezogene Dienstleistungstätigkeiten	6.165	6.508	7.257	1,1	1,1
Davon:					
Reinigung/Bewirtung	1.271	1.240	1.414	–0,5	1,3
Rechtsberatung u.ä.	278	283	325	0,4	1,4
Beratungs-/Betreuungsfunktion	2.663	2.939	3.319	2,0	1,2
Unterrichten /Lehren	1.070	1.064	989	–0,1	–0,7
Andere Beratungs-/Ausbildungstätigkeiten	643	684	777	1,3	1,3
Publizieren/künstlerisch tätig sein	240	298	433	4,4	3,8
Organisation und Management	2.226	2.362	2.765	1,2	1,6
Dienstleistungstätigkeiten insgesamt	23.184	23.467	25.055	0,2	0,7

Die Kategorisierung der Prognos-IAB Studie erfolgt über die Angaben des Mikrozensus zu Haupttätigkeitsmerkmalen und Berufsgruppen und setzen wie folgt zusammen (Auswahl):
- »Forschungs- und Entwicklungtätigkeiten« umfaßt auf akademischem wie nichtakademischem Niveau im wesentlichen den Bereich der Forschung und Entwicklung in industriellen oder industrienahen Bereichen
- »Beratungs- und Betreuungsfunktion« beinhaltet im wesentlichen medizinische, soziale und seelsorgerische Berufe als auch sonstige Gesundheitsberufe (BKZ: 84-86, 89-90)
- »Unterrichten/Lehren« umfaßt im wesentlichen die lehrenden Tätigkeiten und damit die Berufsgruppe der Lehrer/-innen (BKZ: 87)
- »Andere Beratungs- und Ausbildungstätigkeiten« enthält auf anderen Ebenen Tätigkeiten des Beratens, Helfens, Publizierens in anderen Berufsgruppen (BKZ: 91-93 und andere mit entsprechender Tätigkeit, ohne 82-90/97-99)
- »Publizieren, künstlerisch arbeiten« schließt auch den Wissenschaftsbereich ein, insgesamt vor allem Publizisten, Dolmetscher, Bibliothekare und geistes- und naturwissenschaftliche Berufe (BKZ: 82, 83, 88) (vgl. WEIDIG u.a. 1999, S. 33)

Quelle: Weidig u.a. 1999, S. 46

Unter den Dienstleistungstätigkeiten sehen Prognos AG und IAB die personenbezogenen Dienstleistungen als die größte Wachstumsbranche, die innerhalb der
nächsten 15 Jahren geschätzt um etwa 1,1 Millionen Erwerbstätige wachsen wird.
In der internen Differenzierung werden allerdings unterschiedliche Entwicklungen
prophezeit: So könnte ein Wachstum der Betreuungs- und Beratungstätigkeiten und
des Forschungs- und Publikationsbereiches mit einem Rückgang im Bereich der
Unterrichts- und Lehrtätigkeiten einhergehen. So zeichnen sich gerade im Bera-
tungs- und Betreuungsbereich weitere Wachstumspotentiale ab, während in Unterricht und Lehre angesichts der Altersstruktur, zunehmender technischer Rationali-
sierungen und Einsparungsmaßnahmen eher mit einem Abbau gerechnet wird.

Die vorgelegte Prognose betont zudem ausdrücklich, dass in den Beratungstätigkeiten und Unterrichtstätigkeiten der Effekt von *Teilzeiterwerbstätigkeit* einen
wesentlichen Bestandteil der Expansion des Personals bilden, die Zahl der geleiste-
ten Arbeitsstunden nicht in diesem Umfang mitwachsen und auch der wahrscheinlich verstärkte Abbau von Lehrberufen nur durch eine Verlagerung in Teilzeittätigkeiten »gemildert« wird (vgl. WEIDIG u.a. 1999, S. 51). So muß daher möglicherweise eher von Konsolidierung als von weiterer Expansion gesprochen werden.

2. Entwicklung der LehrerInnenbeschäftigung

Für die Beschreibung der Entwicklung der LehrerInnenzahlen und entsprechende
Entwicklungsprognosen sei an dieser Stelle ausdrücklich auf den Beitrag von
KLEMM in diesem Band und die in regelmäßigen Abständen vorgelegten Prognosen zur Entwicklung der LehrerInnen und zum Ersatzbedarf hingewiesen (vgl. z.B.
KLEMM 2000; vgl. auch die entsprechenden Beiträge in KLEMM/BÖTTCHER/RAU-
SCHENBACH 2000). Daher sollen an dieser Stelle nur einige aktuelle Ergänzungen
anhand der LehrerInnenzahlen des Statistischen Bundesamtes und der Arbeitslosenzahlen der Bundesanstalt für Arbeit erfolgen, ist doch gerade die Entwicklung
der LehrerInnenzahlen und -einstellungen ein unter dem Schlagwort »Lehrerman-
gel« in der Öffentlichkeit viel diskutiertes Problem.

Schaut man auf die Entwicklung der LehrerInnenzahlen in den letzten 40 Jahren, so fällt der Befund der starken Expansion in diesem Zeitraum auf. Zwischen
1960 und 1990 hat sich die Anzahl der hauptamtlichen LehrerInnen in den alten
Bundesländern der LehrerInnenstatistik des STATISTISCHEN BUNDESAMTES zufolge von ca. 250.000 auf 600.000 erhöht, im vereinten Deutschland wuchs die Zahl
binnen 10 Jahren um »netto« 71.000. Gleichzeitig vollzog sich im Lehramtsberuf
seit den 80er Jahren eine deutliche Abnahme von Vollzeitbeschäftigungen und ein
kontinuierlicher Ausbau der Teilzeittätigkeit (vgl. Tab. 4).

So hat die Zahl der vollzeitbeschäftigten LehrerInnen an allgemeinbildenden
Schulen seit 1991 von über 450.000 auf 415.000 deutlich abgenommen, während im
gleichen Zeitraum die Teilzeiterwerbstätigkeit um fast 100.000 auf über 250.000
LehrerInnen stieg. Zumindest für die Teilzeitarbeit läßt sich eine vergleichbare Entwicklung auch an den beruflichen Schulen nachvollziehen.

Über die Jahre hat sich das Verhältnis von hauptberuflichen LehrerInnen an
allgemeinbildenden und beruflichen Schulen verschoben, jedoch in unterschiedli-

Tab. 4: LehrerInnen an allgemeinbildenden und beruflichen Schulen (1960-1999; ab 1991 inkl. neue Bundesländer)

Jahr	Allgemeinbildende Schulen		Berufsbildende Schulen		Summe	
	Vollzeit	Teilzeit	Vollzeit	Teilzeit	Vollzeit	Teilzeit
1960	210.100		38.100		248.200	
1965	243.100		41.200		284.300	
1970	313.400		42.800		356.200	
1975	425.900		59.700		485.600	
1980	406.900	92.400	70.700	6.800	413.700	99.200
1985	362.700	135.400	78.800	12.400	441.500	147.800
1988	339.900	149.700	74.100	16.600	414.000	166.300
1990	356.200	154.700	73.500	16.600	429.700	171.300
1991	453.100	158.200	83.700	16.500	536.800	174.700
1992	453.300	203.500	86.700	18.800	540.000	219.300
1993	448.700	211.100	86.550	18.800	535.250	229.900
1994	448.400	217.400	86.900	19.900	535.300	237.300
1995	451.000	219.000	86.900	20.700	537.900	239.700
1996	442.400	229.300	86.400	21.700	528.800	251.000
1997	437.800	230.000	91.100	24.200	528.900	254.200
1998	421.600	247.100	91.200	25.700	512.800	272.800
1999	414.800	254.600	86.500	26.100	501.300	281.100

Quelle: Statistisches Bundesamt, Fachserie 11, Reihe 1 und 2, verschiedene Jahrgänge

che Richtungen. So ist in der bloßen Zahl der LehrerInnen das Verhältnis von allgemeinbildenden zu beruflichen Schulen von 5,5 zu 1 in 1960 auf 6,1 zu 1 im Jahr 1990 in den alten Bundesländern, und in den 90er Jahren in ganz Deutschland von 5,6 zu 1 (1991) auf 6 zu 1 im Jahre 1999 gestiegen. Das Verhältnis der Vollzeitstellen an allgemeinbildenden Schulen sank jedoch gegenüber den beruflichen Schulen im Westen von 5,8 zu 1 (1980) auf 4,8 in 1990 und in ganz Deutschland von 5,4 zu 1 (1991) auf 4,8 zu 1 im Jahre 1999.[4] Dementsprechend war im Jahr 1999 der Anteil der Teilzeittätigen an allgemeinbildenden Schulen mit 38% deutlich höher als derjenige an beruflichen Schulen mit 23%.

Schaut man sich die aktuellsten LehrerInnenzahlen in ihrer Verteilung auf die verschiedenen Schulformen an, so wird die hohe Bedeutung der Grundschulen (193.000 LehrerInnen) und der Gymnasien (152.000 LehrerInnen) für die LehrerInnenbeschäftigung deutlich. In der Summe stellen sie über 50% der an allgemeinbildenden Schulen beschäftigten LehrerInnen. Allerdings unterscheiden sich gerade diese beiden dominierenden Schulformen in den Beschäftigungsverhältnis-

---

4 Legt man in einer Überschlagsrechnung für die Teilzeitstellen den Faktor 0,5 an, so kommt man auf Verhältnisse zwischen allgemeinbildenden und beruflichen Schulen von 6,1 zu 1 (1980) und 5,3 zu 1 (1990) in den alten Bundesländern bzw. 5,7 zu 1 (1991) zu 5,4 zu 1 (1999) im gesamten Bundesgebiet, was die verhältnismäßig stärkere Zunahme des Beschäftigungsvolumen an beruflichen Schulen über die Jahre noch einmal verdeutlicht. Hingewiesen sei dabei auf die gerade traditionell höhere Bedeutung stundenweise Beschäftigung an beruflichen Schulen.

sen grundlegend. Während in den Grundschulen mittlerweile die Beschäftigung in Teilzeit eine Mehrheit ausmacht, ist 2/3 der in Gymnasien Beschäftigten in Vollzeit tätig (vgl. Tab. 5).

Tab. 5: Hauptberuflich beschäftigte LehrerInnen nach Schultyp an allgemeinbildenden und beruflichen Schulen im Schuljahr 1999/2000 in Deutschland

ALLGEMEINBILDENDE SCHULEN			
	Insgesamt	*davon:*	
		Vollzeit	Teilzeit
Vorklassen	1.400	1.000	400
Schulkindergärten	300	2.200	1.100
Grundschulen	192.700	92.500	100.200
Schulartunabhängige Orientierungsstufe	27.100	16.600	10.500
Hauptschulen	72.700	51.500	21.200
Schularten mit mehreren Bildungsgängen	27.900	14.800	13.100
Realschulen	74.800	48.600	26.100
Gymnasien	152.400	106.800	45.600
Integrierte Gesamtschulen	42.700	30.200	12.600
Freie Waldorfschulen	5.200	3.100	2.100
Sonderschulen	66.100	45.300	20.800
Abendhauptschulen	100	<100	<100
Abendrealschulen	600	400	200
Abendgymnasien	1.200	800	300
Kollegs	1.300	1.000	400
Insgesamt[1]	669.500	414.800	254.600
BERUFLICHE SCHULEN			
	Insgesamt	*davon:*	
		Vollzeit	Teilzeit
Berufssch. im dualen System[2]	50.900	41.500	9.400
Berufsvorbereitungsjahr	5.000	3.900	1.100
Berufsgrundbildungsjahr [3]	1.500	1.200	300
Berufsaufbauschulen	100	<100	<100
Berufsfachschulen	28.400	20.100	8.300
Fachoberschulen	5.000	3.900	1.100
Fachgymnasien	7.700	5.800	1.900
Kollegschulen	3.800	3.000	800
Berufs-/Techn. Oberschulen	600	400	100
Fachschulen	8.600	5.900	2.700
Fachakademien	1.000	500	400
Insgesamt[1]	112.600	86.500	26.100

1 Abweichungen durch Rundungen möglich
2 Einschl. Berufsgrundbildungsjahr in kooperativer Form
3 In vollzeitschulischer Form.
Quelle: Statistisches Bundesamt: Fachserie 11, Reihe 1 und 2, 2000

Deutlich wird zudem, dass es 1999 mehr LehrerInnen an deutschen Gymnasien gab als in der Summe an Haupt- und Realschulen beschäftigt waren. Unter den *beruflichen Schulen* ragen in puncto Beschäftigung die Berufsschulen im dualen System und die Berufsfachschulen heraus. In diesen beiden Schulformen arbeiten über 70% der LehrerInnen der beruflichen Schulen und in diesen ist, wie im gesamten Bereich der beruflichen Schulen, der Anteil der hauptberuflichen Teilzeittätigen mit Werten von 18 und 29% gegenüber den allgemeinbildenden Schulen relativ gering.

Die beschriebene Expansion und auch der öffentlich beklagte LehrerInnenmangel findet seine Entsprechung in der Entwicklung der Arbeitslosenzahlen. Insgesamt war die Situation der arbeitslosen LehrerInnen im Jahre 2000 so gut wie in den gesamten 90er Jahren nicht (vgl. Tab. 6).

So lag die Zahl der arbeitslos gemeldeten LehrerInnen in ganz Deutschland im Jahr 2000 mit 18.700 nur etwas über dem seitdem nicht mehr erreichten Niveau der alten Bundesländer von 1982. Nach schnellem Anwachsen und einem Höchststand der Zahl arbeitsloser LehrerInnen von über 29.000 in 1988 sank diese Zahl in den alten Bundesländern innerhalb von sieben Jahren wieder auf 17.200. Seit Mitte der 90er Jahre kann dazu *bundesweit* eine weitere Abnahme von fast 6.000 arbeitslosen LehrerInnen verzeichnet werden. Auch wurden in den unterschiedlichen LehrerInnengruppen in Gesamtdeutschland im Jahr 2000 Tiefstände erreicht, die denjenigen der alten Bundesländer Anfang der 80er Jahre entsprechen. Gerade die Gymnasial-

Tab. 6: Arbeitslos gemeldete LehrerInnen mit Hochschulabschluß (Berufskennziffer '87' mit ausgewählten Untergruppen; 1980-2000)

Jahr	Arbeitslose LehrerInnen insgesamt	darunter: Gymnasiallehrerlnnen	Grund-, Real-, Sonderschullehrerlnnen	Fach-, Berufsschul-, Werklehrerlnnen
	'87'	'872'	'873'	'874'
Früheres Bundesgebiet				
1980	8.550	1.809	5.247	666
1982	18.076	5.422	10.298	936
1985	28.954	10.614	15.188	1.282
1988	29.092	10.244	15.158	1.309
1990	21.189	6.851	10.641	1.032
1992	16.403	5.158	8.006	799
1994	17.750	5.345	8.610	1.005
1995	17.259	4.897	8.578	1.012
Deutschland				
1996	24.304	5.848	13.008	1.556
1997	28.961	6.778	15.849	1.811
1998	24.323	5.399	13.470	1.447
1999	23.485	5.112	12.937	1.326
2000	18.706	4.088	9.649	1.150

Quelle: Bundesanstalt für Arbeit: ANBA – Strukturanalyse, verschiedene Jahrgänge

lehrerInnen, die in den 80er Jahren mit Bezug auf den Stand von 1980 von besonders hohen Arbeitslosenzahlen betroffen waren – fast eine Versechsfachung innerhalb von 8 Jahren –, konnten bis 1995 ihre Arbeitslosenzahlen wieder mehr als halbieren. Aber auch die arbeitslosen LehrerInnen anderer allgemeinbildender Schulen gingen in diesem Zeitraum stark zurück. Für den Zeitraum Mitte bis Ende der 90er Jahre ist bundesweit in allen LehrerInnengruppen ein Rückgang der Arbeitslosenzahlen von 26% (Grund-, Real-, SonderschullehrerInnen als auch Fach-, Berufsschul-, WerklehrerInnen) bis 30% (GymnasialehrerInnen) zu beobachten.

Stellt man schließlich die erwerbstätigen und arbeitslosen LehrerInnen einander gegenüber, ergeben sich für die letzten Jahre entsprechend günstige Relationen von Arbeitslosigkeit und Erwerbstätigkeit. Lag der Quotient von Arbeitslosen und Erwerbspersonen Mitte/Ende der 80er Jahre in den alten Bundesländern zeitweilig über 4,5%, so sank er bis 1995 wieder auf 2,7%. Im gesamten Bundesgebiet lag er nach vorangegangenen leichten Schwankungen 1999 bei 2,9% (vgl. Tab 7).

Tab. 7: Erwerbstätige und arbeitslos gemeldete LehrerInnen mit Hochschulabschluß in Gegenüberstellung (1982-2000; ab 1996 inkl. neue Bundesländer)

Jahr	Erwerbstätige LehrerInnen an Schulen[1]	Arbeitslos gemeldete LehrerInnen	Proz.-Anteil der Arbeitslosigkeit an Erwerbspersonen
	abs.	abs.	Sp. 2 /(Sp.1+2)
	1	2	3
1982	590.000	18.076	3,0
1985	589.100	28.954	4,7
1987	586.800	27.802	4,5
1989	580.900	23.727	3,9
1991	602.600	17.480	2,8
1993	609.900	18.616	3,0
1995	621.200	17.259	2,7
1996	779.800	24.304	3,0
1997	783.000	28.961	3,6
1998	785.600	24.323	3,0
1999	777.600	23.485	2,9
2000	/	18.706	/

Quelle: Statistisches Bundesamt, Fachserie 11, Reihe 1 und 2, Bundesanstalt für Arbeit: ANBA, Strukturanalyse, verschiedene Jahrgänge; eigene Berechnungen

Diese Befunde signalisieren eine insgesamt recht günstige Arbeitsmarktsituation, die allerdings noch weiter unter Fächergesichtspunkten betrachtet werden müßten. Gleichzeitig wird die zukünftige Entwicklungen der LehrerInnenbeschäftigung insbesondere von den Entwicklungen der Kinderzahlen aber auch von politischen Entscheidungen abhängen.

3. Bilanz

Wirft man abschließend noch einmal einen Blick auf die Entwicklung der Lehrberufe und der sozialen Berufe im Vergleich (vgl. Tab. 1 und 2), so sieht man in Übereinstimmung mit der Prognose von Prognos AG und IAB, dass innerhalb des letzten Jahrzehnts der Bereich der außerschulischen Beratung und Erziehung außerhalb der Lehrberufe eine starke Dynamik gegenüber den klassischen Lehrberufen gewonnen hat. Fand sich in den alten Bundesländern 1950 die vierfache Anzahl der Lehrberufe gegenüber den sozialen Berufen (vgl. Tab. 1), so war dieses Verhältnis im Jahre 2000 in ganz Deutschland fast ausgeglichen (1.176.000 zu 1.191.000). Auch wenn in den sozialen Berufen ein deutlich höherer Anteil nicht akademisch Qualifizierter erfasst wird, ist damit im Rahmen der Sozial- und Erziehungsberufe die gewachsene Bedeutung außerschulischer Bereiche auch für LehrerInnen und ErziehungswissenschaftlerInnen beschrieben.

Beobachtet man die Entwicklung der letzten 40-50 Jahre, so haben LehrerInnen und ErziehungswissenschaftlerInnen sicher im hohem Umfang von der Expansion dieser Bereiche und der Einrichtung neuer Stellen – nicht nur im Zuge der Bildungsreform – profitiert. Mögen die starken Expansionsphasen zunächst des schulischen Bildungssektors und später des außerschulischen Sozial- und Bildungsbereichs mit dem beginnenden Jahrhundert leichte Bremsspuren aufweisen, so ist doch davon auszugehen, dass sich der Sozial- und Erziehungssektor insgesamt zumindest auf diesem Niveau konsolidiert und dass in diesem Arbeitssegment weniger mit Abbau denn eher mit einer Verstärkung von Teilzeitarbeit und möglicherweise neueren, »flexibleren« Arbeits- und Beschäftigungsverhältnissen gerechnet werden muß. Soziologische Zeitdiagnosen einer Entwicklung zur »Wissensgesellschaft« und oder »Informationsgesellschaft« betonen auch auf lange Sicht die hohe gesellschaftliche Bedeutung des Sozial-, Erziehungs- und Bildungswesens und unterstützen damit die These eines Arbeitsmarktes der Zukunft.

Literatur

BUNDESANSTALT FÜR ARBEIT: Amtliche Nachrichten der Bundesanstalt für Arbeit, Strukturanalyse, verschiedene Jahrgänge.

KLEMM, K: Der Teilarbeitsmarkt Schule in Deutschland bis zum Schuljahr 2010/11, Arbeitspapier. Essen 2000.

KLEMM, K./BÖTTCHER, W./RAUSCHENBACH, Th. (Hrsg.): Bildung und Soziales in Zahlen. Weinheim/München 2000.

PARMENTIER, K./STOOB, F. (Hrsg.): Übergänge in den Beruf. Zum Berufsverbleib von Lehrern, Erziehungs- und Geisteswissenschaftlern. Beiträge zur Arbeitsmarkt- und Berufsforschung (BeitrAB 125), herausgegeben vom IAB. Nürnberg 1989, S. 55-168.

PARMENTIER, K. u.a.: Akademiker/innen – Studium und Arbeitsmarkt: Gesellschaft und Soziales, Sonderserie in der Reihe Materialien aus der Arbeitsmarkt- und Berufsforschung, MatAB, Band 1.4. Nürnberg 1998.

RAUSCHENBACH, Th./SCHILLING, M.: Soziale Dienste. In: KLEMM, K./BÖTTCHER, W./RAUSCHENBACH, Th. (Hrsg.): Bildung und Soziales in Zahlen . Weinheim/München 2000, S. 207-270.

SCHOMBURG, H./TEICHLER, U.: Studium und Beruf im Rückblick. Befragung 10 Jahre nach Studienabschluß, Abschlußbericht. Kassel 1997.

SCHULZE-KRÜDENER, J.: Nichts ist sicher, aber vieles ist möglich. Der Arbeitsmarkt für Diplom-Pädagoginnen und Diplom-Pädagogen. In: Der Pädagogische Blick, 5. Jg., 1997, Heft 2, S. 88-101.

STATISTISCHES BUNDESAMT: Fachserie 1: Bevölkerung und Erwerbstätigkeit, Reihe 4.1.2, verschiedene Jahrgänge.

STATISTISCHES BUNDESAMT: Fachserie 11: Bildung und Kultur, Reihe 1: allgemeinbildende Schulen, verschiedene Jahrgänge.

STATISTISCHES BUNDESAMT: Fachserie 11: Bildung und Kultur, Reihe 2: berufliche Schulen, verschiedene Jahrgänge.

WEIDIG, I. u.a.: Arbeitslandschaft 2010 nach Tätigkeiten und Tätigkeitsniveau. Beiträge zur Arbeitsmarkt- und Berufsforschung (BeitrAB 227), herausgegeben vom IAB. Nürnberg 1999.

Verzeichnis der Autorinnen und Autoren

Bock, Karin, geb. 1970, Dr. phil., Dipl.-Pädagogin, wissenschaftliche Assistentin am Lehrstuhl für Allgemeine Pädagogik an der Universität Chemnitz. Arbeitsschwerpunkte: Kinder- und Jugendforschung, Generationen- und Familienforschung, qualitative Forschungsmethoden.

Bögemann-Grossheim, Ellen, geb. 1952, Dipl.-Pädagogin, Dozentin am ÖTV-Fortbildungsinstitut für Berufe im Sozial und Gesundheitswesen Duisburg. Arbeitsschwerpunkte: Sozialgeschichte der Pflegeausbildung, Fachdidaktik Pflege.

Cloos, Peter, geb. 1965, Doktorand und wissenschaftlicher Mitarbeiter am Institut für Sozialpädagogik, Erwachsenenbildung und Pädagogik der frühen Kindheit (ISEP) an der Universität Dortmund. Arbeitsschwerpunkte: sozialpädagogische Professionalisierung, Jugendkultur und Jugendkulturarbeit.

Faulstich, Peter, geb. 1946, Dr., Professor für Erwachsenenbildung an der Universität Hamburg. Arbeitsschwerpunkte: Lernzeiten, Wissen und Erwachsenenbildung, Weiterbildungspolitik.

Flösser, Gabriele, geb. 1962, Dr. phil., Dipl.-Pädagogin, Professorin für Sozialpädagogik am Institut für Sozialpädagogik, Erwachsenenbildung und Pädagogik der frühen Kindheit (ISEP) der Universität Dortmund. Arbeitsschwerpunkte: Theorie sozialer Dienste, organisations- und professionstheoretische Grundlagen der Sozialen Arbeit, Jugendhilfeforschung.

Gräsel, Cornelia, geb. 1966, Dr. phil., M.A., Direktorin des Instituts für die Pädagogik der Naturwissenschaften an der Universität Kiel. Arbeitsschwerpunkte: Lehr- und Lernforschung, Umweltbildung und Medienpädagogik.

Gröning, Katharina, geb. 1957, Dr. phil., Professorin für Pädagogik an der Universität Bielefeld. Arbeitsschwerpunkte: Pädagogische Diagnose und Beratung.

Homfeldt, Hans Günther, geb. 1942, Dr., Professor für Sozialpädagogik im Fach Pädagogik an der Universität Trier. Arbeitsschwerpunkte: Soziale Arbeit und Gesundheit, Sozialpädagogische Ausbildungsforschung, Fragen zur professionsbezogenen Forschung in der Sozialen Arbeit, Altenhilfe und Soziale Arbeit.

Klemm, Klaus, geb. 1942, Dr., Professor für Erziehungswissenschaft an der Universität Gesamthochschule Essen. Arbeitsschwerpunkte: Bildung und Beschäftigung, Ressourcenverbrauch im Bildungssystem und Qualitätssicherung.

Krüger, Heinz-Hermann, geb. 1947, Dr. phil. habil., Professor für Allgemeine Erziehungswissenschaft am Institut für Pädagogik an der Universität Halle und Direktor des Zentrums für Schulforschung. Arbeitsschwerpunkte: Bildungs- und Schulforschung, Kindheits- und Jugendforschung, Biographieforschung und Wissenschaftsforschung.

Marotzki, Winfried, geb. 1950, Dr. phil. habil., Professor am Institut für Erziehungswissenschaften an der Universität Magdeburg. Arbeitsschwerpunkte: Bildungstheorien, Qualitative Sozialforschung, Biographie- und Internetforschung.

Möller, Renate, geb. 1956, Dr. phil., Akademische Rätin an der Fakultät für Pädagogik der Universität Bielefeld. Arbeitsschwerpunkte: Neue Medien, Methoden und Statistik in der Sozialforschung.

Naegele, Gerhard, geb. 1948, Dr. rer. pol., Professor für Gerontologie an der Universität Dortmund und Direktor des Instituts für Gerontologie. Arbeitsschwerpunkte: Lebenslagen im Alter, Familienbeziehungen und Familienpolitik, Armut und Armutspolitik, Migration.

Otto, Hans-Uwe, geb. 1940, Dr. Dr. hc., Professor der Fakultät für Pädagogik (AG Sozialarbeit/Sozialpädagogik), Honorarprofessor an der University of Pennsylvania (USA). Vorsitzender des wissenschaftlichen Beirats am Zentrum für Schulforschung und Fragen der Lehrerbildung an der Universität Halle-Wittenberg. Arbeitsschwerpunkte: Professionalisierungstheorie, soziale Dienstleistung und Theorie der Jugendhilfe.

Plößer, Melanie, geb. 1968, Dipl.-Pädagogin, wissenschaftliche Mitarbeiterin an der Fakultät für Pädagogik an der Universität Bielefeld. Arbeitsschwerpunkte: Feministische Identitätspolitik , Differenzverhältnis und Geschlechtsreflektierende Beratung.

Rauschenbach, Thomas, geb. 1952, Dr. rer. soc., Prof. für Sozialpädagogik der Universität Dortmund. Arbeitsschwerpunkte: Soziale Dienste und soziale Organisationen, Arbeitsmarkt- und Berufsforschung in Non-Profit-Organisationen, Ehrenamt und Freiwilligendienste, Sozialberichterstattung der Kinder- und Jugendhilfe, Theorie der Sozialen Arbeit.

Rolff, Hans-Günter, geb. 1939, Dr. rer. pol., Professor für Bildungsforschung und Leiter des Instituts für Schulentwicklungsforschung an der Universität Dortmund. Arbeitsschwerpunkte: Schulentwicklung, Internationale und nationale Vergleiche von Schulleistungen.

Sander, Uwe, geb. 1955, Dr., Professor für Kindheits- und Jugend- und Medienforschung der Fakultät für Pädagogik der Universität Bielefeld. Arbeitsschwerpunkte: Kindheits- und Jugendforschung, Biographieforschung und Medienpädagogik.

Schiersmann, Christiane, geb. 1950, Dr., Professorin für Erziehungswissenschaft an der Universität Heidelberg. Arbeitsschwerpunkte: Weiterbildungsforschung, Zielgruppenforschung und Institutionenforschung.

Schulze-Krüdener, Jörgen, geb. 1962, Dr. phil., Dipl.-Pädagoge, wissenschaftlicher Assistent an der Universität Trier. Arbeitsschwerpunkte: Geschichte der Sozialpädagogik, Kinder- und Jugendforschung, Professionsforschung.

Tippelt, Rudolf, geb. 1951, Dr., Professor und geschäftsführender Direktor am Institut für Pädagogik an der Universität München. Arbeitsschwerpunkte: Bildungsforschung, Erwachsenen- und Weiterbildung, Allgemeine Pädagogik.

Vogel, Peter, geb. 1947, Dr. paed., Professor am Lehrstuhl für Allgemeine Pädagogik und Dekan des Fachbereichs Erziehungswissenschaft und Soziologie der Universität Dortmund. Arbeitsschwerpunkte: Systematik pädagogischen Wissens, Wissenschaftsgeschichte der Erziehungswissenschaft, Pädagogik der Aufklärung.

Zedler, Peter, geb. 1945, Dr., Professor und Institutsdirektor für Allgemeine Erziehungswissenschaft und Empirische Bildungsforschung an der Universität Erfurt. Arbeitsschwerpunkte: Allgemeine Erziehungswissenschaft, Wissenschaftstheorie, Schulentwicklung und Bildungsplanung/Bildungsmanagement.

Züchner, Ivo, geb. 1971, Dipl.-Pädagoge, wiss. Mitarbeiter am Institut für Sozialpädagogik, Erwachsenenbildung und Pädagogik der frühen Kindheit der Universität Dortmund. Arbeitsschwerpunkte: Entwicklung sozialer Dienste im internationalen Vergleich, Arbeitsmarkt und Ausbildung für soziale Berufe, theoretische Grundfragen der Sozialen Arbeit.

If you have any concerns about our products,
you can contact us on
ProductSafety@springernature.com

In case Publisher is established outside the EU,
the EU authorized representative is:
Springer Nature Customer Service Center GmbH
Europaplatz 3, 69115 Heidelberg, Germany

Printed by Libri Plureos GmbH
in Hamburg, Germany